侯建新 主编

THE EVOLUTION OF
EUROPEAN CIVILIZATION

欧洲文明进程

自由观念 卷

赵文洪　赵秀荣　著

创于1897　商务印书馆
The Commercial Press

图书在版编目（CIP）数据

欧洲文明进程.自由观念卷 / 侯建新主编；赵文洪，
赵秀荣著.—北京：商务印书馆，2023
ISBN 978-7-100-21565-7

Ⅰ.①欧… Ⅱ.①侯… ②赵… ③赵 Ⅲ.①欧洲—
历史②自由—政治思想史—欧洲 Ⅳ.① K500 ② D095

中国版本图书馆 CIP 数据核字（2022）第 150349 号

本卷系国家社会科学基金重大招标项目
"欧洲文明进程研究"（批准文号：12&ZD185）最终成果之一

"十三五"国家重点图书出版规划项目

侯建新 主编
欧洲文明进程
自由观念 卷
赵文洪 赵秀荣 著

商 务 印 书 馆 出 版
（北京王府井大街 36 号 邮政编码 100710）
商 务 印 书 馆 发 行
北京市十月印刷有限公司印刷
ISBN 978 - 7 - 100 - 21565 - 7

2023 年 5 月第 1 版　　　　开本 710×1000　1/16
2023 年 5 月北京第 1 次印刷　印张 26½

定价：130.00 元

《欧洲文明进程》
编 委 会

总　序

侯建新

　　在课题组全体成员孜孜不倦的努力下，春风夏雨，十年一剑，《欧洲文明进程》（16卷本）终于面世了。这部多卷本著作，通过追溯欧洲文明诞生以来的历史进程，旨在探索回答几代中国人的问题——何谓欧洲文明？它从不同的侧面描述和阐释，跨语境地感知和感悟，希冀离真相再近一步！作为课题主持者，也是分卷作者，回顾走过的这段路程，我有如释重负的快乐且怀有由衷的期望，但愿我们不负前贤无愧来者，交上一份合格的答卷。

　　历史上的欧洲文明即于今的西方文明，又称北大西洋文明，是当今世界主要文明之一，也是我们必须与之打交道的重要文明。这部书已从16个方面对欧洲文明做了专题性论述；"总序"则力图横纵结合、通达遂晓，从总体上探讨它——诸如欧洲文明的时空维度；欧洲文明形成的条件；欧洲文明确立的标志，即"文明元规则"的生成；还有，欧洲文明对现代世界深刻而复杂的影响等。希望"总序"对这部书的完整性有所助益；同时方便读者阅读和理解全书。末了，再介绍一下这个课题的来龙去脉。

　　何为西方文明的核心内涵，或者说西方文明是什么？这是本序也是本部书要回答的主题。在开始我们的主题前，暂且把目光收回，回首一下近代中国人对西方文明的认知变化。对欧洲文明的认识，总有一个循序渐进、由浅入深、由表及里的过程。无论如何，前人的经验、认识及研究成果，是我们继续研究的基础；况且，中国命运始终是我们探索欧洲文明的动力。

一、回首：近代国人欧洲观嬗变

从16世纪到18世纪，以利玛窦（Matteo Ricci）、汤若望（Johann Adam Schall von Bell）、南怀仁（Ferdinand Verbiest）等为代表的耶稣会士来华传教，同时扮演了欧洲文明传播者的角色。虽然他们带来的欧洲历算知识、火炮技术等，曾经被明朝和清朝政府部分接纳，不过未能触动传统的华夷文明观。以鸦片战争为节点进入近代后，国人对欧洲的认知大致可以分为三个阶段：

从鸦片战争到甲午战争。1840年的鸦片战争，是中国与西方世界碰撞的开始，也是国人了解欧洲文明的标志性起点。战争失败后，魏源的《海国图志》、徐继畬的《瀛寰志略》等一批海外舆地著作相继出现。作者介绍了欧洲各国的经济、社会、文化及民情风俗等，并强调欧洲在世界文明格局中的中心位置。魏源对欧洲文明印象强烈，"欧列国万民之慧智才能高大，纬武经文，故新地日开，遍于四海焉"[①]；徐继畬《瀛寰志略》亦有积极评价。两次战争的失败，使中国人意识到欧洲并非中国周边的"蛮夷"可比，尤其关注西洋船坚炮利之"长技"。因此，不久洋务运动启动，一批军工企业开始建立，声光化电等西学著作相继出版，使中国人进一步认识到欧洲科技和物质成就。

国门逐渐打开，动摇了部分士大夫的华夷文明观，一部分人开始承认欧洲文明的先进性。冯桂芬是洋务派代表人物之一，可他对西方的认知不止于"器物"，他说，"人无弃材不如夷，地无遗利不如夷，君民不隔不如夷，名实必符不如夷"，故应"惟善是从"。[②] 19世纪70、80年代，近代第一位驻外公使郭嵩焘和广东青年士子康

---

① 魏源撰、陈华等点校注释：《海国图志》，岳麓书社1998年版，第1103页。
② 冯桂芬：《校邠庐抗议》，上海书店出版社2002年版，第49页。

有为，也体会到这一点。康有为1879年游历香港后"乃始知西人治国有法度"。不过他们的看法总体上未突破中体西用的框架。

对欧洲文明的认识，也存在明显误读，甚至不无荒诞。一部分人承认欧洲文明的可取之处，可是认为所谓"西学"不过源自古代中国而已：西洋人的技术发明，其原理早已由中国上古圣人阐发，诸如电线、西医、火轮汽机等，都能在经典古籍中找到，或者出于《易经》，或者出于《墨子》等。西洋政教风俗同样源于中国，即所谓"泰西近古"说，诸如"在上下之情通，君民之分亲……实有三代以上之遗意焉"。①

从甲午战争到五四运动。甲午战争的失败，对中国知识界是一次前所未有的打击，也引发了中国人学习西方的热潮。不少人认为，洋务运动只学了西学的皮毛，策中国于富强，非"西政"不可。这一时期，以进化论为代表的新哲学，以及自由、平等、主权在民、男女平权等新观念，政治、法律等社会科学知识，以及小说、音乐等文学艺术，都开始进入中国。来自海外的各种信息空前丰富，推动中国思想改良，中国人对欧洲文明也有了新认识。严复称，西方社会"身贵自由，国贵自主"。他说："中国最重三纲，而西人首明平等；中国亲亲，而西人尚贤；中国以孝治天下，而西人以公治天下；中国尊主，而西人隆民。"②1900年，梁启超发表《立宪法议》，将欧洲君主立宪制度视为最合理的制度，强调宪法的根本法地位，"盖谓宪法者，一国之元气也"。

总之，在追求制度变革的背景下，欧洲文明和中国文明的地位出现反转，孙中山《三民主义》一书指出：义和团失败后，中国人"便明白欧美的新文明的确是比中国的旧文明好得多……要中国强盛，要中国能够昭雪北京城下之盟的那种大耻辱，事事便非仿效外国不可，不但是物质科学要学外国，就是一切政治社会上的事都要学外国"。

---

① 王韬：《弢园文录外编》，上海书店出版社2002年版，第89页。
② 严复："原强""论世变之亟"，王栻主编：《严复集》第1册，中华书局1986年版，第17、3页。

民国初年新文化运动，给予西方文明前所未有的肯定，具有一定的理论色彩。新文化运动的先进知识分子赞扬西方社会的价值观，号召个性解放，建立自主自由的人格。陈独秀将欧洲文明特征概括为"人权说""生物进化论"和"社会主义"，他说："科学之兴，其功不在人权说下，若舟车之有两轮焉。"①后来人们将西方文明归纳为科学与民主。李大钊《东西文明根本之异点》认为，东西方道德区别在于，"个性灭却"和"个性解放"，"东方想望英雄，结果为专制政治，……西方倚重国民，结果为民主政治"。

五四运动后到抗日战争。第一次世界大战爆发并使欧洲经济凋敝，引起西方世界的文化反思和悲观情绪，斯宾格勒《西方的没落》即在这个时期面世。与此同时，东方文明救世论在国内兴起，直接影响了国人的欧洲观。1920年，梁启超游历欧洲归国后，出版《欧游心影录》一书，态度大变，他不再说"中国与欧洲之文明，相去不啻霄壤"②，而是认为西方物质文明没有给人类带来幸福，却将人类带入深渊，因此西洋文明已经破产，需要东方文明来拯救。当年曾高歌"欧西文明"的梁氏尚且如此，何况一般人乎？国人对西方认知基础之脆弱，不言而喻。1935年，王新命等人发表《中国本位的文化建设宣言》，倡导新儒家的文化立场，虽然承认学习西方的必要性，但比照以前大打折扣，强调西方文明为物质文明，中国文明为精神文明。

与新儒家相对立的，是坚持全面学习西方的人物，他们继续抱有清末以来一些知识人士对西方的热情。1926年胡适指出，不能将中西文明概括为精神文明和物质文明，凡一种文明必有物质和精神两个因子，而且西方精神发展程度，"远非东洋旧文明所能梦见"。③同时胡适也提倡"整理国故"，他解释说他不是主张"全盘西化"，

---

① 陈独秀："法兰西人与近世文明""敬告青年"，陈独秀著、王观泉导读：《〈独秀文存〉选》，贵州教育出版社2005年版，第45、44页。

② 梁启超："论中国与欧洲国体异同"，张品兴主编：《梁启超全集》第1册，北京出版社1999年版，第312页。

③ 参见欧阳哲生编：《胡适文集》（4），北京大学出版社1998年版，第6、10页。

而是充分现代化。另一位代表人物陈序经在《中国文化的出路》一书中认为，西洋文化是现代的基础文化，是现代化的主体。西方文化并非尽善尽美，但中国文化在根本上不如西洋。[①]

我们力求客观、简约地表述近代国人欧洲文明观的大致轨迹，难免挂一漏万。近代中国人对西方文明的认识经过了一个不断丰富和深化的过程，有高潮也有低谷。他们出于济世救国情怀而关注和评说西方文明，时有切中要害的智慧点评，也出现了一些专业性研究成果。例如，陈衡哲的《新学制高级中学教科书·西洋史》（1924年），被称为一部开山之作；还有高一涵的《欧洲政治思想史》（1926年）、蒋百里的《欧洲文艺复兴史》（1921年）、雷通群的《西洋教育史》（1935年）等。不过，总体来讲，一直到20世纪中期，中国大学很少设置世界史、欧洲史课程，教育基础薄弱，研究机构几近于无。其次，即使一般的认知也限于知识精英，与普通民众几乎无关，而且，知识精英层对西方的认识也没有达成广泛的共识。但无论如何，近代中国人关于西方文明的心路历程，于今仍具有重要价值。

19世纪中叶，当中国首次与西方世界交手并初识这个陌生文明的时候，西方却正在重新审视自己：欧洲文明如何创生，肇始于何时，其本质特征是什么？整个20世纪都是这一认识不断深化的过程，至今没有结束；令人遗憾的是，长期以来国内学界对这些动态信息所知极不充分。

二、欧洲文明的时空维度

先从西方文明的时间维度说起。

历史学家认为，最初的文明诞生于5000年到6000年之前，自此人类历史上曾先后出现数十种文明形态，上古时代基本独立形成的文明被称为"原生型文明"。随着时光的流逝，一些文明凋零了，

---

① 以上参阅了田涛教授"近代中国对西方文明的认识"授课讲义，谨致谢忱。

一些文明得以延续或再生，当今世界的主要文明不过七八家，其中再生文明居多，它们又被称为"次生型文明"。次生型文明采纳一种或若干种原生型文明的某些成分，但已然是不同质的文明。笔者认为西方文明是次生型文明，与古希腊罗马文明有本质不同，尽管与它们有着某种联系。

　　然而，西方学界长期将西方文明与古典文明混为一谈。欧洲人何以形成这样的观念，需要回放一下当时的历史画面。

　　15世纪初叶，处于中世纪晚期的欧洲人，一方面对强势的基督教教会及其文化深感压抑，希望获得更自由的空间；另一方面随着更多希腊罗马古籍的发现，被其典雅富丽的文风所吸引，希望早已衰败湮没的古典文化得以"复兴"，"文艺复兴"（Renaissance）因此得名。殊不知，此时已届中世纪的历史转捩点，面临着划时代的重要突破，岂是古典世界可比？！"他（但丁）是中世纪的最后一位诗人，同时又是新时代的最初一位诗人"[①]，正是指的这一特殊历史时期。远方地平线透出丝丝明亮，人们渴望更多的光明与自由。罗素说，他们不过企图用古典人的威信替代教会的威信而已。[②] 这些一心改善现状的人文主义者，无限美化遥远的古典世界，认为罗马帝国崩溃后的历史进入千年愚昧与沉睡，直到现在理性精神才重新被唤醒，因此"黑暗时代"（Dark Ages）、"中世纪"（Medieval, Middle Ages）等话语，一时大行其道，形成一整套话语体系。"中世纪"概念，最先出现在15世纪意大利历史学家比昂多的著作中，其含义不难发现，指两个文化高峰之间的停滞期、低谷期，带有明显的贬义。另一方面，将人文主义者与古典文明绑定，结果自然而然地将中世纪以来的欧洲文明与古典文明并为一谈，似成不刊之论。

　　三百年后，当18世纪爱德华·吉本撰写巨著《罗马帝国衰亡史》时，他仍然拜倒在古典文明脚下，将中世纪史看成一部衰亡、

---

　　① 《马克思恩格斯选集》（第1卷），中共中央马克思、恩格斯、列宁、斯大林著作编译局编，人民出版社1972年版，第249页。
　　② 〔英〕罗素：《西方哲学史》（下卷），马元德译，商务印书馆1982年版，第7页。

阴暗的历史。一直到19世纪中后期，不乏欧洲历史学家仍认为中世纪理智处于昏睡状态中，称之为"死海之岸"。[1]

文艺复兴时期的话语高调持续数百年，临近20世纪才出现拐点，因此对西方自身以及对全球学界的影响不可小觑。中国史学界亦不能幸免。地理和文化相距越是遥远，越是容易留住对方长时段、高分贝释放的声音。例如，翻开几年前我国中学历史教科书，历时千年的中世纪史内容聊胜于无，寥寥几笔便进入文艺复兴话题。也有不同的声音。据我所知，国内学者最早提出不同观点的是雷海宗先生，他在20世纪30年代即指出：欧西文化自公元5世纪酝酿期开始直至今日，是"外表希罗内质全新之新兴文化"。[2]近年也有学者明确指出，欧洲文明不是古典文明主体的延伸，而是新生文明。[3]当下国际学界，传统看法依然存在，然而文艺复兴时期的话语不断被刷新，被颠覆！尤其进入20世纪后，越来越多的学者认为，欧洲文明与古典文明具有本质性区别。

对传统看法最先提出挑战的代表性人物，是活跃在19世纪中后期的基佐。弗朗索瓦·皮埃尔·基佐（1787—1874年），是法国著名历史学家和政治人物，他在《欧洲文明史》一书中，明确区别了欧洲文明与古典文明，而且做了不失深刻的分析。基佐敏锐地发现欧洲文明有着"独特的面貌"，不同于古典文明，也不同于世界上的其他文明。他认为，大多数古代文明都有一种明显的单一性，例如在古希腊，社会原则的单一性导致了一种迅速惊人的发展。"但是这种惊人的腾飞之后，希腊似乎突然耗竭了。"在埃及和印度，这种单一性使社会陷入一种停滞状态。社会继续存在，"但一动也不动，仿佛冻僵了"。欧洲不一样，它存在着多样性，各种势力处于不断斗争

----

[1]　Philip Lee Ralph, *The Renaissance in Perspective*, New York: St. Martin's Press, 1973, p. 5.

[2]　雷海宗：《西洋文化史纲要》，王敦书整理导读，上海古籍出版社2001年版。

[3]　参见侯建新："欧洲文明不是古典文明的简单延伸"，《史学理论研究》2014年第2期；侯建新："交融与创生：欧洲文明的三个来源"，《世界历史》2011年第4期；侯树栋："断裂，还是连续：中世纪早期文明与罗马文明之关系研究的新动向"，《史学月刊》2011年第1期；田薇："关于中世纪的'误解'和'正名'"，《清华大学学报》（哲学社会科学版）2001年第4期。

的状态，神权政治的、君主政治的、贵族政治的和平民政治的信条相互阻挠，相互限制和相互修正。基佐认为，欧洲的多样性为欧洲带来无限的发展机会。[①]

　　大约同时代的黑格尔，也表达了相近的观点。黑格尔认为，世界精神的太阳最早在东方升起，古希腊罗马文明是它的青壮年，最后，"太阳"降落在体现"成熟和力量"的日耳曼民族身上，实现了世界精神的终极目的。他特别指出，"在表面上，日耳曼世界只是罗马世界的一种继续。然而其中有着一个崭新的精神，世界由之而必须更生"[②]。黑格尔的"日耳曼世界"显然指中世纪开始的欧洲文明。不久，马克思在《经济学手稿》中，也将欧洲文明和古典文明明确作了区分。[③]

　　最早将这样的历史观引进职业历史学领域的，当数斯宾格勒（1880—1936年）和汤因比（1889—1975年），他们的作品《西方的没落》和《历史研究》，具有广泛的影响。斯宾格勒认为人类历史上主要有八种文明，其中"古典文明"和"西方文明"，都是独特的、等值的、自我本位的，都有不能抗拒的生命周期，虽然西方文明是最年轻的文明。这样的观点同样体现在汤因比的《历史研究》中，汤因比指出，古希腊罗马文明无疑已经完结，被两个接替者所取代，一个是西方文明，另一个是拜占庭文明。他特别指出，所谓神圣罗马帝国不过是一个幽灵，没有什么作用，不能因此便将西方历史视为罗马史的延伸。

　　对文艺复兴话语的致命冲击，来自20世纪以来中世纪研究的新成就。本来，从一定意义上讲，文艺复兴话语建立在贬损和虚无中世纪的基础上，人文主义者极力赞美的人文主义好像是从地下突然冒出来的，而不是中世纪发展的结果。随着原始文献解读和考古学

---

　　① 参见〔法〕基佐：《欧洲文明史》，程洪逵、沅芷译，商务印书馆1998年版，第20—40页。

　　② 〔德〕黑格尔：《历史哲学》，王造时译，上海书店出版社2001年版，第339—340页。

　　③ 参见《马克思恩格斯全集》（第30卷），中共中央马克思、恩格斯、列宁、斯大林著作编译局译，人民出版社1995年版，第465—510页。

发展，中世纪研究逐步深入，人们越来越不相信"黑暗中世纪"的传统描述；恰恰相反，中世纪是最不安分的、充满创生力的时代。

　　一批杰出的中世纪史学家，从实证到理论彻底颠覆了人们关于中世纪的认知。例如，梅特兰《英国宪制史》（1908年）、亨利·皮雷纳《中世纪的城市》（1925年）、费尔南·布罗代尔《地中海与菲利普二世时代的地中海世界》（1972年）、贝内特《英国庄园生活》（1938年）、马克·布洛赫《封建社会》（1935—1940年）、奥尔特"共同同意的村规"（1954年）、杜泰利斯《中世纪法国公社》（1978年）、雷诺兹《西欧王国与共同体，900—1300年》（1984年）、麦克法兰《英国个人主义的起源》（1978年）、弗朗西斯等《中世纪乡村生活》（1990年）、戴尔《转型的时代：英国中世纪晚期的经济与社会》（2005年）等。[①]这些作品极大更新了人们头脑中中世纪生活的历史画面，令人震撼不已！

　　皮雷纳力主西方文明产生于中世纪，而且经历了漫长的过程。亨利·皮雷纳（1862—1935年）是著名中世纪学者，然而最终以其欧洲文明研究闻名于世，其论断被表述为"皮雷纳命题"（the Pirenne Thesis）。这位比利时学者认为古典文明是地中海文明，西

---

① F. W. Maitland, *The Constitutional History of England: A Course of Lectures*, Cambridge: Cambridge University Press, 1908; Henri Pirenne, *Medieval Cities: Their Origins and the Revival of Trade*, Princeton: Princeton University Press, First Printing, 1925; Fernand Braudel, *The Mediterranean and the Mediterranean World in the Age of Philip II*, Translated from the French by Siân Reynolds, New York: Harper and Row, First published in English, 1972; H. S. Bennett, *Life on the English Manor: A Study of Peasant Conditions, 1150-1400*, Cambridge: Cambridge University Press, 1938; Marc Bloch, *Feudal Society*, Translated from the French by L. A. Manyon, London and New York: Routledge, English translation, 1961, 1962; Warren O. Ault, "Village By-laws by Common Consent", *Speculum*, Vol. 29, No. 2 (Apr., 1954); C. E. Petit-Dutaillis, *The French Communes in the Middle Ages*, Amsterdam: North-Holland, 1978;Susan Reynolds, *Kingdoms and Communities in Western Europe, 900-1300*, Oxford: Oxford University Press, 1984; A. Macfarlane, *The Origins of English Individualism*, Oxford: Basil Blackwell, 1978; Frances and Joseph Gies, *Life in a Medieval Village*, New York: Harper and Row, 1990; Christopher Dyer, *An Age of Transition? Economy and Society in England in the Later Middle Ages*, Oxford: Clarendon Press, 2005. 20世纪上半叶中世纪史研究的经典作品还有：Norman Scott Brien Gras and Ethel Culbert Gras, *The Economic and Social History of an English Village, Crawley, Hampshire, A.D. 909-1928*, Cambridge: Harvard University Press, 1930; G. G. Coulton, *The Medieval Village*, Cambridge: Cambridge University Press, 1925; R. H. Tawney, *The Agrarian Problem in the Sixteenth Century*, London: Longmans, 1912, 等等。

方文明终结了古典文明，不过文明交替并非随罗马帝国崩溃而实现，而是及至750年到800年，欧洲文明才逐渐确立。[1]皮雷纳格外关注伊斯兰扩张对西方文明形成的影响，甚至说"没有穆罕默德，就根本无法想象查理曼"云云[2]，似乎有些夸张了，不过他从更广阔的视野分析罗马帝国与西方文明的消长，将历史时间要素和空间要素有机结合，颇富学术魅力。不止皮雷纳，不少学者都看到了伊斯兰世界对西方文明形成的刺激作用，如《西方文明简史》作者杰克逊·斯皮瓦格尔指出："在700年到1500年之间，与伊斯兰世界的冲突帮助西方文明界定自身。"[3]

哈佛大学法学家伯尔曼（1918—2007年）史论并茂地论证了西方文明诞生于中世纪。他集四十年心血写成的《法律与革命》，是一部探究西方法律传统形成的鸿篇巨制，明确界定了西方文明内涵和外延。伯尔曼指出，人们习惯上将西方文明与古典文明视作一脉相承，实为一种误读：西方作为一种文明，不仅区别于东方，而且区别于以色列、古希腊和古罗马。它们是不同质的文明。西方文明与它们之间存在着某些联系，然而，主要的不是通过一个保存或继承的过程，而是通过采纳的过程，它有选择地采用了它们，在不同时期采用了不同部分。他认为西方文明成形于11世纪到12世纪，"虽然直到美国革命时才贡献了'宪政'一词，但自12世纪起，所有西方国家，……法律高于政治这种思想一直被广泛讲述和经常得到承认"[4]。

在当代政治学家中，塞缪尔·亨廷顿（1927—2008年）因其世界文明研究而名动一时，他阐述了相似观点：随着罗马帝国崩溃，古典文明"已不复存在"，如同美索不达米亚文明、埃及文明、克里特文明、

---

[1]　参见 Henri Pirenne, *Mohammed and Charlemagne*, New York: Meridian Books, 1959, pp. 17, 144, 285。

[2]　Henri Pirenne, *Mohammed and Charlemagne*, p. 234.

[3]　Jackson J. Spielvogel, *Western Civilization: A Brief History*, Vol. I, Wadsworth: Cengage Learning, 2010, preface, p. xxiv.

[4]　参见〔美〕哈罗德·J. 伯尔曼：《法律与革命（第一卷）：西方法律传统的形成》，贺卫方等译，法律出版社2008年版，第2—3、9页。

拜占庭文明、中美洲文明、安第斯文明等文明一样不复存在。他认为西方文明成形于8世纪和9世纪，是次生型文明。①

20世纪中叶以后，这样的观念走进历史教科书，这是一个标志性的转变，1963年布罗代尔推出的《文明史纲》是代表作。费尔南·布罗代尔（1902—1985年），法国年鉴学派即20世纪最重要史学流派的集大成者，以其一系列奠基性研究成果蜚声世界。他指出，欧洲文明发展成形于5—13世纪，其中封建制确立和推行对欧洲文明形成意义重大，以至可称早期欧洲为"封建文明"。他认为：封建主义（Feudalism）打造了欧洲。11、12世纪，"欧洲达到了它的第一个青春期，达到了它的第一个富有活力的阶段"。这种统治是一种"原创性的政治、社会和经济秩序"。②关于封建制与欧洲文明内涵的关系，年鉴学派的另一位代表人物布洛赫在其享誉世界的名著《封建社会》中也做过经典论述。

问世于20世纪中叶亦广受欢迎的教科书《欧洲中世纪史》，开篇标题醒目而明确："欧洲的诞生，500—1000年"。作者认为新的欧洲文明在公元1000年左右臻于成熟，西方"是中世纪的产品"，欧洲文明与古罗马文明有着亲属关系，然而却是"迥然不同"的文明。③该书由美国历史学会主席C.沃伦·霍利斯特等著，至2006年该书已再版10次，成为美国数百所大学的通用教材。

布莱恩·蒂尔尼等在其六次再版的大学教材中指出，中世纪欧洲与罗马时期的社会图景完全不同，"'罗马帝国的衰亡'不仅仅可以被视为一种古代文明的终结，而且还可以视为一种新文明的开端"，"在11和12世纪，一种新的、独特的西方文化开始萌芽"。④

---

① 参见〔美〕塞缪尔·亨廷顿：《文明的冲突与世界秩序的重建》，周琪等译，新华出版社1998年版，第29、35页。

② 参见〔法〕费尔南·布罗代尔：《文明史纲》，肖昶等译，广西师范大学出版社2003年版，第294、296页。

③ 参见〔美〕朱迪斯·M.本内特、C.沃伦·霍利斯特：《欧洲中世纪史》（第10版），杨宁、李韵译，上海社会科学院出版社2007年版，第5—7页。

④ 参见〔美〕布莱恩·蒂尔尼、西德尼·佩因特：《西欧中世纪史》（第六版），袁传伟译，北京大学出版社2011年版，第2、131页。

正如广为中国读者熟知的《全球通史》的作者斯塔夫里阿诺斯强调，欧洲中世纪是崭新独特的生活方式，有几种新的罗曼语取代了拉丁语，服装、宗教、谋生之道等都发生深刻变化。他说，古典文明被永久湮没，被一种崭新的东西所代替。

至于"欧洲"一词进入欧洲人的实际生活，已到中世纪末期，此前只见于零星记载。据奥地利历史学家弗里德里希·希尔考证，"欧洲"这个概念在罗马帝国后期开始形成，"最初，它只是用以表明一种区别"。人们发现在罗马皇帝的军队中，来自帝国西部的"欧罗巴人"与东方的"叙利亚人"有显著不同。甚至到5世纪初，历史学家还交替使用"欧罗巴人"和"欧罗巴人军队"这两个词。据悉，这是"欧洲"一词能查阅到的最早的文字记载。[①] 随着蛮族入侵，先后出现了一系列蛮族王国，法兰克是蛮族王国的主要代表，其加洛林王朝开始正式使用"欧洲"这个概念。

布罗代尔认为，751年建立的加洛林王朝就是第一个"欧洲"，标示为"欧罗巴，加洛林王朝统治"（Europa, vel regnum Caroli）。加洛林王朝的著名统治者查理大帝，被其后的宫廷诗人赞誉为"欧洲之父"（pater Europae）。后来十字军东征，在与阿拉伯穆斯林的冲突中，"欧洲"概念也曾浮出水面。不过，总的看，这个词在中世纪很少被使用，到文艺复兴时期，在但丁笔下还难得见到，不过彼特拉克、薄伽丘等人已一再地使用它。"欧洲"一词进入欧洲人的实际生活并且较频繁地出现在欧洲所有的语言中，则是15、16世纪的事情了。

显然，一个多世纪以来，西方学界关于欧洲文明时间维度的认知，取得了显著进展。可惜，对于这一不断变化的、内容丰盛的百年学术史，国内的介绍既不及时也不充分，更缺乏深入的研讨和分享。

欧洲文明的空间维度，似乎更加复杂。所谓欧洲，基本是文化意义上的欧洲，所以伯尔曼说，西方是不能借助罗盘找到的。地理上的边界有助于确定它的位置，但是这种边界时常变动，依从文化

---

① 〔奥地利〕弗里德里希·希尔：《欧洲思想史》，赵复三译，广西师范大学出版社2007年版，第1页。

内涵而具有时间性。这里说的欧洲是以西欧为代表的，中世纪以来即如此。南欧、中欧和北欧也属于这个文明圈，其地理与文化是重叠的，涵括大约从英格兰到中欧和从丹麦到西西里的诸民族。一部分东欧国家以及俄罗斯，虽然地处欧洲却不被认为属于这个意义上的欧洲国家。西欧某个特定时期的个别地区也是这样，罗伯特·罗伊指出，中世纪的西班牙被穆斯林统治了七百多年，其间西班牙的穆斯林统治者从不认为自己是欧洲人。①

显然，所谓欧洲，有一条看不见的文化边界，近代以来更加明显。"大航海"后欧洲移民在美洲和大洋洲建立起来的国家，如美国、加拿大、澳大利亚和新西兰等被认为是西方国家，虽远离欧洲本土，依然同根相连，叶枝相牵。西方文明的空间维度有一定的时间性和迁动性，未必与自然地理上的欧洲合一。

三、欧洲文明的形成：采纳、改造与创生

以往，我们习惯于将欧洲近代思想之源头，一则上溯于古希腊罗马，二则归因于17世纪自然权利观的出现，竟至低估了中世纪的贡献，低估了日耳曼人关键性的突破。欧洲文明诞生于中世纪，它与古典文明之间不是衣钵传承关系，而是拣选、采纳为其所用的过程。而且，欧洲文明采纳和改造的对象不单单是古典文明，还有日耳曼（Germanic）文化、基督宗教（Christian）、以色列文化等。事实上，入主欧洲的日耳曼人是创生欧洲文明的主体，对该文明形成具有能动的主导作用。所以萨拜因指出："在6世纪和9世纪之间，欧洲的政治命运永远地转移到了日耳曼侵略者之手。"②

日耳曼人是征服者，他们带着其世世代代生活方式的记忆，以

---

① 参见 Robert Royal, "Who Put the West in Western Civilization?", *Intercollegiate Review* (Spring 1998), p. 5.

② 〔美〕乔治·霍兰·萨拜因著、托马斯·兰敦·索尔森修订：《政治学说史》（上册），盛葵阳等译，商务印书馆1986年版，第242页。

不同程度的部落形式整体进入欧洲，开创新生活。在这样的过程中，他们与不同的文化相遇，并从不同的文明中吸取"灵感"，然而日耳曼诸蛮族没有变成吸取对象本身。他们与采纳对象之间的位格也不一样。如果说欧洲文明是一座大厦，古典文明、以色列文明和基督宗教等文化元素不过是石块、砂砾等建材，西欧民族才是建筑师。关于中世纪政治经济制度，人们总是争论罗马因素还是日耳曼因素更多，而忽视谁是创造欧洲文明的主体。后者是有意志、有能动性的人，他们不是古罗马人，更不是古希腊人，而是中世纪西欧诸民族。12世纪罗马法复兴运动中，意大利波隆那大学是重要策源地，那里的罗马法学家们不是古罗马人；文艺复兴运动的代表人物伊拉斯谟不是古希腊人。

西方文明并非由古典世界一直延续下来。相反，罗马文明在西罗马帝国灭亡前就已经被蛮族文明替代，高度发达、极其精致的罗马法律体系与日耳曼民俗法差异极大，距罗马最后一位皇帝被废黜很早以前，罗马文明在西部就已经被哥特人、汪达尔人、法兰克人、萨克森人以及其他日耳曼人的原始部落文明所取代。伯尔曼平实而贴切地描述了这种状况，他说，西方文明与古典文明的关系，"主要的不是通过一个保存或继承的过程，而是通过采纳的过程，即：西方把它们作为原型加以采纳。除此，它有选择地采用了它们，在不同时期采用了不同部分"[1]。

即使日耳曼传统文化本身，也要经过拣选和改造。显然，欧洲文明不是任何一个文明的复制品，它所采纳的其他文明有关部分也不是如法炮制，而是经过极其复杂的交汇、嫁接和改造，所以文明创生的主体性作用不可忽视。从这个意义上讲，"罗马因素"和"日耳曼因素"这样陈旧的话语模式可以被超越，也应该被超越。

日耳曼人来自欧洲北部多雾的海边，分为不同的部落，却有大致相近的传统、惯例和制度，最重要的是马尔克（Mark）村庄共同

---

① 〔美〕哈罗德·J. 伯尔曼：《法律与革命（第一卷）：西方法律传统的形成》，贺卫方等译，第2—3页。

体制度。如何理解他们的共同体（Community）呢？一方面日耳曼人的个体不够强大，不得不依附部落群体；另一方面，他们有着共同的观念，通过共同的行为来追求共同的目的。比较罗马法和日耳曼法就会发现，罗马家长权主要取决于一家之主的"意志"（will），相对应的日耳曼家庭父权制度主要取决于"关系"（relation），作为基本概念，指的是一种保护和依从关系。[①]因此，成员之间没有根本的隶属和支配关系，识别他们的标准是自治和自律。

村民大会和协作轮耕制是其典型标识。马尔克传统在日耳曼人的全部生活里扎下了根，不少学者认为，在整个中世纪里，在大部分欧洲土地上，它是一切社会制度的基础和典范，浸透了全部的公共生活，这并非溢美之词。村社组织并非"残余形式"，而是实际的存在，乡村实行庄园-村庄混合管理结构。[②]即使在农奴制下，村庄也没有丧失集体行为，一些村庄共同体还有自己的印章，甚至有旗帜。中世纪的庄园法庭，明显地保留了日耳曼村民大会的古老遗风。一切重大的安排、村民诉讼以及与领主的争端，都要由这样的法庭裁决。在乡村公共生活中，"村规"（by-laws）享有很高的权威，长期保持旺盛的生命力，受到乡村社会的高度认同。[③]再一个标志性遗产是著名的"敞田制"，强制性轮耕制和放牧制带有明显的"均平"主义色彩。

村民带着这种观念建立的中世纪城市，就是一个城市共同体。他们有自己的法律和法庭，享有一定自治权。一些法兰西和意大利城镇还自称为"城市公社"。城市手工业行会，简直就是村庄组织的翻版，商会亦然。大学被称为"中世纪最美丽的花朵"，人们仍然可以从其教师行会身上看到马尔克共同体的影子。

---

① 参见 Roscoe Pound, *The Spirit of the Common Law*, Francestown: Marshall Jones Company, 1921, pp. 26-27。

② 参见侯建新："西欧中世纪乡村组织双重结构论"，《历史研究》2018年第3期。

③ 参见 Zvi Razi, "The Struggles between the Abbots of Halesowen and Their Tenants in the 13th and 14th Centuries", in T. H. Astonetal., eds., *Social Relations and Ideas: Essays in Honour of R. H. Hilton*, Oxford: Oxford University Press, 1983, pp. 151-167。

　　上层统治架构也深受日耳曼传统的影响。按照日耳曼人的观念，政府的唯一目标就是保障现存的法律和权利，地方习惯法往往成为王国法律的基础。德国学者科恩指出，中世纪的政治思想与其说是中世纪的，不如说是古代日耳曼的，后者也是欧洲封建制得以创建的重要政治资源。① 即使法律本身也导源于日耳曼传统，生活中的惯例在法律中具有排他性和独占性。不难发现，不论是乡、镇基层还是上层政治架构，日耳曼的法律、制度与传统文化为早期西方提供了社会组织胚胎。

　　基督教是塑造欧洲文明的重要力量，欧洲文明甚至被称为基督教文明，其实基督教本身也必须经过中世纪的过滤和演化。一个平凡的事实是，同为基督宗教，在这边是天主教和改革后的加尔文新教，在拜占庭和俄罗斯等地就变成颇有差异的东正教。经过中世纪的采纳与认同，基督教潜在要素才得以显现。首先，它以统一的一神信仰，凝聚了基督教世界所有人的精神，这一点对于欧洲人统一的身份意识、统一的精神归属意识，具有无可替代、空前重要的意义。而这样的统一意识，对于欧洲人的身份自觉、文明自觉，又发挥了重大作用。布罗代尔指出，在欧洲的整个历史上，基督教一直是其文明的中心，它赋予文明以生命。

　　其次，它为欧洲人提供了完整的、具有显著的文明高度的伦理体系。基督教早期是穷人的宗教，其博爱观念在理论上（在实际上受很多局限）突破了家庭、地域、身份、种族、国家的界限。耶稣的殉难，以及他在殉难时对迫害他、杀死他的人的宽恕，成为博爱精神极富感染力的象征。博爱精神既为信徒追求大的超越、神圣，实现人生价值、生命意义提供了舞台，也为信徒践行日常生活中的道德规范提供了守则。当基督教出现之后，千百年来折磨人、迫害人、摧残人、杀戮人的许多暴虐传统，才遭遇了从理论到实践的系统的反对、谴责和抵制，以对苦难的同情为内容的人道主义才开始

---

　　① 参见 Fritz Kern, *Kingship and Law in the Middle Ages*, New York: Praeger Publishers, 1956, Introduction, p. xviii.

流行。它广泛分布的教会组织，对中世纪动荡、战乱的欧洲社会秩序重建，对于无数穷苦人苦难的减缓，起过无可替代的作用。

最后，它关于上帝面前人人平等的观念，无论高贵者还是低贱者皆有"原罪"的理念，导致对世俗权力的怀疑，为以后的代议制度孕育预留了空间。权力制衡权力的实践在罗马时代已出现，但基督教的原罪说才提供了坚实的理论依据，开辟了真正广阔的前景。在上帝救世说中，个人是"原罪"的承担者，而灵魂得救也完全是个人行为，与种族、身份、团体无关；个人的宗教和道德体验超越政治权威，无疑助益个体和个体观念的发展。这是古典世界所不曾发生的。

中世纪基督教会的消极影响也无可讳言，它在相当长的时间里、相当严重的程度上用愚昧的乌云遮蔽了理性的阳光，诸如猎杀女巫运动，对"异端"的不宽容，对"地心说"的顽固坚持，等等。更为严重的问题是，随着教会世俗权力的膨胀，教会也不能幸免自身的腐败。作为近代早期欧洲宗教改革的重要成果，基督教会逐渐淡出世俗，完全回归到心性与精神领域。

古希腊罗马文明是欧洲文明选择、采纳其元素为己所用的另一个重要对象，当然它也要以自己的方式予以改造。古典文明的理性思考，对中世纪神学、经院哲学和对自然科学产生深刻影响。雅典无疑开创了多数人民主的先河，不过我们也应清楚地看到，雅典民主有以众暴寡的倾向，不具备现代民主的气质。说到底，古典时代没有独立的个体，缺乏现代民主的基础。

古罗马对于欧洲文明最重要的贡献是罗马法。罗马法法律体系最初不为蛮族所接受，随着蛮族的成长，12世纪他们重新发现罗马法，采纳了罗马法一些"概念"和"范式"，并重新诠释，结果气质大变，与其说罗马法复兴，不如说再造。人们可能看到，12世纪意大利比萨自由市的法律制度，采用了许多罗马法的规则，可是，相同的准则具有极不同的含义。教会法学家们热衷于解读罗马法，表面上他们在不停地辨析和考证罗马法，试图厘清本意；实际上在不断输入当时的社会共识，表达一种全新的见解。中世纪法学家最杰出的贡献，甚至是唯一成就，就是他们对罗马法中"IUS"概念的重新解读和改造，逐渐彰显自然权利和个体权利，开拓了一种新的文明源泉，为建构欧洲文明框架提供了基本元素。

倘若对中世纪与古典文明有较为深入的把握，就不难发现二者基本气质如此不同，人们对国家和权力的心理，对超自然力量的态度，还有社会组织方式、城乡布局等，都不一样。古典时代没有独立个体或半独立个体，看不到个人权利成长的轨迹，个人融于城邦整体中，最终融于帝国体制中；城邦公民的自由限于参政的积极自由而没有抵御公权侵犯的消极自由。梅因指出，"古代法律"几乎全然不知"个人"，它所关心的不是个人而是家族，不是单独的人而是集团。[1]在这种情况下，他们只得依附于城邦，当庞大帝国形成时则依附于帝国，如同基佐指出，臣民那么容易地接受帝国的专制政治信仰和感情，对此我们不应感到惊奇。[2]尽管古典文明达到相当的高度，但是最终还是与其他古代文明一样，未能摆脱谋求强大王朝和帝国的宿命。

无论如何，罗马帝国覆亡以后，不同文明诸种元素熔于一炉，或者一拍即合，或者冲撞不已，更多则是改造和嫁接，形成了一种新的文明源泉。8世纪封建制的确立进一步推进了这一历程。欧洲文明形成要比通常认为的时间晚得多，其过程也漫长得多，正是在这看似无序的过程中，文明元素逐渐更生，至中世纪中期，欧洲文明的内核基本孕育成形。

学者们试图对西方文明核心内涵做出概括性阐释。例如，亨廷顿认为西方文明的主要特征是：古典文明的遗产、天主教和新教、欧洲语言、精神权威和世俗权威的分离、法治、社会多元主义、代议机构和个人主义。西方文明所有重要的方面，他几乎都涉及了，不过这些"特征"没有逻辑关系，甚至因果混淆，未能揭示西方何

---

① 〔英〕梅因：《古代法》，沈景一译，商务印书馆1996年版，第146页。
② 参见〔法〕基佐：《欧洲文明史》，程洪逵、沅芷译，第27—28页。

以成为西方的根本所在。

梅因的研究值得关注。他的目光回溯到文明早期，他承认每一种文明都有其不变的根本，他称之为"胚种"，一旦成形，它的规定性是穿越时空的。他发现当下控制着人们行为的道德规范形式，都可以从这些"胚种"中找到根由。[1]也就是说，虽然欧洲文明不断变化，然而也有不变的东西，它所具有的原始特征，从初始到现今，反复出现，万变不离其宗。

无独有偶，著名的欧洲思想史学家希尔指出了同样的道理，他称不变的东西是欧洲精神版图上铺开的"重叠光环"。这些主题在欧洲历史中反复出现，直到今天还未失去它们的意义。下句话说得更明了：如果哪位读者首次看到它们时，它们已经穿着现代服装，那么我们不难辨认它们在历史上早已存在，虽然穿着那时的服装。[2]不论希尔的"重叠光环"，还是梅因的"胚种"，这些杰出学者的文明研究，都在探求特定文明的原始、不变的根本元素，颇似中华先贤屈原上下求索中发出的"人穷则返本"之呼唤！

四、欧洲文明确立的标志："元规则"生成

笔者认为，12—14世纪形成的自然权利，标志着欧洲文明的确立，它是欧洲文明不变的内核，大概也就是梅因所说的"胚种"。自然权利在一定意义上相当于主体权利，[3]只是角度不同而已。关于自然权利的起源，人们通常认为自然权利观念如同内燃机一样，是现代社会的产物。所幸国际学界近几十年的研究成果不断刷新传统结论，越来越多的学者认为，自然权利观念起源于中世纪，而且逐渐在西方学术界占据了主流地位。

欧美学者将自然权利观追溯至中世纪教会法学家的贡献固然重

---

①　〔法〕梅因：《古代法》，沈景一译，第69页。

②　〔奥地利〕弗里德里希·希尔：《欧洲思想史》，赵复三译，"前言"，第1页。

③　参见侯建新："主体权利与西欧中古社会演进"，《历史教学问题》2004年第1期。

要，不过还应同时关注观念背后的社会生活，关注12世纪社会条件的变化。一种文明的诞生不会凭空而降，必须具备与之相应的个体与群体，特定的社会共识，相应的社会环境。再好的种子落在石板上，也不会发芽成长。

不难发现，到中世纪中期，个体发展与社会发展已经超越了古典时代，本质上不同于古希腊罗马。早在8世纪，欧洲封建制确立，创建一种原创性的政治社会秩序；同时，也是欧洲个体成长的一个重要节点。领主附庸关系蕴藏的信息相当丰富复杂：一方面领主与附庸关系是等级关系，是一种人身依附关系；另一方面领主与附庸双方都必须履行相应的权利和义务，并受到封建法保护。倘若一方没有履约，另一方可以解除关系，也就是说，领主可以抛弃违约附庸，附庸也可以离弃恶劣的领主，因此封建关系中的契约因素不言而喻。这不是说低贱者不受压迫和奴役，这里仅仅是说，他已根据某个法律体系取得了一种不可剥夺的权利——尽管是一种等级权利、低级权利，他却有条件坚持这种权利，从而获得某种程度的保护。耐人寻味的是，这样的法律条款也是封建法的一部分，几乎同时为统治者和被统治者承认，达到相当程度的社会共识。

封建法中的"准契约关系"，深刻影响了中世纪的经济社会生活。在社会上层，按照规定，附庸服军役责无旁贷，然而服役的天数受到严格限制，否则会遭到附庸质疑和抵抗。英国大宪章运动的根本起因，是男爵们不能忍受约翰王破坏封建法，一再额外征召兵役。在社会下层，在采邑里，领主不能随意提高地租，即使在通货膨胀的情况下也很难，所以"习惯地租"几乎成了固定地租的代名词。可见，不论封臣还是普通农民，虽然等级不同权利也不同，然而都有不可剥夺的权利，一种保护自己不被过分压迫和侵夺的权利。正是因为臣民手里有权利，才有维护权利的法庭博弈。

因此人们不难看到，因某个采邑的归属，一个伯爵可以与国王对簿公堂，理直气壮，声称是为了正义和法律的荣誉。同理，一个佃农，即使农奴，为了他的土地权利也可以依据习惯法与领主周旋于庄园法庭。所以中世纪很少发现农民保有地被无故侵夺的案例。实际上，一个农民同时具有三种身份，他是领主的佃户，同时也是村庄共同体成员和教会的教民，这种多元身份也是农民权利保障的重要条件。中世纪城市是封建领地的一部分，市民也有不可剥夺的权利，而且更多一些，颇有吸引力。如果农奴被迫逃亡城市，有被领主追回的危险，但是度过101天后，依据城市法逃亡者便成为一个合法市民，任何人不能威胁他，他在一个新的共同体里再次获得一种权利。

中世纪的乡、镇居民固然不是现代社会意义上的独立个体，然而与其以前世界中的自我相比，与其他文明如古典文明中的自我相比，已经发生了突破性的变化。是否称之为"准独立个体"，才能更恰当、更充分地解释他们呢？这样的个体是中世纪走向现代社会不可或缺的角色，其中坚力量注定是最不安分的、最富有创新精神的人，是不竭动力的源泉。

"准独立个体"出现的历史意义不可低估。一个具有不可剥夺权利的人，一个不可任意奴役的人，一个能够依法自卫的人，一定会产生新的观念和新的语言，炼出新的品质，创造出新的社会关系和一个新的天地。古典世界是杰出的，但是毕竟没能做出本质性的突破，走向现代世界的突破是西欧民族做出的。个体和个体权利的成长，是欧洲千年发展史的一条主线，整个中世纪都可以理解为个体及个体权利成长的历史。正是在这个意义上，弗兰克·梅耶指出，在人类过去数千年的诸多伟大文明中，西方文明是独特的，不仅与古典文明有所区别，与其他所有文明都有所区别，而且是一种本质性的区别。[①]个体以及个体成长史，是欧洲观念、规则等产生的原点，也是欧洲文明产生的原点。

与古典文明及其他古代文明一样，欧洲中世纪不曾有独立个体（individual）；不过，还须看到变化的一面，大约中世纪中期，欧洲

---

① 参见 Franks S. Meyer, "Western Civilization: The Problem of Political Freedom", *Modern Age* (Spring 1968), p. 120。

已然出现形成中的独立个体，发展中的独立个体——"准独立个体"。历史从这里分流。

实际上，已经有学者用实证的方式描述这种个体的发展足迹。剑桥大学人类学家艾伦·麦克法兰将英国个人主义（Individualism）追溯到1200年；戴尔则认为英国自中世纪中期就启动了社会转型，开始从共同体本位逐渐转向个人本位。[①]正如布洛赫所描述的那样，在12世纪，"自我意识的成长的确从独立的个人扩展到了社会本身。……从民众心灵深处产生的观念，与神职人员虔诚追求交汇在一起"[②]。基于多元的文化交流和灵动的现实生活，在上至教皇、教会法学家、中世纪思想家，下至乡镇普通教士踊跃参与的讨论中，欧洲社会形成了颇有系统的权利话语及其语境，阐明了一系列权利观念，其中自然权利概念应运而生，被称为一场"语义学革命"（semantic revolution）。[③]一扇现代社会之窗被悄悄地打开。

欧洲学者首先将自然权利的渊源追溯到14世纪，这主要是法国哲学家米歇尔·维利（Michel Villey）等人的贡献，半个世纪后，即20世纪中叶，以布赖恩·蒂尔尼为代表的历史学家则追溯得更远，认为自然权利观念产生于12世纪。[④]彼时，一位意大利教会法学家格拉提安（Gratian），将罗马法学家注释学成果以及数千条教会法规汇编成书。为了纪念他的杰出贡献，后人称该书为《格拉提安教令集》（Decretum of Gratian，简称《教令集》）。在这部《教令集》中，格拉提安重新解释了罗马法中ius的概念，启动了这一概念中主体、主观的含义。继而，12世纪若干教会法学家不断推进，鲁菲努斯（Rufinus）是自然权利概念发展的关键人物，他指出，"ius

① 分别参见 A. Macfarlane, *The Origins of English Individualism*; Christopher Dyer, *An Age of Transition? Economy and Society in England in the Later Middle Ages*。

② Marc Bloch, *Feudal Society: The Growth of Ties of Dependence*, Vol. I, London and New York: Routledge, 1989, pp. 106–107.

③ Takashi Shogimen, *Ockham and Political Discourse in the Late Middle Ages*, Cambridge: Cambridge University Press, 2007, p. 154.

④ 参见 Brian Tierney, *The Idea of Natural Rights: Studies on Natural Rights, Natural Law and Church Law, 1150–1625*, Cambridge: Scholars Press, 1997。

naturale"是一种由自然灌输给个人的力量，使其趋善避恶。另一位学者休格西奥（Huguccio），被称为12世纪最伟大的教会法学家，也指出ius naturale是一种行为准则，其最初的意义始终是个人的一种属性，"一种灵魂的力量"，与人类的理性相联系。至此，自然权利概念逐渐清晰起来。

进入14世纪，著名学者奥卡姆的威廉（William of Ockham）明确将罗马法中的ius阐释为个体的权能（potestas），并将这种源于自然的权利归结于个体，正是在这个意义上，自然权利又称为主体权利，奥卡姆被誉为"主体权利之父"。他说，这种权利永远不能被放弃，实际上它是维持生命之必须。[①]自然权利（nature rights）和主体权利（subjective rights）的出现，第一次确认了在实在法权利（positive rights）之外还有位阶更高的权利，突破了以往单一的法律体系。它们不是法庭上实际运用的权利，而是"天赋权利"，是所有时候都应该承认的权利，具有极其重要的引导和感召作用，成为欧洲深层次的社会规则系统生成的思想源泉。

生活中的实际存在，反复出现的个体与群体的行为，以及观念与话语，必须上升到抽象、系统的概念和理论表述，才能沉淀下来，存续下去，从而成为社会秩序的灵魂，也就是文明的核心要素。自然权利如同欧洲文明之胚种，埋下胚种，就要生根发芽、开枝散叶，12、13世纪的法学家们创造出许多源于自然权利的权利，发展出一种强有力的权利话语体系，衍化成相应的元规则，构成欧洲文明内核。

"元规则"（meta-rules）的定义是：某种特定文明首要、起始和关键的规则，决定规则的"规则"，被社会广泛认同并被明确定义，成为社会生活的基本准则。欧洲文明元规则内涵高度稳定，以至于渗入法律和政治制度层面，从而奠定西方文明基础，使西方成为西方。这个体系大致包括五个方面的基本内容，即"财产权利""同意权利""程序权利""自卫权利"和"生命权利"。它们源自自然，不

---

① 参见 Brian Tierney, *The Idea of Natural Rights: Studies on Natural Rights, Natural Law and Church Law, 1150-1625*, p. 122。

可剥夺，也不可让渡；它们是应然权利，是消极自由权利，却深刻影响着社会走向。五项元规则简述如下：[①]

1. 财产权利（rights to property）。随着罗马法复兴，教会和法学界人士掀起了一场财产权讨论，而方济各会"使徒贫困"的争论第一次将财产权与自然权利概念联系在一起。

方济各会创建于1209年，宣称放弃一切财产，效仿基督，衣麻跣足，托钵行乞，受到历届教宗的鼓励。可教宗约翰二十二世在位时，却公开挑战"使徒贫困"论的合理性，他认为方济各标榜放弃一切所有权是不可能的。显然，教宗只是从实在法权利角度评判"使徒贫困"，而放弃了自然权利意义上的财产权。奥卡姆从"人法""神法"以及"自然权利"等大量权利概念分析入手，结合基督教经典教义，论证了他的复杂的主体权利思想。

奥卡姆承认方济各会士没有财物的实在法权利，然而他们来自福音的自然权利却不可剥夺，是无需任何契约认定的权利，而且位阶高于实在法权利。[②]结果，奥卡姆彰显了财产观中的自然权利，从而成功地捍卫了方济各会的合法性。

中世纪自然权利观念深刻地影响到社会的财产权利观。《爱德华三世统治镜鉴》（*Speculum Regis Edwardi III*）强调这样一个原则：财产权是每个人都应当享有的权利，任何人不能违背他的意志夺走其物品，这是"一条普遍的原则"，即使贵为国王也不能违反。社会底层人的财产权最易受到侵害，所以王室官员强买贫苦老农妇的母鸡是更严重的犯罪，"必将受到现世和来世的惩罚"。作者排除侵权行为的任何华丽借口，"不存在基于共同福祉就可以违反个人主体权利的特殊情况"。[③]

---

① 关于欧洲文明元规则论述，详见侯建新："中世纪与欧洲文明元规则"，《历史研究》2020年第3期。

② 参见 Brian Tierney, *The Idea of Natural Rights: Studies on Natural Rights, Natural Law and Church Law, 1150–1625*, pp. 121–122。

③ Cary J. Nederman, "Property and Protest: Political Theory and Subjective Rights in Fourteenth-Century England", *The Review of Politics*, Vol. 58, No. 2, 1996, pp. 332, 343.

13世纪初叶《大宪章》的大部分内容，都关涉到臣民的财产权利。依附佃农的财产权利也并非缺位，他们依照惯例拥有一定的土地权利并受到习惯法保护，权利是有限的却是很难剥夺的。有一定保障的臣民财产权，有利于社会财富的普遍积累。

2. 同意权利（rights to consent）。"同意"作为罗马法的私法原则，出现在罗马帝国晚期，进入中世纪，"同意"概念被广泛引申到公法领域，发生了质的变化，成为欧洲文明极为重要的元规则之一。

首先，"同意"概念进入了日常生活话语。按照日耳曼传统，合法的婚姻首先要经过父母同意，但至12世纪中期，年轻男女双方同意更为重要，并且成为一条基督教教义。同意原则甚至冲破了蛮族法的传统禁令，可见日耳曼传统也要经过中世纪社会过滤，此乃明证。教会婚姻法规定只要男女双方同意，即使奴隶与自由人之间的婚姻也是有效的，奴隶之间的婚姻亦然。

其次，同意原则成为公权合法性的重要基础。教会法学家认为，上帝授予人类拥有财产和选择统治者的双重权利，因此，不论世俗君主还是教宗，都要经过一定范围人士同意，才能具有足够的权威和足够的合法性。日耳曼诸蛮族入主欧洲，无论王国颁布新法典，还是国王加冕，无不经过一定范围的协商或同意。英王亨利一世加冕后写给安塞姆主教的信中说："承蒙你和其他人的忠告，我已经向自己与英格兰王国人民做出承诺，我是经过男爵们普遍同意而加冕的。"①

乡村基层社会亦如此，庄园领主不能独断专行，必须借助乡村共同体和村规，否则很难实行统治。这些"村规"被认为是"共同同意的村规"（Village By-laws by Common Consent）。庄园领主宣布决定或法庭判决时，一定宣明业已经过佃户全体同意，以彰显权威，而这些过程确实有佃户的参与。

最后，值得关注的是，在确立同意原则的同时，提出对"多数

---

① Austin Lane Poole, *From Domesday Book to Magna Carta 1087–1216*, Oxford: Oxford University Press, 1993, p. 10.

人同意"的限制。多数人的表决不是天然合理。其表述相当明确：民众的整体权利不比其个体成员的权利更高，对个人权利的威胁可能来自统治者，也可能就来自共同体内的多数派。显然他们已然意识到并直接排拒"多数人暴政"，中世纪即发出这样的警示难能可贵。13世纪初，特鲁瓦教堂多数派教士发动一场"财政政变"，试图强占少数派的葡萄园，结果，多数派的这一做法遭到教宗英诺森三世的否定，他的批示是：多数票决不能剥夺教士共同体中少数派的个人权利。可见，同意原则与古典时代判然不同，是民主程序，更是个人自然权利，后者不可让渡。同意原则不仅在观念上被广泛接受，在实践上也得到一定范围、一定程度的实施。

3.程序权利（rights to procedure justice）。中世纪法学家把坚持正当程序看作一个具有独立价值的要素，在他们的各种权利法案中，程序性条款占据了法律的中心地位，法律程序地位的高低被认为是法治与人治之间的基本区别。正当审判程序原则最早见于1215年英国《大宪章》：对于封臣，如未经审判，皆不得逮捕、监禁、没收财产、流放或加以任何其他损害。还决定推举25名贵族组成委员会，监督国王恪守《大宪章》并对其违规行为实施制裁。这些高度权威性的法条，从程序上明确规约政府公权力，使臣民免于被随意抓捕、监禁的恐惧，体现了程序正义的本质，筑起法治的基石。

实行陪审制的英国普通法，更有利于"程序正义"要素的落实，他们认为刑事审判属于"不完全的程序正义的场合"，即刑事审判的正当程序不一定每次都导致正当的结果，于是，"一种拟制的所谓半纯粹的程序正义"陪审制成为必要的弥补。陪审团由12人组成，与被告人身份相当，即"同侪审判"；犯罪性质全凭陪审团判定，且须陪审员一致通过，陪审团是真正的法官。判决后的案例（case）即成为此后类似案件审理的依据，所以他们不仅是法官而且还是创造律条的法学家！陪审制使得一部分司法权保留在社会手中，减少了司法权的官僚化和法律的僵硬化。

在欧洲大陆，审判程序也趋向严格和理性化，强调规范的诉答和完整证据，即纠问制（inquisitorial system）。13世纪以后逐渐产生了代表国王行使公诉权的检察官制度，理由是刑事犯罪侵害个人同时威胁公共安全。另一个重要发展是，不断出台强化程序的种种限定，以防止逮捕、惩罚等权力的滥用。如遇重要犯罪判决，还要征求庭外一些资深人士意见。由于僵硬的证据要求，为获取口供以弥补证据不足，刑讯逼供往往成为法官的重要选项，纠问制法庭的暴力倾向明显。

近代以后，英国普通法法系与大陆法系有逐渐接近的趋向。"程序正义"从程序上排拒权力的恣意，强调"看得见的正义""最低限度的正义"以及"时效的正义"等；对当事人而言则是最基本的、不可让渡的权利。人们往往热衷于结果的正义，而真正的问题在于如何实现正义以及实现正义的过程。

4. 自卫权利（rights to self-defense）。 又称为抵抗权（rights to resist），即防御强权侵害的权利，在中世纪，指臣民弱势一方依据某种法律或契约而抵抗的权利。抵抗权观念主要萌芽于日耳曼人传统中，那时人们就认为，他们有权利拒绝和抗拒违规的部落首领。进入中世纪，他们认为，国王和日耳曼村社首领之间没有天壤之别，仅仅是程度上的差异。抵抗权利观念可谓中世纪最有光彩的思想之一。欧洲封建制的领主附庸关系，被认为是一种准契约关系，这不是说欧洲封建制没有奴役和压迫，而是说奴役和压迫受到了一定的限制。倘若一方没有履约，另一方可以解除关系，即"撤回忠诚"（diffidatio）。"撤回忠诚"是从11世纪开始的西方封建关系的法律特性的一个关键。

由于抵抗权的确立，国王难以掠夺贵族，贵族领主也难以掠夺农民，从而有利于生产和经营，有利于社会财富的良性积累，成为英国、荷兰等西欧国家农业经济突破性发展的秘密。人们不难发现，国王与某贵族对簿公堂，国王未必胜诉。在一桩土地权利诉讼案中，被告席上的伯爵这样表示："如果我屈从于国王意志而违背了理性，……我将为人们树立一个坏的榜样：为了国王的罪恶而抛弃法律和正义。"①可见，如果受到不公正的对待，附庸可以反抗，理直气壮地反抗！

同时，国王不能侵害封臣领地，封臣完成规定的义务外，国王不能从封臣采邑中拿走一个便士。"国王靠自己生活"，即国王只能依靠王室领地收入维持王室生活和政府日常开支，只有在战争时期才能向全国臣民征税。在相当长一段时期内，西欧的国王或皇帝没有固定的驻地，他们终年在其所管辖的领地之间巡行，称为"巡行就食"，因为把食物运到驻地的成本过于昂贵。法兰克国王、盎格鲁-撒克逊国王、诺曼诸王、金雀花诸王无不如此。欧洲没有、也不可能有中国那样的"漕运"②。德皇康拉德二世1033年的行程是：从勃艮第巡行到波兰边境，然后返回，穿过香槟，最后回到卢萨提亚。直线距离竟达1 500英里左右！即使在王室领地上，国王的消费——所收缴租税的折合，也受到习惯法限制，国王随行人员数量、停留天数等都有具体规定。

同理，不论在王室庄园还是一般领主庄园，佃农的习惯地租基本是不变的。地租固定可以保证领主的收入，另一方面防止领主的过分侵夺。习惯地租被称为保护农民经济的"防波堤"（dyke），有助于土地增值部分流进农民口袋，促进小农经济繁荣。以英国为例，有证据显示，农业资本主义的成功是以小农经济的普遍繁荣为基础的。在二三百年的时间里，地租基本不变，佃户个体可以积累资金、扩大土地和经营规模，形成富裕农民群体（well-to-do peasantry），从中产生租地农场主或新型地产主，从而改变乡村社会结构。

人们普遍接受这样的理念——领主不能为所欲为，许多表面看来似乎只是偶然的起义，其实基于一条传统深厚的原则：在国王或领主逆法律而行时，人们可以抗拒之，甚至暴力抵抗之，这并不违背封建道德。附庸的权利得到法律认定，逻辑上势必导致合法自卫

---

① Fritz Kern, *Kingship and Law in the Middle Ages*, pp. 88-89.
② 漕运，指中国皇权时代从内陆河流和海运将征缴的官粮送到朝廷和运送军粮到军区的系统。漕运被认为是王朝运转的命脉，因此中国历代皇权都开凿运河，以通漕运。

权。附庸可以离弃恶劣的领主，是欧洲著名"抵抗权"的最初表达，被认为是个人基本权利的起点。自卫权没有终结社会等级之间的对抗，然而却突破了单一的暴力抗争模式，出现了政治谈判和法庭博弈，从而有利于避免"零和游戏"的社会灾难，有利于社会良性积累和制度更新。

英国贵族抵抗王权的大宪章斗争，最终导致第一次议会召开，开创政治协商制度的先河。近代美国1776年《独立宣言》、法国《人权宣言》等欧洲重要国家宪法文件，都不断重申抵抗的权利。人们不断地溯源，因为在这里可以发现欧洲文明的原始特征，布洛赫说："西方封建主义虽然压迫穷人，但它确实留给我们西方文明某些至今仍然渴望拥有的东西。"①

5.生命权利（rights to life）。生命权之不可剥夺是近代启蒙学者的重要议题，然而该命题同样产生于中世纪。教宗英诺森四世和尼古拉斯三世等，都同情方济各会士放弃法定财产权利的修为，同时支持会士们继续获得维持生命的必需品。他们同声相应，都在为生命权利观背书。进入14世纪，教会法学家更加明确指出，人们可以放弃实在法权利，但不可放弃源自上帝的自然权利，这是人人皆应享有的权利，方济各会士有权利消费生活必需品，不管是否属于他所有。②

出于上帝面前人人平等的理念，基督教对待穷人有一种特殊的礼遇。无论多么边缘化的人，在上帝的眼中，没有什么根本区别。甚至，可以原谅因贫穷而犯下的过错。他劝诫富者捐赠穷人，提倡财物分享，那样才是"完全人"。③12世纪《格拉提安教令集》就有多篇文章为穷人权利声张，法学家休格西奥宣称，根据自然法，我们除保留必需之物外，余裕的部分应由需要的人分享，以帮助他人

---

① Marc Bloch, *Feudal Society: Social Classes and Political Organization*, Vol. II, London and New York: Routledge, 1989, p. 452.

② 参见Brian Tierney, *The Idea of Natural Rights: Studies on Natural Rights, Natural Law, and Church Law, 1150-1625*, pp. 121-122。

③ 《新约·马太福音》19：21。

度过饥荒，维持生命。当近代洛克写下"慈善救济使每个人都有权利获得别人的物品以解燃眉之急"的时候，生命权观念在欧洲已经走过了若干世纪，并且为社会捐献和贫困救济提供了最广泛的思想基础。

1601年，欧洲出台了现代历史上第一部《济贫法》，它不是教会也不是其他民间组织的慈善行为，而是政府颁布的法律文件，不仅济贫而且扶助失业劳动者。生命权元规则已外化为政府职能和政策，普遍、系统的社会福利制度得到极大发展，没有广泛和深入的社会共识是不可想象的。而它肇始于中世纪，其基本规则也确立于中世纪，被认为是中世纪向现代国家馈赠的最重要的遗产。

在极端需要的情况下穷人可以拿走富人余裕的物品，此之谓"穷人的权利"，由此生命权也是穷人革命的温床。13世纪教会法学家提出穷人在必要时有偷窃或抢劫粮食的"权利"，同时提出穷人索取不能超过必需的限度，否则即为"暴力掠夺"。在极端饥寒交迫的情况下，蒙难者采取非常手段获得维持生命的物品，如果腹的面包，或者几块取暖的木头是可以原谅的。可是，在实践中如何分辨"必要索取"与"暴力掠夺"？另一个悖论是，穷人的权利主张在现实生活中未必行得通，因为它们往往与法庭法律发生冲突。穷人为生存可以抢劫，这是自然权利使然；但按照实在法他们就是犯罪，要受到法庭制裁。中世纪法学家似乎给予自然权利更神圣的地位，他们认为，在法官眼里抢劫者是一个盗贼，可能被绞死，但在上帝眼里他仍然可以被原谅，如果他因生活所迫。

也就是说，即使法律禁止，主体权利本身仍然不可剥夺。[①]生命权利内含的平等观竟如此坚韧！欧洲是资本主义的策源地，殊不知它也是社会主义的故乡，发源于欧洲的空想社会主义思想的核心就是平等。不难看出，"元规则"对西方文明的影响既深远又复杂。

以上，并未详尽无遗地列出西方文明的所有元规则，这些元规

---

① 参见 Bede Jarrett, *Social Theories of the Middle Ages 1200–1500*, Westminster: The Newman bookshop, 1942, p. 123。

则也并非无一出现于其他文明之中，不过每个元规则皆植根于自然权利，而且自成体系，约束公权，笃定个体，激发社会活力，的确赋予西方文明以独有的秉性。自然权利、主体权利是欧洲文明之魂。越来越多的学者认识到，西方文明是独特的，不是普遍的，正是这些独特的内在规定性，使该文明有别于世界其他文明。经过几百年的发展，欧洲率先进入现代社会：英国1688年发生政权更迭，史称"光荣革命"，确立了君主立宪制；接着，美国、法国、意大利、德意志等也先后发生政治转型。经济上，欧洲培育出人类历史上第一个以工业为主要生产方式、城市为主要生活舞台的文明，彻底地改变了整个人类生产和生活模式。

"元规则"还有一个显著特征，它保持了足够的开放性。我们发现，欧洲文明是一条大河，在西欧诸民族主导下，凝聚了基督教世界所有人的基督教信仰，古典文明和以色列文明元素，还有他们自己的颇具个性的日耳曼传统文化，不断为它注入丰沛的水量，到中世纪中期形成了一种新的文明源泉。中世纪绝非"空档期"，恰恰相反，它是不同文化的汇通期、凿空期，更是开拓期，孕育确立新文明，循序趋近新纪元。正是在这样的基础之上，西方文明才形成近代以来浩瀚汹涌、汪洋恣肆、奔腾向前的大河景象。西方文明的发展历程雄辩地证明，一个文明要有伟大、持久的生命力，就要不断地从不同文明吸收营养，不断地自我革命，不断地开拓创新。

列出欧洲文明初创期确立的五项元规则，不意味着这些元规则总是存在并总是通行于西方社会。实际上，一些元规则所涵盖的基本权利最初只在有限的人群范围内和有限的程度上实行，虽然享有这些基本权利的人群范围在不断扩大。中世纪有农奴制，大部分农民丧失了一定的人身自由，那是领主对佃农的奴役。还有国王对臣民的奴役，基督教信徒对非基督教信徒的奴役，男人对女人的奴役，无论其范围大小、程度轻重，作为曾经长期存在于西方历史上的现象，无疑是消极、阴暗的。进入近代，还有殖民者对殖民地人民的暴行和奴役等等，不一而足。显然，欧洲文明元规则没有使西方变成一片净土。

此外，这些元规则本身也存在深刻的内在矛盾。例如，多数人权利与个人权利的关系、平等与自由的关系等，长期得不到妥善解决，反而随着民粹主义和民族主义的泛滥而更加复杂化。又如，依照"生命权"元规则，政府建立健全社会福利制度，全民温饱无虞而广受褒奖；另一方面，低效率、高成本的"欧洲病"①等问题又随之产生。生命权与财产权的抵牾之处也是显而易见的。欧洲文明其他元规则也出现不少新情况、新问题，它们的积极作用同样不是无条件的。"生活之树长青"，即使"天赋人权"旗帜下的主体权利，也不是推之百世而不悖的信条，历史证明，过度放纵的社会和过度压抑的社会，同样是有害的。

五、关于本书：《欧洲文明进程》（16卷本）

一个时期以来，有关"文明"的研究受到国内外学界的广泛关注，进入21世纪该因素越发凸显出来。欧洲文明是世界文明的重要组成部分，是欧美等发达国家的核心文化，是我们不可回避的一种外来文明。分析、评估欧洲文明利弊得失并消化其积极因素，乃是鸦片战争以来我国几代人的夙愿，也是我国学界不可推卸的一份责任。

"周虽旧邦，其命维新。"中华文明自古以来就以海纳百川、兼容并蓄的胸怀闻名于世，正是由于不断地汲取其他文明的精华才使我们得以生生不息，文脉永续。走自己的路，却一刻不能忘怀先贤"开眼看世界"的遗训。我们相信，西方文明是一个必须直面的文明，也是一个值得花气力研究的文明，无论这个文明之花结出的累累硕果，还是其行进过程中吞下的历史苦果，都值得切磋琢磨，化作我们"为往圣继绝学，为万世开太平"的有益资源。

就地域和文化差异而言，欧洲文明是距离我们较远的异质文明，

---

① "欧洲病"，指西方国家由于过度发达的社会福利而患上的一种社会病，其结果是经济主体积极性不足，经济低增长、低效率、高成本，缺乏活力。

是经过第二次或第三次发酵的再生文明，一种相当复杂的文明，理解、研究起来有一定难度，绝非朝夕之功。需要笃定不移的专业精神，代代相承的学术积淀，因此还需要长期安定、宽容、鼓励创新精神的社会环境。可惜，相当长一个时期，这些条件的供应并不充分，甚至短缺。鸦片战争以后的漫长岁月里，中国多灾多难，饱受内忧外患和战乱之苦，后来又有各种政治冲击，以至于"偌大国土放不下一张平静的书桌"。

前辈先贤的筚路蓝缕之功不能忘怀。令人欣慰的是，欧洲史乃至世界史研究，自20世纪80年代已有明显起色。在改革开放春风吹拂下，国门渐开，社会宽松，思想活跃，人心向上，尽管生活清贫，还是让老一代学者回归学术，更是吸引了一代年轻学人，追寻真知，潜心向学。经过改革开放四十年，他们已经成为这个领域承上启下的中坚力量。由于他们特殊的经历，对社会环境有着特殊的体验，因此他们格外感恩自己生命的际遇。毫不溢美地说，经过几十年的积累，我国的欧洲文明史研究取得了突破性进步，开土拓荒，正本清源，极大更新了以往的知识体系。为了夯实继续前行的基础，薪火相传，是否应该及时梳理和小结一下？

新世纪初年，我产生这个念头，并与学界和出版界几位朋友讨论，大家的看法竟是出乎意料地一致。更令人欣喜的是，当按照理想人选组成课题组时，所邀之士无不欣然允诺。当时没有什么经费，也没有任何项目名头，所邀者大多是繁忙非常的一线教授，可是他们义无反顾，一拍即合。本课题组成员以改革开放后成长起来的学人为主体，大多为"50后"和"60后"。雁过留声，用中国人自己的话语和方式，留下这一代人对欧洲文明的认知记录，以学术反哺社会是我们共同的梦想。2008年这个课题已经启动，2012年全国社科规划办公室批准为国家重大招标项目，则是四年以后的事了。

我们的学术团队是令人骄傲的，主要成员都是欧洲史研究不同领域的优秀学者。以天津师范大学欧洲文明研究院为依托，集中了国内外12个高校和学术机构的力量，他们来自北京大学、中国社会科学院、中国人民大学、南京大学、山东大学、山东师范大学、华东师范大学、浙江师范大学、中山大学、河北大学和英国伯明翰大学。这个项目颇具挑战性，因为每卷即是一个专题，承担者要打通传统断代分野，呈现来龙去脉，所以被称作"自讨苦吃"的项目。每个子课题大纲（即每个分卷大纲），在数次召开的课题组全体会议上，都要反复质疑和讨论方得通过。从每卷的主旨目标、框架结构，到重要概念，时常争论得面红耳赤，此情此景，令人难忘。"一年好景君须记，最是橙黄橘绿时"，此时此刻，我谨向团队学人同道致以由衷的敬意和感谢！

《欧洲文明进程》（16卷本）是中国学者撰写的第一部多卷本欧洲文明研究著作，分为16个专题，涵盖了政治、法律、经济、宗教、产权、教育以及乡村和城市等欧洲文明的主要方面。我们试图突破一般文明史的叙述方式，采纳专题史与年代史相结合的编写体例。每一卷就是一个专题，每个专题都要连贯地从欧洲文明肇始期讲到近现代；同时，各个专题之间相互补充，相辅相成，让读者通过不同的侧面逐渐丰富和加深对欧洲文明的总体认知。我们的原则是局部与整体结合，特定时段与历史长时段结合，历史细节与文明元规则结合。这是我们的愿望，效果还有待于读者诸君检验。

16个专题，也是欧洲文明16个重大问题，它们是：

1. 欧洲文明进程·民族源流 卷
2. 欧洲文明进程·农民地权 卷
3. 欧洲文明进程·司法与法治 卷
4. 欧洲文明进程·政府 卷
5. 欧洲文明进程·赋税 卷
6. 欧洲文明进程·基督教 卷
7. 欧洲文明进程·自由观念 卷
8. 欧洲文明进程·大学 卷
9. 欧洲文明进程·大众信仰 卷
10. 欧洲文明进程·地方自治 卷

2008年着手课题论证、体系策划和组建队伍，这样算来我们走过了十几个年头。自立项伊始，朝斯夕斯，念兹在兹，投入了可能投入的全部精力和时间，半日不得闲。蓦然回首，年华逝去，多少青丝变白发。眼下，课题结项，全部书稿杀青，《欧洲文明进程》（16卷本）即将由商务印书馆出版。感谢张椿年先生，他是中国社会科学院荣誉学部委员、世界历史研究所原所长，他满腔热忱地鼓励本课题的论证和立项，时常关心课题的进展。可惜椿年先生不幸溘然离世，未看到该成果面世。我们永远怀念他。感谢著名前辈学者、中国社会科学院原常务副院长、德高望重的丁伟志先生，他老人家数次与我长谈，提出许多宝贵的指导性意见，那几年常有书信电话往来，受益良多，至为感激。感谢天津师范大学原校长高玉葆教授，他信任我们并最早资助了我们，使本项目得以提前启动。感谢三联书店原副总编潘振平先生，他参加了本课题早期创意和策划。感谢商务印书馆原总经理于殿利的支持，感谢郑殿华主任、陈洁主任和杜廷广等编辑人员；感谢天津师范大学陈太宝博士以及欧洲文明研究院的其他同仁，他们为本成果的出版付出了辛勤的劳动。还有许多为本成果问世默默奉献的人士，我们心存感激，恕不一一。

2021年，春季，于天津

目　录

前　言

　　现代西方的自由观念源自古代希腊罗马和中世纪欧洲，在后来经历了内容丰富的发展，直到今天，仍然在发展变化。许多西方人认为，自由是西方社会从古至今最核心、最根本的价值观。虽然这一看法不一定正确，但是，说自由观念在西方思想史上占有极其重要的地位，却是符合事实的。

　　在古代希腊，城邦公民视自由为生命。自由的内涵是个人在城邦里的自由，是城邦在外部世界面前的自由。个人自由，意味着有公民身份，可以参与城邦治理，不做其他公民的奴隶。城邦自由，意味着城邦独立自主，不向其他国家纳贡称臣，更不做其他国家的奴隶。公民个人自由与城邦自由密切相关，公民强烈的爱国主义精神也因此与捍卫个人与城邦的自由密切相关。正因为如此，伯里克利在雅典阵亡将士葬礼上才说："要自由，才能有幸福。要勇敢，才能有自由。"这里的勇敢，就是为城邦奋斗的勇敢，爱国主义的勇敢。在自由的环境里，希腊出现了足以彪炳千秋的思想创造、艺术创造的繁荣。当然，自由是狭隘的，只有总人口中的少数才有自由，妇女、奴隶、外邦人没有。并且，自由是建立在对奴隶的压迫、剥削，以及对城邦外部的掠夺基础之上的。

　　罗马共和国的自由和希腊城邦的自由一样，是公民的自由、共和国的自由，有与希腊自由相同的积极面和消极面。值得指出的是，元首制、帝国体制结束了共和国政治层面的传统自由，但是，在经济生活层面，法律仍然在很大程度上维护着罗马人的自由。罗马法对个人财产、经济自由的保护，不但对后来商品经济、市场经济、资本主义的发展起过重要作用，而且，其世界性影响直到今天还没有消失，虽然这种自由也是有严重历史局限的。

中世纪欧洲的自由观念既来源于古代希腊罗马，又来源于日耳曼。基督教上帝面前人人平等思想也是其来源之一（许多教会人士主张、推动农奴解放，其理论依据就在此）。封臣相对于封君的自由，贵族相对于国王的自由，自治共同体相对于外部世界的自由，农民、市民相对于领主的自由，构成了自由的丰富内涵。这一阶段，还诞生了对后世影响重大的、被称为西方自由基石的《大宪章》，以及作为近代西方资本主义自由的制度保障的代议制之源头的等级会议。中世纪欧洲的自由也有着显著的阶级压迫、等级不平等的烙印。领主有压迫、剥削农奴的自由，教会有垄断思想、榨取信众钱财的自由，一群人有以消灭"异端""异教徒""巫师"的名义迫害、折磨、欺凌、征服、屠杀另一群人的自由。在很多地方、很多时候，自由与无序混合，弱肉强食的丛林法则大行其道，许多骑士以拦路抢劫为生。

近代以来，整个西方世界自由观念的发展达到了史无前例的程度，关于政治自由、经济自由、宗教信仰自由、思想自由、言论自由等方面的论著汗牛充栋。资本主义制度在这些观念的轨道上运行数百年。西方资本主义在短短的时间内创造了远远超过此前整个人类创造的物质财富总和的财富；西方学术、科学、艺术等的空前繁荣，无不与自由观念有关。另外，资本主义自由最核心的部分是资本的自由。原始积累让无数欧洲农民失去土地，成为流浪人和作坊、工厂工人；亚非拉广大地区人民遭遇西方殖民者疯狂的掠夺；早期工人在地狱一样的工厂、矿山里挣扎；贫富差距长期存在；资本对政治持久操弄，这一切，表现出西方自由观念的另一种色彩。还有，我们也看到自由在一些时候、一些地方成为了毫无自律的放纵，甚至表现出反智主义特征，这是自由走向了反面。

自由观念不是西方独有的，世界各国都有。不同的国情，决定了不同的自由观念内涵和自由的社会实践。所以，在整个世界范围内，自由观念是形形色色的，西方的自由观念绝不能遮掩或者代替其他地方的自由观念。本书只探讨中世纪以来西方的自由观念，目的在于深化、系统化对西方政治思想的认识。

研究西方自由观念的国外著述数量颇丰，仅仅从本书后面的参考文献就可见一斑。但是，这些著述的观点、立场都是外国人的。虽然国内出版了不少西方政治思想史著作、大量关于西方自由观念的论文，但是，至今没有一本与本书内容、体例、结构类似的西方自由观念研究专著。本书尝试把自由的观念同社会实践，包括自由观念的实践结合起来，把思想史同经济、政治历史结合起来，在社会历史实践的舞台上展示自由观念的演进。

就自由的内容而言，本书用一定篇幅介绍了西方人从哲学、伦理学角度对自由观念的阐释，而主要篇幅都用在对政治自由观念和经济自由观念及其实践的介绍，因为本书作者认为，政治自由、经济自由是其他方面自由的基础与前提。本书还着意介绍了关于自由的局限性的观念，以及反对自由的观念，以求对西方自由观念有较全面的了解。就对西方自由观念的评价而言，本书既充分肯定其历史进步作用，尤其是在资本主义取代封建主义的历史性社会经济变革中的进步作用，又明确指出了其阶级和历史的局限性。这一切，都可以算作本书的一些有微薄价值的地方。

本书的文献资料主要是英文和中译的西方学者的专著和论文，同时参考利用了国内学者的相关著述。

本书第一编由赵文洪写作，第二、第三编由赵秀荣写作。

第一编　中世纪的自由观念

第一章 中世纪"自由"的含义与自由观念的源头

一、"自由"的含义

美国著名历史学家埃里克·方纳（Eric Foner）[1]曾引述过兰斯顿·休斯（Langston Hughes）的一首诗《像自由这样的字》：

有些字像自由（Freedom）
说出来甜蜜动听美妙无双
在我心弦的深处
自由无时不在尽情地歌唱

有些字像自由（Liberty）
它们却使我忍不住哭泣哀伤
假如你知道我所经历的一切
你就会懂得我为何如此悲伤。[2]

---

① 埃里克·方纳是美国哥伦比亚大学德威特·克林顿历史学讲座教授，当代美国最有影响力的历史学家之一。他是美国艺术与科学院院士和英国皇家科学院通讯院士，并分别在1993年和2000年当选为美国历史学家组织（OAH）和美国历史学会（AHA）的主席。曾先后在牛津大学、剑桥大学、莫斯科大学、希伯来大学等世界知名大学担任美国史讲座教授。

② 〔美〕埃里克·方纳：《美国自由的故事》，王希译，商务印书馆2002年版，第3页。

这说明自由不但有双重字面表达方式，更有在现实生活中复杂具体的内容。我们先了解字面意义吧。

自由在英语中是用两个不同的词汇（freedom/liberty）表达的。一般认为，这两个词没有区别，可以互换。但是，有人在对两个词的词源进行深入分析后认为，freedom起源于德语，通过盎格鲁－撒克逊人传递给了英国人；而liberty是带有古法语痕迹的拉丁语，它通过诺曼人传到了英国。[①]

在英语里，freedom的主要含义是 "the state of being free" 和 "the power to do, say, think, or write as one pleases"。翻译成汉语，意思是"自由的（free，此处用作形容词）状态"和"一个人愿意做、说、想或者写什么的权力"。在这里之所以用"权力"（power）而不是"权利"（right），在于强调freedom排他性的强制力。我们知道，"权力"是上对下的，压倒性的。这么强调自由，足以见得它在西方作为核心价值的地位了。那么形容词free是什么含义呢？其英语解释是 "moving about at will; not tied up or bound; not shut up or held in prison"。[②]翻译成汉语，意思是"任意活动；不被约束；不被关闭在监狱里"。国内一些学者将"自由的自然状态"定义为"任意"[③]、"由自"。[④]

我们再看看中世纪西欧"自由"的一些含义。中世纪西欧人是在两种意义上谈论自由的。一种是在人与人的关系意义上，它强调的是一个人是否可以奴役其他人；一个人是否可以不受其他人的奴役。另一种是在人与神的关系意义上，它强调的是人在神的面前是

---

① 转引自李宏图"译后记：在历史中寻找自由的定义——昆廷·斯金纳与思想史研究"，〔英〕昆廷·斯金纳：《自由主义之前的自由》，李宏图译，上海三联书店2003年版，第133页。

② 《朗文现代英汉双解词典》，现代出版社1993年版，第573—574页。

③ 参见谢晖《法律信仰的理念与基础》，山东人民出版社1997年版，第180页。

④ 参见陈忠林"自由·人权·法治——人性的解读"，《现代法学》2001年第3期。

否还有独立的意志，选择的自由。①我们从这两个方面来看看那时人们关于自由的认识。

人的自然状态

近代西方启蒙思想家们在建构自由、人权等理论时，往往要假定一个人类的自然状态，作为最根本的理论依据和事实依据。在中文翻译中，这种状态就叫"自然"或者"天然"。在这种状态中人的一些权利，中文便翻译为"自然权利"或者"天赋权利"。其实，关于人的基本权利的自然状态观念早在中世纪便有了。根据中世纪西欧人在谈到人与人的关系时对"自由"一词的用法，自由就是神在造人时设定的一种人与人之间的关系状态，即每一个人不受其他人的任何奴役。这种状态当然是最自然的状态了。我们可以举出下面的许多例证，以资说明。

中世纪一位自由人在释放他的农奴时说："原始的时候我们的主上帝立一个乐园，放人在园里面，给他美满和完全的自由。"② 1310年，一位英国普通法法庭仪仗官说，开始时，世界上每一个人都是自由的。③ 1535年，一位英国主教说："最初的时候，天然所造之人皆是自由的。"④英国大法官约翰·福特斯鸠（Sir John Fortescue，又译约翰·福蒂斯丘爵士，1385？—1479年）在15世纪下半叶写道："自由乃上帝植根于人类本性之中。因此，当一个人自然的（天生的）自由被剥夺后，它总想回归。因此，不赞成自由的人是不虔敬的和残忍的。"⑤

---

① 比如但丁认为，自由的基本原则是有选择的自由。如果判断力能完全控制欲念，丝毫不受欲念的影响，那它就是自由的；如果欲念设法先入为主，影响了判断力，那么，这种判断力就不是自由的，因为它身不由己，被俘虏了。参见〔意〕但丁《论世界帝国》，朱虹译，商务印书馆1997年版，第16—17页。

② 杨昌栋：《基督教在中古欧洲的贡献》，社会科学文献出版社2000年版，第96页。

③ J. H. Baker, "Personal Liberty under the Common Law of England, 1200–1600", R. W. Davis, ed., *The Origins of Modern Freedom in the West*, Stanford University Press, 1995, p. 186.

④ 杨昌栋：《基督教在中古欧洲的贡献》，第92页。

⑤ J. H. Baker, "Personal Liberty under the Common Law of England, 1200–1600", R. W. Davis, ed., *The Origins of Modern Freedom in the West*, p. 188.

杰弗里·乔叟（Geoffrey Chaucer, 1340—1400年）借笔下人物的嘴说，有权有势的人不该为他们的权势而感到十分光荣，因为在本来的自然状况下，他们不是人家的主子，并不能奴役别人。[1]约翰尼斯·格拉提安（Johannes Gratian，又译格兰西之，12世纪教会法学家，生卒年不详）认为，"无论是富人还是穷人，无论是自由人还是奴隶，在造物主面前都是平等的具有相同理性的人……在主面前都应按照同一法律受到裁判。"[2]

人类天然的自由当然就涉及人类天然的平等——既然大家都是自由的，那么大家就一定是平等的；至少在都是自由的这一点上是平等的。我们见到关于自由与平等之间的关系的论述。比如，巴尔达萨尔·卡斯蒂廖内（Baldassare Castiglione，1478—1529年）的《廷臣论》（*The Book of the Courtier*）指出，"由于自由是上帝赐予我们的最重要的礼物"，因此，"如果一个人比另一个人享有更多的自由"，则是非常荒谬的。这种情况"发生在君主的统治下，因为君主多半对其臣民施以严格的束缚"。[3]

现实的政治自由

对于后世意义更大的是，中世纪西欧一些人把伊甸园里蛮荒的"自由"推演发展为文明时代内容丰富的政治自由。对于政治自由，他们有着下面这样一些基本的理解。

1. 自由是行动的权利。在约1257—1300年，德国的一本法律书将自由定义为"一个人做他想做的任何事情——除非被强力或法律所禁止——的自然的权利"。这本书广为流传，被译成拉丁文、捷克文、波兰文。同时代的意大利法学家们也使用这个句子，并注明来

---

① 〔英〕杰弗里·乔叟：《坎特伯雷故事》，黄杲炘译，译林出版社1999年版，第761页。

② 彭小瑜："格兰西之《教会法汇要》对奴隶和农奴法律地位的解释"，《世界历史》，1999年第3期。

③ 〔英〕昆廷·斯金纳：《现代政治思想的基础》，段胜武、张云秋、修海涛等译，求实出版社1989年版，第128页。

源于公元2世纪时的罗马法学家佛罗伦提纽斯（Florentinus）。[①]这种定义同本书后面将要介绍的近代的定义已经差别很小了。

2. 自由是为自己而生存。人为什么要自由？自由的价值何在？这是一个近代西方哲学和政治学所探讨的目的论方面的问题。难得的是，中世纪西欧人已经触及它了。但丁（Alighieri Dante，1265—1321年）在《论世界帝国》中说："自由的意思就是为自己而生存，而不是为他人而生存。凡是为他人而生存就必然要受制于他人所以生存的目的，譬如修路，这路之所以要修必然取决于它要通往的目的地。"[②]

3. 自由是奴役的对立面。人们对待自由的态度，完全取决于他们所处的社会历史环境。今天，我们认为自由可贵，是因为自由给我们带来了幸福。也就是说，原因在自由本身。而在中世纪西欧，人们不单纯是因为热爱自由而重视自由，而更多的是因为害怕奴役而重视自由。自由人强调自己是自由的，是因为他们不愿意承担不自由人所应该承担的那些难堪的义务。不自由人追求自由，是因为他们希望摆脱被奴役的状态。被奴役的状态意味着什么呢？你每周要在固定的时间去给领主干活；你在名分上是领主的人；你要以多种名义给领主缴纳钱财；你外出的行为受到领主的限制。关于早期农奴的受奴役状态，史料很多。比如，有人在13世纪写道，"像这样不自由的""第三等人"（指农奴——引者），其中"某些要如此受领主的支配，以至于领主可夺取他们所拥有的全部东西（无论是活物还是死物），随意监禁他们，除了上帝之外不对任何人负责"。[③]当一个社会，更具体地说，一个村庄，存在着自由人和不自由人的时候，两者之间的差别、对比，自然会让人们因为害怕奴

---

① 而事实上，它也是罗马法学家们借自斯多葛的思想；甚至罗马政论家西塞罗也曾将个人自由定义为"任意生活的权力"（the power to live as you please）。John Hine Mundy, "Medieval Urban Liberty", R.W. Davis, ed., *The Origins of Modern Freedom in the West*, p. 113.

② 〔意〕但丁：《论世界帝国》，朱虹译，第17—18页。

③ 〔美〕哈罗德·J. 伯尔曼：《法律与革命——西方法律传统的形成》，贺卫方、高鸿钧、张志铭、夏勇译，中国大百科全书出版社1993年版，第388页。

役而热爱自由。在13世纪，甚至15世纪，英国人对自由的理解还仅仅是把"自由"作为奴役（bondage）和农奴（villeins）的反义词。这主要体现在同一村庄的人们身份的差异上。[①]

在许多法庭上，法官都要求不自由人拿出任何一条证据来证明他们，或者他们的祖先，曾经是自由的。有了这样的证据，不自由人才可以摆脱奴役。无数从农村逃往城市的不自由人，都是被奴役所逼。所以，在许多人的言论中，自由总是同奴役一起出现。例如，约翰·福特斯鸠在15世纪末写道："如果一项法律增加奴役而减少自由，那么它就必然是残忍的。因为人的本性永远渴望自由。奴役是人们以邪恶的目的而采用的；而自由则是由上帝植根于人的本性之中。"16世纪前期，在英国的一个司法场所，有人说，农奴制"绝对地对立于自由"。[②]

作为历史背景，我们有必要指出奴役制度广泛存在的事实。

中世纪西欧存在过两种奴役制度，一种是在早中期普遍存在的农奴制，一种是在中晚期较多见的奴隶制。由于农奴制前面已经涉及，这里简单介绍奴隶制。

就奴隶制而言，很少见到中世纪前期私人拥有奴隶的记载。但是，在1300年后，意大利水手们从东地中海进口了昂贵的家内奴，其中妇女的比例非常高。在15世纪，日渐增加的男性和黑人奴隶开始被用于采矿业和农业，最早出现在爱琴海的岛屿上，然后出现在西西里和其他地方。约在1511年的时候，有一位叫菲利浦（Philip of Commynes）的法国历史学家，就曾指责非洲人将奴隶卖给葡萄牙人是人对人的滥用的范例。[③]16世纪时，英国普通法依然容忍了奴隶制。战俘在英国可以沦为类似奴隶的地位，被强迫在战舰上服役。

---

① J. H. Baker, "Personal Liberty under the Common Law of England, 1200-1600", R. W. Davis, ed., *The Origins of Modern Freedom in the West*, p. 191.

② Ibid., pp. 188-189.

③ John Hine Mundy, "Medieval Urban Liberty", R. W. Davis, ed., *The Origins of Modern Freedom in the West*, p. 115.

英国星室法庭（Star Chamber）在1548年判决一个叫艾德蒙德·格里姆斯顿（Edmund Grimston）的人在国王的战舰中沦为"奴隶"。[①]

威廉·莎士比亚（William Shakespeare，1564—1616年）的戏剧《威尼斯商人》中夏洛克的一段话表明最违反自由原则的奴隶制在当时存在："我又不干错事，怕什么刑罚？你们买了许多奴隶，把他们当作驴狗骡马一样看待，叫他们做种种卑贱的工作，因为他们是你们出钱买来的。我可不可以对你们说，让他们自由，叫他们跟你们的子女结婚？为什么他们要在重担之下流着血汗？让他们的床铺得跟你们的床同样柔软，让他们的舌头也尝尝你们所吃的东西吧，你们会回答说：'这些奴隶是我们所有的。'"[②]

西班牙人胡安·希内斯·德·塞帕维达（Juan Gines de Sepulveda，1490—1573年）曾在博洛尼亚（Bologna）研究人文学并接受神学教育，后来成为西班牙殖民主义者的主要拥护者。他主要热衷于证明西班牙殖民者推行其奴役土著印第安居民政策的法律和道德权利。他的主张的实质是，既然印第安人对基督教一无所知，那么就不能说他们过着享有名副其实的"政治自由和人的尊严"的生活。他们的地位与亚里士多德所讲的"天生的奴隶"相同，其生活方式也是愚昧落后的。因此，他得出结论：把西班牙的征服看成反对异教徒的一场正义战争，把奴役被征服的土著居民看成帮助他们改宗，这才是正确的。[③]《坎特伯雷故事》中也有这样的描述："征服者或暴君常把一些人贬为奴仆，而这些人本同那些征服者一样出生于帝王之家……既然罪孽是奴役的第一原因，那么就有了这样一种情形，也即：只要这整个世界一直处于罪孽之中，那么这世界也就处于奴役和压迫之中。当然，后来开了恩，神决定让一些人有较高的身份

---

① J. H. Baker, "Personal Liberty under the Common Law of England, 1200-1600", R. W. Davis, ed., *The Origins of Modern Freedom in the West*, p. 190.

② 〔英〕莎士比亚：《威尼斯商人》，《莎士比亚全集》（三）朱生豪译，方平校，人民文学出版社1978年版，第73页。

③ 〔英〕昆廷·斯金纳：《现代政治思想的基础》，段胜武、张云秋、修海涛等译，第415—416页。

与地位，让另一些人的身份与地位较低，并让大家按自己的身份与地位得到相应的待遇。所以在有些国家里，人们虽买来了奴隶，但是当他们使奴隶改变了信仰并入了教之后，也就使他们摆脱奴隶身份。"①

自由人与不自由人之间在法律待遇方面存在的巨大差异，凸显了自由的实际价值。

日耳曼人的《撒利克法典》曾规定了一个罗马人生命的价值低于一个蛮族人生命的价值，这是征服者对罗马人的极大侮辱。②其理由在于作为征服者的蛮族人是自由的，而作为被征服者的罗马人是不自由或者欠自由的。

伦巴第酋长或国王罗撒里的《罗撒里敕令》写于643年，那时伦巴第人已经从现在的匈牙利和南斯拉夫迁移到现在的北意大利75年。在敕令的363个条文中，有近140个条文是关于刑罚量刑标准的。从中可以看到自由人与不自由人法律地位的巨大差异。一个自由人谋杀了一个自由的男人或女人，需要支付1200苏勒德斯（solidus）的赔偿金。自由人处死一个家仆的赔偿金仅仅是50苏勒德斯，处死一个奴隶则只是20苏勒德斯。但是，一个非自由人谋杀了一个自由人，则要以死作"赔偿"。

在人身伤害赔偿中，自由人的小拇指值16先令，半自由人的小拇指值4先令，而奴隶的小拇指仅值2先令。③

农奴在很多方面受到奴役。他每周都要给领主服劳役，他不能随便离开庄园。他在很多方面对领主有人身依附，甚至要接受领主的专横要求。比如，在欧洲一些地方就曾经存在领主要同农奴新婚的妻子过第一夜的所谓"初夜权"（jus primae noctis）。甚至迟至第一次世界大战以后，在维也纳城门下，一个神甫因讲到反对领主对

---

① 〔英〕杰弗里·乔叟：《坎特伯雷故事》，黄杲炘译，第761—762页。
② 〔法〕J. A. 布朗基："欧洲中世纪经济思想史"，巫宝三主编：《欧洲中世纪经济思想资料选辑》，商务印书馆1998年版，第90页。
③ 〔美〕哈罗德·J. 伯尔曼：《法律与革命——西方法律传统的形成》，贺卫方、高鸿钧、张志铭、夏勇译，第63—66页。

其庄园的农家姑娘出嫁享有初夜权,而被支持他的教会的贵族领主革职。有西方学者解释说:"一般说来,在古代世界里,领主享有初夜权被解释为领主神圣血液流向属下的百姓,是百姓理当欢喜的事。因为这样,百姓和他们的领主就相通了。"①这种解释是否合理,只能由农奴们来回答了。史料表明,农民一直在用包括武装斗争在内的各种方式摆脱被奴役状态,争取自由。早在11世纪,诺曼底农民起义就要求平等自由。②

4. 自由是在共和国政体而不是专制政体下生活。自由不但同个人的法律地位有关,也同政治共同体的政治体制有关。在诸种政治体制中,一般地说,民主的政治体制最可能保障公民相对于政府(执政者)的自由;而专制的政治体制,则最可能剥夺公民已经有或者应该有的自由,这种来源于古代希腊罗马的思想,在中世纪西欧,尤其是意大利的各个城市共和国里,有广泛而深刻的影响。而现实中在共和国内部发生的民主与专制之间的冲突,以及共和国同外部的专制势力之间的冲突,则似乎更加印证了它的正确性。因此,共和主义者们始终把共和国同自由紧紧地联系在一起。马基雅维里(Niccolò Machiavelli,1469—1527年)在《佛罗伦萨史》中记载了佛罗伦萨公民对共和国的自由的赞美:"您是否曾考虑过,对这样一个城邦来说,自由的名称意味着多么伟大的事情吗?人们听到自由这两个字会多么高兴吗?自由的力量是什么也压制不了的,岁月也无法把它消泯;一位君王的功勋无论有多大,也不可能补偿自由的损失。"③君主专制政体是用一个人或者极少数人的自由,去压制和剥夺其他人的自由。

意大利的许多城市共和国,都面临着如何在同皇帝和教皇的关系中保持独立的问题。在这里,自由便成为了一个极其重要的概

---

① 〔奥地利〕弗里德里希·希尔:《欧洲思想史》,赵复三译,广西师范大学出版社2007年版,第60页。

② 同上书,第63—64页。

③ 〔意〕尼科洛·马基雅维里:《佛罗伦萨史》,李活译,商务印书馆1982年版,第103页。

念，其核心含义是国家的独立。而独立的核心意义，就在于维护公民在共和体制下的自由。只有在这一意义上，我们才可以理解为什么尼德兰革命在舆论上不是从民族主义的角度出发去反对西班牙的奴役，而是从共和主义、民主主义的角度出发去反对之。早在1177年，当意大利北部城市共和国同盟——伦巴第同盟——战胜了绰号红胡子（Barbarossa，巴巴罗萨）的神圣罗马帝国皇帝腓特烈一世（Friedrick I，约1122—1190年）的军队之后，意大利诸城在会同教皇与皇帝举行首次谈判的过程中，就曾表达过自由理想。比如，费拉拉城的使节们在会议讨论过程中大声疾呼"意大利的光荣与自由"，同时宣称北意地区的公民们"宁愿为自由光荣献身，也不愿意忍受奴役而苟且偷生"。他们所说的自由首先意味着他们是独立于皇帝的，因为他们坚决主张，"只有我们的自由不受侵犯，我们才愿意接受皇帝的和约；我们的自由是从祖先那里继承下来的，在任何情况下我们也决不放弃它，为此我们不惜牺牲自己的生命。"[1]

5.自由等同于一些基本的个人权利。在中世纪西欧，自由（liberty）经常以复数形式出现。原因在于，它是以具体的权利形式而存在的。比如，封臣的一些权利，自治城市的一些权利，公地制度下村民的一些权利，行会中行东的一些权利，都可以在法庭上表述为种种自由。自由实质上就等同于权利。所以，"自由"一词有时就完全可以被翻译成中文的"权利"。对于近现代意义比较重要的，有下面这样一些权利。

（1）人身权，即人身的不可侵犯权。这个权利与囚禁（imprisonment）密切相关。在英国，直到13世纪，囚禁才成为一种正式的惩罚方式。囚室可以是村庄里的小房子，也可以是城市和城堡里专门建的牢房。囚犯们需要自己负担自己的衣食住的费用。在普通法的语言中，"囚禁"不仅指明将某人投入监牢，还包括对人身自由的任何限制，例如，给人戴脚镣手枷，将其关在某一私人房间内，

---

① Quentin Skinner, *The Foundations of Modern Political Thought*, Vol. 1, Cambridge: Cambridge University Press, p. 123.

在大街上抓他，仅凭语言（而非法律）就逮捕他，等等，都是"囚禁"的行为。因此，这都要求经过法律的判决，行为人才有权利做出这样的行为。不仅是最先用手接触被囚禁者身体的人，还有打开囚室门锁的人，以及保存囚室门钥匙的人，都需要有合法的司法手续才能做这些动作。法官们对与人身权利有关的一些词语有着严格的定义。比如，15世纪英国的法官们这样解释《大宪章》第39条中的词语："抓"（take）意味着凭法庭传票（writ of capias）实施逮捕；"正当和正义"（right and justice）具体指合法正当的传票。① 关于囚禁的一般原则，可追溯到《大宪章》第39条。该条规定："任何自由人，如未经其同级贵族之依法裁判，或经国法判决，皆不得被逮捕，监禁，没收财产，剥夺法律保护权，流放，或加以任何其他损害。"②

15世纪中期，英国的法官们说，国王本人即使出于好的原因，也不能将臣民投入监狱，因为任何人都不能挑战法庭的权威。他必须遵守法律的程序。在英国亨利八世（Henry Ⅷ，1509—1546年）时代，人们反对当时政府对臣民的强制的和非法的拘禁，比如凭王室的官员们的命令就拘禁人。正是从这些案例开始，关于人身自由的法律才大为发展。当时人要求国王对一个臣民的任何人身限制行为，都凭正确正当的程序进行，并且要做记录。③

（2）财产所有权。财产权利是一个人的其他所有权利的重要基础。在中世纪西欧几乎所有的君主制社会，被治理者争取自由的斗争，都曾经集中地围绕着他们的财产和财产权利问题。比如，13世纪英国贵族同国王激烈斗争的成果，被后世称之为英国"自由的奠

---

① J. H. Baker, "Personal Liberty under the Common Law of England, 1200-1600", R. W. Davis, ed., *The Origins of Modern Freedom in the West*, p. 191.

② 译文以转引刘启戈、李雅书的为主，同时参照英文本做了一些改动。参见刘启戈、李雅书选译《中世纪中期的西欧》，商务印书馆1962年版，第69—82页；George Burton Adams and H. Morse Stephens, eds., *Select Documents of English Constitutional History*, New York, 1629, pp. 42-52。

③ J. H. Baker, "Personal Liberty under the Common Law of England, 1200-1600", R. W. Davis, ed., *The Origins of Modern Freedom in the West*, p. 179.

基石"的《大宪章》，其核心就是保护臣民的财产所有权。

1519年，有一本书对物权这一概念作了最明确的阐述，说某人对某物有权，就等于说他有随意"处置该物"的权利；说某人对他的书籍有权，就是因为他可以随意处置它们。[①]随意，当然就是自由。

巴黎大学的奎多特（Jean Quidort）在教皇博尼法斯八世（Boniface Ⅷ，约1230—1303年）统治时发表小册子指出，个人对其财产有所有权利，上级不得干预。个人为什么拥有这样独立不可侵犯的财产权利呢？他给出实际上已经接近后来约翰·洛克（John Locke，1632—1704年）关于劳动是财产权利的正当理由的理论的结论：因为个人的财产是靠个人努力得到的。[②]巴黎的约翰（John of Paris，大约1269年前生于巴黎）在1302年比较系统地提出了他的个人财产观。他写道："同教皇对教士的财物的权利相比，他对于俗人的财物有着更弱小的所有权，因为对于这些财物，他并不是管理者……人们的外在的财物并不像教会的财物那样是捐给集体的，而是个人通过其技艺、劳动和勤勉而获得的。个人对它们有'权利''权力'和'真正的所有权'；每一个人都可以任意为自己的财物制定规则，处置、管理、保留或者转让它们，只要不侵害其他人；因为他是主人。它们也不同任何可能有某种权利来管理或处置它们的共同体的首脑有关系，因为每一个人都是自己财产的任意支配者。因此，君主和教皇都没有对此种财物的所有权或管理权。"[③]尼可莱·奥雷斯姆（Nicole Oresme，1320—1382年）也持同样的看法。他说，一个人以他的粮食或体力劳动去换得货币，则这些货币当然只能属于他个人所有，正如他的粮食和劳力只属于他所有，可以随

---

① Quentin Skinner, *The Foundations of Modern Political Thought*, Vol. 1, pp. 120-121.

② Walter Ullmann, *The Individual and Society in the Middle Ages*, Johns Hopkins Press, 1966, p. 132.

③ Ewart Lewis, ed., *Medieval Political Ideas*, Vol. 1, New York: Cooper Square Publishers, Inc. 1974, p. 116.

其意愿全权处理一样。[1]

个人无时无刻不处在同国家的关系之中，他的财产也面临同国家的关系问题。既然个人对其财产有不可侵犯的权利，那么，代表国家和社会的君主或者其他的统治者，在什么前提下可以征用个人的财产呢？一些人对此提出了看法。一位民法学者说，统治者并不拥有个人的财产，而仅仅是它的保护者。统治者征用个人财产的原因是为了保护公共利益。[2]巴黎的约翰说："君主在必需的情况下，为世俗共同的利益而处置它们。"[3]

如果离开了公共利益的需要而征用个人（或者众多个人——社会）财产，那就是不公正的、不道德的。尼可莱·奥雷斯姆非常清楚地指出，对食盐和其他社会必需品进行垄断和课税是不公正的、不道德的。任何君主如制定了授予他们自己这种特权的法律，就得叫他们知道，我们的救世主借先知以赛亚之口所作的诫谕："让制定不公正的法令并将不正义的行为强加于人民的人，将自取其咎！"所针对的就是这样的人。货币是属于社团所有，为免君主们心怀叵测，假借某个理由更改货币比价，应该强调只有社团才有权决定能否更改，何时更改，如何更改以及更改至何种程度，君主绝对无权对此有所僭越。[4]

著名英国思想家约翰·福特斯鸠爵士在16世纪自豪地说："在英格兰王国，没有人强行住进别人的房子而不顾那主人的意志，除非是在公共客栈，而即使是在那里，离开之前，他也要支付他在那里的全部费用。没有得到货物主人的允许，没有谁可以把那货物拿走而免于处罚；不，在那王国，也不能妨碍谁为他自己获取食盐，或是任何别的东西，只要那人自己愿意，那商贩愿意。实实

---

① 〔法〕尼可莱·奥雷斯姆："论货币的最初发明"，巫宝三主编：《欧洲中世纪经济思想资料选辑》，第33页。

② Walter Ullmann, *The Individual and Society in the Middle Ages*, p. 39.

③ Ewart Lewis, ed., *Medieval Political Ideas*, Vol. 1, p. 117.

④ 〔法〕尼可莱·奥雷斯姆："论货币的最初发明"，巫宝三主编：《欧洲中世纪经济思想资料选辑》，第37页。

在在，那王可以通过他的家宰为他的家眷获取必需品，但这要凭着一个合理的定价，它由村庄治安法官权衡厘定，而无需那主人的允许。虽然如此，他仍然要立即或是在一个约定的日子，由他的高级家宰支付那价钱，这是他自己法律的规定；根据那法律，没有合理地满足臣民，他就不得拿走他们的财货。在那里，不经议会代表的王国全体上下的认可或同意，王也不能向他的臣民征收各种赋税，特别津贴或者施加别的任何负担，或是改变他们的法律，或是制定新法。"①有人喊出了这样的口号："皇帝不能从我这里拿走我的财产。"②

（3）言论自由。中世纪西欧人还没有近代意义上的"言论自由"观念。因为那个时候出版业发展落后，言论自由还缺乏足够的载体。但是，毕竟存在着王权、教会、领主对言论压制的情形，所以，作为对立面，主张言论自由的朦胧思想也就出现了。比如，索尔兹伯里的约翰（John of Salisbury，约1120—1180年）说："对自由的实践是极为有益的，只有那些生活在奴役中的人才会对此感到不满。以自由的方式表达出来的内容有助于人们战胜轻率和怯懦，只要是走在正道上，这些言论就值得赞扬和肯定。"③他强调："出于对自由的保护与尊重，应当永远允许一个自由人对他人的恶习提出批评。"④"应当有这样一种法律权利（legal right），根据它，包含真理的言论永不能被禁止，这种'最终自由'的范围甚至涵盖奴隶，只要他们所言为真，那么反对他们的主人也是被允许的。"⑤

（4）灵修方式选择自由。从基督教诞生开始，就出现了信徒之间对《圣经》某些内容理解的差异，对个人修炼方式看法与实践的

①〔英〕约翰·福蒂斯丘爵士：《论英格兰的法律与政制》，〔英〕谢利·洛克伍德编，袁瑜琤译，北京大学出版社2008年版，第85—86页。

② John Hine Mundy, "Medieval Urban Liberty", R. W. Davis, ed., *The Origins of Modern Freedom in the West*, p. 113.

③ John of Salisbury, *Policraticus*, Edited and translated by C. J. Nederman, Cambridge: Cambridge University Press, 1990, pp. 176-177.

④ Ibid., p. 180.

⑤ Ibid.

差异。在此基础上，形成了许多不同的教派。正统的、主流的教派称某些和自己不一样的教派为异端。正统同异端之间的斗争充斥着整个中世纪教会的历史。最后，宗教改革证明，是异端战胜了正统。一代又一代的异端信徒们在实践和捍卫着灵修方式选择的自由。早在2世纪就有基督教异端兴起。当时有人说："一个人若没有热切的心和来自上帝的恩赐，决不可能创立出一种异端。""弟兄们，不要以为异端能来自没有心灵的人，创立异端的都是些巨人。"[①]的确，历史证明，像马丁·路德（Martin Luther，1483—1546年）和约翰·加尔文（John Calvin，1509—1564年）这样改变西方历史的"异端"领袖，当然是巨人。

意志自由

意志自由既涉及人与人的关系——个人是否可以不受他人影响独立做出决定？又涉及人与生活的关系——个人在面对生活中的各种可能性的时候，是否可以独立地进行选择？人与神的关系——个人的意志受神的支配吗？比如，他行善的意志可以说是受神的支配，可是，他作恶的意志受神支配吗？如果答案是肯定的，那么怎样理解神的完美？

自古就有关于自由意志问题的探讨。比如，古希腊晚期的哲学家伊壁鸠鲁（Epicurus，公元前341—前270年）认为，"机遇是不经常的，而我们的行动是自由的，这种自由就形成了我们承受褒贬的责任"，因此只有承认人有选择自由，才谈得上责任问题。[②]

中世纪，除了前面提及的但丁之外，还有不少人在探讨这一问题。比如，索尔兹伯里的约翰写道："自由（liberty）就是根据个人的自由意志进行判断，并且毫不畏惧地谴责那些有害于美德之事。实际上，除了美德以外，没有什么比自由更荣耀了——如果自由真的能和美德区分开来的话……没有自由，就不可能产生完美，缺乏

---

① 〔奥地利〕弗里德里希·希尔：《欧洲思想史》，赵复三译，第3页。
② 顾肃：《西方政治法律思想史》，中国人民大学出版社2005年版，第74页。

自由反过来也就表明美德之不存在。因此一个人的自由与其美德成比例，他能在多大程度上完善其美德，取决于他有多大程度的自由。"①约翰"自由"理论极富现代特色的又一个特征是他反对"强制"之下的美德。他指出，教会可以教化和传播道德，君主可以秉持正义，维护秩序，但是没有人可以"强迫"他人获得美德。后来有人说他是坚持一种"适度"原则："激烈之情是救赎的敌人，所有的过分之举都是错误的，过分善良或者过分习惯于做好事都是邪恶的。"②由此，他认为君主应当以中庸的方式运用其权力，既不放纵其臣民秉好恶而行事，也不过分约束他们以至于他们丧失其自由意志。③这也是强调尊重个人的意志自由。

耶稣会士路易斯·德·莫利纳（Luis de Molina，1535—1600年）鼓吹耶稣会的观点：强调在实现救世的过程中每一个人意志的自由。他认为，单个人的自由意志选择是实现上帝的仁慈所必须的，这种仁慈是为了让人们接受而存在的。④耶稣会士弗朗西斯科·苏亚雷斯（Francisco Suárez，1548—1617年）强调自由意志，对私有财产极力支持。⑤这种主张是耶稣会得以迅速发展壮大的原因之一。

意志自由与政治自由的统一

意志自由涉及思想，政治自由涉及思想和现实生活。两者事实上不可分离。当意志自由表现在政治活动中时，它就成为了政治自由。中世纪西欧提供了这方面较多的看法。12世纪，博洛尼亚的一位法学家说："根据自然法，每个人都有自由意志"，他"任意所为"都是"合法的"。1289年，一部佛罗伦萨的著名法律的前言是这样

---

① John of Salisbury, *Policraticus*, Edited and translated by C. J. Nederman, pp. 175-176.

② Ibid., p. 53.

③ Ibid., p. xxiv.

④ 〔美〕默瑞·N. 罗斯巴德：《亚当·斯密以前的经济思想——奥地利学派视角下的经济思想史》（第一卷），张凤林等译，商务印书馆2012年版，第183页。

⑤ 同上书，第190页。

定义自由的："被自然法以多种方式表现出来的自由——基于它，每一个人的意志依赖于他自己的判断，而不是另一个人的判断——就是这样一种事物，凭借它，城市和人民免受压迫，他们的法律得到保护和改进"。意志既然是自由的，那么根据意志而行动的自由，或者至少是这种行动的自由的可能性也应该是存在的。因此，一位13世纪的民法学家阿库修斯（Accursius，1184—1263年）说，自然法赐予个人以做他想做的任何事情的"可能性"。[①]

但丁更是系统、深入地阐述了他在两种自由结合意义上对"自由"的看法的：自由的基本原则是有选择的自由。如果判断力能完全控制欲念，丝毫不受欲念的影响，那它就是自由的；如果欲念设法先入为主，影响了判断力，那么这种判断力就不是自由的，因为它身不由己，被俘虏了。

自由的意思就是为自己而生存，而不是为他人而生存。凡是为他人而生存就必然要受制于他人所以生存的目的。因此，只有在世界君主的统治下，人类才能为自己而生存，而不是为他人而生存，因为只有这样才能制止那些反常的政体，诸如民主制、寡头制、暴君制。但凡知晓各种政体的历史的人，都知道这些政体必然要使人类处于奴役状态，而只有国王、贵族（他们被称为"大贵之人"）和保卫人民自由的斗士才享有统治权。公民不为他们的代表而存在，百姓也不为他们的国王而存在；相反，代表倒是为公民而存在，国王也是为百姓而存在的。人们遵守法令，不是为了立法者，而是立法者为了他们。虽然从施政方面说，公民的代表和国王都是人民的统治者，但从最终目的这方面来说，他们却是人民的公仆，而世界君主尤其如此，他应该被看作是全人类的公仆。[②]可见，意志自由和政治自由是密不可分的。

---

① John Hine Mundy, "Medieval Urban Liberty", R. W. Davis, ed., *The Origins of Modern Freedom in the West*, p. 113.

② 〔意〕但丁：《论世界帝国》，朱虹译，第16—18页。

简析

中世纪西欧"自由"一词的含义，内容丰富，其中许多具有革命性意义，对近代自由观念具有重要启发意义。但是，另一面，其内容非常零散，缺乏完整系统，甚至包含混乱。对自由一词的理解与阐释，主要是由统治者、权势者进行的。这些都是其时代局限性的表现。

二、古代希腊和希腊化时代的自由观念

中世纪欧洲自由观念的源头，一直可以上溯到古代希腊。

古代希腊的自由观念

公元前431—前404年，希腊城邦中分别以斯巴达和雅典为首的两大联盟之间，进行了一场史称伯罗奔尼撒战争（the Peloponnesian War）的大战。在伯罗奔尼撒战争爆发的第一年的冬天，雅典人按照习俗对阵亡的军人进行国葬。国葬仪式的第一步是举行丧葬游行，埋葬阵亡战士的遗骨；第二步是选一个雅典人认为最有智慧和声名的人发表演说以歌颂死者。史书记载："在埋葬这次战争中首先阵亡的将士时，桑西巴斯的儿子伯里克利被推举来发表演说。到了适当的时候，他从坟地跑向前去，站在一个高台上，尽量使多数人能够听到他说的话。"[1]所有欧洲人，整个人类都要感谢雅典领导人伯里克利（Pericles，公元前495—前429年）发表这次演说，更要感谢当时的雅典将军、历史学家修昔底德（Thucydides，公元前471—前400年）在他的名著《伯罗奔尼撒战争史》中完整地记录了这篇演说词。演说留下了一些千古不朽的名句。

---

① 〔古希腊〕修昔底德：《伯罗奔尼撒战争史》（上册），谢德风译，商务印书馆1960年版，第145页。

比如："我们的制度之所以被称为民主政治，因为政权是在全体公民手中，而不是在少数人手中。解决私人争执的时候，每个人在法律上都是平等的；让一个人负担公职优先于他人的时候，所考虑的不是某一个特殊阶级的成员，而是他们有的真正才能。任何人，只要他能够对国家有所贡献，绝对不会因为贫穷而在政治上湮没无闻。"又如："要自由，才能有幸福；要勇敢，才能有自由。"再如："我们的勇敢是从我们的生活方式中自然产生的，而不是国家法律强迫的。"①

以这一演说作为本书中西方自由观念的源头，我们就为全书确立了原则，确立了灵魂。演说的字里行间充满了对自由的赞美、因自由而生的自豪。对自由与人的独立、勇敢、奉献精神，与个人对于自我的自律、对于社会的主人翁责任意识，与善良友爱的高贵品格之间的关系，自由与民主政治制度之间的关系的深刻理解，直到今天，也具有一般人无法企及的高度和深度。在读这篇西方人的演说的时候，笔者的耳边突然回响起遥远的东方大致同时代的另一个声音，发自孟子的声音："我知言，我善养吾浩然之气。其为气也，至大至刚，以直养而无害，则塞于天地之间。""富贵不能淫，贫贱不能移，威武不能屈，此之谓大丈夫。""民为贵，社稷次之，君为轻。""闻诛一夫纣矣，未闻弑君也。"笔者以为，这篇演说是刚刚从自然中觉醒不久的人性最高贵的情感、最高贵的价值的江河澎湃般的宣泄，是从本质上脱离了自然的人类文明的第一声啼哭——人类文明庄严的宣言。它担当起了西方文明发展的指路牌和航标灯的使命。一段演说，能够让两千多年后的人读了还觉得充满力量与智慧，其价值自不待言。我们看看一位伟大诗人在19世纪的希腊土地上是怎样怀念古代自由的吧！

起伏山峦望着马拉松——

---

① 〔古希腊〕修昔底德：《伯罗奔尼撒战争史》（上册），谢德风译，第147、149、153页。

> 马拉松望着茫茫的海波；
>
> 我独自在那里冥想一刻钟，
>
> 梦想希腊仍旧自由和欢乐；
>
> 因为，当我在波斯［人］墓上站立，
>
> 我不能想象自己是个奴隶。

1821年，希腊独立革命爆发，自我流放而旅居意大利的英国诗人乔治·戈登·拜伦（George Gordon Byron，1788—1824年）写下了《哀希腊》这一感人肺腑的诗篇，并把它添加进了自己正在创作的长诗《唐璜》中。

当然，这篇演说对于后来西方自由历史的意义，还在于它所颂扬的自由的基础是残酷的奴隶制。从希腊时代，直到今天，西方的自由都是两面的：对某一部分人的自由同时意味着对另一部分人的奴役或者限制。它是天堂，也是地狱。[①]

既然本书把古代希腊的自由精神作为整个西方自由精神最早的源头，把这篇演说作为这个源头的标志，所以，这里要完整地引述这篇演说词：

过去许多在此地说过话的人，总是赞美我们在葬礼将完时发表演说的这种制度。在他们看来，对于阵亡将士发表演说，似乎是对阵亡将士一种光荣的表示。这一点，我不同意。这些在行动中表现自己勇敢的人，我认为，在行动中就充分宣布他们的光荣了，正如你们刚才从这次国葬典礼中所看见的一样。我们相信，这许多人的勇敢和英雄气概毫不因为一个人对他们说好或说歹而有所变更。当听众不相信发言者是说真情的时候，

---

① 《唐璜》第3章第86节，见《拜伦诗选》，查良铮译，上海译文出版社1982年版，第171—179页。两年后，拜伦筹集了将近9000英镑战款，装备了一条以希腊英雄赫拉克利斯（罗马名赫丘利）的名字命名、载重120吨的战船，带着几位好友和私人医生，从意大利热那亚赶赴希腊，投身那里的解放斗争。他立即成了一面为自由而战的旗帜。不幸的是，1824年，拜伦因感染伤寒，死于希腊西部的米索朗基（Missolonghi）。

发言者是很难说得恰如其分的。那个知道事实和热爱死者的人，以为这个发言还没有他自己所知道的和他所愿意听的那么多；其他那些不知道这么多的人会感觉对死者嫉妒，当发言者说到他们自己的能力所不能作到的功绩时，他们认为发言者对于死者过于颂扬。颂扬他人，只有在一定的界线以内，才能使人容忍；这个界线就是一个人还相信他所听到的事务中，有一些他自己也可以做到。一旦超出了这个界线，人们就会嫉妒和怀疑了。但是事实上，这个制度是我们的祖先所制定和赞许的；我的义务是遵照传统，尽我的力量所及来满足你们每个人所希望和预期的。

　　首先我要说到我们的祖先们，因为在这样的典礼上，回忆他们所作的，以表示对他们的敬意，这是适当的。在我们这块土地上，同一个民族的人世世代代住在这里，直到现在；因为他们的勇敢和美德，他们把这块土地当作一个自由国家传给我们。无疑地，他们是值得我们歌颂的。尤其是我们的父辈，更加值得我们歌颂，因为除了他们所继承的土地之外，他们还扩张成为我们现在的帝国，他们把这个帝国传给我们这一代，不是没有经过流血和辛勤劳动的。今天我们自己在这里集合的人，绝大多数正当盛年，我们已经在各方面扩充了我们帝国的势力，已经组织了我们的国家，无论在平时或战时，都完全能够照顾它自己。

　　我不想作一篇冗长的演说来评述一些你们都很熟悉的问题：所以我不说我们用以取得我们的势力的一些军事行动，也不说我们父辈英勇地抵抗我们希腊内部和外部敌人的战役。我所要说的，首先是讨论我们曾经受到考验的精神，我们的宪法和使我们伟大的生活方式。说了这些之后，我想歌颂阵亡将士。我认为这种演说，在目前情况下，不会是不适当的；同时，在这里集会的全体人员，包括公民和外国人在内，听了这篇演说，也是有益的。

我要说，我们的政治制度不是从我们邻人的制度中模仿得来的。我们的制度是别人的模范，而不是我们模仿任何其他的人的。我们的制度之所以被称为民主政治，因为政权是在全体公民手中，而不是在少数人手中。解决私人争执的时候，每个人在法律上都是平等的；让一个人负担公职优先于他人的时候，所考虑的不是某一个特殊阶级的成员，而是他们有的真正才能。任何人，只要他能够对国家有所贡献，绝对不会因为贫穷而在政治上湮没无闻。正因为我们的政治生活是自由而公开的，我们彼此间的日常生活也是这样的。当我们隔壁邻人为所欲为的时候，我们不至于因此而生气；我们也不会因此而给他以难看的颜色，以伤他的情感，尽管这种颜色对他没有实际的损害。在我们私人生活中，我们是自由的和宽恕的；但是在公家的事务中，我们遵守法律。这是因为这种法律深使我们心悦诚服。

对于那些我们放在当权地位的人，我们服从；我们服从法律本身，特别是那些保护被压迫者的法律，那些虽未写成文字、但是违反了就算是公认的耻辱的法律。

现在还有一点。当我们的工作完毕的时候，我们可以享受各种娱乐，以提高我们的精神。整个一年之中，有各种定期赛会和祭祀；在我们的家庭中，我们有华丽而风雅的设备，每天怡娱心目，使我们忘记了我们的忧虑。我们的城邦这样伟大，它使全世界各地一切好的东西都充分地带给我们，使我们享受外国的东西，正好像是我们本地的出产品一样。

在我们对于军事安全的态度方面，我们和我们的敌人间也有很大的差别。下面就是一些例子：我们的城市，对全世界的人都是开放的；我们没有定期的放逐，以防止人们窥视或者发现我们那些在军事上对敌人有利的秘密。这是因为我们所依赖的不是阴谋诡计，而是自己的勇敢和忠诚。在我们的教育制度上，也有很大的差别。从孩提时代起，斯巴达人即受到最艰苦的训练，使之变为勇敢；在我们的生活中没有一切这些限制，但是我们和他们一样，可以随时勇敢地对付同样的危险。这一点由下面的事实可以得到证明：当斯巴达人侵入我们的领土时，他们总不是单独自己来的，而是带着他们的同盟者和他们一起来的；但是当我们进攻的时候，这项工作是由我们自己来做；虽然我们是在异乡作战，而他们是为保护自己的家乡而战，但是我们常常打败了他们。事实上，我们的敌人从来没有遇着过我们的全部军力，因为我们不得不分散我们的注意力于我们的海军和在陆地上我们派遣军队去完成的许多任务。但是如果敌人和我们一个支队作战而胜利了的时候，他们就自吹，说他们打败了我们的全军；如果他们战败了，他们就自称我们是以全军的力量把他们打败的。我们是自愿地以轻松的情绪来应付危险，而不是以艰苦的训练；我们的勇敢是从我们的生活方式中自然产生的，而不是国家法律强迫的；我认为这些是我们的优点。我们不花费时间来训练自己忍受那些尚未到来的痛苦；但是当我们真的遇着痛苦的时候，我们表现我们自己正和那些经常受到严格训练的人一样勇敢。我认为这是我们的城邦值得崇拜的一点。当然还有其他的优点。

我们爱好美丽的东西，但是没有因此而至于奢侈；我们爱好智慧，但是没有因此而至于柔弱。我们把财富当作可以适当利用的东西，而没有把它当作可以自己夸耀的东西。至于贫穷，谁也不必以承认自己的贫穷为耻；真正的耻辱是不择手段以避免贫穷。在我们这里，每一个人所关心的，不仅是他自己的事务，而且也关心国家的事务：就是那些最忙于他们自己的事务的人，对于一般政治也是很熟悉的——这是我们的特点：一个不关心政治的人，我们不说他是一个注意自己事务的人，而说他根本没有事务。我们雅典人自己决定我们的政策，或者把决议提交适当的讨论；因为我们认为言论和行动间是没有矛盾的；最坏的是没有适当地讨论其后果，就冒失开始行动。这一点又是我们和其他人民不同的地方。我们能够冒险；同时又能够对于这个冒险，事先深思熟虑。他人的勇敢，由于无知；当他们停下来思考的时候，他们就开始疑惧了。但是真的算得勇敢的人是那个最了解人生的幸福和灾患，然后勇往直前，担当起将来会发生的事故的人。

再者，在关于一般友谊的问题上，我们和其他大多数的人也成一个显明的对比。我们结交朋友的方法是给他人以好处，而不是从他人方面得到好处。这就使我们的友谊更为可靠，因为我们要继续对他们表示好感，使受惠于我们的人永远感激我们；但是受我们一些恩惠的人，在感情上缺少同样的热忱，因为他们知道，在他们报答我们的时候，这好像是偿还一笔债务一样，而不是自动地给予恩惠。在这方面，我们是独特的。当我们真的给予他人以恩惠时，我们不是因为估计我们的得失而这样做的，乃是由于我们的慷慨，这样做而无后悔的。因此，如果把一切都联合起来考虑的话，我可断言，我们的城市是全希腊的学校；我可断言，我们每个公民，在许多生活方面，能够独立自主；并且在表现独立自主的时候，能够特别地表现温文尔雅和多才多艺。为着说明这并不是在这个典礼上的空自吹嘘，而是真正的具体事实，你们只要考虑一下：正因为我在上面所说的优良品质，我们的城邦才获得它现有的势力。我们所知道的国家中，只有雅典在遇到考验的时候，证明是比一般人所想象的更为伟大。在雅典的情况下，也只有在雅典的情况下，入侵的敌人不以战败为耻辱；受它统治的属民不因统治者不够格而抱怨。真的，我们所遗留下来的帝国的标志和纪念物是巨大的。不但现代，而且后世也会对我们表示赞叹。我们不需要一个荷马的歌颂，也不需要任何他人的歌颂，因为他们的歌颂只能使我们娱乐于一时，而他们对于事实的估计不足以代表真实的情况。因为我们的冒险精神冲进了每个海洋和每个陆地；我们到处对我们的朋友施以恩德，对我们的敌人给予痛苦；关于这些事情，我们遗留了永久的纪念于后世。

那么，这就是这些人为它慷慨而战、慷慨而死的一个城邦，因为他们只要想到丧失了这个城邦，就不寒而栗。很自然地，我们生于他们之后的人，每个人都应当忍受一切痛苦，为它服务。因为这个缘故，我说了这么多话来讨论我们的城市，因为我要很清楚地说明，我们所争取的目的比其他那些没有我们的优点的人所争取的目的要远大些；因此，我想用实证来更清楚地表达我对阵亡将士们的歌颂。现在对于他们歌颂最重要的部分，我已经说完了。我已经歌颂了我们的城邦，但是使我们的城邦光明灿烂的是这些人和类似他们的人的勇敢和英雄气概。同时你们也会发现，言辞是不能够公允地表达他们的行为的；在所有的希腊人中间，和他们这种情况一样的也是不会很多的。

在我看来，像这些人一样的死亡，对我们说明了英雄气概的重大意义，不管它是初次表现的也好，或者是最后证实的也好。无疑地，他们中间有些人是有缺点的；但是我们所应当记着的，首先是他们抵抗敌人、捍卫祖国的英勇行为。他们的优点抵消了他们的缺点，他们对国家的贡献多于他们在私人生活中所做的祸害。他们这些人中间，没有人因为想继续享受他们的财富而变为懦夫；也没有人逃避这个危难的日子，以图偷生脱离穷困而获得富裕。他们所需要的不是这些东西，而是要挫折敌人的骄气。在他们看来，这是最光荣的冒险。他们担当了这个冒险，愿意击溃敌人，而放弃了其他一切。至于成败，他们让它留在不可预测的希望女神手中；当他们真的面临战斗的时候，他们信赖自己。在战斗中，他们认为保持自己的岗位而战死比屈服而逃生更为光荣。所以他们没有受到别人的责难，把自己血肉之躯抵挡了战役的冲锋；顷刻间，在他们生命的顶点，也是光荣的顶点，而不是恐惧的顶点，他们就离开我们而长逝了。

他们的行动是这样的，这些人无愧于他们的城邦。我们这些还生存的人们可以希望不会遭遇着和他们同样的命运，但是在对抗敌人的时候，我们一定要有同样的勇敢精神。这不是单纯从理论上估计优点的一个问题。关于击败敌人的好处，我可以说得很多（这些，你们和我一样都是知道的）。我宁愿你们每天把眼光注意到雅典的伟大。它真正是伟大的；你们应当热爱它。当你们认识到它的伟大时，然后回忆一下，使它伟大的是有冒险精神的人们，知道他们的责任的人们，深以不达到某种标准为耻辱的人们。如果他们在一个事业失败了，他们下定决心，不让他们的城邦发现他们缺乏勇敢，他们尽可能把最好的东西贡献给国家。他们贡献了他们的生命给国家和我们全体；至于他们自己，他们获得了永远长青的赞美，最光辉灿烂的坟墓——不是他们的遗体所安葬的坟墓，而是他们的光荣永远留在人心的地方；每到适当的时机，永远激动他人的言论或行动的地方。因为著名的人们是把整个地球做他们的纪念物的：他们的纪念物不仅是在自己的祖国内他们坟墓上指出他们来的铭刻，而且也在外国；他们的英名是生根在人们的心灵中，而不是雕刻在有形的石碑上。你们应该努力学习他们的榜样。你们要下定决心：要自由，才能有幸福；要勇敢，才能有自由。在战争的危险面前，不要松懈。那些不怕死的人不是那些可怜人和不幸者，因为他们没有幸福生活的希望；而是那些昌盛的人，因为他们的生活有变为完全相反的危险，他们敏锐地感觉到，如果事情变糟了的话，对于他们将有严重的后果。一个聪明的人感觉到，因为自己懦弱而引起的耻辱比为爱国主义精神所鼓舞而意外地死于战场，更为难过。

因为这个原因，我不哀吊死者的父母，他们有很多是在这里的。我要努力安慰他们。他们很知道他们生长在一个人生无常的世界中。但是像阵亡将士一样死得光荣的人们和你们这些光荣地哀吊他们的人们都是幸福的；他们的生命安排得使幸福和死亡同在一起。我知道，关于这一点，我很难说服你们。当你们看见别人快乐的时候，你们也会想起过去一些常常引起你们快乐的事情来。一个人不会因为缺少了他经验中所没有享受过的好事而感到悲伤的：真正悲伤是因为丧失了他惯于享受的东西才会被感觉到的。你们中间那些在适当年龄的人仍旧要支持下去，希望更多生一些儿女。在你们自己的家庭中，这些新生的儿女们会使你们忘记那些死者，他们也会帮助城邦填补死者的空位和保证它的安全。因为如果一个人不是和其他每个人一样，有儿女的生命作为保证的话，他是不可能对于我们的事务提出公允而诚实的观点来的。至于你们中间那些已经太老，不再生育了的人，我请你们把你们享受幸福的大部分生命作为一个收获，记着你们的余年是不长了的，你们想到死者的美名时，你们心中要想开些。只有光荣感是不会受年龄的影响的；当一个人因年老而衰弱时，他最后的幸福，不是如诗人所说的，是谋利，而是得到同胞的尊敬。

至于你们中间那些死者的儿子们或弟兄们，我能够看见，在你们面前有一个艰巨的斗争。每个人总是颂扬死者，纵或你们有了最高度的英勇壮烈精神，但是你们所得到的名誉，很难和他们的标准相近，更不要说和他们的相等了。当人活着的时候，他总是易于嫉妒那些和他们竞争的人的；但是当人去世了的时候，他是真诚地受人尊敬的。

你们中间有些妇女现在变为寡妇了；关于她们的责任，我想说一两句话。我所能够说的只是一个短短的忠言。你们的大光荣没有逊于女性所应有的标准。妇女们的最大光荣很少为男人所谈论，不管他们是恭维你们也好，批评你们也好。现在依照法律上的要求，我已经说了我所应当说的话。我们暂时对死者的祭献已经做了，将来他们的儿女们将由公费维持，直到他们达到成年时为止。这是国家给予死者和他们的儿女们的花冠和奖品，作为他们经得住考验的酬谢。凡是对于勇敢的奖赏最大的地方，你们也就可以找到人民中间最优秀的和最勇敢的精神。现在你们对于阵亡的亲属已致哀吊，你们可以散开了。[①]

伯里克利没有给"自由"以定义，但是，我们显然可以理解，他心目中雅典人的自由，首先，是政治自由，也就是一个人免于另一人或多人的奴役、压迫的自由。它也可以表述为自治；其次，是向善的道德自由，也就是自愿地服从法律、自愿地为国捐躯的意志自由。它也可以表述为自律。自治与自律的统一，这才是自由的真谛。一个懂得自由真谛的民族，首先一定是自律的，然后才是自治的。反之，则只有自私与混乱。英文autonomy一词，来自希腊文，同时包含自治和自律的意思。这是古希腊人对自由的贡献。今天读伯里克利的这篇演说词，这应该是其中对我们启发最深刻的道理。

伯里克利的自由观是他那个时代雅典城邦政治制度和政治生活的真实反映。这里简单地介绍雅典城邦民主政治情况。

雅典民主是大约自公元前508年开始发育的民主体系（包括雅典的中心城邦及其周边的阿提卡地区的民主）。其最根本的特点是直接民主，即由公民按照多数统治的原则直接参加对立法和行政议案的投票，由此而直接治理国家。

"民主"（δημοκρατία）一词来源于希腊语的δήμος（人民）和κρατος（强权），即人民掌握权力。

公元前6世纪初，执政官梭伦（Solon，公元前638—前559年）推行改革。他根据财产的多少，把公民分为四个等级，财产越多的人等级越高、拥有的权力越大。各个等级公民都可以参加的公民大会成为最高权力机关。建立四百人议事会，前三级公民均可参加。建立公民陪审法庭，作为最高司法机构。废除债务奴隶制，解放了大批原来的债务奴隶。这次改革虽然受到挫折，但是，它还是留下了保障公民民主权利的积极成果，为雅典民主政治奠定了基础。

---

① 〔古希腊〕修昔底德：《伯罗奔尼撒战争史》（上册），谢德风译，第145—155页。

公元前6世纪末，执政官克里斯提尼（Cleisthenes，公元前570—前528年）在梭伦改革的基础上继续改革。他建立了十个地区部落，以地域部落为单位进行选举，这就最终用更加先进的地域原则彻底取代了原来具有原始社会特征的血缘原则。他设立五百人议事会，规定由各部落轮流执政，更加扩大了参政人员范围。每部落各选一名将军组成十将军委员会，作为最高执政机构。陪审法庭成为最高司法与监察机关。法官从各部落30岁以上的男性公民中产生。他继续扩大公民大会的权力，使得公民参政权空前扩大，雅典民主政治发展到顶峰，被称为雅典民主的"黄金时代"。当时，所有成年男性公民可以担任几乎一切官职（除十将军委员会的将军之外）。他们也都可以参加公民大会，商定城邦重大事务。

伯里克利为鼓励公民积极参政，向担任公职和参加政治活动的公民发放薪金。为吸引公民观赏戏剧，还特意为公民发放"观剧津贴"。

邦雅曼·贡斯当（Benjamin Constant，1767—1830年）这样描述黄金时代雅典的民主：公民们"以集体的方式直接行使完整主权的若干部分：诸如在广场协商战争与和平问题，与外国政府缔结联盟，投票表决法律并作出判决，审查执政官的财务、法案及管理，宣召执政官出席人民的集会，对他们进行批评、谴责或豁免"。[①]

当然，用现代观念衡量，雅典的民主是有极大缺陷的。因为它建立在奴隶制度基础上，所有公民都是奴隶主。这就意味着一部分人民主的自由是以对另一部分人专制的奴役为基础的。另外，妇女和外邦人都没有民主权利。这就意味着只有少数人享受民主的自由。自由的对立面反衬出自由的奇缺与珍贵。因此，"自由"在古希腊人那里是具有极其具体、极其珍贵的意义的，有"自由"，意味着你是人，可以过人的生活，没有"自由"，意味着你随时可能被屠杀、被欺侮、被折磨，毕生过着牛马不如的生活。"自由"一词在此时意

---

① 〔法〕邦雅曼·贡斯当：《古代人的自由与现代人的自由》，阎克文、刘满贵译，商务印书馆1999年版，第26页。

指与奴隶状态形成对照的另一种状态。奴隶不自由的本质既在于其失去了人身自由，也在于其丧失了表达自己想法的自由。而拥有这种自由的"希腊人可以自由地思考这个世界，摒弃所有传统的解释，不听任何祭司的教条，不受任何外界权力的影响来追求真理"。①

自由的真实意义随着城邦生活的变化而不断变化。在荷马时代，各个城邦族群之间的战争与掠夺是社会生活中最突出、最重要的活动。战争和掠夺的结果是，失败者或者被掠夺者将失去以往在氏族中所享有的权利或地位，被当作胜利者的战利品而沦为奴隶。所以，古希腊人极为珍视自由。为了自由，他们宁愿付出生命的代价。特洛伊战争当中，勇士赫克托耳为什么"痛心疾首"呢？是由于他的妻子将因为城池的陷落而沦为奴隶："阿开亚壮勇会拖着你离去，夺走你的自由……你得劳作在别人的织机前……违心背意——必做的苦活压得你抬不起头"。为了捍卫自由、确保妻子"不致沦为奴隶"，赫克托耳宁愿"一死了事，在垒起的土堆下长眠"。要古希腊人违背自己心意、过一种在别人的压制下劳作的奴隶生活是决不能忍受的。为了不失去自由、不受奴役，勇士们大义凛然地面对死亡；而"兄弟们的悲惨"和"特洛伊人将来的结局"远远不及捍卫自己和亲人的自由重要。②

当波斯人统帅劝拉凯戴孟人归顺薛西斯时，拉凯戴孟人对波斯统帅所谓的"被赐以一块希腊的土地而成为统治者"的诱惑毫不在意，甚至嘲笑波斯统帅是"一名奴隶"，"从来没有体验过自由，不知道它的味道是不是好的"，义正词严地表示自己作为自由的希腊人"不单单是用枪，而且是用斧头为自由而战"。③在这里，古希腊人不光是在谴责波斯人的专制制度，也是在对波斯人践踏天赋的自由、人性进行讥讽。希罗多德对波斯统治者的残忍做法的揭示，一再向

---

① 〔美〕斯东：《苏格拉底的审判》，董乐山译，生活·读书·新知三联书店1998年版，第22页。

② 〔古希腊〕荷马：《伊利亚特 奥德赛》，陈中梅译，上海译文出版社1998年版，第182页。

③ 〔古希腊〕希罗多德：《历史》，王以铸译，商务印书馆1997年版，第515—516页。

世人表明：正是波斯人对自由的不尊重与践踏，激起"自由人为捍卫他们的自由而战的那种必胜的精神"，[①]使希腊人在敌众我寡的情况下同仇敌忾战胜了波斯。可以说，希波战争彰显了古希腊人自由精神的巨大力量：希腊人富于生命力的自由精神远远胜过波斯人在暴力下的团结。

在一般地介绍了以雅典为典范的古代希腊人在民主社会的政治自由之后，我们再来概览古代希腊人自由意识、自由观念的历程。我们选取几个代表性人物。

被马克思誉为"希腊人中第一个百科全书式的学者"的德谟克利特（Democritus，约公元前460—前370年）认为，一切都是必然的，但是一个人的善恶却取决于自己的灵魂，也就是说善恶是可以自己选择的。德谟克利特是说自然的必然性是不能超越的，但是人类社会中的规律却是可以因选择而异的。当然这里存在理论上的矛盾。实际上德谟克利特在此提出了伦理自由或者意志自由，即每个人要对自己的行为负责。这就为人的自由开辟了精神的道路。[②]

德谟克利特还说："在民主国家里受贫穷，胜于在专制国家里享福，正如自由胜于受奴役一样。"[③]这句话有三层意思值得指出。第一，显然这里的自由是指政治自由。在德谟克利特这里，我们看到了政治自由的萌芽。第二，民主与自由具有本质的联系，专制与奴役具有本质的联系。这是极其深刻的政治思想。第三，自由的价值高于一切。在被奴役的状态下，即使有着物质生活的幸福，也比不上享受自由的幸福。宁可受贫穷也不可失去自由。这让人想起近代匈牙利诗人裴多菲（Petőfi Sándor，1823—1849年）那首著名的诗：

① 〔美〕依迪丝·汉密尔顿：《希腊精神——西方文明的源泉》，葛海滨译，辽宁教育出版社2003年版，第126页。

② 参见邹铁军主编《自由的历史建构》，人民出版社1994年版，第44—45页。

③ 〔古希腊〕德谟克利特："著作残篇"，北京大学哲学系外国哲学史教研室编译：《古希腊罗马哲学》，商务印书馆1961年版，第120页；北京大学哲学系外国哲学史教研室编译：《西方哲学原著选读》（上），商务印书馆1981年版，第53页。

"生命诚宝贵，爱情价更高。若为自由故。二者皆可抛。"

公元前5世纪后半叶，在雅典和希腊的其他城邦出现了智者运动。所谓智者，是一些活跃在希腊主要城邦的教师的自称。因为他们处在民主制的极盛时期，自由充分，个性张扬，意气风发，主人翁意识强烈，就社会和政治提出了许多新的见解，在希腊社会产生了很大的影响。哲学史上一般将他们的理论活动称为最早的启蒙运动。智者的主要代表之一就是普罗泰戈拉。普罗泰戈拉（Protagoras，约公元前490或前480—前420或前410年）是一位真正的自由启蒙者。古希腊哲学在普罗泰戈拉之前，基本上以自然为中心，主要探索自然的本原、世界万物的原因。人类社会还不是他们研究的主要对象。因为在他们那里，人类社会还没有从"自然"分离出来，仅仅是"自然"的一个部分。但是，从普罗泰戈拉开始，人类精神就开始与自然分离，人类具有了鲜明强烈的自我意识。这意味着人相对于自然的自由的开始。这在人类自由的历程上具有极其重要的意义。人类的自由是一步步展开的，没有完成人相对于自然的自由，就谈不上人相对于人的自由。以奴隶为例。当主人，甚至奴隶自己，都把奴隶当作牛马猪狗等动物一样卑贱的时候，主人对奴隶的任何奴役和杀戮就都是合理的。而一旦奴隶意识到自己不是自然动物，而是具有尊严的人，他就会要求相对于主人的自由了。普罗泰戈拉说出了一句石破天惊的千秋壮语："人是万物的尺度，是存在者存在的尺度，也是不存在者不存在的尺度。"[①]在他看来，人是认识的主体，世界万物都是人的认识对象。认识的中心是人。只有认识了人才能认识世界。因此哲学的中心应该从自然转向人。如果把古希腊哲学分为宇宙中心论和人类中心论两个阶段的话，那么后一阶段应该说是自普罗泰戈拉开始的。人的主体性的张扬又为人的自由观念奠定了理论基础。因此黑格尔在评价普罗泰戈拉的思想时说："人是万物的尺度——人，因此也就是一般的主体，因此事物的

---

① 参见汪子嵩等《希腊哲学史》(1)，人民出版社1997年版，第1061页。

存在并不是孤立的，而是对我们的认识而存在的。""人是万物的尺度"是"一个伟大的命题"。[①]

苏格拉底（Socrates，公元前469—前399年）没有专门论述过自由。但是，他却有对自由思想的发展非常重要的见解。

首先，他继承了普罗泰戈拉的传统，把人类自身作为理性关注的重点，也就是在离开了自然之后，对作为万物尺度的人的继续深入的关注。在苏格拉底的思想中，对于自由影响最大的是"认识你自己"这句话。其实这句话并不是苏格拉底的独创，它是古希腊德尔斐神庙里的一条箴言。然而真正赋予这句箴言以哲学意义的是苏格拉底。从他开始，关怀和认识人类的人本主义就成了哲学的中心主题。[②]人只有真正认识了自己，才能把自己当作目的而不是手段，才能实现真正的自由。在苏格拉底看来，人要认识自己，首先要认识到自己的无知，只有认识到自己的无知，才能发掘自己的理性能力和道德本性；只有当人们用美德战胜自己的欲望时，才能真正成为自己的主人，从而实现黑格尔所说的"主观自由"。这正如黑格尔所说，"无限的主观性，自我意识的自由，在苏格拉底的学说中生长出来了。"[③]

其次，苏格拉底强调城邦公民集体的自由。这正是当时民主城邦的生命力所在。也是伯里克利在雅典阵亡将士葬礼上演说中所强调的自由。苏格拉底认为，对公民而言，国家比他的父母、祖先要更加珍贵，更加可敬，更加神圣。即使国家要处死一个公民，这个公民也无权反对国家和这个国家的法律。应当比敬重父亲更加敬重国家，消除对国家的怨恨要比消除对父亲的怨恨更快。公民应该自觉地把自己融入城邦整体利益，为捍卫城邦的自由制度而献身。其实，他道出了文明社会中自由的真谛之一：自由意味着责任，意味

---

① 〔德〕黑格尔：《哲学史讲演录》（第二卷），贺麟、王太庆译，商务印书馆1981年版，第27—28页。

② 参见杨适《哲学的童年》，中国社会科学出版社1987年版，第437页。

③ 参见上书，第433—434页。

着自律，意味着奉献。"如果你不能说服你的国家，那么你就必须服从她的命令，耐心地接受她加诸你的任何惩罚，无论是鞭挞还是监禁……如果国家要你去参战，你会负伤或战死，但你也一定要服从命令，这样做才是正确的。你一定不能后退、逃跑或放弃你的职责。无论是在战场上或法庭上，或是在任何地方，你必须做你的城邦和国家命令你做的事，否则你就得按普遍的正义去说服她们，但是对父母使用暴力是一种罪恶，反对你的国家那就更是一桩大罪了。"①当然，苏格拉底所强调的集体自由同近代西方所强调的个人自由或者消极自由有巨大差距，在某种意义上甚至可以认为他的这些看法中包含着专制主义——集体专制主义或者多数专制主义。但是，我们要再次提醒自己：自由的发展是逐渐的、一步一步的，没有集体自由，就不会有后来的个人自由；没有积极自由，就不会有消极自由。苏格拉底用自己的慷慨赴死证明了自己是服从集体，服从城邦法律的，以此证明集体自由是高于个人自由的。

被后人视为具有强烈专制主义色彩的柏拉图（Plato，约公元前427—前347年），实际上也是珍视集体自由的。比如，他认为，民主制的最大优点是自由，富于自由精神的人们最喜欢到民主的城邦去安家落户。②这也许是今天能够发现的柏拉图唯一肯定民主制的言论。他对僭主统治剥夺人们的自由也是谴责的。③

和柏拉图一样，亚里士多德（Aristotle，公元前384—前322年）也强调集体的自由。亚里士多德先分析了蒙昧状态下人的需要：需要社会。一旦进入文明社会，人就离不开社会了。而处理社会事务，处理人与人之间的关系，就是政治。人天生就具有处理政治问题的需要和能力。所以，亚里士多德说了一句名言：人天生是一种

---

① 〔古希腊〕柏拉图：《柏拉图全集》（第一卷），王晓朝译，人民出版社2002年版，第45—46页。

② 〔古希腊〕柏拉图：《理想国》，郭斌和、张竹明译，商务印书馆1986年版，第342—343页。

③ 同上书，第364—365页。

政治动物。①这句话包含着人天生就是群体动物的意思，强调人的社会性。在此基础上，再进一步推论：个人必须依赖于群体生存；在城邦里，个人必须依赖于城邦而生存。城邦先于个人，先于家庭。从利益角度看，城邦的利益高于个人的利益。个人只有作为城邦的一员，其生命才有意义。②

亚里士多德在他的《政治学》中分析了诸如君主政体、寡头政体、共和政体、平民政体等多种政体形式。在他看来，平民政体比寡头政体好，因为平民政体中的中产阶级比在寡头政体社会中多。中产阶级比较珍惜财富与和平，这样的政体是最为安定的政体。③不过，亚里士多德并不赞成极端的平民政体。尽管他认为平民政体的前提和准则是自由或者说自由原则——这是对该政体很高的评价，因为他是非常推崇人的自由的；但是他认为，极端的平民主义者曲解了自由原则。他们把自由当作每个人不对他人负责任的随心所欲，恣意妄为。亚里士多德认为这种自由观是轻率的，因为按照政体的规则生活并不是不自由，而是一种自我保护或者解放，是在某种意义上的自由。实际上就是有边界的自由：各人牺牲自己的一些自由，从而确保每一个人在政治社会中最大可能的自由。

亚里士多德在对希腊各城邦所推行的政治体制进行充分研究后所做的理论总结中说，民主政治的一个基本原则即是自由；在某种意义上，民主就意味着自由。他认为，人们一般都认为，他们只有在民主政体这一类政体中才享有自由。因为人们说民主政治就是以自由为宗旨的。自由的一个方面是公民轮流做统治者和被统治者。民主政体下的公正，其实质在于以人的数量为基础的平等（多数统治原则），而非以功绩为基础的平等（有功绩者居社会高位，在这一原则面前人人平等。这当然不是以人的数量为基础的全体公民之间的平等）。在这种公正之下，大众必然拥有主权，只要多数人决定的

---

① 〔古希腊〕亚里士多德:《政治学》，吴寿彭译，商务印书馆1981年版，第7页。
② 同上书，第8—9页。
③ 同上书，第6—7页。

事情，就是最终的和公正的。因为人们说，每个公民都应该是平等的。因此，在民主政治中，穷人比富人更拥有主权，因为他们人数更多，而多数人的决定是最高的。用现代语言说，亚里士多德的意思是：作为主权者的人民，按照自己的意志治理自己的社会，所以，他们有着政治自由——政治治理的自由。平民政体中自由的另一层意思是每一个人如己所愿地生活。因为每一个公民都是城邦的主人，其人身、人格、意志都是自由的，所以他们能够自由地生活。而与此相反，那些遭受奴役者则不能像他们这样自由地生活。

综上所述，亚里士多德的自由观有这样的特点：一是讲的是政治自由；二是强调城邦集体的政治自由；三是强调整体自由高于个人自由。

亚里士多德自由观包含着让当代人无法接受的谬误：他认为奴隶是和动物一样的工具。也就是说，他们尽管在生物学上是人，但是在伦理学和社会学上却不是人。既然不是人，当然就不是公民，当然就不能享受公民的自由。对于这样一批没有自由、接受自由人奴役的人的存在，亚里士多德不但没有半点同情与谴责，反而大加赞赏，认为人奴役人的奴隶制对社会有益，并且公正。因为，很显然，有些人天生就是自由的，有些人天生就是奴隶，对于后者来说，被奴役不仅有益而且公正。[1]所谓天生的，是把人在禀赋、家庭背景、命运等方面的差异形而上学化、命定化，在理论上是非常荒谬的。

希腊化时代的自由观念

到了希腊化时期，古典的希腊政治体系全面崩溃，城邦在外敌入侵下分崩离析。但是，古典希腊开辟的活跃的思想传统却没有中断，并且随着社会的动荡变化而异彩纷呈。当时主要的思想流派有伊壁鸠鲁学派、斯多葛学派和怀疑论学派。由于本书主题是自由观念，所以对古希腊自由思想的讨论，仅考察在古希腊思想家中对自

---

① 〔古希腊〕亚里士多德：《政治学》，吴寿彭译，第4—7、178—200页。

由思想贡献最大的伊壁鸠鲁。

马克思曾称赞伊壁鸠鲁为"最伟大的希腊启蒙思想家"。马克思在青年时期，对自由问题有很大的兴趣，而他在研究自由问题时，则专门以伊壁鸠鲁思想研究作为自己的博士论文题目。这说明伊壁鸠鲁的自由思想对他具有多大的影响。他为此做了大量的笔记。其中有这样的句子："伊壁鸠鲁表示反对毫无意义地惊愕地直观天体，这种直观束缚人，使人产生恐惧。他主张精神的绝对自由。"[①]这句话的意思是，伊壁鸠鲁不但继承了普罗泰戈拉、苏格拉底同自然分离、关注人类自身的自由观念的传统，而且更进一步，把人的自由从单纯的脱离自然，关照自我以及只有城邦集体的政治自由，推向了个体"精神的绝对自由"。可以说，从集体自由到个体自由，从政治自由到精神自由，从积极自由到消极自由，从古代人的自由到现代人的自由的发展，都是从伊壁鸠鲁那里开始的。伊壁鸠鲁对自由思想主要贡献如下：

首先，伊壁鸠鲁提出了个人主义以及在此基础上的社会契约论。我们知道，在古典希腊城邦，个人完全被集体淹没，具有个人主义气质的苏格拉底被集体杀害。没有个人主义，就不可能有现代意义上的自由。人类精神的发展，在等待并且呼唤着个人主义。个人主义在人类历史上以及当代世界，起过消极作用，同时，也起过积极作用。自私自利，甚至损人利己的个人主义，肯定是毒害社会的。但是，张扬个性，主张全面实现个人价值的个人主义，对于改变历史上一切压抑个性、压抑人性的制度，则是具有积极作用的。希腊化时代，人们已经在呼唤着个人主义了。而伊壁鸠鲁则被历史选择来回应这样的呼唤。今天，哲学界都公认个人主义的出现当归功于伊壁鸠鲁，所以无怪乎马克思称他为"最伟大的希腊启蒙思想家"。

从社会历史环境看，伊壁鸠鲁生活在马其顿人征服和统治希腊

---

① 《马克思恩格斯全集》（第四十卷），人民出版社1982年版，第46页。

的希腊化时代，城邦崩溃，社会混乱。传统的集体已经消失，现在，只剩下个人在面对着异族的入侵和统治。所以，自然而然地，希腊人对城邦集体的关心开始转到对个人自身的关心。

伊壁鸠鲁把德谟克利特的原子论借用到社会领域，"把以个体的形式出现的意识看作本质的东西"。[①]他认为，个人就是社会中的原子，社会是由个人组成的，是个人功利的产物。所以，伊壁鸠鲁认为个体追求快乐是最高的善。他说："我们认为快乐是幸福生活的始点和终点。我们认为它是最高的和天生的善。"[②]

每个人都追求自己的最大快乐，势必导致彼此的冲突，最后便要么是弱肉强食，要么是一团混乱。而这样的结局对于多数人都不可能是幸福，只能是痛苦。那么，怎样来解决这个问题呢？就此，伊壁鸠鲁提出了著名的社会契约论：个人之间为了不互相伤害，就制定了形形色色的社会契约，规范人们的行为。人类的正义就是遵守契约，非正义就是违背契约。[③]他说："自然正义是人们就行为后果所作的一种相互承诺——不伤害别人，也不受别人的伤害。""对那些无法就彼此互不伤害而相互订立契约的动物来说，无所谓正义与不正义。同样，对于那些不能或不愿就彼此互不伤害订立契约的民族来说，情况也是如此。""没有自在的正义（绝对的正义），有的只是在人们的相互交往中在某个地方、某个时候就互不侵犯而订立的协议。"[④]所以，马克思指出："国家起源于人们相互间的契约，起源于社会契约，这一观点就是伊壁鸠鲁最先提出来的。"[⑤]

社会契约的基础是维护个人权利的个人主义，契约的目的也是保护个人自由。

---

① 〔德〕文德尔班：《哲学史教程》（上卷），罗达仁译，商务印书馆1987年版，第237—239页。

② 〔德〕黑格尔：《哲学史讲演录》（第三卷），贺麟、王太庆译，第47—49页。

③ 〔德〕文德尔班：《哲学史教程》（上卷），罗达仁译，第237—239页。

④ 〔古希腊〕伊壁鸠鲁、〔古罗马〕卢克来修：《自然与快乐——伊壁鸠鲁的哲学》，包利民等译，中国社会科学出版社2004年版，第41—42页。

⑤ 《马克思恩格斯全集》（第三卷），人民出版社1965年版，第147页。

其次，伊壁鸠鲁提出了对中世纪影响较大的意志自由的观念。我们知道，他继承了德谟克利特的原子论思想。原子是运动的，运动是有轨迹的。他认为原子在虚空中有三种运动轨迹或者路线：第一种是原子直线式的下落，第二种是原子偏离直线的运动，第三种是由于许多原子相互排斥而引起的复杂纷乱的运动。马克思在他的博士论文中指出："承认第一种和第三种运动是德谟克利特和伊壁鸠鲁共同的；可是在承认原子偏离直线这一点上，伊壁鸠鲁就和德谟克利特不同了。"[①]在伊壁鸠鲁那里，实际上原子有点类似于现代科学发现的人类的基因。正是基因决定了人的许多行为特性。既然原子可以偏离直线运动，也就是说，可以突破先天外在制约而自由运动，那么人就可以有意志自由。由于有了意志自由，人们的行动才有自由，从而应该对自己的行动负责。人是有理性的，理性指导意志自由。

简析

怎么看待古代希腊直至希腊化时代的自由观念？

第一，这是人类思想的精华。自由在今天是我国的核心价值之一，这说明它是人类文明的优秀成果。马克思在描述共产主义这一理想社会的根本特征时，说的是每个人全面而自由的发展。自由观念在不同时代、不同社会，以及在不同阐释者那里，会有不同含义。我国今天所倡导的自由，显然不同于古代希腊人所倡导的那种自由。从整个自由观念史看，自由的含义是发展的。正因为是发展的，所以，它的源头就十分重要，因为没有源头就没有发展的主体。对于希腊和希腊化时代自由观念在人类思想史上的价值的评价，我们可以引述黑格尔那段虽然有偏颇但是饱含真知灼见的话："真正的哲学是自西方开始。惟有在西方这种自我意识的自由才首先得到发展，因而自然的意识，以及潜在的精神就被贬斥于低级地位。在东方的黎明里，个体性消失了，光明在西方才首先达到灿烂的思想，思想

---

① 《马克思恩格斯全集》（第四十卷），第209页。

45

在自身内发光，从思想出发开创它自己的世界。西方的福祉有了这样的特性，即主体〔在对象中仍〕维持其为主体，并坚持其自身于实体中。个体的精神认识到它自己的存在是有普遍性的，这种普遍性就是自己与自己相关系。自我的自在性、人格性和无限性构成精神的存在。精神的本质就是这样，它不能是别的样子。一个民族之所以存在即在于它自己知道自己是自由的，是有普遍性的；自由和普遍性就是一个民族整个伦理生活和其余生活的原则。这一点我们很容易用一个例子来表明：只有当个人的自由是我们的根本条件时，我们才知道我们本质的存在。这时如果有一个王侯想要把他的武断的意志作为法律，并且要施行奴隶制时，则我们便有了这样的意识，说这是不行的。每个人都知道他不能做奴隶。睡觉、生活、做官，——都不是我们本质的存在，当然更不用说做奴隶了。只有自然存在才意味着那些东西。所以在西方我们业已进到真正哲学的基地上了。"①

黑格尔的偏颇在于他对古代东方的历史的误解。其实，在古代东方，在人类文明的早期，同样有着自由的思想。例如，我们在孔子、孟子、墨子等先秦诸子的言论中，既可以发现政治自由的意识，也可以发现伦理自由的意识。没有任何一个民族是天生具有奴隶性质的。所有的人类在文明的早期都是热爱自由的。

但是，黑格尔的这段话，以及其他相关的论述，却阐明了两个重要道理。一是西方的自由哲学是自古代希腊开始的。从他的整个《哲学史讲演录》论述可以知道，他讲的开始就是指古典希腊时期。二是自由思想是人类思想的精华，就像博爱思想是人类思想的精华一样。说它是精华，因为人类的历史就是一部不自由的人争取自由、自由少的人争取更多自由的历史。人类在政治上和道德上自由度的增加，就是历史的进步。

笔者认为，自由是雅典这样一个民主社会的核心价值。所以，

---

① 〔德〕黑格尔：《哲学史讲演录》（第一卷），贺麟、王太庆译，第98页。

笔者非常赞同著名古典学家、丹麦学者汉森（Mogen Hansen）的看法。针对有人关于平等是雅典的核心价值观的说法，汉森说，民主的雅典的确高度注重平等，雅典的制度处处体现的是公民之间的平等，甚至对当时的希罗多德而言，"平等"即代表了民主政治；但是，他认为，雅典民主政治意识形态的核心观念是 "自由" 而不是 "平等"。理由在于：1. 在雅典的政治演说和诉讼演说中，演说者从来不提平等，而经常提到 "自由"；2. 遗留到今天的铭文显示，雅典有几艘军舰命名为 "民主"，有一艘命名为 "自由"，但是没有一艘命名为 "平等" 的；3. 雅典有 "民主" 圣地和 "自由"（Zeus Eleutherios）圣地，但是没有 "平等" 的圣地；4. 德谟斯提尼（Demosthenes，公元前384—前322年）在他的演说中指出，斯巴达寡头制和雅典民主制之间最大的区别在于，在雅典，人们可以自由地称赞斯巴达的政治制度和生活方式，而斯巴达则禁止在那里的人们称赞斯巴达之外其他城邦的政治制度。[①]从德谟克利特到伊壁鸠鲁，希腊世界发育出对后世影响深刻的政治自由和个人自由观念。这是人类精神的宝贵遗产。

第二，具有极大的局限性。前面已经说过，古代雅典的公民自由是建立在奴隶制基础上的，而且只有少数男人享有政治自由。黑格尔说："在希腊我们看见了真正的自由在开花，但同时尚局限在一定的形式下，因为有了奴隶制，国家也受奴隶制的支配。"[②]把一部分人的自由建立在对另一部分人的奴役基础之上，这是人类自由观念从出生起就带着的罪恶与耻辱的印记。这种印记直到今天都没有消失。近代以来，我们看到了许多国家之内一部分人对另一部分人的压迫与奴役，看到了奴隶制的复活，看到了殖民主义的掠夺与屠杀，看到了在国际关系中的强权政治和霸权主义逻辑。

在伊壁鸠鲁之前，还没有个人自由观念。现代西方的自由观念

---

① Mogen Hansen, *The Athenian Assembly in the Age of Demosthenes*, New York: Basil Blackwell Ltd., 1987, pp. 137–170.

② 〔德〕黑格尔：《哲学史讲演录》（第一卷），贺麟、王太庆译，第99页。

强调的是个人的自主,为此必须限制国家施加于个人的权力。而在雅典,个人完全屈从于城邦。为了集体利益,城邦不惜牺牲个人利益和权利。陶片放逐法就是最好的证明。依照这一法律,城邦每年可以放逐一名政治领袖,被放逐者由公民大会投票选出,此人无须有过失,也不一定犯下罪行,只要他的名字得票数超过6000,便会遭到流放。这就像今天中国一些单位的末位淘汰制一样。这一制度无疑是侵犯个人自由的。雅典的捐助制度也说明问题,城邦要求富有的人必须拿出钱来建造战舰,或者在戏剧节演出时资助演出。用现代私人财产权利观念去衡量此事,它就是对个人财产自由的侵犯。

三、罗马法对中世纪欧洲自由观念的影响

12世纪开始,欧洲的城市兴起。城市生存与发展的基础是与自给自足的自然经济相对立的商品货币经济。因为城市自己不能生产衣、食、住所需的原材料,它必须通过交换从农村获得。城市人也有多种分工,从事不同职业的人之间也必须通过商品交换各取所需。以商品交换为生命的这种经济的运行,必须有财产权利的明晰、契约观念的普及作为前提。而罗马法则恰好满足了这样的需要。因为罗马法一个显著的特色是主张并且保护绝对的、无条件的私有财产权,这使它成为中世纪商品经济发展的法律基石。罗马法是建立在罗马奴隶制经济基础之上的,是当时世界上最发达、最完备的民事法律体系。这个体系对简单商品生产和商品交换中的一切重要关系,比如买卖、借贷、契约以及其他财产关系,都有非常明确、细致的规定。因此,它适合罗马奴隶制社会相当发达的私有制和商品交换的要求。恩格斯对此说过:"罗马法是纯粹私有制占统治的社会的生活条件和冲突的十分经典性的法律表现,以致一切后来的法律都不能对它做任何实质性的修改"。[①]中世纪欧洲基督教会著名的理论

---

① 《马克思恩格斯全集》(第二十一卷),人民出版社1965年版,第454页。

家罗吉尔·培根（Roger Bacon，1214—1292年）曾不无悲哀地讲道："在民法中的一切都具有世俗性质，谁投身于这样一门粗俗的艺术，谁也就脱离了教会"。[1] 私有产权法和自由放任是罗马法留给后世的基本遗产。它们的精神主要包括在两部宏大的罗马法典中：《狄奥多西法典》（Theodosian Code），由狄奥多西皇帝在438年颁布；大部头四卷本《民法大全》（Corpus Juris Civilis），由皇帝查士丁尼（Justinian，482或483—565年）在535年颁布。两部法典都强调，"公平价格"（justum pretium）就是指买方和卖方之间自由与自愿地讨价还价所达成的任何价格。每个人都有权运用他的财产去做他想做的任何事情，因而都有权签订合约去让与、购买或出卖这种财产。从而，无论什么价格，只要是自由达成的就是"公平"的。《民法大全》说："在买和卖中，自然法允许一方所买的东西比其所值更少，而另一方所卖的东西比其所值更多。于是，每一方都被允许以机智胜过对方。"[2]《狄奥多西法典》影响深远。18世纪早期出现的《巴伐利亚法》（Bavarian Law）规定：买者不能因为他后来断定所同意的价格过高而取消对一种物品的购买。9世纪，《狄奥多西法典》的自由放任态度被纳入"牧师会法规"（decrees）集，从而被吸收进基督教教会法。[3] 伦巴第法规定，业主有权利杀死拒不停止侵害的侵入者，但这被认为不适用于罗马侵入者，因为倘若为了如此轻微的伤害而杀死一个人，那就将违背罗马臣民确保享有的罗马法精神。[4]

　　这一切都说明：罗马法有利于个人的自由，有利于人的主体意识的发展，有利于商品经济的发展。所以，绝非偶然地，伴随着以

---

①〔法〕雅克·勒戈夫：《中世纪的知识分子》，张弘译，卫茂平校，商务印书馆1996年版，第89页。

②〔美〕默瑞·N.罗斯巴德：《亚当·斯密以前的经济思想——奥地利学派视角下的经济思想史》（第一卷），张凤林等译，第46—47页。

③同上书，第47页。

④〔美〕沃格林：《政治观念史稿（第二卷）：中世纪（至阿奎那）》，叶颖译，华东师范大学出版社2009年版，第181页。

商品经济为基础的城市的兴起，罗马法也首先在城市复兴。另外，罗马法在城市的复兴也与新兴工商业城市里市民阶级的世俗文化需要有关。这是一个追逐营利、喜欢冒险、务实进取、要求政治独立的阶级，是一个为了实际利益而不受中世纪宗教道德规范约束的阶级，也是一个以效率、时间、金钱为其价值观念的阶级。我们知道，中世纪欧洲的教育操纵在教会、修道院的手里，带有强烈的宗教神学色彩，人是神的奴隶，禁欲主义是正统的价值观。这样的文化，这样的教育，怎么能够被市民们容忍？所以，12世纪，首先在工商业发达、市民以工商业为主要职业的意大利城市里，产生了非宗教性的世俗学校。接着，世俗学校向阿尔卑斯山以北蔓延，在欧洲形成了创办世俗学校的潮流。至13世纪末，世俗学校已经遍布西欧。城市世俗学校注重世俗教育和有实用价值的知识。法学、医学和艺术等实用性学科最早在意大利登堂入室。其中便以博洛尼亚大学的法学最为著名，它是西欧众望所归的法学研究中心。而我们知道，罗马文化，尤其是罗马法，是绝对世俗的，因此，便成为了城市世俗学校最重要的教育学习内容。"在意大利城市的商业和政治社会里，需要实用的知识，需要管理社会生活的科学——需要最严格意义的文明。而这一需要是以恢复研究久被忽略而尚未完全忘了的古罗马法律来适应的。"[1]值得一提的是，由于近代教会法以及英格兰法的发展和罗马法的复兴一样均始于11世纪末，所以11世纪的最后几十年堪称西方法律史上最为关键的时期之一。就意大利而言，罗马法的复兴存在着三个中心，它们分别是伦巴第、拉韦那和博洛尼亚。这三个地区都位于意大利的中北部，在查士丁尼时期都曾经处于拜占庭的统治之下并直接适用《民法大全》。

　　7世纪以后，伦巴第地区一直处于伦巴第人的控制之下，受到罗马法影响的伦巴第法在这一地区起主导作用。到了11世纪，随着意大利北部城市政治经济地位的提升，法律解释学也得到了迅速的发

---

① 〔美〕汤普逊：《中世纪经济社会史》（下册），耿淡如译，商务印书馆1963年版，第12页，注2。

展，并呈现出系统化和学术化的特点。在帕维亚（Pavia）——伦巴第王国法院所在地，后成为意大利王国的中心和法院所在地——建立了中世纪真正意义上的法律学校，以法律学校为中心出现了专业的法律教师。这些法律教师主要致力于解释和教授伦巴第法和法兰克伦巴第法，但在回答提问和作注释的过程中，他们频繁地援引罗马法。博洛尼亚大学虽然也教育和研究教会法，但是，它最著名的教育研究内容是罗马法。1088年，被誉为"法律明灯"的意大利法学家伊尔纳留斯（Irnerius）在博洛尼亚大学教授罗马法。以他为首的前期的注释法学派（the School of Glossators），是前期复兴罗马法的主要推动者。14世纪时，又有一批意大利法学家对前人注释成果做进一步研究，让罗马法同现实生活结合起来，形成了后期的注释法学派或评论法学派（Commentators）。[①]博洛尼亚因此成为了一个远近闻名的法律研究国际中心。欧洲各地的法律学者纷纷来到这里接受教育。而这里的一些著名教师和学者又经常走出去，传播法学知识。比如，瓦卡留斯（Vacarius）到英格兰，阿佐（Azo）和普拉森提努斯（Placentinus，？—1192年）去法国。意大利城市共和国中的精英人物律师和官员们，都到这里来接受法律训练。博洛尼亚大学的教师们的社会地位之高，从下述事实可见一斑：他们在文献里被称为"高贵的人"和"头等市民"，平常则被称为"法学家"。该大学的学生们称呼他们爱戴的老师为"我的主人"。[②]在12世纪上半叶，博洛尼亚大学毕业的博士在欧洲的地位高到这样的程度：当时有人曾写道："或许在整个教育史上，至今还没有哪位教师在社会阶层中获得的地位，像博洛尼亚的早期博士那样高。"[③]

　　罗马法不但适应整个城市社会的商品经济环境需要，而且，也适应当时世俗国王们的政治需要。

---

　　① H. D. Hazeltine, "Roman and Canon Law in the Middle Ages", *Cambridge Medieval History*, Vol. 5, Cambridge University Press, 1968, p. 739.

　　② 〔法〕雅克·勒戈夫：《中世纪的知识分子》，张弘译，卫茂平校，第112页。

　　③ H. Rashdall, *The Universities of Europe in the Middle Ages*, Vol. 3, Oxford: The Clarendon Press, 1936, p. 164.

12世纪，以封君封臣关系为基础的封建制度早已成熟，封君们相对于君主尾大不掉的趋势也越来越强大。教会事实上成为独立王国，有时还凌驾于王权之上，有不少国王事实上成为了教会的臣属。因此，国王们不但要确保自己对于封臣的封建权力和权利，摆脱教会的控制，夺取教会的权力，还想进一步扩张自己的权势和利益。所以，他们纷纷同城市结盟，向盘踞在农村的大小封建主争权夺利。在这一斗争中，罗马法恰好成为君主们的有力武器。因为罗马法不仅赞成私有财产和商品经济，还赞成君主专制，赞成王权的绝对化。罗马法认为人民在组成一个国家的时候，就已经把自己的权利完全彻底地委托给了国王，所以国王的意志就是人民的意志，就是法律。而且，既然君主是整个社会的掌权者，那他在逻辑上也就应该是教会的统治者。这在教权与王权关于谁是最高统治者的长期斗争中，肯定是有利于王权的。

所以，国王便从罗马法中吸收强化王权的元素，积极制定实体法，用法律来维护和扩张自己的权力。

意大利的学者们把《查士丁尼法典》带到法国。法王圣路易（Louis IX，1214—1270年）令人翻译查士丁尼的著作。美男子菲利蒲（Philip IV，1285—1314年）统治时，他命令人在一些地方讲授、宣传《查士丁尼法典》；在另一些地区，则要人们直接采用罗马法作为有效力的民法。[1]百年战争之后，法王开始引用罗马法来鼓吹君权至上、臣属地位卑微。一位国王在敕书中宣称："打击破坏公理的强权力量，保持臣属的驯服，伸张主权，是国王的应尽之责。"[2]追随罗马法的系统性、严密性、规范性，查理七世和后继的君王组织力量把整个王国内的地方习惯用文字编纂成书，又规定了编纂时必须遵守的形式。编撰者们继承罗马法的传统，努力使这些习惯法

---

① 〔法〕孟德斯鸠：《论法的精神》（下册），张雁深译，商务印书馆1978年版，第280页。

② H. D. Hazeltine,"Roman and Canon Law in the Middle Ages", *Cambridge Medieval History*, Vol. 5, p. 615.

更具普遍适用性，并且严格保护个人利益。最后，经他们编撰的习惯法便具有了三大特点：成文，更具普遍适用性，具有君主授予的权威。[1]法国国王们还积极延揽那些在大学里学过罗马法的知识分子进入宫廷为其服务。总之，当罗马法被系统翻译出来，在学校被系统讲授，在法庭被系统应用，大批熟悉罗马法的律师和法学专家存在于社会的时候，法国国王们便有了一股崭新的可以依靠的政治力量。[2]随着罗马法的普及，传统的由家臣审案的习惯逐渐消失，而由专业的法官审案的习惯逐渐形成。这样一来，法律便起到统一国家、维护国王中心权力的作用，具有割据分裂倾向的地方封建领主们因而不再像以往那样容易搞割据和独立了。

英国的情况大致一样。征服者威廉（William the Conqueror，1027—1087年）入主英国以后，积极引进罗马法和教会法规，把那些精通罗马法和教会法的人聘请为王室的顾问。威廉以后，教会法以及教会法专家都受到重视。许多重大案子都由教会法庭审理。这里需要说明的是，在中世纪初期的蛮族王国中，教会即为罗马文化及法规的载体，英国的大主教们，都接受罗马法的影响。他们热情地从欧洲大陆引入精通罗马法的法律学者，还保送优秀的学生去意大利的博洛尼亚学习。这些学生学成之后，回到英国以其所学来改造英格兰的法律。[3]实际上，英国从12世纪开始就逐步接受罗马法的影响。1145年，意大利博洛尼亚大学的罗马法教师瓦卡留斯应邀到牛津大学讲授罗马法，开创了英国研究罗马法的传统。12—13世纪英国的著名法学著作，都在相当大的程度上吸收了意大利注释法学派研究罗马法的成果。14世纪，英国出现了"衡平法"，这是受罗马法巨大影响而产生的一种法律。所谓"衡平法"，是由大法官在审判实践中发展起来的，旨在对普通法的不足进行补救的法律体系。

---

① 〔法〕孟德斯鸠：《论法的精神》（下册），张雁深译，第285页。

② 同上书，第281页。

③ H. D. Hazeltine, "Roman and Canon Law in the Middle Ages", *Cambridge Medieval History*, Vol.5, p. 572.

"衡平"一词并非英国人的首创，罗马法是"衡平法"的最早实践者，最高裁判官法就是典型的罗马衡平法。另外，星室法庭、海事法庭（Admiralty）、衡平法院（Chancery）均为英国带有罗马民法特征的新法律制度。[①]

需要指出的是，由于英国远离欧洲大陆，自11世纪便形成了统一的法律体系——普通法。所以它没有全面复兴罗马法，而只是大量地吸收了罗马法的元素。

德国和西班牙等欧洲大陆国家在中世纪也都有不同程度的罗马法的复兴。德国早在13世纪就广泛采用罗马法，到15世纪末，罗马法被列为各大学的必修课程，并且出现了以查士丁尼《学说汇纂》为主要内容的"普通法"，适用于神圣罗马帝国全境。到16世纪，罗马法以其极为明确、专业的条文迅速地征服了地方法院。西班牙学者们在11世纪研究罗马法及教会法的时候，还必须依靠法国和意大利法学家所著的罗马法教本，也就是说只能用第二手资料，而不能研究罗马法原文。但是，到了12世纪，这种状况就发生了变化。他们可以直接研读罗马法原文，从事独立的研究工作。

凡是罗马法复兴的地方，王权就随之加强了；凡是王权加强了的地方，罗马法复兴的速度就加快了。这是相辅相成的两件事情。那么，罗马法的复兴对于欧洲自由观念究竟意味着什么？

首先，罗马法的复兴，意味着经济自由观念的复兴。大家知道，在日耳曼传统、基督教传统以及现实的封建制度制约下，中世纪欧洲在相当长的时间内，基本没有明晰的私有财产权利。而我们知道，真正的经济自由，就是个人进行经济活动的自由。它必定要以个人对财产的必要的权利为基础。比如，奴隶对他自身的劳动力财产没有权利，他就不能自由地出卖他的劳动力；农奴对他租佃的土地没有所有权，他就不能自由地出卖该土地。近代自由市场经济理论的奠基人亚当·斯密（Adam Smith，1723—1790年）在创立经

---

① W. S. Holdsworth, *A History of English Law*, Vol. Ⅳ, London: Methuen & Co., Ltd., 1924, p. 284.

济自由理论时，把私人财产权利作为最根本的前提，绝非偶然。道格拉斯·诺斯（Douglass North，1920—2015年）、罗伯特·托马斯（Robert Thomas）等一些现代著名西方经济学家一直认为，所有权不确定，私人经营的产业及收入就没有合法保障，而没有制度法规的保证及提供给个人经营的动力刺激，工商业就发展不起来。[①]

那么，到底罗马法对中世纪欧洲经济自由观念的产生做出了什么具体贡献呢？这里引用国内学者的看法：

（1）私有权利平等原则。罗马法在调整自由民内部的私有财产关系时，确立了一项自由人之间司法平等的原则，后世则演化为公民在法律面前人人平等。每一个自由人经济活动的自由都受到平等的保护，这就有利于经济自由的扩大和普及。

（2）罗马私法中的物权法，提出了私有财产无限制的概念，即人对物最完全的支配权和控制权。后来发展为私有财产神圣不可侵犯的原则。财产权利越完整、越绝对，权利人经济活动的自由度就越大。

（3）罗马法中对物诉讼、对人诉讼的制度，实际上是指对物权、人权的保护，后成为资产阶级区分物权和债权的理论依据。[②]有关财产的法律规定越细致、越规范，人们支配财产活动的自由就越具体实在。

汤普逊（James Westfall Thompson，1869—1941年）认为，中世纪西欧封建制度的主要性质是由罗马人所贡献的财产关系和日耳曼人所贡献的人身关系混合而成。[③]这两种关系中都包含了自由的元素。

其次，罗马法的复兴，意味着民间经济活动自由度的增加。西欧中世纪的法律体系呈多元化现象，庞杂不一，整个社会形成以契

---

① 〔美〕道格拉斯·诺斯、罗伯特·托马斯：《西方世界的兴起》，厉以平、蔡磊译，华夏出版社2014年版，第3—11页。

② 王菲编著：《外国法制史纲要》，工商出版社2000年版，第71页。

③ 〔美〕汤普逊：《中世纪经济社会史》（下册），耿淡如译，第325页。

约为基础的私人司法权力网。这个网络同政治割据相辅相成，维护着画地为牢、关卡重重、税费繁多的盘剥远程商业交流的局面。有些领主故意在自己领地内的道路上挖出深深的坑洼，过路的运输货物的车辆一经颠簸，便导致车上的货物坠落地面，领主便要对之征收所谓"落地费"。这同公开抢劫几乎没有差别。至于河流、道路上林立的收费点，更是大地上独特的风景。这一切，对于形成更大范围内的统一市场，起着阻碍作用。但12世纪以来，随着工商业发展，城市崛起，以城市为中心掀起一股罗马法复兴的高潮。君主们积极吸收罗马法中伸张君权的原则，来制定实体法，加强集权；同时，城市参照罗马法中的民法原则，形成了城市的商业法规，逐渐排斥封建的庄园法、习惯法，间接打击了地方割据势力，变相地促进了君主的集权，对王权的另一大对立面——教会，也构成极大的威胁。君主权力的加强，意味着统一势力逐渐压倒割据势力；秩序逐渐压倒动乱，这都有利于经济活动主体的经济自由。因而，这样，我们就发现，罗马法中包含着原则截然不同的两部分内容，即规定公民之间经济交换关系的民法（Jus）和规范国家与其臣民之间政治关系的公法（Lex），一方眼中神圣不可侵犯的私有财产在法律上的无条件性，与另一方行使的国家主权的绝对专制性，在消除割据、维护统一、发展工商业、建立民族国家的背景下，殊途同归，找到了相互为用的契合点。因此，罗马法的复兴，对于削弱割据势力，扩大商业自由，起着积极的作用。当商业自由扩大后，商业自由的观念自然也就增强了。

再次，罗马法的复兴，意味着主张人类生而自由的自然法的复兴。这一点下面将详细探讨。

最后，罗马法的复兴，意味着政治自由、政治平等观念的复兴。罗马法体现了"人人平等"的观念。如查士丁尼的《学说汇纂》在立法中就体现了"关系大家的事情必须由大家来确定"的民主原则。罗马法中还有这样的民权、民主思想："皇帝的意旨具有法律效力，因为人民通过《国王法》中的一段话把他们自己的全部权力授予了他。"①中世纪时,一些思想家大量援引古罗马法来为民主、自由、平等观念辩护。如奥卡姆的威廉(William of Ockham,约1285—1349年,一说1347年死于慕尼黑)在《师徒对话录》中大量表述了罗马法中有关民权的思想,包括"国家既然产生于人类的共同契约,因此参与立法是每个社会成员的权利""权力必须委托给大家同意的人""关系大家的事情必须由大家来确定""人民能够自己确立法规,从而选举为自己的领袖"。②在民权思想方面,罗马法同日耳曼人本身的文化传统特别相容。日耳曼人的法律传统也包含着这样一种思想:法律是属于民众或人民的,是整个社会共同体的一种属性或者一种共同的财富。成文的法律并不是某个人或某些人的主观意志,而是被发现,被找到,以人民的名义制定,由首领或国王宣布的。人民主权、人人平等,必定意味着人人相对于社会的统治者的政治自由,也就是说,统治者不能够凭自己的意志对人民为所欲为,不能任意限制人民的自由权利。

当然,罗马法倡导和维护的自由,以及中世纪欧洲人借罗马法维护和争取的自由,都是有历史局限的自由。它的基础不是普遍的公正与人权,它只是一部分人的自由,而不是所有人的自由。

四、自然法与自由观念

自由观念同自然法概念有密切的关系。我们有必要梳理这一关系的历史。

人类来自自然;在文明进化的某一阶段,又开始意识到自己同自然的分离。这在思想史上,叫作"人类精神的觉醒"。这个觉醒时期,被雅斯贝尔斯(Karl Theodor Jaspers,1883—1969年)叫作轴心时期。

---

① 〔美〕乔治·霍兰·萨拜因:《政治学说史》(上册),〔美〕托马斯·兰敦·索尔森修订,盛葵阳、崔妙因译,商务印书馆1986年版,第213页。

② 马啸原:《西方政治思想史纲》,高等教育出版社1997年版,第137页。

　　人类精神一旦觉醒，也就是人类一旦开始意识到自己不同于自然物，他们便会用人类的眼光去把自然当作客体而加以审视。而人类思维所遵循的归纳与演绎的逻辑，必然导致他们对自然做总体的观照，去发现其普遍的、恒久的规则。春秋战国时代的中国人如此，古典时代的希腊人也是如此。这就导致了"自然""自然法"概念的发育与演变。

　　什么是自然呢？要回答这个问题，首先要知道人类之外物质世界的统一性在哪里？因为，"自然"概念是针对自然的本质而言的，这个本质就是它的统一性。希腊人提出了"水本源说""气本源说""火本源说""数本源说""四根说""种子说"和"原子论"等答案。正是在这些答案之中，"自然"观念逐渐形成：自然是个巨大的生命机体，由在空间上扩展、在时间中渗透着的运动物体所组成。由于整个物质界都具有生命，因此，物质界所有的运动都是生命的运动，这些运动有目的，受理性的引导。这个有生命和思维的大躯体禀赋着灵魂和理性。这里的"自然"，显然是指物质世界。但是，这个物质世界却受理性的支配。

　　希腊人认真地去寻找主宰自然的灵魂：这是将自然人类化，而不是将人类自然化，是以人为出发点的。因为他们认为人是有灵魂的。希腊米利都学派的泰勒斯（Thales，约公元前624—前546年）认为，"神是宇宙的心灵或理智，万物都是有生命的并充满了各种精灵。"在这里，神或者精灵就是自然的主宰。那么，神或者灵魂有什么表现形式吗？有。比如，阿那克西美尼（Anaximenes，约公元前570—前526年）把气比作自然的灵魂；赫拉克利特（Heraclitus，约公元前530—前470年）主张灵魂是贯穿于水和土中的永恒之物；毕达哥拉斯学派认为灵魂是一种永恒自动、遍布于一切生物之中，并且具有轮回属性的实体。特别鲜明地表现出人类独立于自然、高于自然的例子是：居然有人认为，因为人用他们的理性去思考自然，所以，在思考过程中，便将理性传染给了自然，使得本来没有理性的自然获得了理性！这里的理性就相当于当代人认识的可传染的细菌和病毒。有人把理智或理性（nous）理解为万物背后的东西。阿那克萨戈拉（Anaxagoras，约公元前500—前428年）就认为，理智主宰着一切有灵魂的东西……理智主宰着整个漩涡运动……一切将要存在的，一切过去存在但现在已经不复存在的，一切现在存在而且将来也要存在的东西，都为理智所安排。因此，理智是万物"运动和生成的原因"。①

因此，哲学家们又必须回答：什么是支配着自然的理性？赫拉克利特认为，这个万物汇聚的宇宙既不是由任何神，也不是由任何人所创造的，它过去是、现在是、将来也是一团永恒的活生生的火，按照一定的分寸燃烧，按照一定的分寸熄灭。这里，重要的是"一定的分寸"，也就是"规则"或者"规律"。那么，它到底是什么？由此，他提出了著名的"逻各斯"概念："万物都根据逻各斯生成"。逻各斯是人们必须共同遵守的规则。美国哲学家梯利认为，"逻各斯"是在一切变化和矛盾中唯一保持不变的，位于一切运动、变化和对立背后的规律，是一切事物中的理性，是现象世界赖以生成的原始依据。逻各斯是"有生命、有理性"的。②可见，它就是"分寸"。

"逻各斯"概念实际上就是后来"自然法"概念的前导。由于它对支配自然的那个规律高度重视，所以，导致古希腊人"自然"的定义双重化：既包括物质世界，又包括支配物质世界的规律或者本性。至今，我们查英文字典，"自然"一词仍然具有这双重含义。

人的精神是可以独立于自然的，但是，毕竟人作为物质而无法彻底脱离自然，从而只能是自然的一个部分。所以，古典时代希腊人先是将人同自然分别开来，再用人的眼睛去观察自然，然后又发现人作为生物，也是自然的一部分。于是，在思考自然的统一性时，

---

　　① 参见〔德〕文德尔班《哲学史教程》（上卷），罗达仁译，第一章第四节《存在的概念》。

　　② 参见〔英〕梯利《西方哲学史》（增补修订版），伍德增补，葛力译，商务印书馆1995年版，第22页。

也将人包括进去。既然人类作为生物是自然的一个部分，那么，他们的活动、他们之间的关系也受逻各斯的支配。自然界万物平等、弱肉强食等规则，也支配着人类社会。所以，有希腊人认为，"自然要求人人权利相等"；也有人认为，根据自然，"在所有的生物中，强者应该统治弱者"。①这就涉及了人类社会中的"正义"问题。

那么，怎样把自然界的法则同人类社会的正义协调起来呢？

柏拉图在这方面做出了重要贡献。他提出了著名的"理念"概念。他把理念比喻为一方面不是视觉，另一方面是视觉的原因，又是被视觉所看见的"太阳"。他认为，所谓"善"的理念就是给予知识的对象以真理、给予知识的主体以认识能力的东西，是知识和认识中的真理的原因。②就好像视觉和光看似是太阳，而实际上却不是太阳一样，知识和真理看似是善，却并不是善。善只存在于理念之中。理念就是本体，现象世界是这个本体世界的"流射"或者模仿。善是人和自然应该遵循的最高的"逻各斯"，而理念世界中的各种不同的理念"按逻辑秩序的摆列"就是正义。他努力将自然、善、理性、灵魂、"逻各斯"、正义等基本概念进行逻辑的整合，并浓缩于其"理念"之中。可以说，柏拉图的理念从"逻各斯"向"自然法"大大地推进了一步。

柏拉图的学生亚里士多德认为，存在着一种仅仅与自然命令相适应的普遍法则，它们支配人类社会与自然界。有一些普遍的善恶意识独立于人的主观意识和人类社会而客观地存在着。因为人是和植物、动物一样的自然物，具有自然性，所以，自然中客观地存在着的一些法则当然也在支配着人类。这样，不以人们的看法为转移，来自自然的公正对全体的公民都有同样的效力。正如火焰一样，不论在波斯还是在希腊都同样燃烧。出于自然的东西是巩固的，不为他物所改变，也是普遍的，对一切事物都有效。

既然自然规则对人类社会有效，那么，自然界中生物之间的不

①〔德〕文德尔班：《哲学史教程》（上卷），罗达仁译，第106—107页。
②〔古希腊〕柏拉图：《理想国》，郭斌和、张竹明译，第266—274页。

平等，也就相当于人类社会里的等级之间的不平等，是天经地义的了。在亚里士多德的社会理论中，人们自然本性的不平等是一个最基本的观念。这在他论述奴隶制度的合理性时得到了最充分的表述。[①]

可以看出，亚里士多德既把自由当作人类的自然本性，又把奴役当作人类的自然法则。他实际上是承认并且维护现实社会中一部分人享有政治自由，另一部分人被奴役的秩序。不过，尽管如此，从他肯定人类中存在自然自由的角度看，对于将逻各斯推向重视自由的自然法，他还是有功劳的。

希腊化时代的斯多葛学派把自然视为最高宇宙法的体现，正义则是内在于宇宙理性的、固定不变的形式。

到了罗马共和国时代，自然法观念就在西塞罗的理论中明确化、完备化了。西塞罗（Marcus Tullius Cicero，公元前106—前43年），在《论共和国　论法律》一书中有这样一段著名的话：

"真正的法律乃是正确的规则，它与自然相吻合，适用于所有的人，是稳定的，恒久的，以命令的方式召唤履行责任，以禁止的方式阻止犯罪，但它不会无必要地对好人行命令和禁止，对坏人以命令或禁止予以威召，要求修改或取消这样的法律是亵渎，限制它的某个方面发生作用是不允许的，完全取消它是不可能的；我们无论以元老院的决议或是以人民的决议都不可能摆脱这样的法律，无须请求塞克斯图·艾利乌斯进行说明和阐释。将不可能在罗马一种法律，在雅典另一种法律，现在一种法律，将来另一种法律，一种永恒的、不变的法律将适用于所有的民族，适用于各个时代；将会有一个对所有的人共同的，如同教师和统帅的神：它是这一法律的创造者、裁判者、倡导者。谁不服从它，谁便是自我逃避，蔑视人的本性，从而将会受到严厉的惩罚……"[②]

---

① 〔古希腊〕亚里士多德：《政治学》，吴寿彭译，第4—6页。

② 〔古罗马〕西塞罗：《论共和国　论法律》，王焕生译，中国政法大学出版社1997年版，第120页。

从这一定义，西塞罗推出了人类本性与人类法律之间的天然关系。他说，要认识法的本质问题，就"需要到人的本性中去寻找"。[①]而人的本性，决定了人与人之间天然的平等。他说：没有哪一种生物像我们互相之间如此近似、如此相同。只要风俗的堕落和认识的空乏没有能使我们软弱的心灵向它们起初希望的方向倾斜和扭转，那么我们每个人便仍都像他自身，就像我们所有的人彼此相像一样。因此，不管对人作怎样的界定，它必定也对所有的人同样适用。这一点充分证明，人类不存在任何差异……实际上，那独一无二的、使我们超越于其他动物的理性，那使我们能进行推测、论证、批驳、阐述、综合、作结论的智慧，毫无疑问是大家共同具有的。它因受教育程度不同而有差别，但学习的能力都是一样的。[②]

西塞罗对于自然法理论的巨大贡献主要体现在两方面。第一是给予了"自然法"明确的定义，第二是从自然法推导出人类天生平等。这距离"人天生是自由的"这一观念已经只有一步之遥了。因为，人类在自然状态下的平等，必然意味着在自由基础上的平等。如果一个人可以奴役另外一个人，那怎么会有平等？如果没有奴役，那就只有自由了。

而古罗马其他的法学家们，完成了西塞罗没有完成的任务：从自然法推导出了人类天然的自由和平等。他们面对的是在现实生活中发挥作用的实在法，这是承认并且维护人对人的奴役的法律；但是，人性与理性却让他们从古代希腊逐渐演化出来的自然法观念中看到了对奴役的形而上的否定。他们认为："根据自然法，所有人均是生来自由的；只有实在法才在他们之间造成差别。"[③]"在《法学阶梯》中，自由的定义是：做一切想做之事的自然权利，以受法律禁

---

① 〔古罗马〕西塞罗：《论共和国 论法律》，王焕生译，第189页。
② 同上书，第194—195页。
③ 〔意〕彼德罗·彭梵得：《罗马法教科书》，黄风译，中国政法大学出版社1992年版，第33页。

止或强力阻碍为限。"①这里的自然权利，就是来自自然法的权利。

奥古斯丁（Augstine，354—430年）虽然承认现实世界中的奴役，但是，他认为，根据自然法，人都是自由的。他说，根据上帝安排，理性的创造物应该统治无理性的创造物，但不应互相统治。本质上，没有人是任何其他人或者罪恶的奴隶。然而，在目前的实体法（Positive Law）中，奴役制度作为一种社会制度是合法的。因此，奴役制度的合法化，强迫一个人服从另外一个人，是人类违背自然法的证据。对于自然法来说，奴役制度必须是一种惩罚。如果没有违背自然法的事情出现的话，那么，对人进行奴役这样的惩罚就不必要了。因此，强制（coercion），甚至严厉如奴役制度的强制，只是一种惩罚形式，对于做错事的人来说，是有益的。奥古斯丁在这里以"强制"指国家的权力。

奥古斯丁说，政治社会中的人不应该服从"反对上帝之城的社会"的法律。不过他只是就国家要臣民信仰基督教之外的异教的情况而言。他并未发展出一套限制政治权威的理论。②

3世纪初，就有法学家指出："自由属于自然法的内容，而统治则是源于万民法"。③还有法学家认为："奴隶制是万民法的规定，根据万民法才有人对人的服从，而这是违反自然的"。法学家乌尔皮安（Ulpian，?—228年）完全同意这一观点。他说："在民法中，奴隶没有地位（stature）；而在自然法中，不是这样，因为，根据自然法，所有人都是平等的。"④他指出，"对奴隶的解放属于万民法的内容，因为根据自然法，人生而自由，奴隶制不为人知，只有当奴隶制根据万民法之规定产生后，才有解放奴隶的问题"。乌尔皮安

① 〔意〕彼德罗·彭梵得：《罗马法教科书》，黄风译，第31—32页。

② Arthur P. Monahan, *Consent, Coercion, and Limit the Medieval Origins of Parliamentary Democracy*, Canada: Mc Gill-Queen's University Press, 1987, p. 33.

③ R. W. Carlyle & A. J. Carlyle, *A History of Medieval Political Theory in the West*, Vol.1, New York: Barnes and Noble, 1964, p. 39.

④ John Hine Mundy, "Medieval Urban Liberty", R.W. Davis, ed., *The Origins of Modern Freedom in the West*, p. 120.

不仅区别了自然法与万民法，而且还给它们下了确切的定义。他认为，自然法是自然教给一切动物的法则，根据这一法则便有了雌雄交媾、生殖和抚育后代的行为；万民法则是人类各族遵守的法则，它不同于自然法，因为自然法适用于一切动物，而万民法则只适用于人。[①]

罗马帝国初期，由于屋大维（Gaius Caesar Augustus，公元前63—前14年）及其后继者们对完善法律、加强法制的重视，罗马法律更得到了空前发展，涌现出一大批著名律师、法学家。他们把当时流行的斯多葛派有关正义、公正、自然秩序的思想在法律实践中加以运用，以解决实际问题，这样，比较抽象的法学原则便具体化为法律条规、习惯。罗马法因此也获得了重要的法学原则和组成部分，即自然法。[②]根据自然法，任何权力——包括皇帝的权力——都必须受到自然存在的理性（正义、公正）的约束。这在一定程度上当然有助于扼制独裁或专制统治。6世纪，东罗马皇帝查士丁尼为赢取民心，树立威望，组织法学家们对庞杂的罗马法进行了整理、修订。这些法学家修订的最终成果《民法大全》，在承认君主权威的同时，也指出："君主最初是从人民而不是从上帝那里取得权力的"，"政府的权力源于民众"。[③]

中世纪的自然法观念以几种不同的形式存在着，或者说，古代自然法观念是通过几种不同的形式在中世纪流传。这些形式包括罗马法，教父文献，罗马法学家、教会法学家对法律的阐释和基督教神学家的著述。"自然法""自然状态""天赋"，都是相关概念。它们在中世纪欧洲流传之广，可以从一例看出：著名人文主义小说

---

① R. W. Carlyle & A. J. Carlyle, *A History of Medieval Political Theory in the West*, Vol.1, p. 39. 据《罗马法典》解释，自然法就是自然教给动物和人类的法则；雌雄结合、子女的生养和教育等，都是由自然法中产生出来的行为。参见〔德〕马克斯·比尔《英国社会主义史》（上卷），何新舜译，商务印书馆1959年版，第7页。

② 〔美〕斯塔夫里阿诺斯：《全球通史》，吴象婴等译，上海社会科学院出版社1999年版，第241—242页。

③ 同上书，第229页。

家薄伽丘（Giovanni Boccaccio，又译卜伽丘，1313—1375年）在他的《十日谈》中说："尽力保护自己的生命原是每个人的天赋权利。"[①]自然法的观念在中世纪欧洲普及的深入程度可以从下述事实看出：14世纪一条佛罗伦萨的法令，规定18岁以下的儿童，其父母有义务教育之。一位法学家对此评论说："教育儿童是自然法不可变更的一个部分。"[②]这些自然法观念都与自由观念有关。

在约1257—1300年，在易北河（Elbe）边上的马歌德堡（Magdeburg）产生的一本法律书将自由定义为"一个人做他想做的任何事情——除非被强力或法律所禁止——的自然的权利（liberty）"。这本法律书广为流传，被译成拉丁文、捷克文、波兰文。看到这一点，也许人们会认为自由来自德国的森林之中，但是，同时代的意大利法学家们也使用这同一句子，并注明来源于二世纪的罗马法学家佛罗伦提纽斯。而事实上，这也非佛罗伦提纽斯原创的，而是罗马法学家们借自斯多葛学派的思想；甚至西塞罗也曾将个人自由定义为"任意生活的权力"（the power to live as you please）。佛罗伦提纽斯还说："奴役是实用法的一种定义，根据它，一个人违背自然地属于另一个人所有"。民法学家阿库修斯说，自然法赐予个人以做他想做的任何事情的"可能性"，除非"被强力，也即基于人们的需要已经被采用了的实用法，所禁止。"这里，在佛罗伦提纽斯那里是一种能力的东西，减为仅仅是一种可能性了。但是，他还是承认这种天然自由是可能的。法学家普拉森提努斯认为，"奴役制虽然在自然法里是不公正的，但在实用法里却是公正的。"尽管他肯定实用法，也就是肯定奴役制，但是，他仍然承认自然法。另一位法学家则认为，"尽管它能够被民法所遮掩，但来自自然法的自由却不能被剥夺。"许多法学家认为，通过解放不自由人而恢复人们自然的自由是值得赞扬的。佛罗伦萨1289年的一个著名法律规

---

① 〔意〕卜伽丘：《十日谈》，方平、王科一译，上海译文出版社1980年版，第19页。

② John Hine Mundy, "Medieval Urban Liberty", R.W. Davis, ed., *The Origins of Modern Freedom in the West*, p. 122.

定，禁止任何人获得对另一个人的"自由或人身"的权力。该法之前言这样定义"自由"："被自然法以多种方式表现出来的自由——基于它，每一个人的意志依赖于他自己判断，而不是另一个人的判断——就是这样一种事物，凭借它，城市和人民免受压迫，他们的法律得到保护和改进"。①这就把自然法里的自由推演为现实的政治自由了。

诞生于罗马帝国时代，在中世纪成为欧洲主流意识形态的基督教教义，无疑继承了西塞罗和其他法学家们关于自然法的思想。自由当然也是体现出神意的自然法所规定的。什么是自然法？在《旧约》中，甚至都无"自然"一词。因此，更无自然法了。②《新约》中有"自然"一词，但无"自然法"。但是，这并不说明基督教神学没有接受自然法观念的影响。中世纪早期和中期的基督教领袖们觉得自然法必然是完全和谐的。他们认为，《圣经》中的真理如伊甸园中原祖父母的纯朴无罪，逆命后人心的变坏，文明和人类法律的性质卑劣等等，在异教徒的心目中就是自然法。同时，"自然"甚至也规定了某些与神律相符的戒条，这一点在他们看来也是上述说法的一种印证。他们又找出保罗的话来证明这一意见的正确性，因为保罗曾说过："外方人没法律时，依本性行法中所有之事，这些……对他们都是法。显示他们心中所有的法，他们的良心也可作证。"③这些话显然承认有自然法存在。④著名中世纪政治思想研究专家乌尔曼（Walter Ullmann）指出，"自然和自然法是一种思辨的原理，是整个基督教宇宙论的组成部分。因此，对这两个概念的研究当然就是在基督教世界观的外壳之内和逻辑网络之中进行

---

① John Hine Mundy, "Medieval Urban Liberty", R. W. Davis, ed., *The Origins of Modern Freedom in the West*, pp. 113−114.

② Leo Strauss, *Natural Right and History*, Chicago: University of Chicago Press, 1953, p. 81.

③《新约·罗马人书》2：14—15。

④〔德〕马克斯·比尔：《英国社会主义史》（上卷），何新舜译，第6—7页。

的。"①也就是说，对中世纪的自然法内涵与特征的考察是不能离开基督教神学来进行的。

中世纪基督教神学把自然法等同于，或者相通于神意。神意认为人在最初是自由平等的，既然自然法就是神意，那么，它当然主张人在最初的时候是自由平等的。照此推理，当然，后来也应该是自由平等的。②这就是"自然法"和"自由"这两个重要概念之间最重要的联系所在。我们在中世纪的文献里，发现了大量的甚至可以说是不胜枚举的以自然法论证人的自由、平等的例子。下面略举数例。

自然法与人人自由。著名法学家布莱克顿（Henry de Bracton，1210—1268年）的《论英国的法律与习俗》一书中有一句话说："根据自然法，所有的人，甚至连农奴在内都是自由的。"为鼓励犹太人所拥有的非基督徒奴隶受洗，教会提出这些奴隶在受洗后应该获得自由。自然法确立的人人自由、平等还可以从财产公有上体现出来。一个叫布里顿的人也说："一切人本来都是自由的，他们共有一切财产，并依据自然法生活。"③格拉提安认为，根据自然法，一切东西都属于所有人。著名政治理论家奥卡姆的威廉说："根据自然法，所有东西都是属于大家的。"④

著名法学家约翰·福特斯鸠在15世纪末写道：

> 自然法在所有地方都是一样的。如亚里士多德在《伦理学》第五卷中说："自然法，就是那在所有人中产生同一效力的

---

① Walter Ullmann, *A History of Political Thought: The Middle Ages*, Penguin Books, 1965, pp. 171-172.

② 〔美〕哈罗德·J. 伯尔曼：《法律与革命——西方法律传统的形成》，贺卫方、高鸿钧、张志铭、夏勇译，第403—404页；〔德〕马克斯·比尔：《英国社会主义史》（上卷），何新舜译，第7页。

③ 〔德〕马克斯·比尔：《英国社会主义史》（上卷），何新舜译，第19—20页。

④ Ewart Lewis, ed., *Medieval Political Ideas*, Vol. 1, pp. 34, 81.

法律。"①

一个法律，毫无理由地将自由人之子归于奴隶地位，将无辜自由人为他清白的儿子辛苦挣来的土地，转交给一个不相干的陌生人，并用儿子的奴隶身份来玷污他父亲的令名，这法律实实在在应当被认为是野蛮的。

一个法律，如若增加奴役，而减少人性所渴望的自由，也必定被认为是野蛮的。这道理是，人出于邪恶目的才发明了奴役，神却给人的本性灌输进自由。如此说来，那被人剥夺的自由，总是渴望返回，当自然赋予的自由被否定时，那情形就永远如此。有鉴于此，那不喜爱自由的人，就是不敬神的，是浑没人道的。念及这般事宜，英格兰的法律在每一个情形中都珍视自由。虽然如此，一个奴隶和自由妇女在婚姻中生下的人被宣判为奴隶，那法律不应被认为是苛刻而残酷的。这道理是，一个通过婚姻和奴隶结合的妇女，就和他合为一体了，借此，如上述法律所断言，她就随了他的身份，并且，出于她自己的意志而不是任何法律义务，她自己就成了他的女佣，实实在在的女奴，就如在王的法庭里自称为奴隶的那些人，或是把他们自己卖为奴隶的那些人，他们没有被强迫如此这般。这等母亲在这般明智下生养的儿子，法律如何能够宣判为自由人呢？这自由的妇女从属了那奴隶，她就把那奴隶变成了她的主人；一个男人却不会这般从属于他的妻子，就算她是最为高贵的妇人。主这样说到每一个妻子："你必在你丈夫的权柄之下，你丈夫必管辖你。"②

民法把那忘恩负义的解放自由人恢复到原来的奴隶状态，而英格兰的法律判决是，一旦那人被解放，感恩抑或忘恩，就

---

① 〔英〕约翰·福蒂斯丘爵士：《论英格兰的法律与政制》，〔英〕谢利·洛克伍德编，袁瑜玎译，第57页。

② 同上书，第95—96页。

永远是自由人。①

中世纪欧洲基督教神学集大成者是托马斯·阿奎那（Thomas Aquinas，1225—1274年）。他认为，宇宙是由不同等级的法则所支配的。按照顺序，最高的法是上帝据以行动的永恒法；其次是上帝在《圣经》中直接向人们揭示的、成为教会建立基础的神法；再次是神为了使人们能理解他对世界的意图和目的而灌输"给人的自然法"；最后是人类的成文法，有人类法、世俗法和成文法等不同的称谓，这种法律是人们为管理他们建立的国家而自己规定并加以执行的。②

阿奎那的追随者们在思想史上被称为托马斯主义者。他们关于自然法与自由的关系的看法大致可以归结为两点。

首先，他们主张把成文的人法概念与自然法联系起来。他们坚信，如果人类为自己创造的成文法要体现真正法律的性质和权威的话，它们必须永远同自然法中的自然正义的原则相结合。这样自然法便提供了一个道德范围，所有的人类法都必须限制在这个范围内。反过来说，这些人类法的目的只是在世界上给予人已凭良心所知的更高法律以强制力。有人指出，"所有人类法都必定来自自然法"。有人断言："不具有这种正义或公正特征的法律便不是法律，它没有任何约束力，人们绝不应该服从它。"③

其次，他们主张把自然法与神意联系起来，也就是将神法和永恒法联系起来。他们认为自然法具有双重性质，它体现了法律的本质，因为它在本质上是公正合理的，也因为它是神的意志。④

那么，自然法同自由的关系何在？有人说，要从对"直接存

————————

① 〔英〕约翰·福蒂斯丘爵士：《论英格兰的法律与政制》，〔英〕谢利·洛克伍德编，袁瑜玎译，第100页。

② 〔英〕昆廷·斯金纳：《现代政治思想的基础》，段胜武、张云秋、修海涛等译，第422页。

③ 同上书，第423页。

④ 同上书。

在于初始状态中"的事物的考察中导出制定法律和建立国家的能力。[①] "初始状态"实际上就是指自然状态。那时人类当然完全受自然法支配。

托马斯主义者关于这种最初的或自然的社会状态的基本观点是，它必然是一种自由、平等和独立的状态。他们强调"人人生来自由"，"所有的人天生是自由的"，"在人们一起聚合在国家中之前，无一人高于他人之上"，"最初从来没有任何人拥有大于其他人的权力"这个基本事实。一些理论家，特别是后期的耶稣会理论家，进而运用最初任何人都不受任何人或人类法的强制的"事实"来论证人类的自然状态不包括支配权："既然所有的人都生而自由，那么任何人都不会对他人拥有政治和司法裁判权力，正如任何人都不拥有对别人的支配权一样。"[②]

自然法与自由的关系的观念，在解放农奴的潮流中得到了实际的运用。

在1256—1257年西欧某城市宣布解放农奴时，城市当局便宣布农奴制是人类堕落的结果，声称人类的自然状态是自由的。与此相似，在法兰西国王路易十世（Louis X，1289—1316年）和高个子腓力（即腓力五世，Philip V，1293—1322年）于1315年和1318年宣布解放某些王室土地的农奴时，使用了将会在后来数个世纪产生反响的语言：

> 根据自然法，人皆生而自由，但因本王国所保存的伟大时代的惯例和习惯……也可能因为他们前辈的不端行为，我们普通人中的许多人已经陷入奴役的枷锁之中，并处于颇令我们不快的各种状态中，鉴于本王国称作自由人的王国……我们已经命令……应恢复这些受奴役者的自由，对于生而受奴役、长期

①〔英〕昆廷·斯金纳：《现代政治思想的基础》，段胜武、张云秋、修海涛等译，第428页。

②同上书，第429页。

受奴役和最近由于婚姻和居住或诸如此类而沦为奴役状态的人们，应以良好和方便的条件赋予他们以自由。①

中世纪西欧一位自由人在释放农奴时说："原始的时候我们的主上帝立一个乐园，放人在园里面，给他美满和完全的自由。"② 1310年，一位英国普通法法庭仪仗官说，开始时，世界上每一个人都是自由的。③1535年，一位英国主教说："最初的时候，天然所造这人皆是自由的"。④如前所述，英国大法官约翰·福特斯鸠在15世纪下半叶写道："自由乃上帝植根于人类本性之中。因此，当一个人自然的（天生的）自由被剥夺后，它总想回归。因此，不赞成自由的人是不虔敬的和残忍的。"⑤著名神学家、小说家乔叟借笔下人物的嘴说，有权有势的人不该为他们的权势而感到十分光荣，因为在本来的自然状况下，他们并不是人家的主子，并不能奴役别人。⑥著名的教会法学家格拉提安认为，"无论是富人还是穷人，无论是自由人还是奴隶，在造物主面前都是平等的具有相同理性的人……在主面前都应按照同一法律受到裁判。"⑦

著名法学家布莱克顿的《论英国的法律与习俗》一书中有一段话说："根据自然法，所有的人，甚至连农奴在内都是自由的。"为鼓励犹太人所拥有的非基督徒奴隶受洗，教会提出这些奴隶在受洗后应该获得自由。自然法确立的人人自由、平等原则还可以从财产公有上体现出来。"一切人本来都是自由的，他们共有一切财产，并

---

① 〔美〕哈罗德·J.伯尔曼：《法律与革命——西方法律传统的形成》，贺卫方、高鸿钧、张志铭、夏勇译，第403—404页。

② 杨昌栋：《基督教在中古欧洲的贡献》，第96页。

③ J. H. Baker, "Personal Liberty under the Common Law of England, 1200–1600", R. W. Davis, ed., *The Origins of Modern Freedom in the West*, p. 186.

④ 杨昌栋：《基督教在中古欧洲的贡献》，第92页。

⑤ J. H. Baker, "Personal Liberty under the Common Law of England, 1200–1600", R. W. Davis, ed., *The Origins of Modern Freedom in the West*, p. 188.

⑥ 〔英〕杰弗里·乔叟：《坎特伯雷故事》，黄杲炘译，第761页。

⑦ 彭小瑜："格兰西之《教会法汇要》对奴隶和农奴法律地位的解释"，《世界历史》1999年第3期。

依据自然法生活。"①格拉提安认为，根据自然法，一切东西都属于所有人。著名政治理论家奥卡姆的威廉说："根据自然法，所有东西都是属于大家的。"②财产公有表现的也是人的一种自由状态：在财产面前的自由。

实际上，《圣经》也提供了支持现实中对人的政治解放的例子：先知耶利米曾对希伯来人在释放同族出身的奴隶之后又反悔之事痛加斥责，指出他们一贯都没有很好地遵从律法中释放奴隶的条例，预言他们必将因此招致上帝的惩罚。③在《新约·路加福音》第4章18节中，耶稣在引用了《旧约》中的话之后向拿撒勒人表明，他正如以赛亚那样受到差遣，将要通过传福音使"被掳的得释放，瞎眼的得看见，叫那受压制的得自由"。④《新约·马可福音》提到每逢逾越节犹太人释放一名囚犯的习俗和巴拉巴获得释放的事情。⑤《新约·使徒行传》也提到彼得、约翰和保罗被囚和获释的过程。

在《旧约》中，自由首先意味着肉身摆脱奴役或受控的状态，也就是肉身的解放。这一社会层面的含义在《旧约》中占了主导地位。由于外邦人对以色列人自由的侵犯及以色列内部所存在的阶级压迫，在谈论奴役与解放问题的背景下展开对自由的论述就成为《旧约》经常谈到的话题。如律法书多次直接宣讲、反复申明关于释放奴隶的法令。它规定希伯来奴隶服侍主人的年限只要达到六年，在第七年该奴隶即可获得自由："你若买希伯来人作奴仆，他必服侍你六年，第七年他可以自由，白白地出去。他若孤身来，就可以孤身去；他若有妻，他的妻就可以同他出去。"⑥故而这第七年也被称为"自由之年"⑦。奴仆若是遭受了虐待，那么他就应该因此被主人

---

① 〔德〕马克斯·比尔：《英国社会主义史》（上卷），何新舜译，第19—20页。
② Ewart Lewis, ed., *Medieval Political Ideas*, Vol. 1, pp. 34, 81.
③ 《旧约·耶利米书》34：9—14。
④ 《新约·路加福音》4：18。
⑤ 《新约·马可福音》15：6, 9, 11, 15。
⑥ 《旧约·出埃及记》21：2—3。
⑦ 《旧约·以赛亚书》46：17。

释放、获得自由："人若打坏了他奴仆或是婢女的一只眼，就要因他的眼放他去得以自由。若打掉了他奴仆或是婢女的一个牙，就要因他的牙放他去得以自由。"①律法还宣称，每四十九年之后的下一年称为禧年，那时所有产业都会物归原主，而且奴隶会获得释放。"第五十年你们要当作圣年，在遍地给一切的居民宣告自由。"②

不过，《旧约》中仅仅提到不能使自己的同族人委身为奴，而认为对于外邦人出身的奴隶则可以任意驱使和奴役，并作为产业转让给子孙后代。③

自然法还与人的意志自由有关。上面讲的自由，是指没有外在束缚的。而从主体的角度看，它首先就是指个人的意志自由。12世纪，一位博洛尼亚的法学家说："根据自然法，每个人都有自由意志"，他"任意所为"都是"合法的"。正如前面已经引用过的，1289年，一个佛罗伦萨的著名法律的前言是这样定义自由的："被自然法以多种方式表现出来的自由——基于它，每一个人的意志依赖于他自己的判断，而不是另一个人的判断——就是这样一种事物，凭借它，城市和人民免受压迫，他们的法律得到保护和改进"。意志既然是自由的，那么根据意志而行动的自由，或者至少是这种行动的自由的可能性也应该是存在的。因此，一位13世纪的民法学家说，自然法赐予个人以做他想做的任何事情的"可能性"。④

综上所述，自然法观念在西方自由观念发展史上具有极其重要的地位。它为人的自由确立了一个形而上学的前提，一个绝对的，不可更改的、几乎是神学一样的前提。虽然我们知道，世界上根本不存在天生的、自然的自由，所有的自由都是斗争得来的，但是，

---

① 《旧约·出埃及记》21：26—27。

② 《旧约·利未记》25：10。

③ 同上书，25：39—46。

④ 而事实上，它也是罗马法学家们借自斯多葛的思想；甚至西塞罗也曾将个人自由定义为"任意生活的权力"（the power to live as you please）。John Hine Mundy, "Medieval Urban Liberty", R. W. Davis, ed., *The Origins of Modern Freedom in the West*, p. 113.

为自由确立这样一个虚设的前提，在现实生活中，有利于各个社会阶级主张自由的正当性，有利于他们争取自由的斗争。事实证明，近代早期资产阶级就充分利用了自然法观念中包含的"天赋"假设，提出了"天赋人权"口号，成为他们取代腐朽没落的封建势力的战斗的旗帜。

第二章　经济自由观念的发展

什么叫经济自由？没有一个权威的、公认的精确答案。笔者认为，目前可以检验、证明的就是现代自由市场经济中经济活动主体进行经济活动的自由。由于本书是考察西方自由观念，而西方现代自由市场经济中经济活动主体主要是个人或者私人，所以，笔者把本书中的经济自由定义为现代自由市场经济中个人进行经济活动的自由。因此，所谓经济自由的发展，就是指现代自由市场经济中的经济自由的早期发展。所谓经济自由观念的发展，就是指有利于个人经济活动自由的观念的发展。现代西方自由市场经济不是一夜之间冒出来的，而是经历了漫长的发展历程。这个历程至少可以追溯到中世纪中期（11—13世纪）。伴随着经济自由的发展，经济自由观念也在发展。这两个发展互相影响，互为因果。所以，我们首先回顾一下中世纪以来欧洲经济自由发展的历程。

个人经济自由的发展，包含着两方面的意义。一是摆脱对个人经济活动的反市场限制——指那些不利于个人进行市场活动的限制；二是个人获得越来越大的经济活动物理空间、越来越多的经济活动便利。这两个方面的过程是同步的。

我们先看看在典型的封建制度环境下，也就是在中世纪早期，欧洲个人经济活动自由所受到的最主要的限制：私人土地所有权缺失、私人财产被侵犯、行使私人财产权利的自由被限制。在本书前面对英文"自由"一词的含义做解释时，我们知道自由的含义之一是权利。在经济活动领域，作为权利的自由就是财产权利。所谓经济自由，就是获取财产、支配财产的自由。没有财产权利，这种自由从何而来？所以，我们先分析在典型的封建主义环境里，个人的财产权利，也就是经济自由，受到什么样的限制。明白了这些限制，再看突破这些限制的斗争，就了解经济自由的发展了。

一、对经济自由的限制

私人土地所有权缺失

典型的封建制度不承认私人土地所有权。由于那个时代土地是人们最基本的财产，因此，不承认私人土地所有权，也就差不多是不承认私人财产所有权了。

先看国王。根据经典的封建政治理论，国王拥有对全国土地的所有权。但是，国王被认为是以人民的代表，而不是以他个人或者他的家庭的身份而拥有全国的土地。因此，就财产权利关系看，任何时候，他都只是作为国王这一职位的职务人（在中世纪后期，有人用法人代表概念指称国王，意思是他只是王国这个法人的代表而已），而不是普通的自然人，与全国的土地（包括王室领地）发生财产关系的。这事实上就已排除了国王对土地的私人所有权，而只承认王权或王位的土地所有权。

再看贵族。贵族是国王的封臣。封臣只能有条件地持有（hold）或占有（possess），而非在所有权意义上拥有土地。这种无所有权的地位，简而言之，表现于以下两点：

第一，继承权方面受到限制。典型的封建制度禁止封臣对其从封君那里获得的封土的世袭。继承权方面还有其他限制：（1）若封臣死而无继承人，封君可将其领有的封土收回。（2）若封臣死而其继承人未向封君缴纳继承金，或两个继承人互争继承权而未有最终结果，此时，封君可先行占有封土。占有期间，该封土上的收入归封君所得。（3）封臣死后，如果其继承人未成年，封君有对他的监护权。监护期间，封君管理该封土并获其收益。被监护人成年后，其婚姻须经封君同意。第二，土地转让方面受到限制。典型的封建原则禁止土地转让。

最后看不自由农。农奴制度下的不自由农是庄园内人口的主体。根据习惯法，不自由农的一切财产均属领主。虽然事实上这一原则受到庄园习惯的抵制，但是，不自由农的私人财产权利状况在整个社会的各个等级中，的确是最坏的。以对不动产的财产权利为例，不自由农从领主那里租种土地，时限各地不一，数年、一代或数代——一般是三代不等。在意大利长期的多，在高卢地区则短期的多。不过，无论期限长短，都无所有权。即使他们从主人之外的其他人那里获得了土地，他们也无权支配之。就对动产的财产权利而言，农奴制度下不自由农对动产的财产权利未受到充分认可因而不完整。就对劳动力的财产权利而言，劳动力是人最基本的一项财产，不自由农对他们自己的劳动力没有所有权。理论上，他们就是主人的财产。法语"农奴"一词，意指人身属于主人之人。在对自身劳动力的空间支配方面，他们是固着在土地上的，除了以逃亡的方式，他们很难合法地离开庄园。在对自身劳动力的时间支配方面，他们既有着每周固定的服役天数，又得随时听领主（或其代理人）的通知以应其特别需要，因而也是不自由的。

以上表明，根据典型的封建制度和农奴制度，国王、贵族和农奴都没有绝对的私人财产所有权。

私人财产被侵犯

侵犯私有财产的现象在整个中世纪西欧到处都有，最普遍的就是暴力抢劫。不过，我们可以将它视为由于社会治安问题引起的非正常现象。而真正具有制度意义的是王权对臣民的私有财产的侵犯。这里以英国为例简单地说明一下。

在诺曼征服（1066年）到英国革命爆发的这一历史时期内，国王不断地突破封建法的限制而侵犯臣民的私有财产。这种侵犯表现于三个方面。一是未经纳税人同意就开征新税，比如动产税、土地税等。二是过度征取，无论封建收入（比如免役捐）也好，还是其他收入也好，都有过度征取现象。三是其他形式的敲诈勒索，巧取豪夺。

行使私人财产权利的自由被限制

私人有没有完整的财产权利是一个问题；另一个问题是已有的财产权利能否自由地行使。比如，你有对某片土地的使用权，但是，你是否想在上面种什么庄稼就可以种什么庄稼，想怎么种就可以怎么种呢？在中世纪西欧，这个问题，恰恰出现在农业、手工业和商业这几种最基本的生产劳动形式之中。

先看农业。在中世纪西欧的很多地区，都曾经流行过叫作公地制度（common field system; open field system）的集体生产劳动制度。公地制度是怎样限制私人行使其财产权利的呢？

公地制度排斥私人所有权。在公地制度下，一个共同体（community，一般是庄园）内的耕地和草地（这里指种饲料草的土地）被划分成面积相等的众多长方形条块——条田（strip）。共同体内土地持有者和所有者（领主或者国王）的土地，按照它们的面积折换成若干块条田。每户的每一块条田的两侧都必须是共同体其他成员的条田，也就是说，每户不得持有相邻的两块条田。由于共同体范围内的土地在各个位置的土质情况、采光情况、水利情况、通风情况等有差异，所以，共同体将条田分为若干条田区。每户的条田散布于不同的条田区。共同体成员同时耕地、播种、收获、在收割后的庄稼地放牧、在草地上打干草（当作牲口越冬饲料）。大家开会决定涉及大家的事务，比如挖排水沟、选择休耕地地址和面积，等等。这样做的目的是维护公平、平等。

条田有明确的权利归属：领主拥有较高一级的使用权（理论上是所有权），其他村民则拥有较低一级的使用权。但公地制度则让这种私人的权利基本上以集体的方式实施之，形成一种非常奇特的私权公享现象，极大地限制了行使私人使用权的自由。

首先，条田不能围圈。也就是条田的主人不得将自己持有的多块条田集中到一处，然后围圈起来，脱离公地制度。其实，条田是单个农户从领主处租来的，围圈条田的目的或是让使用权向事实上的所有权过渡（比如圈地运动）；或是真正行使使用权：围圈后，条田的耕种者才有可能抵制公共放牧，获得耕种、放牧方式选择等方面的自由。但直到圈地运动取得胜利为止，这种行为一直是遭到强烈否定的。

其次，单个村民完全无权独立选择何时耕播——春季或冬季；何处耕播或休耕——前已述及：村民租种的条田往往分散于庄园土地之各处，东一块，西一块；种什么种类的庄稼，同一种类的庄稼种什么品种——原因在于，公共放牧地必须连成一片，如果在一片放牧地中穿插一些庄稼地，中世纪那种粗放成群的放牧方式则难以维持，并且庄稼也难保不被牲畜破坏。这就要求，耕种地、休耕地、用于收割干草以备冬季牲畜食用的牧草地、牧场在地理位置上有很好的安排。一般是今年村东地耕种，村西地休耕，明年则反之。庄稼品种也必须保证有相同的成熟期，以保证同一片地上的庄稼能同时种，同时收，以同时形成可放牧的休耕地。村民们集体讨论做出一年的耕种、休耕、放牧计划后，单个村民根本不可能改变。地块的走向、形状及牧场在整个土地中所占的比例，这类事情也得集体决定，并由庄园法庭或特别设置的法律机构来实施。

再次，单个村民无权获取庄稼穗子以下的部分。习惯上，庄稼成熟后，他只割去穗子部分，而下面那一节则留在地上，属于集体，任牲畜食用或邻人割去。

最后，单个村民无权决定自己放牧牲畜的数量与方式。作为常规，牲畜数量由村民集体讨论，根据每一村民拥有的条田量或者习惯权利确定。放牧方式则只有一种：集体放牧。大家的猪牛羊马混在一起，集体派出专人看管。

再看看城市手工业和商业中的情况。在这里，行会普遍地限制着手工业者和商人行使其财产权利的自由。

第一，对行业选择的限制。这种限制表现在形形色色的行业壁垒和地域壁垒上：（1）行业壁垒。商业和手工业之间的壁垒。在很多地方，一人不能兼两业。比如，手工业者不能从事国外贸易；织布工不能卖布。不同的商业部门之间的壁垒。比如，卖绸布的不能卖靴子、帽子。不同的制造业之间的壁垒。比如，染匠、织布匠不能制造衣服等。（2）地域壁垒。一个城市就是一座壁垒。行会兴起之动机之一就是排斥外地人，包括外国人。很多城市对外地人、外国人经商设置了重重障碍，如户口制度。

第二，对独立开业的限制。（1）学徒帮工关。学徒期一般为七年，甚至有八、十、十一、十二年期者。学徒期满后，还有一个难熬的帮工期。在某些德国城市，帮工在成为师傅之前，还必须在外干五年推销。（2）入行关。加入行会要交费。这种极大的耗费常常弄得他们一开业就负债。在都铎时代的英国，帮工们买不起师傅资格，只好秘密地干活。

第三，对业务经营的限制。（1）时间限制。外地人在城市内的商业活动有严格的时间限制。城市行会内的商人和手工业者的生产与买卖亦受时间上的限制。（2）空间限制。一般地，行会成员既不能沿街叫卖货物，也不得在城市市场、甚或市场附近出售物品。还有一些其他规定。（3）其他限制。行会对经营过程的其他形形色色的限制，用当代眼光看，简直不可思议。下面从众多的行会禁令中挑选一些以作例证。

非行会成员者不得与行会成员合伙做生意；外地人之间不得互相买卖货物；非行会成员不得在本市购物后又售于本市，也不得购买蜂蜜、牛羊板油、盐、鲱鱼、任何种类的油、磨石、新鲜皮革；也不得开葡萄酒店、零售布匹（除非在集市日）；也不得在其粮仓里留有五夸脱以上的玉米用于零售；若一行会成员购一定的商品，行会之任何其他成员亦可以同一价格从中分一部分；外来人不得直接与周围农村做生意；只要有一行会成员在场，并愿意与卖主讨论某物之价格或购买某物，那么，任何非行会成员均不得过问此商品；

当一行会成员在海岸之外购得鱼时，他必须允许任何其他成员在那里与他合伙购买。作为行会政策一个重要部分的价格管制在整个西欧城市都是普遍的。管制品包括面包、啤酒、葡萄酒、木材、煤、皮革、羊毛、牛脂、蜡烛等。

再看看国家层面对个人经济自由的限制。以英国国王对劳动力的管制与干预为例。1349年英王爱德华三世颁布《雇工法令》（Statute of Labourers）。该法令规定所有60岁以下的雇工都要为需要劳动力的雇主工作，并接受黑死病前的工资、制服（livery）、报酬或薪水。该法令主要针对农业雇工，但并未将工匠排除在外，其中特别提到马鞍匠、剥皮匠、盐硝皮工人、皮匠、裁缝、铁匠、木匠、石匠、砖瓦匠、造船木匠、车把式和所有其他工匠和雇工，在他们劳动的地方，不应为他们的劳动或手工业品获得比爱德华三世二十年（1347年）和之前的其他普通年份通常收到的工资更高，如果任何人接受更高工资，他将当场被判入附近的监狱。1351年，英国议会又通过第二次《雇工法令》，要求木匠、石匠和砖瓦匠及其他建筑工人不要按现在的标准获得他们的劳动报酬，而是参照习惯，也就是说：一个木匠师傅每天3便士，其他木匠2便士。一个自由石匠4便士，其他石匠3便士，他们的仆人1.5便士。金匠、马鞍匠、马蹄铁匠、马刺制造者、制革工人、运输者、裁缝和其他工人、工匠、雇工和其他仆人的工资在这里没有详细说明，他们将在治安法官前宣誓，像在爱德华三世二十年一样从事手工业。如果任何仆人、雇工、工人或工匠在宣誓后违反该法令，他将在治安法官裁定后被处以罚金、缴纳赎金和监禁。[1]此后，类似法令还很多。[2]

---

① "The Statute of Labourers, 1349, The Second Statute of Labourers, 1351", R.Trevor Davies, ed., *Documents Illustrating the History of Civilization in Medieval England (1066-1500)*, London: Methuen & CO. Ltd., 1926, pp. 268-273.

② 参见 A. E. Bland, P. A. Brown, and R. H. Tayney, eds., *English Economic History Select Documents*, London: G. Bell and sons, Ltd., 1914, pp. 177-178；E. Lipson, *The Economic History of England*, Vol. 1, London: Adam and Charles Black, 1947, p. 396；刘启戈、李雅书选译：《中世纪中期的西欧》，第210页；Harry A. Miskimin, "Monetary Movements and Market Structure-Forces for Contraction in Fourteenth-and Fifteenth-Century England", *The Journal of Economic History*, Vol.24, No.4, December, 1964, pp. 487-490。

再看看那些限制经济自由的思想。325年在尼西亚举行的重要的教会会议，严格禁止任何神职人员从事任何会产生"令人羞耻的所得"的经济活动。后来，查理曼（Charlemagne，742—814年）把这一禁令扩大到了所有人。任何高于市场一般价格的出售行为都被禁止。官员们任意制定的价格法令被认为是"公平价格"的标准。①

著名教会法学家格拉提安的《教会法汇要》（Decretum）在1140年前后编成。他本人以及早期其他人在对其中的教会法的注释中，都强烈反对商人投机、贱买、贵卖。②

1388年的《剑桥法令》（Cambridge Statute）规定：如果没有当地法官的书面准许，任何形式的劳动流动都将被禁止。③甚至一位曾经强烈主张经济自由的人也强烈反对高利贷。他说："因此，所有的圣人以及天堂里所有的天使都大声吼叫地反对他（高利贷者），说：'下地狱，下地狱。'而天神连同它们的司命星也大声呼喊，说：'见鬼去，见鬼去，见鬼去。'众行星也叫嚷道：'可恶的，可恶的，可恶的。'"④

教皇庇护五世（Pope Pius V，1504—1572年）于1569年颁布的教皇训令《承受的负担》（Cum onus）规定，除了"有成果的、不流动物品以外"，所有的租金合约都是非法的。而货币显然不具有这种属于例外的身份。⑤

甚至对欧洲从封建社会向资本主义社会转变做出巨大贡献的宗教改革先行者马丁·路德也认为，一个公平的价格不是市场价格，而是生产成本加上劳动的花费和利润再加上商业风险。关于高利贷，他严厉反对。⑥

---

① 〔美〕默瑞·N.罗斯巴德：《亚当·斯密以前的经济思想——奥地利学派视角下的经济思想史》（第一卷），张凤林等译，第55—56页。

② 同上书，第58页。

③ 同上书，第114—115页。

④ 同上书，第137页。

⑤ 同上书，第173页。

⑥ 同上书，第227页。

二、经济自由的发展

经济自由的发展集中体现在私人财产权利的发展上。

私人所有权的发展

私人不断突破对其财产权利的限制，不断扩大私有权，这是私有制时代一个普遍的经济规律。从封君封臣制度诞生的那天开始，大小封建领主就都在公开或者暗地里破坏封建规则，使他们的封土得以继承和转让。各国国王和神圣罗马帝国皇帝先是压制和惩罚这类行为，到最后，终于不得不甘拜下风，承认了中小封建主对领地的世袭继承、转让、买卖等权利。这就使得他们对土地的使用权向所有权大大地趋近了。罗马法的复兴，从法律上配合了这一趋势。诸多中世纪史家的研究结果也充分证明，从 13 世纪开始，英国已经出现土地的自由转让制，土地交易活跃，农民土地市场已经形成。欧洲大陆许多地区的情况也差不多。

农奴们是怎样争取财产权利的呢？第一是逃亡，第二是消极怠工，第三是赎买，第四是武装反抗。比如，在黑死病之后，由于物价上涨的速度更快，实际工资水平并没有获得很大改善；而且，工资劳动者的自由依然受到限制，不能去其他地方寻找更高的工资。于是，他们对农奴制的抱怨逐渐沸腾起来，最终不得不求助于暴力手段来改善自己的生存状态。在 1381 年起义的参与者当中，小土地持有者占大多数。而且，有确切的证据表明，他们许多人就是靠打工挣钱的雇工。

他们的努力成效显著。比如，他们的人身自由，也就是支配自己的劳动力财产的自由不断增加。从劳役到货币折算是重要例子。由于人口减少（黑死病是主要原因之一）增强了农民的谈判力量，领主很难抵制佃农对用货币或者实物折算劳役的要求。至 14 世纪末和15世纪初，劳役逐渐消失。[1]

再比如，1381年以后，农奴制逐渐瓦解，工资劳动者身份更加自由，更青睐于短期的合同，而不是长期的契约。他们经常处于找工作的过程中，社会流动性增强，这也为他们追求高工资创造了有利条件。非农业工人流动的距离一般少于七英里。收获工人则随着英格兰各地谷物成熟期的差异而四处流动，最远的是从威尔士流动到米德兰地区，温切斯特郡和格洛斯特郡交界的一个人雇用了他们之中的119人。[2]这种流动和黑死病之前的情况形成鲜明对比：14世纪中期之前，雇工们的流动范围不大，往往在本庄园、本村庄或本地区之内，流动的原因是为了找到工作，摆脱失业的状况。而瘟疫之后的流动范围扩大到其他郡，流动的目的则是寻找待遇更好的工作。

农奴制瓦解，劳役地租变成货币地租，使农奴得到了对自身劳动力的所有权。土地租赁期限的不断延长，再加上农民在私下转让土地，使农民对租用地的使用权向所有权大大趋近。以英国为例，16世纪时，许多私人对土地已享有事实上与所有权差别不大的权利。

对土地的私人所有权的发展还有一个重要方面，就是城市的兴起和在政治上的独立。这使得很多原属于封建领主、受封建制度制约的对土地的权利变成了事实上城市人的私有权。主要原因在于，由于土地租期较长，土地租赁价格固定的习惯等原因，城市的房屋立即就变得比其下面的土地更有价值了。以房屋为基础的信用业的发达以及房屋本身价值的增加，都使得其下的土地几被遗忘。[3]在这种形势下，一些城市的地租最终也消失，土地成为城市财产。另外，

---

① Ben Dodds, "Workers on the Pittington Demesne in the Late Middle Ages", *Archaeologia Aeliana*, Fifth Series, Vol.28, 2000, pp. 149−150.

② Simon A. C. Penn and Christopher Dyer, "Wages and Earnings in Late Medieval England: Evidence from the Enforcement of the Labour Laws", *The Economic History Review*, New Series, Vol.43, No.3, August 1990, pp. 363−364.

③ M. M. Postan and Others ed., *The Cambridge Economic History of Europe*, Cambridge University Press, 1963, Vol. 3, pp. 20−21.

城市的身份自由原则使无数不自由人在这里获得了对自身劳动力的所有权。中世纪欧洲有一句著名的谚语："城市的空气使人自由。"

西方近代土地私人所有权在法律上最早出现于英国。17世纪英国革命以若干立法最终彻底废除了骑士领有制，从而为土地的绝对私有扫除了最后一道障碍：无论在事实上还是理论上，土地的王位所有或王权所有（而非国王个人私有）都让位于私人所有。17世纪到19世纪初英国的圈地运动，最后消灭了公地制度。公地制度中未开发地（common land）的虚置或缺位的所有权，以及村民份地的使用权变为私人所有权。在法国，这一过程是以大革命中国家法令的形式完成的。英国革命期间，议会拍卖了大批王室和教会的土地；法国革命政府也拍卖了大批教会土地。这使大批土地从王位或王权所有，以及教会占有，转变为私人所有。

绝对私人所有权确立的法律表现，在英国是司法判例和在此基础上编撰的法律辞典对它的承认。17世纪，法官们、法学家们逐渐地不再总是把有条件的"占有"当作私人的命运，而是越来越多地承认他的"所有权"了。"所有权"（property/ownership）一词不仅具有至高无上的意义，也具有"针对整个世界"（也就是说整个世界联合起来都不能剥夺某人的财产所有权）的意义。这就是私人所有权的绝对性：在它之上，不仅没有权利人之外其他个人的权利，也没有社会的权利。在民法面前，社会、政府与私人所有权是平等的。法国革命第一次把"所有权"条款赫然列于宪法之中；而作为革命最重要的成果，并且也是拿破仑最引以为豪的成就的《法国民法典》（即《拿破仑法典》），则以绝对私人所有权作为它的基本原则，进行详细的规定，从而最终完成了它的确立过程。

行使私人财产权利的自由或经济自由的发展

随着行会的衰落，出现了行会对经济自由制约作用的弱化和私人行使财产权利的自由在工商业中的发展。以英国为例。可以说，自行会开始之日起，就存在着行会成员的违规行为。比如，如果在行会规章指定的经营地点之外经营更加有利可图的话，一些行会成员们则冒着被罚款甚至被清除行会的风险去那些地方经营。

被禁止经营布匹贸易的裁缝、织布工、漂洗工、染工和剪毛工也常常买卖布匹。帮工们结合起来，或提高工资，或缩短工时，或为竞争行业之人服务，或拒付行会季度税，或躲在家中秘密干活。徒弟们在出师后拒绝做帮工而独自开店，在出师前自己开业等。

在这种情况下，行会不得不改革。比如，开放市场；容纳和引进外地人、外国人进城；放松行业管制，准许一个人从事两个行业，等等。最后的结果是大规模的行会合并。这事实上就是从根本上摧毁了行会的垄断性质。行会合并运动在英国于 1345 年开始：此年三个伦敦的商人团体联合形成食品杂货商公会。同行会相比，公会的组织制度向近代资本主义企业制度靠近了一些。有些学者甚至认为合并了的行会就是资本主义性质的。行会生产以作坊为核心，行会成员自己有生产工具，自己购买原料、组织生产、销售产品。而公会部分商人则通过提供原料、收购成品和委托加工等方式控制一般工匠的生产活动。这样一种转变的前提是行使私人财产权利的自由的扩展。只有行会的地域壁垒和行业壁垒在一定程度上被打破，商业资本才有可能按市场的需要与劳动结合起来。

对行会体制最大的，可以叫作釜底抽薪的威胁来自外部。要知道，广大的乡村是自由的天地。随着农村经济的发展，一种农村包围城市的格局形成了。农村工商业中主要实行的是家内制或外放制（domestic or putting-out system）。从生产和销售组织制度来看，英国呢绒业中占支配地位的组织制度不是行会，而是完全私营的家内制，即成千上万的家庭个体私营（也有人称之为分散的手工工场）。农民家庭从呢绒商或布商（clothier）手中接过羊毛，在家中自由安排时间纺织，然后再从后者那里领取工资。呢绒商和农户都是个体经营。早在 15 世纪，英国西部就有一位呢绒商人用外放制同周围500 位农民发生了半雇佣性质的商业关系。大量史料表明，13 世纪及以后的几个世纪内，大批的英国工匠从城市流向农村，给行会造成釜底抽薪的灾难。工匠们去农村谋职，而布商们则去农村创业。许多布商将织布活送往农户家中。1590年，伊斯威治市禁止布商将一半以上的活计拿到乡下去做。1557年议会颁令禁止在城市之外生产任何羊毛织品。但是，由于乡村工业实在太强大，议会最终承认失败，于1624年取消这方面的法令。

英国的行会于16世纪时大都演变成公会，而公会的经济地位也很快就衰落了。在17世纪时，在肯特郡一个叫麦德斯通（Maidstone）的城市，所有行业都在四个行会——丝绸商行会、布商行会、鞋匠行会、食品商行会——之内。但是，仔细一看，丝绸商行会竟包括丝绸商、杂货商、织布工、染匠、制线工、金匠、内科医生、外科医生以及"所有小商贩"。这说明经济意义上的行会已不复存在。18世纪仍可见到一些行会，但那只是有名无实的躯壳而已。在法国，1614年，国家禁止商人行会，1790年，国民会议则宣布废除一切行会。西欧其他国家和地区的行会或迟或早也最终崩溃。行会就这样走向没落。到17世纪，在城市，集中的手工工场已成为最基本的生产制度，只有极少数行会残留着。

在农村，公地制度的衰落意味着经济自由的发展。由于笔者在《英国公地制度研究》[①]中对这一具体过程有比较多的叙述，这里就不详述了。

三、经济自由观念的发展

否定私有财产、主张财产公有的观念

既然在私有制社会经济自由是以私人财产权利为基础的，那么，考察经济自由观念的发展，首先就要考察私有财产观念的发展。

本来，在罗马时代，欧洲的私有财产观念就非常发达了，照理

---

① 赵文洪：《英国公地制度研究》，社会科学文献出版社2017年版。

说，不应该再有一个私有财产观念发展的问题。但是，中世纪欧洲在意识形态上被基督教彻底改造——基督教包含了丰富的财产公有观念；在财产制度安排上深受日耳曼公有传统的影响，所以，私有财产观念在一段时间内、一些社会成员中、一定程度上被公有财产观念所取代。私有财产观念要发展，就需要同公有财产观念进行博弈。我们先看看公有财产观念吧。

在中世纪欧洲，长期存在着否定私有财产、主张财产公有的观念。在基督教神学绝对地支配人们思想意识的时代，基督教唯一的、至高的经典文献《圣经》是这类观念的一个根本的、直接的思想来源。我们看《新约》的一些记载：著名的上帝创造人类的故事、伊甸园的故事实际上包含着一个简单的事实：在人类生活开始的时候，世界上不但没有私有财产，而且连财产概念，"你的""我的"意识都没有。那些苹果自然地悬挂在树上，亚当、夏娃自然地去摘了吃，一切都是自然的。而上帝吩咐把地上的动物和植物给予人类去享用的时候，也没有规定享用的方式，更没有分"你的""他的"。这一切非常有利于人们推论出在人类社会的原初时代，一切财产都是公有的。事实也是如此：中世纪和近代早期不少人就是这样推论的。[①]

财产公有还有另一个重要理由，那就是，所有财产都属于上帝，而不属于人，上帝只是让大家以友爱的方式使用它们而已。以下耶和华的话可以证明这一观念："地不可永卖，因为地是我的。你们在我面前是客旅，是寄居的。"[②]"我要将生命泉的水白白赐给那口渴的人喝。"[③]"我们所祝福的杯，岂不是同领基督的血么？我们所掰开的

---

① 当然，后来，在近代早期，为私有财产正名的著名思想家约翰·洛克也利用亚当夏娃的故事论证财产私有的合法性：苹果挂在树上的时候，它是自然物。但是，当夏娃去摘取它后，它就是夏娃的财产了。因为夏娃摘苹果的动作是她的劳动。她通过劳动而使她获得把苹果作为自己的财产的正当性。

② 《旧约·利未记》23：22。

③ 《新约·启示录》21：6。

饼，岂不是同领基督的身体么？"①上帝创造一切，一切源于上帝的思想成为中世纪西欧社会共识，这种共识给中世纪财产权观念打上了明显的印记：人不是世界上任何财产的绝对所有者，而只是替上帝看管财产的人。

在同宗教信仰相比时财产的极其低下的地位，也有利于财产公有观念的发展：既然钱财如粪土，又何必斤斤计较你的和我的呢？我们看看《圣经》的记载。那个把一生献给人类，用自己的苦难与生命来拯救人类的耶稣，一文不名。他描述自己生活的状况是："狐狸有洞，天空的飞鸟有窝，人子却没有枕头的地方。"②临终的时候，他的衣服都被兵丁分了。③他没有任何属于他的财产了。他在十字架上与站在旁边心如刀绞的母亲告别，没有给母亲留下分文，只有将母亲交与所爱的门徒。④

耶稣的弟子保罗到人生的最后，只剩下一件外衣和几本《旧约》皮卷，"我在特罗亚留于加布的那件外衣，你来的时候可以带来。那些书也要带来。更要紧的是那些皮卷。"⑤

从人的物质生活需要、人对贫穷匮乏的恐惧来看，耶稣和保罗的清贫让人生出极大的怜悯。而且，基督徒们更会生出无尽的感激：给人间带来幸福的人，自己却是如此穷困。这激励大家效仿他们对待财产的态度。但是，从基督教关于天堂的观念角度来看，他们的清贫却又是一种幸福：只有在此生同物质保持最简单的关系，去往天堂的距离才会最可能地近。这也激励大家效仿他们对待财产的态度。因此，耶稣和保罗以及其他清贫的使徒们同财产的关系，对于蔑视财产，主张财产公有的思想的产生和延续，都是有利的。

---

① 《新约·哥林多前书》10：16。笔者认为，这句话除了有宗教象征意义，似乎也可以从中推论出财产（杯子和饼）来源于神。

② 《新约·马太福音》8：20。

③ 《新约·约翰福音》19：23—24。

④ "耶稣见母亲和他所爱的那门徒站在旁边，就对他母亲说，'看，你的儿子。'又对那门徒说，'看，你的母亲。'"《新约·约翰福音》19：26—27。

⑤ 《新约·提摩太后书》4：13。

　　《圣经》还有多处以不同的方式表现出程度不同的财产公有观念："地在安息年所出的，要给你和你的仆人、婢女、雇工人并寄居的外人当食物。这年的土产也要给你的牲畜和你地上的走兽当食物。"①这是要求特定时候的财产公有，并且把公有的享受者推广到动物。这真有些回到创世时代的意味：那时的人和动物都自由地享受着植物的果实。这里尤其值得关注的是，在具有明显的人类中心主义思想倾向的《圣经》中，居然表现出类似佛教众生平等的思想，财产公有的范围居然扩大到动物，这是极其深刻的思想。

　　"在你们的地收割庄稼，不可割尽田角，也不可拾取所遗落的，要留给穷人和寄居的。"②"乃要均平。就是要你们的富余，现在可以补他们的不足，使他们的富余，将来也可以补你们的不足，这就均平了。"③"有两件衣裳的，就分给那没有的。有食物的，也当这样行。"④"圣徒缺乏要帮补，客要一味地款待。"⑤"又要嘱咐他们行善，在好事上富足，甘心施舍，乐意供给人。"⑥《新约》还记载人们为了耶稣和他的门徒的需要而捐输自己的财产。⑦"我可以证明他们是按着力量，而且也过了力量，自己甘心乐意的捐助。再三的求我们，准他们在这供给圣徒的恩情上有份。并且他们所作的，不但照我们所想望的，更照上帝的旨意，先把自己献给主，又归附了我们。"⑧这就是要求消除"你的""我的"意识，让财产成为雪中送炭的友爱善良的手段。在迄今为止基督教漫长的历史中，信徒们给教会或者穷人施舍、捐献财产，一直是被众人实践着的传统。它一方面体现了信徒对于天堂的向往——施舍财产缩短了通往天堂的距离；另一方面也体现了财产公有的意识——"我的"财产是可以给予"他人"

①　《旧约·利未记》25：6—7。
②　同上书，23：22。
③　《新约·哥林多后书》8：14。
④　《新约·路加福音》3：11。
⑤　《新约·罗马人书》12：13。
⑥　《新约·提摩太前书》6：18。
⑦　《新约·路加福音》8：1—3。
⑧　《新约·哥林多后书》8：3—5。

的，很多时候更是应该给予"他人"的。

《新约》记载的早期使徒们的生活方式，更加具体地展示了"凡物公用""凡物公享"的财产公有观念。这里引用几段文字：

> 信的人都在一处，凡物公用，并且卖了田产、家业，照各人所需用的分给各人。[①]

> 那许多信的人都是一心一意的，没有一人说他的东西有一样是自己的，都是大家公用……内中也没有一个缺乏的，因为人人将田产房屋都卖了，把所卖的价银拿来，放在使徒脚前；照各人所需用的，分给各人。[②]

> 有一个人，名叫亚拿尼亚，同他的妻子撒非喇卖了田产，把价银私自留下几份，他的妻子也知道，其余的几份，拿来放在使徒脚前。彼得说："亚拿尼亚，为甚么撒旦充满了你的心？叫你欺哄圣灵，把田地的价银私自留下几分呢？田地还没有卖，不是你自己的么？既卖了，价银不是你做主？你怎么心里起这意念呢？你不是欺哄人，是欺哄上帝了。"亚拿尼亚听见这话就扑倒断了气。彼得问他的妻子，她也隐瞒了事实真相，于是也死了。[③]

从以上文字看得出来，在信徒中，财产公有是至高无上的规则，违背者竟至要被神处死！当然，主张财产公有并不鼓励养懒汉，白吃白用。《新约》里多处表现了要勤奋劳动以换取物品或者获得索要财产的正当性："也未尝白吃人的饭。倒是辛苦劳碌，昼夜做工，免得叫你们一人受累。"[④]"我们在你们那里的时候，曾吩咐你们说，若有人不肯做工，就不可吃饭。"[⑤]"我这两只手，常供给我和同人的需

---

① 《新约·使徒行传》2：45—46。
② 同上书，4：32—36。
③ 同上书，5：1—10。
④ 《新约·帖撒罗尼迦后书》3：8。
⑤ 同上书，3：10。

用，这是你们自己知道的。"①

《圣经》中财产公有的观念在中世纪被继承和发扬。我们看看中世纪神学家们对基督教早期教徒们财产公有或者鄙弃私有财产的生活态度的回忆、推想和赞美就知道他们是多么珍视财产公有的传统的："教会初成立时，信徒的心灵被新的信仰火焰燃烧着，思想里充满着伟大的美德，那时一切东西都归公有，他们仿效神法，仿效天父上帝的公平原则。""请考察使徒的时代，我所指的不是领袖，而是一般的信徒。照记载所说，他们完全是一心一意的，并没有一个说他所有的任何东西是他自己的。当时并没有'我的''你的'一类字眼。这就是友谊……"②

4世纪，当信奉阿里安教派的罗马皇帝派兵进攻米兰时，主教安布罗斯率领民众在教堂里日夜祈祷，诵读《旧约·诗篇》。他在讲道中认为财产是窃取来的，上帝的意旨是土地属于大众。③

受《圣经》教诲和使徒影响，中世纪神学家和农民的理想社会中是没有私有财产的。在那里，"我的"一词不知为何物。④1381年英国农民起义的鼓动者教士约翰·保尔（死于1381年）对人们说："目前英国的光景很不好，但是，将来也不能好，除非一切都变为公有的"。⑤一位中世纪人写道："即使认为下述陈述是一个实用法的原则：'生活必须在一个国家或政治实体中和平地进行'，它也并不就径直地推论出'因此每一个人必须有个别的财产'，因为即使所有东西都是公有的，和平也能获得；同样地，即使我们猜测到了那些共同生活的人们的邪恶，也并不就必定意味着他们应拥有个别的财产。"⑥一些神学家或者神父这样教导人们："把一切东西与你的邻人

---

① 《新约·使徒行传》20：34。

② 〔德〕马克斯·比尔：《英国社会主义史》（上卷），何新舜译，第5页。

③ 〔奥地利〕弗里德里希·希尔：《欧洲思想史》，赵复三译，第15页。

④ F. Graus, "Social Utopias in the Middle Ages", *Past and Present*, December 1967, No.38, pp. 3–19.

⑤ 刘启戈、李雅书选译：《中世纪中期的西欧》，第91页。

⑥ Bede Jarrett, *Social Theories of the Middle Ages 1200–1500*, London: Ernest Benn Limited, 1926, p. 124.

相通，你不可认你的东西为自己所有，因为你们既然是不朽的东西的共同分享者，你们便更应该共同分享可毁灭的东西了。""一切东西都归公用，富人不得过分占取。所以，'我既占有而且富有，为什么不应享乐？'那句话是对个人和社会都不适用的……上帝把使用的自由赐给我们，但只以需要范围为限，而且他已决定使用之权应归公有。""我们在我们的家产中同是兄弟，你们的兄弟之情却大都为家产所打破。所以一心一意的我们对于所有品之应尽归公有并不怀疑。我们不分彼此地分享一切东西，只有妻室是例外。我们只在那一点脱离共通关系，而旁的人（希腊和罗马的异教徒）则专在这一点上实行。"①

中世纪早期神学家奥古斯丁在其著作里，认为私有财产起源于原罪，是非正义的，不应存在于人类的理想社会中。众多的信徒模仿使徒，把财产公有或者不要任何财产作为宗教修炼的重要内容。方济各会修士们否定私有财产。他们认为财产是异教的信仰，而穷困才是真正的信仰；将一个人全部财产给予穷人是基督徒生活的必要条件，谁想得救就得这样做。约翰·威克里夫（John Wycliffe，约1331—1384年）及其信徒们否认私有财产作为一种普遍制度，认为只有正义的人才能拥有财产。②12世纪70年代产生于法国南部的宗教异端华尔多派宣传清贫、节欲。该派成员衣着朴素，赤足或只穿拖鞋，不带钱财，四处巡游传教，以听讲者的施舍为生。该派内部分为两个阶层："完人"（perfect）和"朋友"（或信士，hearers），前者任教师和领袖，把财产捐献给教团集体，个人只取生活之必需，但在大众物资缺乏时，朋友阶层也提供捐献。③

从罗马时代流传下来的自然法中可以引申出财产公有的主张，所以，自然法被许多神学家所援引。据罗马法典解释，根据自然法，

---

① 〔德〕马克斯·比尔：《英国社会主义史》（上卷），何新舜译，第5页。

② C. G. Crump and E. F. Jacob eds., *The Legacy of the Middle Ages*, Oxford: The Clarendon Press, 1926, pp. 145-146.

③ 转引自徐家玲 "12—13世纪法国南部市民异端的派别及其纲领"，《东北师大学报：哲社版》1992年第2期。

所有的人生下来就是自由的；空气、水、公共场所和宗教场所都是公有物。①中世纪早期神学家伊西多尔（Isidorus Hispalensis，通常作 Isidore of Seville，560—636年）认为，自然法是一切国家所共有的，它包括人类通过天生本能，而不是通过宪法与人为法所知道的一切，那就是：男女的结合，子女的生养与教育，一切财物归公有，普遍平等的自由，从空中、地上、水中所取得的东西的占有，借来的和寄托下的财货的归还，以及用武力反抗暴行的自卫等。一些教会法典法律家和注释家对于伊西多尔的补充说法非常赞同，并且说财产公有是最完善的占有方式。他们说，财产分你我是不义的结果。人类之间的冲突完全是由划分财物产生的，并且人间也因之而有了贫贱富贵之分。奥卡姆的威廉也援引了圣伊西多尔的说法。②14世纪，有个人说：一切人本来都是自由的，他们共有一切财产，并依据自然法生活。但在太古时代自由却成了束缚。③

13—15世纪，圣方济各会受原始基督教热忱的驱使，成了穷人的保护者、民众的顾问和反抗一切强暴统治的民族战士。他们的社会和政治理想是：由一个贤明的君主依照自然法与神律进行统治，使人民无苦无忧。13世纪时，欧洲到处充满了关于财产与贫穷以及教会与国家的关系的种种争论和实际斗争，到14世纪情形更加剧烈。这些争论和斗争都是由圣方济各会和多明我会领导的；而其舞台则在西欧和中欧。阿西西的圣方济各以《新约·马太福音》第19章9至10节、第16章24节、第19章21节等各段《圣经》文作为行动的准则，其中规定基督的真正信徒必须是赤贫的。这些准则显然是在对意大利的新商业文明提出抗议，并号召虔诚的信徒回到原始基督信仰，恢复山中圣训的精神。他们坚持，基督的信徒应该过着一种克己的生活，应该不为社会俗情所束缚；应该安贫，实行爱德，以服务、劳作和行乞为生。他所主张的"福音书中的神贫"是不妥

---

① 〔德〕马克斯·比尔：《英国社会主义史》（上卷），何新舜译，第7页。
② 同上书，第7—8页。
③ 同上书，第19—20页。

协的超人世的。①当然，严格实行"福音书中的神贫"只能适用于有志追随基督的人。这种神贫本来比财产公有、慈善事业和布施更高一筹。基督和他的使徒是绝对没有财产的。所谓"福音书中的神贫"就是说抛弃一切尘世财物。尘世的教会比不上基督的行为，其情形正好像教皇比不上《圣经》一样。

　　圣方济各会分裂为两派：主张"缓和说"派认为，在修会中财产可以公有并共同使用，因此，修会中的成员便都是财产的联合所有者；坚持"神贫说"派认为，修会中人要生活在绝对神贫中，不能有任何公共财产。因为"占有物品就会有损于物品的完满性"。圣方济各会"神贫说"派因为反对主张"缓和说"的教皇约翰二十二世（Jacques d'Euse，1249—1334年）的决议而被牵连致死的共有一百多人。英国的圣方济各会中，亚历山大·黑耳斯（生于黑耳斯地方，死于1245年）和约翰·邓斯·斯各脱（John Duns Scotus，1265—1308年）似乎是主张"缓和说"的，奥卡姆的威廉则是主张"神贫说"最力的一人。他曾经以英国大主教的资格，支持圣方济各会的总会长萨西那的迈克尔，并攻击教皇的说法为异端。1328年，他和他的友人被监禁在阿维农狱中，但是不久就被巴伐利亚国王刘易斯的密探救出，送到慕尼黑，后来他就在那里写出了他的重要著作。②圣方济各会宣传"把你的外衣给你的穷弟兄"。③圣方济各要求自己"保持贫穷"。④英国的方济各会教派学者约翰·邓斯·斯各脱认为，在一种自然的、纯洁的状态下，无论是自然法还是神法都裁定，所有的资源都归公共支配，从而任何私有财产或支配权都不可能存在。在这种据说是田园诗般的原始共产主义中，每个人可以从公共储备中各取所需。⑤

---

① 〔德〕马克斯·比尔：《英国社会主义史》（上卷），何新舜译，第11页。

② 同上书，第12—13页。

③ 〔奥地利〕弗里德里希·希尔：《欧洲思想史》，赵复三译，第133页。

④ 同上书，第135页。

⑤ 〔美〕默瑞·N.罗斯巴德：《亚当·斯密以前的经济思想——奥地利学派视角下的经济思想史》（第一卷），张凤林等译，第95—96页。

亚历山大·黑耳斯是阿奎那的长辈和神学方面的先导。他曾经指出圣伊西多尔的自然法定义中所包含的矛盾：公有财产以及由获取与占有而产生的种种权利如何能跟自然法的基础——公平和至善相调和？他的解答是：在自然状态中原来是公平和至善的事，在腐化了的自然状态中就不再是这样了。在前一种状态中，财产公有是公平、公正和良好的。在后一种状态中就只有财产私有才是这样。他用圣奥古斯丁的话说："不错，假如有人说，这产业是我的，这是我的奴隶，这是我的房子，那就只是王法而不是神律。"不过按说，自从人性变坏以后，世俗政府便不得不采取私有制了。可是亚历山大·黑耳斯却认为私有权不能适用于整个团体共有的东西，"公共场地和道路是不容许私人占有的"。自然法的理论本主张一切人类生而自由平等，但保罗却承认了主奴关系的存在（《新约·罗马人书》，第13章）。在这一方面，他又以同样的方法解决了两者之间的矛盾。他认为在自然状态中，即原祖犯罪以前，自由和平等是普遍存在的，可是在原祖犯罪之后，奴隶制就出现了。这一方面是上帝的天启，另一方面是对作恶者的一种处罚，最后，这也是原罪的普遍后果。

约翰·邓斯·斯各脱认为必须摆脱自己的一切世间财物，而跟所有力求实现一种完满的基督教生活的人共同享用。私有财产权并不来自自然法和神律，而是从民法中产生的；并且是人类逆命后，人心受到贪欲的支配，因而力求占有超过自己需要的东西的结果。由于人类已经被原罪所腐化，再也不能容许财产公有顺利发展下去了，所以有关财产公有的自然法也就废弛了。这时弱者和安于和平的人便都有被冤屈的危险，甚至在实际上遭受到强者和巧取豪夺的人的暴力行为。公共所有物已被分占了，但这并不是由于神律或自然法不存在的缘故，因为这种法即使在原始状态消灭以后也决不会不存在；因此，确定财物划分的必然是世俗政府。私有财产一旦成立，所有权便跟着发生了种种变化。于是人们便制定出民法，规定财产的转让必须通过买卖、租借和赠与等方式。通过这些交往所获得的利益原只限于抵偿某种便利条件的损失，而不能够用来发财致富。贸易和商业对于社会是有用的，所以是合法的。然而垄断和囤积居奇则是错误和卑劣的。[①]

奥卡姆的威廉是最后一个全欧性的英国经院学者。他的问题是：假如公有财产和普遍自由合乎自然法和神律，而自然法和神律又是永久不变的，那么私有财产和奴隶制度又怎么会产生呢？圣伊西多尔又怎么能把私有财产制度包括在自然法的定义之内呢？

他把自然法分为三类，其内容显然和人类三个道德阶段相适应，即：逆命前、逆命后和不公平与腐化现象的出现等三类。逆命前，人类根据自然的公平原则而生活，并没有宪章和惯例；一切东西都归公有；一切人类都是自由的。逆命后，正当的理性帮助了人类，并向人类提出种种戒条，如勿奸淫，勿说谎，要在大同世界里自由地生活等。第三阶段就是由不公平的财产权开始的阶段，私有财产和世俗统治权（也就是经济上和政治上的不平等）都是在这个阶段中发生的。"依照自然法，一切东西都归公有……而且假如在逆命后所有的人都依照理性生活的话，也仍然会一切归公而没有私有财产；私有财产的产生是不公平所引起的。"主奴之别也是由同一原因产生的。主奴都是根据万民法和市民法而形成的，那么，人类历史的第三阶段又怎么能带有自然法的性质呢？[②]

14世纪农民反抗运动的精神领袖是圣方济各会修士、"神贫神甫"和巡游各地的辅助修士以及曾经做过修士与辅助修士的人。他们有的是受了圣方济各会教士的推动，有的是为宗教改革的热忱所驱使，但是他们发现自己的理想都不见容于教会。其中有些人宣传财产公有，并且认为财产公有是最接近神旨的社会经济结构。[③]

奥卡姆的威廉的学生约翰·威克里夫的知识来源是《圣经》、教父著作、教会法典和亚里士多德的著作等。他力图保护在一定程度

---

① 〔德〕马克斯·比尔：《英国社会主义史》（上卷），何新舜译，第13—14页。
② 同上书，第15页。
③ 同上书，第18—19页。

上体现出财产公有原则的公地制度。[①]中世纪和近代欧洲绝大多数穷人坚决捍卫公地制度的原因就是它包含了财产公有的因素。

　　1381年英国农民起义的鼓动者约翰·保尔据说是约翰·威克里夫的学生。托马斯·闵采尔（Thomas Münzer，1489—1525年）是马丁·路德的学生。普罗科普自认为是胡斯（Jan Hus，约1369—1415年）的信徒。约翰·保尔和托马斯·闵采尔布道的主旨都是自由和平等、民主和共产。保尔说："亚当耕地，夏娃织布，当日有谁是绅士？"[②]他还说："亲爱的同胞，我们英国的事情，要不是一切财物都公有，既没有农奴，又没有绅士，彼此都完全平等，那就决不会弄好，而且将来也永远弄不好。我们成天叫他们做贵族的人又有什么理由要占我们的便宜呢？他们为什么应当享受这些呢？他们有什么理由要束缚我们呢？如果我们同是父亲亚当和母亲夏娃的后代，他们又怎么能断言或证明他们比我们更应当做主人呢？也许除了他们要强迫我们做工来供他们享受以外就没有其他的原因了。他们穿着天鹅绒的衣服和镶着白鼬与毛皮的外衣，而我们穿的却是粗麻布。他们有酒、有香料、有好面包，而我们却只有糠麸、粗面糕和白水。他们有住宅和华丽的庄园，我们却只有烦恼和工作，甚至要在田野里冒着风雨干活。他们从我们身上和我们的劳动中榨取了许多东西供他们自己挥霍，但我们却被叫作农奴，侍候他们稍微慢一点，就要受到鞭打。"[③]

　　在伟大的德国农民战争中，有一位布道者在他写的宣传小册子中这样对大众说："为了促进神的荣耀和公共利益，我要告诉穷苦的人们，在第三次的转变中，神将使一切等级、乡村、城堡、教条、修道院黯然失色，他将创造一个新社会，在新的体制里面没有一个人可以说：'这是我的。'""城市将被削为平地，他们的房屋将被铲平，他们的人民和商业将离开他们。反之，乡村将变得富裕，人民

---

　　① 〔德〕马克斯·比尔：《英国社会主义史》（上卷），何新舜译，第20—21页。

　　② 同上书，第24—25页。

　　③ 同上书，第26页。

将无偿地按需分配，贵族将消失，普通人住进了他们的房屋，修道院消失了，四个宗教团体和托钵僧派都合并为一。一切物资如森林、水泽、牧场，将公共使用。我们现在称之为精神的、世俗的领主及其特权在每块土地上消失，对这种精神的或世俗的特权和对领主的服从也将消失。诸侯、领主的农奴不再履行劳役和义务。每个人想要维持他的等级，都将是徒劳无功。""一切东西都归公共所有，人们在一个大锅中盛饭，一个木桶里取酒，服从于一个能促进上帝荣耀、满足公共利益的领袖，他被称为'教区的供养人'。所有的人在一起劳动。按照每人所在之处的情况，根据每人的能力，实行一切东西公用的制度。这样，没有一个人可以高过其他人。""这本小册子所论及的世上所有等级，无论是僧是俗，贵族或百姓，国王或诸侯，市民或农民，都是没有人高过其余人的。神认为城市、农村、人民和一切都是相互平等的。""上帝住在穷人的屋子里，住在农民、市民的屋子里。"①

下面这段斥责富人的话也包含了对私有财产的鄙弃（认为来路不正）：

不要上当，以为他们祖先的古老血统会使他们比我们高贵；因为所有人类都出于同一祖先，都是同样古老；而大自然也把所有的人都塑造成一个模样。大家都把衣服脱光了，就会看到人人都长得差不多。假如我们穿上他们的衣服，他们穿上我们的，我们就显得高贵，他们就显得卑贱了。由于贫富不同才使我们有贵贱之分。你们只要对人类的行为留神视察，就会看到，所有那些获得巨大权势、取得大量财富的人，不是运用暴力就是运用欺骗的手法。而对于用暴力和欺骗得到的这一切，他们总是千方百计用伪造的所谓正当的收益的美名来掩藏他们取得这些东西时所用的那些可耻的伎俩。那些由于轻率任性或头脑

① 朱孝远：《神法、公社和政府——德国农民战争的政治目标》，北京大学出版社1994年版，第239—240、244、248页。

迟钝而不愿意这样干的人，总是陷于受奴役和贫困的处境。因为忠实的奴仆总是当奴仆，诚实的人永远受穷。除非既大胆又不忠实，否则永远也摆脱不了奴役；除非既贪婪又奸诈，不然一辈子也逃不出贫困。上帝和大自然把所有人生的幸福都撒到人间，人们把它抓到手的方法与其说是勤勉不如说是强夺，是恶行而不是善举。因此，只能是人吃人。①

前面已经介绍过《圣经》记载的耶稣和使徒们对财产的轻视或者忽视。那是他们自己的态度。而《圣经》还有许多教导人们轻视甚至鄙视财富——私有财产——的话语：

不要为自己积攒财宝在地上，地上有虫子咬，能锈坏，也有贼挖窟窿来偷；只要积攒财宝在天上，天上没有虫子咬，不能锈坏，也没有贼挖窟窿来偷；因为你的财宝在那里，你的心也在那里。②

你借给你弟兄的，或是钱财，或是粮食，无论什么可生利的物，都不可取利。借给外邦人可以取利，只是借你弟兄不可取利。③

我的弟兄们，你们信奉我们荣耀的主耶稣基督，便不可按着外貌待人。若有一个人戴有金戒指，穿着华美衣服，进你们的会堂去；又有一个穷人穿着肮脏衣服也进去；你们就着重看那穿华美衣服的人，说："请坐在这好位上"，又对那穷人说："你站在那里"或"坐在我脚凳下边"。这岂不是你们偏心待人，用恶意断定人吗？④

我亲爱的弟兄们，请听，上帝岂不是拣选了世上的贫穷人，

---

① 〔意〕尼科洛·马基雅维里：《佛罗伦萨史》，李活译，第147页。
② 《新约·马太福音》6：19。
③ 《旧约·申命记》23：19—20。
④ 《新约·雅各书》2：1—4。

叫他们在信上富足，并承受他所应许给那些爱他之人的国么？你们反倒羞辱贫穷人。那富足人岂不是欺压你们，拉你们到公堂去么？他们不是亵渎你们所敬奉的尊名么？[①]

因为我们没有带什么到世上来，也不能带什么去，只要有衣有食，就当知足。但那些想要发财的人，就陷在迷惑，落在网罗和许多无知有害的私欲里，叫人沉在败坏和灭亡中。贪财是万恶之根；有人贪恋钱财，就被引诱离了真道，用许多愁苦把自己刺透了。[②]

你要嘱咐那些今世富足的人，不要自高，也不要倚靠无定的钱财；只要倚靠那厚赐百物给我们享受的上帝。又要嘱咐他们行善，在好事上富足，甘心施舍，乐意供给人，为自己积成美好的根基，预备将来，叫他们持定那真正的生命。[③]

倚靠钱财的人进神的国是何等的难哪！骆驼穿过针的眼，比财主进神的国还容易。[④]

耶稣及其信徒对穷乏者、愁困者和受压迫者的怜爱也表明他们不以一个人占有财产多少为标准衡量其价值；反之，财产越少，境况越可怜，他们就越同情，越去帮助。耶稣用了大量的时间向麻风病患者、受歧视的妇女和其他一些边缘人物传道。他治愈了患病的和瞎眼的，他给饥者食物。他劝诫富者捐赠穷人，那样才是"完全人"；他严厉警告门徒：那些不能使饥者得饱，不能让赤身者得暖，不去监里探望受牢狱之苦的人会经受永恒的诅咒。[⑤]他甚至可以原谅因贫穷而犯下的过错（《圣经》中耶稣原谅了因饥饿难忍而偷拔麦穗的使徒）。

耶稣会在中世纪晚期和近代早期不但在欧洲具有影响，还具有世界影响。耶稣会会宪这样指出："当爱慕贫穷如修会的坚固围墙，

① 《新约·雅各书》2：5—8。
② 《新约·提摩太前书》6：7—10。
③ 同上书，6：17—19。
④ 《新约·马可福音》10：24—26。
⑤ 《新约·马太福音》25：31—46。

应尽力赖天主的圣宠保持其完整。"[1]每人在发显愿后，要在总会长及其左右之人面前誓许关于改革会宪有关神贫的事宜，绝不参加。耶稣会的会院和圣堂，"除为会士居住或使用的必需品或很重要的用具外，不得有定期的收入，也不可有任何不动产"。[2]

14世纪的神甫亨利·苏叟认为一个有灵性的人应当舍弃自己所有，以供应邻居的需要。[3]值得注意的是，财产公有的思想被某些人发展到了疯狂的程度。

再浸礼教派（Anabaptist sects）信徒托马斯·闵采尔在德国米尔豪森市强制推行彻底的公有制统治：修道院被强占，所有的财产都根据法令变成公有。当时的一位观察者说："没有任何人再愿意工作。"资料记载："……当任何人需要食品或衣服时，他就到一个富人那里以基督的名义向他提出要求，因为基督命令所有的人都要分享他们的需要。如果不能以自由的方式得到，就要以武力来获得。很多人照此行事……托马斯（闵采尔）使这种抢劫成为制度化的行为，并且日甚一日。"[4]

德国西北部地区的一个小基督教独立王国明斯特（Münster）主教辖区以及其首府城市明斯特有着惊人的公有制实践。1534年10月，该城市一本小册子说：

> 因为不仅我们把我们所拥有的东西都放在一起，置于执事们的看护之下，我们还根据我们的需要从中取得生活用品；我们一心一意地通过基督来赞美上帝，并且用各种服务热心地互相帮助。
>
> 因此，过去一直服务于寻求自利和私有财产的所有东西，诸

---

① Ignatius of Loyola, *The Constitutions of the Society of Jesus*, translated with an introduction and a commentary by George E. Ganss, St. Louis: Institute of Jesuits Sources, 1970, pp. 251-252.

② Ibid., p. 255.

③ 〔奥地利〕弗里德里希·希尔：《欧洲思想史》，赵复三译，第191页。

④ 〔美〕默瑞·N.罗斯巴德：《亚当·斯密以前的经济思想——奥地利学派视角下的经济思想史》（第一卷），张凤林等译，第243页。

如买与卖、为货币而工作，收取利息和放高利贷……或者榨取穷人的汗水来吃喝……实际上将包括所有违背仁爱的东西——所有这些东西都通过仁爱与公社的力量在我们中间被废除了。[①]

一个叫扬·马蒂斯（Jan Matthys）和一个叫扬·博克尔松（Jan Bockelson，又叫Bockelszoon，Beukelsz）的人先后做了这个地方政教合一的领袖——国王。他们政治上实行绝对的独裁，焚烧了所有私人和公共的图书。强制实行一夫多妻制度。扬·博克尔松自己就有15个妻子。对于任何违背命令的行为，比如妻子反对丈夫，拥有私人财产，散步不满言论，都处以死刑。最后，是统治者们过着穷奢极欲的生活——比如，所有的马匹都用来建立国王的骑兵中队。国王们耗资巨大建立富丽堂皇的宫殿。市内所有街道的名字被更改，所有新出生的婴儿都由国王个人根据某种特定的模式来起名。人民的住房好大部分食品都被掠夺，服装和床上用品被严格地限额，所有超出限额的"剩余"都要交到国王扬·博克尔松那里，违令者斩。每一所房子都遭到彻底的搜查，所收集的"剩余的"服装装了83辆大货车。在臣民们饿死很多的时候，扬·博克尔松居然还命令他们连续三天从事舞蹈与体育活动。1535年5月，在人民的饥饿与统治者的享乐即将激起人民反抗的时刻，扬·博克尔松把全城划分为12个地区，每个地区配备一个"公爵"和24人的武装力量。每一个公爵都被严格地禁止离开他的地区，而公爵则禁止本地区举行任何形式的会议，哪怕只是几个人的会议也不行。任何人都不许离开城市，任何试图密谋离开城市，或者帮助别人离开城市，或者批评国王的人，一经发现立刻斩首，通常都是由国王扬·博克尔松亲自动手。到了6月中旬，此类事情发生很多，因此经常有人被分尸，并且悬挂在高处以威胁人众。[②]

[①]〔美〕默瑞·N.罗斯巴德：《亚当·斯密以前的经济思想——奥地利学派视角下的经济思想史》（第一卷），张凤林等译，第251—252页。

[②] 同上书，第248—261页。

14世纪遍布北欧的自由灵兄弟会（Brethren of the Free Spirit）。其精英人物斯特拉斯堡的主教在1317年总结道："他们相信所有的东西都是公共的，因此他们认为偷窃对于他们来说是合法的。"另一个说："真正的自由人是所有创造物的国王和主人。所有的东西都属于他，他拥有使用任何令他高兴的东西的权利。如果任何人试图阻止他，那么这个自由人就可以杀死他来取得他的物品。"该团体喜欢说的一句流行语："无论你看到或窥视到了什么，都把它夺过来。"[1]

14世纪早期的极端塔波尔派（Taborites）的布道者说："所有的东西都是公共的，包括妻子；这里都是上帝的自由的儿女，他们将不会结婚，形成由丈夫和妻子两个人组成的联盟。"胡斯运动（the Hussite movement）在1419年爆发。同年，塔波尔派信徒聚集在靠近德国边境的波希米亚北部的乌斯季城。他们把乌斯季改名为塔波尔，即橄榄山，传说耶稣曾经在此预言他的第二次降临，他在此升入天堂，他也期望在此重生。他们把任何财产都公有。其信条是："无论任何人，拥有私有财产就是一种道德罪行。"在那里所有的妇女都被公有。只要经过批准，一个男人可以同他希望的任何女性发生性关系。如果丈夫和妻子被发现在一起，他们就要被毒打致死或者处以死刑。他们还经常地实行裸体观光，设想亚当和夏娃的原初状态。[2]

对于中世纪欧洲财产公有观念，笔者有这样的评价：

第一，它们包含了有利于人类和谐、友爱的价值观。财产公有观念首先体现的是一种重义轻利、重情轻物、重人轻己的崇高的道德境界。因此，财产公有观念作为道德理想，千秋万代也不过时。而且，这种观念对于保护中世纪欧洲社会弱势群体的生存起了极其重要的作用。那些生活在公地制度共同体里面的穷人，那些依靠教会救济的穷人，那些需要行会内部慈善接济的穷人，都是财产公有观念的受益者。所以，无论在经济学上这种观念在当时地位是高还

---

① 〔美〕默瑞·N.罗斯巴德：《亚当·斯密以前的经济思想——奥地利学派视角下的经济思想史》（第一卷），张凤林等译，第265—266页。

② 同上书，第266—268页。

是低，在伦理学上，它都是闪光的。我们要把中世纪欧洲的财产公有观念作为宝贵的精神遗产加以继承和发扬光大。

第二，它们显然具有乌托邦思想虚幻不切实际的特点。财产关系、财产分配方式一定是受生产力水平制约的。财产公有最根本的前提是物质财富的极大丰富，以及人们思想境界的普遍高程度。而中世纪欧洲的经济水平还非常低，多数人的物质生活都经不起自然灾害和人间动乱的侵害。人们的思想水平还远远没有达到"各取所需"的程度。所以，那时的财产公有就只能是幻想。

第三，它们在当时还起着阻碍新型生产力发展的作用。人们的思想道德水平，一定受制于生产力发展水平、经济发展水平。在这两个方面水平不高的环境里，人们发展生产力的动力主要来自个人利益。比如，资本主义社会是历史上人类发展生产力的积极性空前巨大的社会阶段，而这一社会里人们发展生产力的动力显然是个人利益。如果我们把生产力的发展视为历史的进步的话，那么，我们就要承认，促进生产力发展的个人对利益的追求，在特定的历史环境下，也是社会进步的因素。在封建时代的欧洲，突破身份、等级、团体的限制，追求个人利益，是促使社会从封建主义向资本主义前进的主观动力，因此，具有进步意义。而那时的财产公有观念，是制约与禁锢人们追求个人利益的因素，也就是制约与禁锢经济自由的因素。这一点在乡村的公地制度和城市的行会制度中都有鲜明的表现。资本主义在农村与城市的发展，就是以瓦解这两个包含着一定的财产公有观念的制度为前提的。理解了这一点，我们就会明白：发展生产力要解放思想。在中世纪欧洲，解放思想不仅体现在文艺复兴和宗教改革这样的文化运动、政治运动上，还体现在财产私有观念对财产公有观念的取代上。

私有财产观念的发展

《圣经》毕竟产生在私有财产已经普遍存在的社会历史时期，就是基督教早期的信徒们的生活，也离不开私有财产：他们接受的很多捐赠也来自私有财产。所以，基督教必须面对私有财产世界的现实。当然，它也的确面对现实了。它实际上承认了现实社会中私有财产不可消除的客观事实。

在《旧约》和《新约》中，充满了对现实生活中私有财产、维护私有财产的社会秩序的承认。《圣经》摩西十诫中特别提到"不可偷盗"，即不可非法侵占他人的财产。《新约·启示录》中说："得胜的必承受这些为业。"①业就是私有财产。《旧约·箴言》里的这段话特别生动地表现了仁爱与法律之间的关系："贼因饥饿，偷窃充饥，人不藐视他。若被找着，他必赔还七倍。必将家中所有的，尽都偿还。"②对于饥饿的人的偷窃行为，人们能够从人道的角度理解和宽容，这里，私有财产相对于仁爱就没有了地位。但是，按照法律，他还是要赔偿的：私有财产不可侵犯。

还有一个特别生动的故事，表现了耶和华对强力侵夺私有财产行为的极度愤恨。这里全文引述《旧约·列王纪上》中的这个故事：

> 这事以后，又有一事：耶斯列人拿伯在耶斯列有一个葡萄园，靠近撒玛利亚王亚哈的宫。亚哈对拿伯说："你将你的葡萄园给我作菜园，因为是靠近我的宫；我就把更好的葡萄园换给你，或是你要银子，我就按着价值给你。"
>
> 拿伯对亚哈说："我敬畏耶和华，万不敢将我先人留下的产业给你。"亚哈因耶斯列人拿伯说，我不敢将我先人留下的产业给你，就闷闷不乐地回宫，躺在床上，转脸向内，也不吃饭。王后耶洗别来问他说："你为什么心里这样忧闷，不吃饭呢？"他回答说："因我向耶斯列人拿伯说，你将你的葡萄园给我，我给你价银，或是你愿意，我就把别的葡萄园换给你。他却说，我不将我的葡萄园给你。"王后耶洗别对亚哈说："你现在是治理以色列国不是？只管起来，心里畅畅快快地吃饭，我必将耶

---

① 《新约·启示录》21：7。

② 《旧约·箴言》6：30—31。

斯列人拿伯的葡萄园给你。"

于是托亚哈的名写信，用王的印印上，送给那些与拿伯同城居住的长老贵胄。信上写着说："你们当宣告禁食，叫拿伯坐在民间的高位上，又叫两个匪徒坐在拿伯对面，作见证告他说，你谤渎神和王了。随后就把他拉出去用石头打死。"

那些与拿伯同城居住的长老贵胄，得了耶洗别的信，就照信而行，宣告禁食，叫拿伯坐在民间的高位上。有两个匪徒来，坐在拿伯的对面，当着众民作见证告他说："拿伯谤渎神和王了！"众人就把他拉到城外，用石头打死。

于是打发人去见耶洗别说："拿伯被石头打死了。"

耶洗别听见拿伯被石头打死，就对亚哈说："你起来得耶斯列人拿伯不肯为价银给你的葡萄园吧！现在他已经死了。"

亚哈听见拿伯死了，就起来，下去要得耶斯列人拿伯的葡萄园。

耶和华的话临到提斯比人以利亚说："你起来！去见住撒玛利亚的以色列王亚哈，他下去要得拿伯的葡萄园，现今正在那园里。你要对他说：'耶和华如此说，你杀了人，又得他的产业吗？'又要对他说：'耶和华如此说，狗在何处舔拿伯的血，也必在何处舔你的血！'"

亚哈对以利亚说："我仇敌啊！你找到我吗？"他回答说："我找到你了，因为你卖了自己，行耶和华眼中看为恶的事。耶和华说：'我必使灾祸临到你，将你除尽。凡属你的男丁，无论困住的、自由的，都从以色列中剪除。我必使你的家像尼八的儿子耶罗波安的家，又像亚希雅的儿子巴沙的家，因为你惹我发怒，又使以色列人陷在罪里。'论到耶洗别，耶和华也说：'狗在耶斯列的外郭，必吃耶洗别的肉。凡属亚哈的人，死在城中的，必被狗吃；死在田野的，必被空中的鸟吃。'"①

---

① 《旧约·列王纪上》21：1—24。

如果我们对照前面《圣经》关于财产公有的言论和故事，就会看到，《圣经》对私有财产的这种承认和理解的态度，既有矛盾的一面，又有不矛盾的一面。矛盾在于，它既从根本上否定私有财产，又从根本上肯定私有财产。不矛盾在于，它是在神性与仁爱的基础上倡导公有财产，在公平与正义的基础上承认合法的私有财产的不可侵犯。两者在道德上是协调的，倡导公有与肯定私有，基础都是道德的善。道德的善使得神学能够现实地看待人性的弱点，照顾人的基本需要。

《圣经》对私有财产的承认与肯定态度在中世纪得到了继承和发展。因为中世纪教会毕竟也是在私有制的社会环境里运行。在中世纪欧洲，私有财产的地位曾经高到如此程度，以致有人说："在这个世界上，一切事情就是凭钱财和资产主宰的。哪怕是奴仆和农奴家出身的人，只要有了财富，就可以变得体面而高贵。"[1]下面我们看看具体例子。耶稣会的创立人罗耀拉（Ignatius Loyola，1491—1556年），在一封信中表达了他对经济问题的不可避免性的看法："请谨记我所说的财物问题，把它列为最优先。因为我有超过160张饥饿的嘴要喂，还不算建筑物的保养维护，目前能带给我最大安慰的，就是贷款，这是真的！这些贷款帮我经营学院，所以我为学校的缘故而追逐这些贷款，而这主要是出于神圣的服从——天主圣意将我置于此事以及类似的事务中。愿基督我们的主接纳这一切的活动。

这确实是真的，即使我并没有因为服从而看到这一切有多么重要，想到这一切有多么重要，想到是为天主服务，这件工作是多么的光荣与杰出，就已经足够了。因为，此事为目前乃是急需。"[2]

对穷人、富人的看法也在改变。圣杰罗姆（St. Jerome，约340—420年）认为在贸易中一个人所得必然意味着另一个人所失，

---

① 〔英〕杰弗里·乔叟：《坎特伯雷故事》，黄杲炘译，第284页。

② Joseph A. Munitiz and Philip Endean, *Saint Ignatius of Loyola, Personal Writings*, London: Penguin, 1996, p. 266; John O'Malley, *The First Jesuits*, Cambridge: Harvard University Press, 1993, p. 227; Thomas H. Clancy, "St. Ignatius as Fund-Raiser", *Studies in the Spirituality of Jesuits*, January, 1993, pp. 21-22.

"所有的财富都来自不平等，除非一个人有所失，否则另一个人不可能有所得。因此，那种通常的见解对我来说是非常正确的，'富人是不公正的，或者他们是一个不公正的人的后代。'"但是，他又说："一个拥有财富的聪明人比起一个仅仅是聪明的人来，更为荣耀"，因为他能够完成更好的事情。"财富对于能够很好地利用它的富人来说，并不是一种障碍"。

亚历山大里亚的克莱门特（Clement of Alexandria，约150—215年），虽然劝说人们财产要用于为社会办好事，但是他赞同私有财产和财富的积累。他猛烈抨击一个人自我剥夺其占有的财产的禁欲主义思想，将其视为愚蠢之举动。他说："我们决不能丢弃能够给邻居带来好处的财富。财产就是为了被占有才制造出来的。物品之所以被称为好（goods）就是因为它们能做好事，它们是上帝为了赐福于人类而提供的：它们就在那些知道如何使用它们的人的手边，由他们掌握，为实现某种有益用途而充当材料和工具。"克莱门特对穷人采取了脚踏实地的态度，他指出，如果没有财产占有的生活是如此理想的："那么那些生活上捉襟见肘的无产者、被遗弃者和乞丐的整个群体，所有那些悲惨地被驱逐出家门流落街头的人，尽管他们在不知道上帝以及他的公正的状态下生活，也是最幸福和最虔诚的，并且正是因为他们身无分文，他们还是永恒生活的唯一人选……"[1]

13世纪上半叶，一位巴黎主教在关于施舍活动的条例中明确规定，一般说来，穷人只有在"他、他的妻子和孩子都受到饥饿威胁"的情况下才可以偷窃，而且范围必须限制在"面包或其他可以吃喝的东西"或者是"几块用来生火取暖的木头"。[2]这是在仁爱原则上对财产公有与私有之间的关系做了一个比较实际可行的规定。从中

---

① 〔美〕默瑞·N.罗斯巴德：《亚当·斯密以前的经济思想——奥地利学派视角下的经济思想史》（第一卷），张凤林等译，第50—51页。

② 〔法〕若兹·库贝洛：《流浪的历史》，曹丹红译，广西师范大学出版社2005年版，第30页。

可以看出，前提是肯定私有财产的现实存在。只是在这之上，还有仁爱。

中世纪欧洲关于私有财产的观念主要是从神学理论大师圣奥古斯丁那里继承过来的。奥古斯丁原则上是肯定财产公有的，但是，他也能够理性地面对现实，在理想和现实之间进行调和。对于中世纪欧洲业已存在的私有财产，奥古斯丁将神学和逻辑学相混合，理论与实际相妥协加以解释。

他把神法和人类法做了区分。他认为，根据神权或神法，土地属于上帝所有，丰盛的产物来自土地。穷人和富人都是上帝用泥土捏成的，这块大地同样赡养穷人和富人。根据某项人法，可能有人会说这份地产是我的，这个仆人是我的，这所房子也是我的，其实这不过是上帝通过各地君主把这些分配给人类而已。他在"对圣约翰的评论"（Commentary on St. John）一文中，系统地阐述过私有财产问题。他和教会的其他一些人认为私有财产起源于原罪。早在人（类）尚未堕落染罪之时，他就已在耕种土地了，因为，亚当自一开始就在看护园子，他可充分自由地吃除了禁果之外的所有果实。那时，并无私有财产。而原罪则引来了贪欲，贪欲使人们在耕种土地时为"你的""我的"而争斗，私有财产因而就产生了。尽管它是人类堕落的结果，但是，既然产生了，存在着，就只能现实地去面对。[1]

还有很多肯定私有财产的言论。15世纪的一本论著为下述观点作了辩护："金钱是国家的命脉"，而"那些喜欢金钱的人则是国家本身的基础"。还有人提出，财富特别有助于"获得和维持幸福"；"公民个人的财富"对于公共利益"最为有用"。因为它们可以用来"满足国家的需要，尤其当祖国处于危险境地的时候"。[2]有人说："一个人以他的粮食或体力劳动去换得货币，则这些货币当然只能属

---

[1] Bede Jarrett, *Social Theories of the Middle Ages 1200–1500*, p. 122.

[2] 〔英〕昆廷·斯金纳：《现代政治思想的基础》，段胜武、张云秋、修海涛等译，第75页。

于他个人所有，正如他的粮食和劳力只属于他所有，可以随其意愿全权处理一样，除非他是一名奴隶。"①13世纪的时候，私有财产观念强化到这样的程度，有人说："皇帝不能从我这里拿走我的财产。"有人问，如果在大饥荒时，一个人偷了一块面包，他应该受到法律的惩罚吗？一个苏扎拉人（Guy of Suzzara，1250—1292年）回答说，应该！②这就同前面《圣经》中对待饥饿中盗窃食物的小偷的人性味很足的态度很不相同了：私欲战胜了仁爱。

教会是生活在现实环境、依靠现实的经济秩序生存的强大的现实权力机构，它必须有符合其需要的对待私有财产的现实态度。一方面，它负有引导信众走向天国的责任，它必须教导人们轻视财富，重视来世。这也是它作为大众的精神导师和意识形态主宰的合法性所在。这就决定了它不能从根本上肯定私有财产，以及一切努力增加私有财产的行为，比如商业，放贷取息，尤其是高利贷。另一方面，大众就生活在私有财产制度环境之中，离开私有财产，他们连做信徒的物质条件都没有了；教会也是依靠财产才能够建立宏伟的教堂，让教士们过着奢华的生活，才有统治庞大的精神帝国的物质基础。所以，教会要解决理想和现实、精神和物质之间的矛盾。它唯一的出路就是调和折中。我们看看中世纪教会一些著名神学家的言论吧。

格拉提安的调和理论。随着罗马法的复兴，当时整个社会各阶层中唯一掌握着文化和知识的教会人士，试图将教会的所有法律汇集到一本或若干本书之中。本书前面已经介绍，大约在1140年，格拉提安在前人整理的基础上，借鉴罗马法注释学家的成果，收集、编辑与整理了数千条教会法法规，将其著作命名为《歧义教规之协调》（*Concordia discordantium canonum*），为了纪念格拉提安修士的杰出

①〔法〕尼可莱·奥雷斯姆："论货币的最初发明"，巫宝三主编：《欧洲中世纪经济思想资料选辑》，第33页。

② John Hine Mundy, "Medieval Urban Liberty", R. W. Davis, ed. , *The Origins of Modern Freedom in the West*, p. 133.

贡献，从那时起，人们往往把它称作《格拉提安教令集》（*Decretum of Gratian*，又名《教会法汇要》）。这一著作是欧洲历史上第一部全面、系统的法律论著，是中世纪法学理论的重要文献之一。

格拉提安的《教会法汇要》影响很大，不但影响了教会，还影响了整个法学界，构成12世纪罗马法复兴的一个重要部分。格拉提安在对《教会法汇要》的评注过程中，将神法或自然法（ius）与人法区分开。他认为自然法是非人定法，是人类共同遵守的律法，如天空、海洋及土地产品的获取，男婚女嫁与生儿育女，万物的共有等。这就把财产公有视为符合自然法的天经地义的事情了。因此，私有财产从本质上看是违法的。保护私有财产的人类法律是无效的。"君主的即世俗当局的法律（leges）不应高于自然法"，同样，"教会法"也不应与自然法相抵触，他认为，"法是种，法律是它的一个属"。格拉提安得出结论："无论是习惯法还是成文法，如果违反神法，就无效……依照自然法所有财产归大家共有；依照习惯法或制定法，这件财物属于我，那件财物属于别人。"但是，奇怪的是，在一些论述中，他又公开承认了人法中个人财产的合法性。比如，他说："即使一个主教也能拥有私人财产。"连圣洁的、作为人类楷模的教会人士都可以拥有私有财产，其他人当然就更可以了。

奥卡姆的威廉的财产权利观。格拉提安虽然讨论了神法或者自然法，但是他只是从神的、与人没有关系的角度去讨论的，并没有从作为主体的人的意义上去思考。如果把问题联系到人，就让自然法同人的需要、人的道德、人的权利等因素联系起来了。因此，自然法就可能被用来作为满足人类现实需要的工具。事实证明，后来的法学家们在注释《教会法汇要》时，神法或自然法一词普遍被赋予人的主观要求、道德的含义，将这个词理解为主体意义上的权利，认为主体的、主观上的意义是其最初的意义，法庭法律则是由此引申出来的。既然自然法是符合主体——人——的需要的，那么，主体对于私有财产的占有从逻辑上讲就是符合自然法的。因此，渐渐地，主流观念开始善待私人财产权利，"不再认为所有权是有害的"。其中颇有影响的定义大约在1160年由教会法学家若菲努斯（Rufinus）提出。他认为自然法则是一种天赋的潜移默化到每个人身上的避恶扬善的力量，自然法则存在于三种事情，即命令、禁止、陈述。私有财产的支配权也是一种自然法则，"从现在的民法来看，这个奴隶是我的，那块地是你的"。[①]这里的三段论非常明显：自然法→人性→私有财产。这是迎合现实需要对传统的独立于人的意志的自然法定义的改头换面。

从12世纪博洛尼亚大学教授胡古克奥（Huguccio）开始，私有财产被视为一种源于自然法的神圣不可侵犯的权利。个人和社会公众的财产，至少在原则上被认定不应受国家方面的随意侵犯。[②]1223年，教皇洪诺留三世（Honorius Ⅲ，原名萨维利，Cencio Savelli，1148—1227年）在审批方济各会规章时，把重要的一点"保持贫穷"删除。[③]

两个世纪后，即14世纪的奥卡姆的威廉是最后一个全欧性的英国经院学者。他的问题是：假如公有财产和普遍自由合乎自然法和神律，而自然法和神律又是永久不变的，那么私有财产和奴隶制度又怎么会产生呢？圣伊西多尔又怎么能把私有财产制度包括在自然法的定义之内呢？

对这个问题的答案就是奥卡姆的威廉理论体系中最富有创建的部分。他认为私有财产和世俗政府制度的确立，只是在有利于被统治者并且得到被统治者的同意时才是自然的、合理的。这些制度必须公平正当才能合乎自然法，但是否做到了这点，则完全要以被统治者的同意程度为准。换言之：私有财产和世俗政府如果是社会和政治契约的结果，并且与这种契约相符，便是正当的和合法的。[④]

---

① Brain Tierney, *The Idea of Natural Rights Studies on Natural Rights, Natural Law and Churh Law, 1150-1625*, Scholars Press, 1997, p. 62.

② 〔美〕默瑞·N.罗斯巴德：《亚当·斯密以前的经济思想——奥地利学派视角下的经济思想史》（第一卷），张凤林等译，第59页。

③ 〔奥地利〕弗里德里希·希尔：《欧洲思想史》，赵复三译，第135页。

④ 〔德〕马克斯·比尔：《英国社会主义史》（上卷），何新舜译，第12页。

由此，他提出了在后世影响深远的自然权利和主体权利概念。他第一次明确地强调了来源于实体法的实在权利（positive rights）和来源于自然法的自然权利（natural rights）的并立，系统地阐述了自然法和自然权利理论。他认为，每个人不可剥夺的主体权利（subjective rights）的根源是自然和理性。主体权利的拥有和享受者是个体（individual）的人，而不是普遍的人。正由于他确立了主体权利的概念，才被后世称为"主体权利之父"（the father of subjective rights）。

那么，实在权利同自然权利或者主体权利之间是什么样的关系呢？他认为"实在权利"仅是物的外在的法定权利，是规章规定或人们经协商而建立起来的，当持有者发生某种罪错或外界发生某种变动时，该权利可以被剥夺，也可能被剥夺，尽管原持有者可以在法庭上申诉。总之，这是可以变动、可以得失的权利。而自然权利或主体权利则不同，它是所有人都使用的、来自天赋的、不可剥夺的权利，这种权利不是源于人定法，而是"源于自然"，因此，"这种权利永远不能被放弃，因为……它是维持生命所必需的"。

奥卡姆的威廉的主体权利观中，最突出部分在于把财产权利归于自然权利，并与选择政府的权利密切联系。他说，上帝以劝诫的形式授予人类拥有财产和选择统治者的双重权利。统治者的权力是源自上帝并通过人民赋予的，因此，无论皇帝还是教皇的权力，都要受到臣民权利的限制。他们既无权专断地发号施令，更无权专断地、不经法律程序就剥夺一般教士和民众的财物、自由。在论及此问题时，奥卡姆的威廉引述了这样一条证据：某教堂的教士由本地多数派和外地少数派组成。依照这个教堂的惯例，每名教士定期领取生活津贴。但是到13世纪初，多数派开始克扣少数派的津贴，少数派不服。于是，案件被提交到教皇英诺森三世那里。英诺森三世是一个明白人。他认为，在一个团体中，多数派即使通过表决，也不能剥夺少数派个体成员的财产权。于是，他坚决否定这种"多数人的暴政"。奥卡姆的威廉由此推定，统治者的权力要受到制衡，统治者也不能剥夺民众天赋的财产权。奥卡姆的论断影响颇为深远，成为近代欧洲财产权利理论的重要源头：财产权是一种自然权利，是不可剥夺的权利。

我们可以梳理奥卡姆的威廉的理论逻辑：公平正当的私有财产和世俗政府制度就是符合自然法的制度；公平正当的标准是被统治者的同意。换言之，被统治者的意志就是自然法！这同古代中国"天视自我民视，天听自我民听"的观点何其相似！这是自然法理论史上的一次重大革命：原来充满着神学意味的概念，现在变成了人的工具。人——被统治者——的利益与意志，成为了人间最高的准则。神学变成了政治学，形而上学的概念变成了实在的民主概念。而私有财产权利的正当性建构就在这样的转化里完成了。难怪人们认为，奥卡姆的威廉堪称近代欧洲民主与"个人权利"的创始人。[①]

如果说奥卡姆的威廉完成了主体权利意义上财产权概念的建构，那么同时代的威廉则论证了它的具体内容和实践意义。英格兰教士威廉（William of Pagula）的《爱德华三世统治镜鉴》（*Speculum Regis Edwardi Ⅲ*），写于14世纪30年代，通过对"占有权"的论述和对国王的劝诫等，清晰地表达了威廉的财产权利观。

13世纪的经院哲学家们无一例外地认为财产权利是一种自然和道德的权利。它源自人的本性，因为它是基于人所独有的智力与意志的。因此，他们认为对财产的权利是任何条件都无法使之废除的一种绝对的权利，甚至当个人的财产可以被合法地剥夺——因另外一个人的饥饿或公共福祉——之时，财产拥有者对于财产的权利依然存在。也就是说，即使当权利的行使必须被禁止时，权利资格本身仍是不可侵犯的。[②]这真是"天赋权利"！

阿奎那说得很清楚："有形的东西可以从两方面来考虑。首先是关于它们的本性；这并不在人的权力的范围之内，而是在一切事物都服从其意愿的神的权力的范围之内。其次是关于这样一些东西的

---

① 〔奥地利〕弗里德里希·希尔：《欧洲思想史》，赵复三译，第176页。

② Bede Jarrett, *Social Theories of the Middle Ages 1200-1500*, p. 123.

用途。在这方面，人具有对有形的东西的自然支配权。这是因为，他可以依靠他的理性和意志，为了他自己的利益而利用有形的东西，仿佛它们是为此被创造出来似的；同时这也是因为，有如我们已经看到的，不完善的事物是为了有利于比较完善的事物而存在的。"①

这里展示出一种近似诡辩的逻辑：财产的本性，比如说一头牛的本性，是由神决定的、管理的；而财产的使用价值，比如牛的力气、牛的肉，则由人来支配。理由是人有能力利用它们，而且人比它们高级，而世界上低级的事物就是要为高级的事物服务。所以，财产私有就是天经地义的。

阿奎那进而为私有财产的合理性列出三点理由。"第一，因为每一个人对于获得仅与自身有关的东西的关心，胜过对于所有的人或许多别人的共同事务的关心。各人在避免额外劳动时，总把共同的工作留给第二个人；像我们在官吏过多的情况下所看到的那样。第二，因为当各人有他自己的业务需要照料时，人世间的事务就处理得更有条理……第三，因为这可以使人类处于一种比较和平的境地，如果各人都对自己的处境感到满意的话。所以我们看到，只有在那些联合地和共同地占有某种东西的人们中间，才往往最容易发生纠纷。"②

阿奎那还是一位坚定地相信私有财产、私有资源所有制比公有财产、公有资源所有制更为优越的人。私有制成为人们组成的尘世国家的一个必然的特征，是一个和平有序社会的最好的保障，并且为关心和有效使用财产提供了最大限度的激励。③

阿奎那的学生巴黎的约翰（John of Paris，又名让·基多尔特，Jean Quidort，约1250—1306年）认为，世俗中的财产"是单个人通过他们自己的技能、劳动与勤奋而获得的。每个单个人像其他单个人一样，对于其财产拥有权利和权力，并拥有合法的地主身份。

---

① 〔意〕阿奎那：《阿奎那政治著作选》，马清槐译，商务印书馆1982年版，第141页。
② 同上书，第141—142页。
③ 〔美〕默瑞·N.罗斯巴德：《亚当·斯密以前的经济思想——奥地利学派视角下的经济思想史》（第一卷），张凤林等译，第91页。

每个人可以按照他的意愿来安排他自己所有的东西，处置、管理、持有或者放弃它们，只要他不给其他人带来任何伤害就可以。因为他是地主"。①

让·德·热尔松（Jean de Gerson，1363—1429年）在他的《灵魂的精神生活》中指出："存在着一种作为来自上帝的礼物的责任的支配权，借此每一个生物都拥有一种直接来自上帝的权利，运用这种权利可以让低等的东西来为自己的生存目的服务。每个人对这个权利的拥有是一种公正的和不可改变的正义的结果，这种正义保持了其原始的纯洁性，或自然的完美性。由此，亚当便可以支配地上的家禽以及海中的鱼类……自由的支配权也能被同化到这种支配权之中，它是由上帝赐予的一种无限的能力……"②

关于财产权利，路易斯·德·莫利纳（Luis de Molina，1535—1600年）说："当我们说……某个人对某种东西拥有一种法律权利时，我们并不是指的任何东西由他所有，而是说他有权利得到它，破坏这种权利将会给他造成伤害。按照这种方式，我们说某个人对于使用归他所有的东西——诸如消费归他所有的食品，拥有一种法律权利，也就是说，如果他受到阻碍，他就会面临伤害和不公正。以同样的方式可以说，一个乞丐对于乞讨施舍物拥有法律权利，一个商人对于出售他的货物拥有法律权利，等等。"③

这种分析就完全是基于现实的人性与生活，同形而上的理论没有任何关系。它充分展示了神学极其现实的一面。

私有财产的口子已经在理论上打开，私欲的洪水猛兽是否就可以恣意横行了呢？尽管中世纪晚期和近代早期欧洲的情况确实如此，但是，必须承认，在神学那里，承认私有财产的必要性，决不意味着向人们的自私与贪婪的妥协。一个关注生命的宗教伦理意义甚于

---

① 〔美〕默瑞·N.罗斯巴德：《亚当·斯密以前的经济思想——奥地利学派视角下的经济思想史》（第一卷），张凤林等译，第92页。

② 同上书，第154页。

③ 同上书，第187—188页。

关注生命的生理必需的时代，是决不会容允这种妥协的。于是，一种今天看来非常有意思的"私有公享"理论便应运而生。

"私有公享"理论的逻辑前提，是对权利和权利的行使的区分。13、14世纪的一些文献，首先讨论私有财产权利，然后讨论这一权利的行使或实施。人们认为这是两个完全不同的、相互独立的观念。阿奎那认为人与外物之联系是双重的。一重为生产和消费的能力（权利的依据），而另一重则是对外物的使用（权利的行使）。

关于第二重关系，也即私有财产权利的实施，阿奎那认为，"人们只应当在有利于公共幸福的情况下把有形的东西保留下来作为他们自己的东西；各人都愿意在必要时同别人共享那些东西。所以使徒保罗说（《旧约·提摩太前书》，第六章）：'要嘱咐那些今世富足的人行善，甘心施舍，乐意供给人。'"这已体现"私有公享"理论的原则。他进一步明确而具体地阐明了这一理论：作为私有财产的依据的"人法的内容决不能损害自然法或神法的内容。根据神意确立的自然条理来说，物质财富是为了满足人类的需要而准备的。因此，由人法产生的划分财产并据为己有的行为，不应当妨碍人们对这种财富的需要的满足。同样地，一个人无论有什么多余的东西，自然应该给予穷人，供他们生活的需要。所以阿姆布罗西厄斯说，并且在圣杰罗姆的著作中也可以找到：'你囤积的粮食是属于饿民的；你庋藏不用的衣服是属于衣不蔽体的人的；而你埋在地下的金钱则是一钱不名的人的救星。'……如果存在着迫切而明显的需要，因而对于必要的食粮有着显然迫不及待的要求，——例如，如果一个人面临着迫在眉睫的物质匮乏的危险，而又没有其他办法满足他的需要，——那么，他就可以公开地或者用偷窃的办法从另一个人的财产中取得所需要的东西。严格地说来，这也不算是欺骗或盗窃。"[①]

这段话的实质是：在绝对合理的财产私有原则之上，还有一个绝对合理的仁爱原则。阿奎那之后的一百多年，有一位圣安托利诺

---

① 〔意〕阿奎那：《阿奎那政治著作选》，马清槐译，第142—143页。

（St. Antonino）在引用阿奎那的这一段话时，在结尾处对"私有公享"理论作了精彩的注解："走入你邻人的葡萄园时，你可以尽兴地吃葡萄；但一颗都不能带走。走入你朋友的庄稼地，你可以摘下穗子在手中搓摩，但不能用镰刀收割之。当你收割你的土地上的庄稼时，你不要齐根割断，也不要采集留在地上的穗子，也不要拾起掉在你的葡萄园中的葡萄串，而应留下它们给那些贫穷的和陌生的人。"[1]

这是什么意思呢？私有财产可以在仁爱的原则下被公共使用。但是，使用他人私有财产的人，在享受他人的仁爱时，一定不能贪婪。在实际的财产关系中，道德原则同时约束财产的奉献者和财产的索取者。

"私有公享"理论有着现实的社会背景。中世纪大群的乞丐，将化缘讨乞生活圣徒化。他们，尤其是他们中的行乞修士，完全以人们的施舍为生。作为绝大部分普通人基本的生活方式的城市行会制度（每次行会大会之最后一项议程便是捐献钱财）和农村公地制度，就是部分或全部建立在"私有公享"原则基础之上的。例如，在维护公地制度的斗争中，农民总举起"私有公享"的旗帜。兹引述1525年3月7日德国起义农民颁布的《德意志农民十二条要求》中的一些话："因此，假使某人对某水有所有权，他应有充分文件证明，他的权利确系由他买来的。我们并不想用暴力从他的手中夺取。"——这是承认私有。紧接着："只希望他以基督教徒的友爱精神行使他的权利"。"以前的习惯，穷人不准猎取野鹿、野禽或在河中捕鱼。在我们看来，这不但是不公道、不友爱，而且是自私自利，违背《圣经》的。"——这是希望公享。[2]

综上所述，中世纪欧洲人先是承认了私有财产存在的合理性，再是保留了在仁爱原则上他人对私有财产享用的权利，结果形成了充满调和妥协意味的私有公享理论。其中，私有是基本的、主要的，公享是临时的、次要的。在理论上承认私有财产，对丁经济自由的发展具有极其重大的意义。有了这样的承认，具有早期资产阶级创业精神、

---

[1]　Bede Jarrett, *Social Theories of the Middle Ages 1200–1500*, p. 127.

[2]　齐思和、林幼琪选译：《中世纪晚期的西欧》，第161页。

冒险精神的人，就可以没有顾虑地去积累财富，充分运用经济自由实现资本的原始积累。因此，可以说，对私有财产的承认，是对中世纪欧洲从封建主义向资本主义过渡起关键作用的一个思想因素。

商业观念的发展

经典的神学一心要人进入天堂，前提之一是鄙薄和舍弃尘世的财富。心里装满了主，哪里还有物质利益的空间呢？所以，谋取利益的高利贷和商业是受到神学的鄙弃和禁止的。但是，就像财产私有观念一样，尽管商业从一开始就包含着与宗教伦理道德的冲突，神学家们在现实生活中也仍然逐渐地认为它是必要的。他们所认为的必要性当然包含着很强的道德因素，但他们也正确地认识到了自然资源的非均匀分布构成商业存在的必要性。这一切导致对商人态度的逐渐转变。

圣奥古斯丁说，人们对物品的支付亦即他们对于它们的估价，是由他们自己的需要而不是任何更为客观的标准或者它们的性质的排序决定的。他还是第一个对商人的作用持积极态度的教父。在反驳教会学者们对商人通常的指责过程中，奥古斯丁指出，他们通过长途贩运物品并卖给消费者，提供了有益的服务。由于根据基督教原则，"劳动者值得他的雇主尊敬"，因而商人由于他们的活动与劳动也值得给予补偿。至于对商业和贸易中所特有的欺诈与弄虚作假的普遍指责，奥古斯丁反驳说，任何此类说谎与造假都不是职业的毛病，而是从业者本身的过错。此类原罪是起源于人的不均等，而不是他的职业。他指出，毕竟，鞋匠与农民也可能说谎和造假，可是教父们并没有把他们的职业本身作为邪恶来加以谴责。奥古斯丁这种为商人清洗其固有邪恶本性的污点的论述，被证明对后世产生了强烈的影响，并且在随后的12、13世纪的基督教思想中一而再、再而三地被反复引用。[1]

---

① 〔美〕默瑞·N.罗斯巴德：《亚当·斯密以前的经济思想——奥地利学派视角下的经济思想史》(第一卷)，张凤林等译，第52页。

　　第一位对商人的活动采取明智态度的教会法汇要学家是12世纪博洛尼亚大学的教授若菲努斯。在为《教会法汇要》所写的"总论"（Summa）中，他指出手工艺人和工匠可以便宜地购买材料，对其进行加工与制作，然后再以更高的价格出卖该产品。由于工匠们付出了费用和劳动，因而这种形式的贱买与贵卖是合理的。并且不仅一般的俗人可以这样做，甚至牧师等教职人员也可以这样做。[①]博洛尼亚大学教授胡古克奥1188年支持若菲努斯的观点。他还认为，商人从事商业的正当性在于他是为了满足家庭的需要。[②]

　　在巴黎任主教的意大利神学家彼得·隆巴德（Peter Lombard，死于1160年）以及后来许多人为商人进行彻底平反：宣称商人是社会所必不可少的。[③]

　　阿奎那说，商业利润是对于商人劳动的一种薪饷，是对于承担运输风险的一种报酬。他注意到海上运输风险更大，导致利润更高。"买与卖看起来是为了使买卖双方互利而设立的活动，因为一个人需要属于别人的某些东西，而反过来也是一样。"[④]

　　在1253年佛罗伦萨的一本会计书中首次发现了经典的原初－资本主义（pro-capitalism）的信条："以上帝和利润的名义"。[⑤]法国人让·比里当（Jean Buridan，1300—1358年）认为，在一个两种物品的交换中，即使交换本身是不道德的，因而将会受到伦理的或者神学的谴责，交换双方仍然都可能获益。他提出一个假设："因为苏格拉底为了交换10本书而愿意并且也征得了他的妻子的同意而将其妻让给柏拉图，与其通奸，我们就能说他们之中的哪一个蒙受了损失而哪一个又得到了好处吗？……就他们的灵魂层面而言，双方都受到了伤害——［但是］就外在的物品而言，每一方又都获得了

---

　　① 〔美〕默瑞·N.罗斯巴德：《亚当·斯密以前的经济思想——奥地利学派视角下的经济思想史》（第一卷），张凤林等译，第58页。
　　② 同上书，第59页。
　　③ 同上书，第77页。
　　④ 同上书，第86—87页。
　　⑤ 同上书，第231页。

收益，因为每个人所得到的要比他们所需要的更多。"①

圣贝尔纳迪诺（Saint Bernardine of Siena，1380—1444年）对商人评价很高，认为他们能够将商品从剩余的地方运往短缺的区域和国家，保存和储藏物品以便使其在消费者需要它们时可供利用。同时，作为手工业工匠和工业企业家，将原材料转化为完成品。②他认为，利润是企业家对于他的劳动、费用以及所承担的风险的一种合法报酬。他分析成功的企业家所必备的四种素质：效率或勤奋，责任心，劳动，以及承担风险。③

13世纪的神学家修姆伯特（Humbert de Romans，1190—1277年）在谈到贸易时说："由于神意的安排，没有一个国家能自给自足到不吸引另一个国家的货物。由此而导致三个结果，一个是谦恭……；另一个是友谊……；第三个是供给人类之不足，就如同机械技艺帮助了许多人一样，许多人也能通过店铺中的贸易而合法供给其不足。"这可以说是非常符合经济学原理的一种解释。

反价格控制。价格控制在中世纪是司空见惯的事情。政府与行会都控制价格。但是，经济规律是不可阻挡的。自由价格，也就是市场价格，越来越有生命力。这种现实在思想观念中也得到反映。

路易斯·德·莫利纳痛斥大多数的政府控制价格的行为，特别是对农产品实行限制价格的政策。④

西班牙经院学者、耶稣会士胡安·德·马里亚纳（Juan de Mariana，1536—1624年）说："只有愚钝之人才会以这样的方式来区分这些价值，即认为法定的价格将不同于自然的价格。愚蠢的，不，实际是邪恶的统治者，他命令要对一个人们通常（比方说）估价为五个货币的东西，卖上十个货币的价格。而人们对于这

---

① 〔美〕默瑞·N.罗斯巴德：《亚当·斯密以前的经济思想——奥地利学派视角下的经济思想史》（第一卷），张凤林等译，第117—118页。

② 同上书，第132—133页。

③ 同上书，第133页。

④ 同上书，第186页。

种东西的估价是由他们基于物品的质量以及它们的多寡程度的考虑来决定的。君主们想要破坏这些商业原则将是徒劳的。最好是丝毫也不去干扰它们，而不是用强力去改变它们，以免带来公共利益的损害。"①

安特卫普人、耶稣会士莱昂纳德·莱修斯（Leonard Lessius，1554—1623年）指出市场需求是价格的决定因素，而无论一个商人的费用是多少，"但是，如果商人的费用较高，那只能说明他很不走运，市场共同的价格不会因为这个而提高，正像当他即使不耗费任何费用时它也并不降低一样。这就是商人所面临的环境。正像他如果使费用降低就能获得利润一样，如果他的费用很高或者超出寻常就只能面临亏损。"②

对高利贷态度的变化。高利贷是神学家眼中的万恶之首。谴责、诅咒高利贷的声音贯穿在整个中世纪。但是，由于经济规律的顽强、有力，越来越多的人对高利贷的态度变得宽容、理解、肯定。

第一个对于高利贷禁令的系统性违背，来自13世纪的最后一位教会法学家，枢机主教霍斯廷斯。他曾经任亨利三世派驻教皇英诺森四世的大使。他认为，高利贷虽然苛刻却并不是一种违背公正的原罪，并列举了不少于13个例子来说明高利贷禁令可以被冲破从而对于一笔贷款将收取利息的情况。一种情况是，利息作为一笔贷款的担保人所要求的担保金。另一种情况是，如果商品的未来价格具有不确定性（就像实际上一直存在的情况那样），那么一个卖者对于所出卖的一种物品在信贷支付方式下所索取的价格要比在现金支付的方式下更高。再一个重要的例外是，允许贷款者在一笔贷款中附加一个惩罚性条款，即如果贷款者没有在到期日得到偿还，借款者将必须在本金之外再加上一笔罚款。这当然为借贷双方达成隐蔽的延期支付的协议从而允许所谓"惩罚"的存在铺平了道路。此外还

---

① 〔美〕默瑞·N.罗斯巴德：《亚当·斯密以前的经济思想——奥地利学派视角下的经济思想史》（第一卷），张凤林等译，第196—197页。

② 同上书，第202页。

有一个例外是，贷款者可以对他在从事特定贷款的过程中所付出的劳动索取报酬。[1]他还破天荒第一次提出了对于一笔并不涉及延期支付或者担保的贷款收取一个利率的正面辩护论点。这就是"获利停止"（lucrum cessans），即贷款者放弃了当自己将货币用于投资时所可能获得的利润，他收取的一笔合法的利息是对于这种利润放弃的一种补偿。然而，他对于获利停止的使用仅仅限于那些出于仁慈而将钱贷给借款者的非寻常贷款者。因此，贷款者不能把对一种贷款收取货币当作商业营生，这即使是在获利停止的场所也不允许。他给出的另外一个例子也为对贷款收取利息打开了方便之门。他允许借款者给予贷款者一个免费礼品，只要这个礼品不是贷款者所要求的就可以。但是，在这种场合，贷款者，特别是接受存款的佛罗伦萨的银行家，将会感到不得不向他们的存款户赠送礼品，因为否则的话，这些存款户将把他们的资金转移到惯于赠送此种礼品的竞争者那里。从而炮制伪装的礼品便成为允许事实上的收取利息行为的一种重要机制。[2]

1573年的耶稣会全体大会上（也就是《承受的负担》颁布仅仅四年以后），那种相互可以偿还的租金合约被确认为正当有效。1581年，耶稣会确认所有类型的租金合约都正当有效。[3]

路易斯·德·莫利纳写道："正像物品的充裕（在货币量和商人数量保持不变的条件下）将引起价格下降一样，货币的充裕（在物品数量和商人数量保持不变的条件下）将引起价格的提高。其原因就在于，货币本身相对于购买目的和与商品相比较而言变得价值更低了。因此我们看到，在西班牙由于它的数量充裕，货币的购买力与80年以前的情况相比要低很多。那时花两个达克特（流通于欧洲各国的硬币）能够买到的东西现在将要值五六个甚至更多的达克特。

---

① 〔美〕默瑞·N.罗斯巴德：《亚当·斯密以前的经济思想——奥地利学派视角下的经济思想史》（第一卷），张凤林等译，第73页。

② 同上书，第73—74页。

③ 同上书，第174页。

工资按照同样的比例提高了，结婚的彩礼也是如此，不动产的价格、牧师的薪俸以及其他事情都是如此。"①

　　莱昂纳德·莱修斯说："虽然并没有哪一笔分开来考虑的具体的贷款可能构成全部获利停止的原因，但是当所有的贷款被集合起来考虑时它们却成为全部获利停止的原因了：因为为了无区别地贷款给那些借款者，你要节制商业活动，并且你要承担本可以从这些活动中获得的利润的损失。所以，由于所有被集合起来的贷款都是这种损失的原因，对于这种利润损失进行补偿的负担就要根据每一笔贷款所占的比例被分配到各个单一的贷款头上。"在经院学者当中，这是第一次承认所有的货币贷放者的贷款都是正当合理的。②

　　加尔文全面否定禁止高利贷。③最终对高利贷禁令盖棺论定的荣誉要归于17世纪荷兰的加尔文主义者克劳德·索麦斯（Claude Saumaise 1588—1653年）。他指出贷放货币是同其他任何活动一样的一种商业活动，并且同其他商业活动一样有权索取一个市场价格。同市场的任何其他部分一样，如果放贷者的数量增多，货币的价格或利息就会因为竞争而下降。因此，人们如果不喜欢高利率，那么放贷者越多越好！无论是出于神的意旨还是自然法则，都没有反对高利贷的任何正当根据。犹太人法典只是禁止向犹太人实行高利贷，这是一个政治性和种族性的法令，而不是一种关于经济交易的道德理论的表述。至于耶稣，他关于国家行政法和经济事务方面全然没有什么教谕。现在就只剩下罗马教皇的教会法律反对高利贷了，而一个加尔文教徒为何要听教皇的呢？面对最棘手的问题：面向穷人的贷款业务，他说："卖面包的人并不需要去回答他把面包究竟是卖给了穷人还是富人，为什么货币贷放者就必须要做这样的区分呢？"并且，"对其他商品收取最高市场价格的人既不是骗子也不是小偷，

---

　　①〔美〕默瑞·N.罗斯巴德：《亚当·斯密以前的经济思想——奥地利学派视角下的经济思想史》（第一卷），张凤林等译，第185—186页。

　　② 同上书，第204—205页。

　　③ 同上书，第228页。

为什么放贷者收取他能获得的最高利息就是错误的呢？"①

　　然而，充斥于商业活动中的不道德和商业活动带来的怠慢宗教、亵渎神灵的行为，却与神学的原则发生尖锐冲突。神学家们注意到，"欺骗作假，放高利贷之事于市场中亦可发生，人们出卖灵魂以求利益……一些商人航海日久，与妻子别离，另求欢乐……有些人小心翼翼地遵守人制定的市场法，而并不同样认真地遵守上帝之法……贸易者还有其他恶行：不守宗教节日，竞争，争吵……真的，我们不可把这个世界只看成是一个大市场，我们在我们的摊位上交易上帝给我们的才能，否则便什么都不是了。一旦随着白日的终结，摊铺关门，我们的交易便也结束。欢乐迅即回来，如同其迅即而去一样。"市场开市于节日期间，因此人们逃避应进行的宗教活动，甚至连弥撒也不听，却反倒去参加一些教会反对的会议。有时，市场也设在诸如墓地这一类神圣的地方。在这些地方，你常常可听到人们发誓："凭上帝，我不会给你这么多钱而买了它。""凭上帝，我不会再降价了。""凭上帝，它值不了那么多钱。"你可以发现，基督就在市场上，因为基督就是正义，而正义应当在那里。有这样一种传说，一个人进到一个大修道院，就发现了许多魔鬼在走廊上，而在市场上，他则只发现了钉在柱子上的基督。他觉得很奇怪，但人们告诉他，在走廊上，一切都用来帮助灵魂走向上帝，因此许多魔鬼聚于那里以引诱修士们离开正道，而在市场上，既然每一个人对于他自己都是魔鬼，因而只要有一个别的守护神（指基督）就够了。②

　　这真是对商业活动带来的怠慢基督、亵渎神灵、污染灵魂的最生动的描述和分析。实际上，这种发生于中世纪和近代早期的现象，在当代世界比比皆是。尼采说："上帝死亡了。"上帝是死亡在市场上和实验室里的。从人类宗教史看，瓦解宗教信仰的最强大武器，一是市场经济，二是科学理性。在中世纪欧洲，宗教信仰是道德体

---

　　① 〔美〕默瑞·N.罗斯巴德：《亚当·斯密以前的经济思想——奥地利学派视角下的经济思想史》（第一卷），张凤林等译，第235—236页。

　　② Bede Jarrett, *Social Theories of the Middle Ages 1200–1500*, pp. 150–151,164.

系的根本支撑，信仰垮了，道德自然就垮了。

在这类现象面前，神学自然得有所作为。它一方面必须谴责唯利是图、见利忘义的商业行为，但是，另一方面又必须承认商业行为的必要性和正当性，以适应那个时代的需要。所以，就像对待私有财产一样，神学家们以神学的独特方式，从理论上对商业贸易进行分析和规范，以求达成一个妥协的结果。

首先，确定了商业这一"挣钱的行业"比生产原料的行业低的地位，从原则上、源头上否定了像高利贷一样不是通过生产、而只是通过转手谋取利益尤其是暴利的商业行为。教会法就鲜明地体现出这一看法。它谴责商人不经任何物质形态的转换，仅靠投机和欺骗而获得的利润，而肯定在土地上劳作的人所获得的利润。[①]

阿奎那认为，"挣钱的艺术低于用钱的艺术，因为挣钱的艺术更多的是依赖于工具的提供而不是原料的提供，因为钱和所有种类的财富都只是经济工具而已。"为说明这一点，他举例说，制造梳羊毛的梳子是提供工具，而准备羊毛才是提供原料。因而后者比前者更为重要。他得出结论说，"因此，那些大量拥有严格地说来对于生活是必须的东西的人比那些仅仅大量拥有钱的人更为富足。"[②]这里，我们不必在意中世纪人在论述问题时所使用的很不合我们今天的思维方式的方法，而只要把握作者贬低商业的观点就行了。

约在1275年左右，阿拉斯（Arras）宗教会议制定的法规规定：漂布工、织工、鞣皮工、染工、鞋匠，都属于低贱之业（必须指出，在中世纪城市早期，工商是一体的，手工人、小店主都属于商人），教士不得从事。教会法明确规定凡经营买卖者，都不得免于罪孽。[③]其他一些教会法规亦有类似规定，但从未见到过不许教士务农的，由此可见商人的地位比农民的还要低。早期基督教教父坚持一条严

---

① C. G. Crump and E. F. Jacob, eds., *The Legacy of the Middle Ages*, p. 355.

② Bede Jarrett, *Social Theories of the Middle Ages 1200–1500*, p. 154.

③ M. M. Postan and others, eds., *The Cambridge Economic History of Europe*, Vol.3, Cambridge University Press, 1963, pp. 47, 574.

峻的教义，即"基督徒不得为商人"。①中世纪西欧商人"他们巡游在外，实际上是无根的流浪人。人们以怀疑的眼光看待他们。教会咒骂他们，因为他们的生活专注于追求物质利益。据教士们看来，这是一种罪恶勾当。当地行政官吏不信任他们，经常害怕这些浪荡冒险分子会是敌人或恶毒盗贼的奸细。普通老百姓对这批无家无土地的陌生人也存有戒心"。②

其次，以正当的挣钱和用钱的目的，来论证什么叫正当的商业。挣钱的行业既然低于用钱的行业，那么，人们就应把注意力放到用钱的行业上来。用钱的行业体现出商业的目的，而商业的正当性则只能由其目的的正当性所决定。什么才是正当的目的呢？简而言之，一是维持生活的必需，一是善的或有道德的生活。

圣安托利诺说："获得财富的目的在于通过他人可以根据他自己和别人的状况而为他自己和别人提供供应，而提供供应的目的则在于他们可以有道德地生活着，而有道德的生活的目的则在于获得永久的光荣。""如果贸易者之主要目的是作为万恶之源的贪婪的话，那么肯定地，其贸易将会是邪恶的……因此，如果贸易者在下述情况下寻求一种有节制的利益的话，他就不能被谴责。这些情况是：根据其生活状况为自己和家庭提供供应，使他有能力更为慷慨地帮助穷人，甚或为了公共福祉而经商因而不是把利益作为终结目的而只是一种劳动报酬。""通过劳动获得足以维持一个人的生存的食物量仅仅要求不多的时间和不多的烦虑。"③

阿奎那说："……交换物品有两种动机。第一种可以称为自然的和必要的交换；当物品与物品交换或物品与货币交换以应生活所需时，就盛行这种交换。严格地说来，这种交换并不是商人的事情，而宁可说是管家或政治家的职分，因为他们的任务是设法使家

---

① 转引自吴于廑"世界历史上的农本与重商"，《历史研究》1984年第1期。

② 〔意〕卡洛·M·奇波拉主编：《欧洲经济史》（第一卷），徐璇、吴良健译，商务印书馆1988年版，第6页。

③ Bede Jarrett, *Social Theories of the Middle Ages 1200-1500*, p. 156.

庭或国家获得生活必需品。另一种交换是货币交换货币或任何种类的物品交换货币，它不是为了必要的生活问题而是为了牟利而进行的。严格地说来，正是这种交换似乎才算是商人的事情。按照亚里士多德的说法，因为第一种交换有利于自然的需要，它是值得称赞的。第二种交换理应受到谴责，因为它势必只会助长利欲，而利欲是漫无止境，总是得寸进尺的。""贸易的目的是牟利，虽然牟利本身并不包含任何诚实的或必要的目标，它却也并不包含任何有害的或违反道德的事情，所以没有什么东西能够阻碍它转向某种诚实的或必要的目标。这样，贸易就变成合法的了。例如，当一个人使用他从贸易中求得的适度的利润来维持他的家属或帮助穷人时，或者，当一个人为了公共福利经营贸易，以生活必需品供给国家时，以及当他不是为了利润而是作为他的劳动报酬而赚取利润时，情况就是如此。"①阿奎那还说过，"有关于为某一特定目的而用钱的政治经济学，则并不寻求无限制的财富，而是寻求将有助于达到其目的的财富，而这一目标就是家庭的良好状态。"正是基于对商业目的的这种区分，神学家修姆伯特才认为，比之面向附近的居民，经营日常生活用品，每周开放的地方性小市场（market），面向远距离的买卖人，经营较大的商品，一年才开放一次的集市（fair），在道德上自然要坏一些。因为后者不是为了必需而是为了牟利。

再次，从事商业的手段或方式必须是诚实的和正当的。人们在威尼斯的一个教堂内发现了这样一段铭文："在这个教堂周围，让商法成为公正的，重量成为真实的，合同成为诚实的吧！"②

这里举出一个被人们广为征引的例子：迟至1644年，英国波士顿地区的牧师罗伯特·基恩被控犯有大罪：他用1先令居然赚取了6便士（1先令等于12便士）的利润！法庭解除了他的职务并罚款200镑（1镑等于20先令）。罚款额是他获利额的8000倍！在判决后的第一个星期天，当地一位牧师批驳了"一些虚伪的贸易原则"，其中

---

① 〔意〕阿奎那：《阿奎那政治著作选》，马清槐译，第143—144页。
② Bede Jarrett, *Social Theories of the Middle Ages 1200–1500*, pp. 135, 164, 158.

包括：

1.人们可以尽可能贵地卖出，尽可能便宜地买进；

2.如果一个人因海上的死伤等等事故而失去一些货物，那么他便可以将剩余货物之价格提高；

3.他可以按他买进的价格将货物卖出，尽管价格太高……

这位牧师高喊：“全是虚伪的，虚伪的，虚伪的！为发财而发财就是坠入了贪婪之罪孽！”[1]

可能是由于社会受神学的支配，也可能是由于神学本来就是社会意识的反映，神学对私有财产和商业的看法，与一般人的看法差不多。并且，到了社会层次，更接近于实际生活，因而一般的看法便不可遏制地转化为一种强烈的干预的欲望。

有一篇写于约1510年时的论文认为价格应予硬性规定，它对面包和酒的价格的规定之细从下面的内容可见一斑：所有烤面包出售的人都得以四便士之价格卖出四片面包，二便士卖二片。你们要遵守关于面包价格的规定。所有酿酒出售的人都得以略多于一便士之价格出售一加仑最好之啤酒，次一点的则一便士一加仑，再次一点的则半便士一加仑。遵守关于酿酒价格的规定，在酒价确定之前任何酿酒者不得售卖，否则没收。[2]1525年德国海尔布朗农民起义军的《海尔布朗纲领》要求对大商人之贸易额、财产进行限制。“无论是组成商号或单独经商的人，在交易中不得超过一万古尔登。某人如超过此数时，其本金和盈利半数应归国库。”“有一万古尔登以上金钱的商人，如果愿意，可以从事任何形式的贷出以遵照福音帮助别人。”“如果商人有超过自己在商业中投资以上的余钱，他可以把钱交给本城的议事会，而每年取息百分之四。”“使大批发商和商人之间成立协议，以便较穷商人能从事零售贸易，得以维持生活。”[3]

---

① Denis Goulet, *The Cruel Choice: A New Concept in the Theory of Development*, New York: Atheneum, 1973, p. 5.

② Bede Jarrett, *Social Theories of the Middle Ages 1200–1500*, p. 160.

③ 齐思和、林幼琪选译：《中世纪晚期的西欧》，第173页。

综上所述，神学和非商人社会群体尽管否定自由放任的商业行为，对其进行了多方面批判和限制，但是，毕竟承认了商业的必要性。更加重要的是，随着整个社会商业气氛的日益浓厚，商业自由实际上已经成为了一个主流观念。

"公"与"私"的冲突

在财产占有方式问题上，"公"与"私"根本上是以对方的灭亡作为自己生存的前提的。两者间的斗争往往具有你死我活的性质。对于公地制度下的穷苦农民，财产公有或者私有公享，就是他们的自由；对于具有资产阶级倾向的领主、富裕农民来说，财产私有就是他们的自由。可以说，从中世纪开始到近代资本主义制度确立，两种自由之间一直在进行血与火的生死搏斗。在遍布欧洲农村的公地共同体里面，捍卫公共权利、维护公地制度的"公"的力量同侵蚀公共权利、瓦解公地制度的"私"的力量之间斗争了千百年。今天看到记载这一搏斗历史的一些文字，还有惊心动魄的感觉。这里引述一些片段：

1549年，英国有半数农民都在反叛支持圈地的政府或者进行圈地的领主。这是最后一次全国性的反对破坏农村公地制度、摧毁穷人公共权利的伟大斗争。牧师、印刷者、隐修院会长和热心的新教徒罗伯特·克劳利在1550年论及这次反叛的主导精神及其原因时，曾详细地写下了农民跟财主双方面的情况：

"大农场主、牧畜主、阔气的屠宰商、律师、商人、缙绅、爵士以及一些只要有利可图就什么都干得出来因而无法称呼的人"，农民说，"他们占据了我们遮身的房屋，买去了我们手中的土地，提高了我们的地租，征收了大宗毫无理由的罚款。他们圈去我们的公地……我们到城里去也没有希望，因为我们听说这批贪得无厌的野兽早把那里的全部东西据为己有了。"

作为穷苦农民的代表，罗伯特·克劳利说："我并不煽动民众主张把所有东西都归公有……但是有财产的人必须把自己看成是自己财物的管理人而不是所有者。"而拉铁麦尔在他第五次宣讲天主经中的"今天请把日用的粮食赐给我们吧"一节时,劝告人民记住所谓"我们"一语并非共产之意。他补充道:"我乘这个机会谈谈物品所有权的问题;因为我恐怕如果我丢下这点不说,你们会有人歪曲我所说的话,肯定所有的东西都应该公有。我并不是这个意思……如果所有的东西均归公有,那就不会有盗窃,而'勿偷盗'这条戒律就没有意义了。国家的法律是分你我的。如果依照法律而取得东西,这东西就是我的。可是,你们也决不要忘记圣保罗说的:'把必要的东西施舍给那些有需要的人。'我们并没有厉行公有制,以致应该把财物分配给穷人……但是我们应该互相帮助。"①

面对穷苦农民的控诉,贵族老爷回答道:"无赖的……没有一个讲信义的人。他们想把所有的人都变成他们那样,他们想把所有的东西变成公有……他们想自行规定租地的租价。他们想捣毁我们的花园,打开我们的牧场。我们要教训他们,让他们知道有个尊卑;正是因为他们要把一切东西归公,我们就什么也不留给他们。"②

《英国社会主义史》的作者马克斯·比尔认为,17世纪伟大的戏剧家莎士比亚和著名的社会理论家赫伯特·斯宾塞(Herbert Spencer,1820—1903年)在"公"与"私"的剧烈斗争中,都是反对"公"的。他说,斯宾塞在《仙后》一书中,用阿提加尔来对抗"共产主义"巨人。阿提加尔是一个力主真正公正而精通正义学说的人;而"共产主义"巨人则手持大称,正站在海边的大石头上,向广大群众说,他要用大称来平衡整个世界,因为他看到一切都是不平等的,自然的元素和社会上的人都在互相侵犯别人应得的那一份。他要来纠正这些事情:

> "天下复旧制
> 万物归平等。"

---

① 〔德〕马克斯·比尔:《英国社会主义史》(上卷),何新舜译,第42—43页。
② 同上书,第41—42页。

人民很喜欢他谈论这个问题，

"因此下流之徒人头攒动，

围在四周听他的谬论，

好像愚蠢的苍蝇看着糖罐，

嗡嗡嗡嗡围着直转，

希望通过他获得大量外快，

毫无拘束地自由自在。"

阿提尔加看到共产主义巨人造成了坏影响，就严厉斥责他不该诱导人民走入歧途，因为"一切改变都是危险的，一切的机遇都是行不通的。"对于这一点，巨人回答道：

"所有错误和坏事都应从此断根，

豪富要把一部分财富归给穷人！

所以我要削平这些高山，

让它们都跟平原一般，

这些高耸云霄的山岗，

我要把它们抛进最深的海洋，

使它们高低一样平，

恰似以往那种光景。

我要压服实行严刑峻法的暴君，

不让他们再统治人民，

我还要教训小贵族，让人民抬头，

把富人的全部财富转归贫民所有。"

阿提加尔战胜巨人，把他掷入海中，这时人民就起来为他们的领袖和救主报仇。

"因为他们的希望成了泡影；

他们原想通过他的革命，

得到许多好处，

和大量的金银。"①

马克斯·比尔还认为，莎士比亚在《暴风雨》中，也把共产主义理想当成了被人们取笑的乌托邦：老臣贡柴罗说，如果他统治一个富饶的岛屿的话，"在这共和国中我要实行一切与众不同的设施；我要禁止一切的贸易；没有地方官的设立；没有文学；富有、贫穷和雇佣都要废止；契约、承袭、疆界、区域、耕种、葡萄园都没有；金属、谷物、酒、油都没有用处；废除职业，所有的人都不作事；妇女也是这样，但她们是天真而纯洁的；没有君主……""大自然中一切的产物都须不用血汗劳力而获得；叛逆、重罪、剑、戟、刀、枪、炮以及一切武器的使用，一律杜绝；但是大自然会自己产生出一切丰饶的东西，养育我那些纯朴的人民。""我要照着这样的理想统治，足以媲美往古的黄金时代。"结果是，大家把他的话当作笑料。②

马克斯·比尔是这样分析"私"战胜"公"的原因的：劳动人民被打败了，共产主义被摈弃了。共产主义的地位已被政府的措施和社会改革所代替，这就是伊丽莎白的济贫法改革措施。这项改革措施决不单纯为了救济贫困，它的目的还在于防止贫困和增进劳工阶级生产力的效能。③

简析

以私有财产观念和商业观念为基本内容的中世纪欧洲经济自由观念的发展，在人类思想史上，既具有进步的、积极的意义——因为它有利于生产力的发展；又具有退步的、消极的意义——因为它倡导了自私自利、损人利己的价值观。人类政治经济文化的历史运

---

① 〔德〕马克斯·比尔：《英国社会主义史》（上卷），何新舜译，第43—44页。

② 〔英〕莎士比亚：《暴风雨》第二幕第一场，《莎士比亚全集》（一），朱生豪译，人民文学出版社1978年版，第33—34页。参见〔德〕马克斯·比尔《英国社会主义史》（上卷），何新舜译，第45页。

③ 〔德〕马克斯·比尔：《英国社会主义史》（上卷），何新舜译，第45页。

动内容从来都是复杂的。所以，我们对历史现象的评价决不能简单化。我们都知道，在人类生产力发展史上，资本主义曾经立下重要功勋。资本主义生产方式取代封建主义生产方式，是历史的进步。而资本主义起家创业和发家致富的本钱，全是一个"私"字。这就先天地决定了资本主义发家史在道义上的污点。马克思在《资本论》第24章《所谓原始积累》里从道义的角度对资本主义进行了严厉的批判。那些批判完全可以用来对待中世纪和近代早期欧洲经济自由观念的发展。当然，马克思在《共产党宣言》里对资本主义解放和发展生产力的功劳的充分肯定，也同样可以用于对欧洲经济自由观念发展的评价。

这里引用几段马克思的话，以加深我们对经济自由观念发展问题的认识：

以私人土地所有权为核心的私人财产所有权，是近代早期经济自由的关键因素。所谓经济自由观念，在很大程度上就是私人土地所有权观念。对于资本主义私人土地所有权，马克思说，资本主义生产方式"使土地所有权从统治和从属的关系下完全解放出来"，（也就是获得了自由——引者），"这样，土地所有权就取得了纯粹经济的形式，因为它摆脱了它以前的一切政治的和社会的装饰物和混杂物，简单地说，就是摆脱了它一切传统的附属物。""一方面使农业合理化，从而第一次使农业有可能按社会化的方式经营，另一方面，把土地所有权弄成荒谬的东西，——这是资本主义生产方式的巨大功绩。"[1]（荒谬在于绝对的私有，所以私有化是荒谬的功绩——引者）。

私人所有权和行使私人财产权利的自由是资本主义雇佣关系产生和维持的基础。近代资本主义雇佣关系的特点是自由交换关系、自由契约关系。马克思对此有过著名论述。兹引述如下：

---

[1] 〔德〕马克思：《资本论》（第三卷），人民出版社1975年版，第697页。

一个价值额最初转化为资本是完全按照交换规律进行的。契约的一方出卖自己的劳动力，他方购买劳动力……货币最初转化为资本，是完完全全符合商品生产的经济规律以及由此产生的所有权的。[①]

劳动力的买和卖是在流通领域或商品交换领域的界限以内进行的，这个领域确实是天赋人权的真正乐园。那里占统治地位的只是自由、平等、所有权和边沁。自由！因为商品例如劳动力的买者和卖者，只取决于自己的自由意志。他们是作为自由的、在法律上平等的人缔结契约的。契约是他们的意志借以得到共同的法律表现的最后结果。平等！因为他们彼此只是作为商品所有者发生关系，用等价物交换等价物。所有权！因为他们都只支配自己的东西。边沁！因为双方都只顾自己。使他们连在一起并发生关系的唯一力量，是他们的利己心，是他们的特殊利益，是他们的私人利益。正因为人人只顾自己，谁也不管别人，所以大家都是在事物的预定的和谐下，或者说，在全能的神的保佑下，完成着互惠互利、共同利益、全体有利的事业。

一离开这个简单流通领域或商品交换领域——庸俗的自由贸易论者用来判断资本和雇佣劳动的社会的那些观点、概念和标准就是从这个领域得出的，——就会看到，我们的剧中人的面貌已经起了某些变化。原来的货币所有者成了资本家，昂首前行；劳动力所有者成了他的工人，尾随于后。一个笑容满面，雄心勃勃；一个战战兢兢，畏缩不前，像在市场上出卖了自己的皮一样，只有一个前途——让人家来鞣。[②]

---

① 〔德〕马克思：《资本论》（第一卷），人民出版社1975年版，第641页。
② 同上书，第199—200页。

第三章　政治自由观念的发展

一、威胁臣民自由的王权至上观念

在人类历史上，政治自由与政治专制是互为因果的：因为存在着自由，所以有人要实行专制；因为存在着专制，所以有人要捍卫自由。具体说，人类所处的社会发展阶段越原始，同一共同体内人与人之间的关系就越自由。带着自由的记忆甚至自由的实践进入新的社会发展阶段的人们，一定把个人自由，以及基于个人自由的平等视为天经地义，这就妨碍了少数人垄断权力、垄断利益的意愿的实现。因此，他们（部落领袖、国王、征服者等）就要用专制来限制和剥夺别人的自由，获得和维护自己的垄断利益。而人类热爱自由的天性，使被奴役者一定不能忍受专制，所以，只要存在着专制，自由的意识、愿望便一定会作为对立物而表现出来。

在讲到中世纪欧洲的政治自由时，人们一般都会想到贵族与国王的关系，想到那些限制国王权力、保护贵族利益的法律文献，比如英国的《大宪章》、匈牙利的《黄金诏书》等。总之，都与国王同贵族之间的关系有关。所以，我们先要看看，国王或者王权到底有哪些专制的权力，或者哪些专制的可能空间。

史实表明，中世纪欧洲的王权既受到制约，没有对臣民绝对的权力；又有着实行专断、专制统治的一定的空间。之所以会有专制的空间，原因主要有：1.对权力的监督、约束机制不完善或者匮乏。人类的民主自由政治经验是在漫长的实践中逐渐增长的。以英国为例。《大宪章》的产生至少酝酿了数十年，议会从产生到成熟，经历了数百年。从原始民主过渡到封建君主统治，欧洲人需要漫长的适应时间。2.频繁的战争、动乱的社会要求有专断的权力。指挥战争、维护治安，都需要领袖们果断的决策和集中的权力。这非常有利于专制的形成。3.存在着支持王权专制的社会力量。比如城市，在相当长时间内，就坚决支持王权专制，去牵制或者消灭危害商业、威胁安全的大小割据封建主。这些原因就决定了从中世纪一开始，欧洲就存在着王权专制的倾向和事实。我们翻开史书，这方面的记载屡见不鲜。①16世纪英国大法官约翰·福特斯鸠爵士这样描述法国国王的专制腐败，"法兰西王国纯粹王室政府产生的邪恶之事：军人虽然在一个村庄里驻扎也许不过一两个月，但却根本不偿付或是被指望偿付他们自己的消费，还有他们的马匹的消费；而更糟糕的是，每光顾一个村庄和城镇，他们就要驱遣那里的居民白白端出酒和肉，以及别的东西，当他们不能在这里找到更为贵重的用品时，他们就从相邻的村庄捞取。并且，但有不周，那居民就要在棍棒之下号呼转徙，风火筹办。在耗尽一个村庄的粮食、柴火和马匹饲料之后，这伙人等就赶到另一个村庄，用同样的方式把它糟蹋一番，却又不为他们自己的耗费掏出一个便士，不为他们随军拐带的大量姘妇的用度掏出一个便士，也不会花费一个便士在那鞋子，长筒裤和诸如此类的别的物件上，哪怕是一块小布条；相反，他们叫他们驻扎村庄的居民承担那所有的开销……没有一个小镇在一年里没有被罪恶地敲诈一次或是两次。"②而既然有王权专制的事实，就一定有反映或者支持这种事实的思想观念。现代研究西方中世纪政治思想史、法律思想史的专家们，发现了大量这方面的言论。我们看看一些专家的引证和看法。

---

① 参见赵文洪《私人财产权利体系的发展——西方市场经济和资本主义的起源问题研究》，中国社会科学出版社1998年版。

② 〔英〕约翰·福蒂斯丘爵士：《论英格兰的法律与政制》，〔英〕谢利·洛克伍德编，袁瑜玎译，第83页。

哈罗德·J.伯尔曼（Harold J. Berman，1918—2007年）认为，日耳曼王权（Germanic monarchy）是"一个将古代国王的权力与封建宗主的特权相结合的强大的王权"，国王既有日耳曼国王的权力，也有封建的宗主权（Suzerainty）。①

科恩（Fritz Kern，1884—1950年）认为，13世纪以前，尽管还没有真正的国家理论与定型的王权原理，"但实际上王权支配着西欧的政治生活"。科恩甚至也承认国王在"确认"法律上占据主导地位：在做此事时，国王是否愿意咨询臣民所选举的代表，将向哪个代表咨询，是否最终考虑他们的意见，"所有这一切都完全取决于国王本人"。此外，国王在征税时按理需要与王国共同体达成协议，但事实上国王却无须此举而自行其是。②

对国王的国家公共政治权威，马克·布洛赫（Marc Bloch，1886—1944年）作了几点论证：1.只有国王才能享受基督教为他举行的象征着"王权神授"的涂油加冕典礼。2.国王的人身所具有的不可侵犯性普遍受到社会的尊重。3.国王与其封臣之间的不平等地位还表现为：国王以继承的方式将教、俗领地变为王室领地时，虽也接受了某种义务，但却免去了行效忠礼，"因为他不承认自己是自己的臣属的封臣"，这是一条"不变的准则"。此外，没有任何力量能够阻止国王在其臣属中选择某些人，"根据效忠礼来对他们提供特别保护"。③

王权还具有公私不分的性质："司法权是财产权，职位是财产权，王权本身是财产权"。"任何诸如'国家'之类的概念在法律上面几乎未出现，在国王的公共和私人的职位之间并未划有界线……'公共法律'显得只是一种'真正的财产法律'的附属物"。"国王就是特权"（the king is prerogativity），国王的特权"只是扩大和加强

---

① 〔美〕哈罗德·J.伯尔曼：《法律与革命——西方法律传统的形成》，贺卫方、高鸿钧、张志铭、夏勇译，第132页。

② 孟广林：《英国封建王权论稿——从诺曼征服到大宪章》，人民出版社2002年版，第17页。

③ 同上书，第19—20页。

了的私人权利"，这只是一种"例外"权。只有到了14世纪，国王在财产拥有上才有了公、私之分，体现了国家公权并包含着国王个人特权的"君权"（crown）才开始出现。①

国王身体神圣不可侵犯。根据13世纪西班牙的法典《七篇法典》（*Siete Partidas*，或者*Seven-Part Code*），"必须制止"他人为了杀害国王、攻击国王，或者为了抓住国王的身体而接触国王身体的行为。因为，欲置国王于死地，就是反对上帝的律法……和王国。②

法国人让·德·布拉诺（Jean De Blanot，1230—1280年）1256年左右写道，法国国王对王国内所有居民都有绝对的管辖权（jurisdiction）。他假设一种情况：一个反叛国王的贵族召集曾对他宣誓效忠的下级贵族一同起事。那么，下级贵族应该服从他吗？开始时，让·德·布拉诺认为，看起来似应服从，因为违背誓言是严重的罪过。但是，他接着论证，反叛国王的贵族犯有叛国罪，因为，他有意置在世俗事务上是至高无上的国王于死地，而他也无权发动战争，因此，他的行为是大逆不道，他的封臣在这种情况下自然地解除了对他的效忠誓言。③路易十世在1315年9月宣布，国王的至高无上地位根据法律和习惯，"必须属于一个至尊的君主而不是任何别人"。④

为了捍卫国王的最高地位，在法律上，还设计了一个叛国罪（treason）罪名。叛国罪除了直接反对国王外，到了14、15世纪，还包括侮辱或反叛攻击王室官员、伪造国王的印章和硬币、违反国王的保安措施、私战、在公共马路上犯罪，等等。⑤14世纪后期，法国的法学家和其他人认为，除了至高权威发动的战争外，任何其他战争都不能叫战争。只有国王能够宣布公共的战争，因为只有他

---

① 孟广林：《英国封建王权论稿——从诺曼征服到大宪章》，第28—29页。
② Donald R. Kelley, "Kingship and Resistance", R. W. Davis, ed., *The Origins of Modern Freedom in the West*, p. 252.
③ S. H. Cuttler, *The Law of Treason and Treason Trials in Later Medieval France*, Cambridge Unirersity Press 1981, pp. 10–11.
④ Ibid., p. 19.
⑤ Ibid., p. 18.

代表公共权威。维持国家和平也是国王的唯一权威,破坏国家和平就是叛国罪。国王所有的臣民都必须将城市和城堡交给国王,否则就是"叛徒和反叛者"。[1]1390年前后,法国的让·布蒂耶(Jean Boutillier)主张对反对国王的叛国罪处以最严厉的惩罚,活活剥皮,然后分解身体或者焚烧,其财产没收归国王。其子女,尤其是男性,要杀掉,因为要"斩草除根"。[2]1407年,法国的让·柏蒂(Jean Petit)认为,侵害至尊罪(lese-majesty)是最坏的罪恶之一,"因为国王的尊严是无与伦比的,一个人不可能犯比侵害国王的尊严更大的罪了"。侵害至尊罪第一级是直接伤害国王本人;第二级是直接伤害或侮辱王后;第三级是反对公共事务(la chose publique)的反叛行为,特别是企图谋害国王生命,公开与国王的敌人结盟,阻碍国王攻击敌人的军事行动,秘密援助和安慰敌人。15世纪,还有法国人认为未经国王允许召开等级会议也是叛国罪。[3]在1369年,有王室官员正式将一个法国人勾结英国人的罪行叫做侵害至尊罪,1457年又有类似描述。[4]

马西利乌斯(Marsilius of Padua,约1275—1342年)在1324年发表"和平保卫者"(Defensor Pacis)一文,主张国家,无论是王国还是城市共和国,必须在它的领域内有绝对的权力,并且不受教会对于世俗所加的任何审查或者司法限制。这是有利于王权专制的观念。[5]

同古代中国和埃及相比,这样的维护王权、支持专制的言论似乎有点小巫见大巫。但是,它们代表着限制臣民尤其是贵族传统自由的倾向,是政治自由观念必须突破的观念藩篱。随着实践中贵族向王权争自由的斗争的发展,以反抗王权为核心的政治自由观念也发展起来了。

---

[1]　S. H. Cuttler, *The Law of Treason and Treason Trials in Later Medieval France*, p. 20.

[2]　Ibid., pp. 19, 22.

[3]　Ibid., pp. 22-25.

[4]　Ibid., p. 26.

[5]　〔美〕默瑞·N.罗斯巴德:《亚当·斯密以前的经济思想——奥地利学派视角下的经济思想史》(第一卷),张凤林等译,第293页。

二、限制、约束王权，反抗王权专制的理由

激起臣民尤其是贵族限制、约束、反抗王权的首先当然不是上面介绍的支持王权专制的言论，而是许多国王滥用权力，勒索、压迫、虐待臣民的实践。以英国为例，《大宪章》产生的背景，议会产生的背景，17世纪大革命爆发的背景，都无例外地是国王的专制暴虐。由于大家比较清楚这方面的史实，所以本书不再赘述。

国王毕竟是公认的领袖，在君权神授理论中，还是神在人间的代理人。《圣经》对王权的合法性、臣民服从王权甚至暴虐的王权的必要性、正当性都有过论述。要建立限制、约束王权，反抗王权专制，恢复和发展臣民们的政治自由的理论，就必须突破这一切的理论屏障。中世纪的封建自由思想家们是从以下这些方面展开论证的。

神意

基督教是在中世纪欧洲占绝对统治地位的宗教，基督教教义中的神（上帝、主）是正义、公理、道德的化身，是一切真理的来源，一切良好法律的最终根据。所以，关于捍卫臣民自由、限制王权、反抗暴君的观念，不可避免地会要从神意中寻找根据：专制暴虐的王权是违背神意的，限制、约束、反抗专制暴虐王权是符合神意的。

哈罗德·J. 伯尔曼在谈到中世纪欧洲人对邪恶的统治者的看法时指出，一个邪恶的统治者据说也像一个普通的邪恶之徒一样，无法逃脱上帝的审判；如果他的人民有耐心，并且能够悔悟他们自己的罪恶，那么上帝最终将使他们摆脱压迫者。压迫的历史表明，邪恶的统治者总是要受到惩罚。但是，还不限于此，如果某个暴君命令他的一个臣属违背信念行事，那么这个臣属必须加以拒绝。"有些事是……那么地可恶，以至于任何命令都不可能证明它们为正当，或者使它们被允许。"例如，如果一个军事指挥官命令一个士兵否认上帝，或者进行通奸，那么这个士兵必须加以拒绝。更一般地说，

"如果〔君王〕抗拒和反对神的戒律，并希望我在他反对上帝的战争中出力，那么我必须响亮地回答说：'上帝必须优先于尘世上的任何人。'"①哈罗德·J.伯尔曼还指出，在中世纪欧洲，存在着这样的观念：虽然君主是由神任命的，但是，如果他实行专制，成为专制君主，那么他就违反了人类的基本法。所以，臣民就有不服从他的权利和义务。理由在于：基本法本身是由神所制定的，虽然教皇和国王制定法律，但他们是作为上帝的代理人那么做的；"所有的法律都渊源于上帝"，而不是渊源于教皇和国王自己。②

伟大的德国农民战争中，农民们的代言人大声疾呼："每个统治者的位置，不分僧俗，都是为饲养基督的羊群而设立的。""一个统治者要和他的头衔相配，就要成为他的土地上的真正的父亲，他忠诚地掌管他的官府，促进兄弟之爱，根据神意管理他的官府，饲养基督的羊群，这样，才称得上是一个统治者……诸侯或领主，如炮制自己残酷的法律和法规，错误地进行统治，就意味着他们背叛了天上的主人上帝。"③"我要引地狱及其骑士们的势力所不能压制的13条神法原理，来说明一个地方或一个社区有权罢免危害它的领主。"④

君主的行为不当

关于臣民同王权的关系，尤其是关于臣民限制、约束、反抗专制暴虐王权的权利，中世纪欧洲人并没有很成体系的理论。王权的不合理行为，有时候很难定性，比如道德败坏、违背契约、亵渎神灵。实际上，只要人们认为君主的行为违背传统习惯、社会道德、宗教规则、君主与臣民之间的契约，等等，也就是说，只要人们认为君主的行为是不当的，他们就认为有权利纠正、制止君主的行为，

① 〔美〕哈罗德·J.伯尔曼：《法律与革命——西方法律传统的形成》，贺卫方、高鸿钧、张志铭、夏勇译，第342页。
② 同上书，第357页。
③ 朱孝远：《神法、公社和政府——德国农民战争的政治目标》，第214页。
④ 同上书，第223页。

甚至反抗君主。

大约在13世纪早期写成的《萨克森镜鉴》(*Sachsen Spiegel*)规定："如果一个人的国王和法官做不正当行为，那么他必须加以抵制，而且他必须对国王和法官的每次不当行为加以阻止，即使后者是他的亲戚或封建领主也一样。因而他并不因此违背他的忠诚。"阿拉贡的一项著名法律准则也规定，只要国王履行其职责，臣民就要服从他，"否则的话就不然"。[①]

这种把国王和法官相提并论的逻辑，在德国农民战争中被继承下来作为反抗邪恶统治者的论据。兹引用昆廷·斯金纳《现代政治思想的基础》中的文字作为例证：

> 1530年10月末，布吕克及其同僚向选侯呈交了一本小册子，在这本小册子中，以"暴力反抗"皇帝的思想最终并完全被证明是合法的。布吕克所援引的学说是教会法规学者关于反抗一名不公正的法官有时可能是合法的主张。他在那本题为《反抗一名非法行事的法官是否合法》的小册子中，首先引证了大量的教会法规，笼统地回答了这一问题。
>
> 根据这些法规，"用暴力反抗一名法官的可能性"存在于三种情况之中。第一种是，"已经提出上诉"；第二种是，"法官僭越其法定裁判权"，由此而造成的伤害是"臭名昭著"且"无法挽回"的；第三种是，"法官在自己的裁判权内行事，但所行非义，而且造成的伤害是无法挽回的"。
>
> 布吕克接着讨论了眼下的实际情况。皇帝在信仰问题上目前正在努力将他的裁判强加于人。但即使这是他权限内的事，"他的裁判权也已经中止了"，因为"一些诸侯和城市不但在向皇帝，而且向教会全体会议提出上诉"。事实是，"皇帝在信仰

---

① 〔美〕哈罗德·J.伯尔曼：《法律与革命——西方法律传统的形成》，贺卫方、高鸿钧、张志铭、夏勇译，第357页。

问题上是绝对没有什么裁判权的"，因为"他并非这类事务上的法官"。因此，这些论述所导出的结论便是，在目前形势下，反抗被证明是完全正确的。[①]

　　萨克森的约翰接到布吕克的小册子后，马上要求法理学家和神学家们召开一次会议，以讨论书中的观点。这场讨论于1530年10月25日至28日在托尔高宫举行，结果，路德发布了一个由他本人执笔、和其他几人共同署名的投降书。他们宣布："合法反抗的问题'已为这些法学博士所解决'"，"我们确实是处于一种可以反抗统治权威的情况之中"。[②]

　　路德发表了他的《致亲爱的德意志人民告诫书》。这本小册子问世于1531年4月，一年之内刊行了五版。路德宣称："如果战争爆发"，他"将不再谴责"那些决定反抗这些"凶手和嗜血的罗马天主教徒"的人们。他将"接受其行动并视之为自卫"，因为这一行动实际上将不再是对合法的统治者的反叛，而只是以武力反抗不义之武力。[③]

　　国王侵犯臣民的财产，是重大的不当行为。1376年或1377年，法国某匿名者说："……国王可以征收新税或者强征赋税；但如果无缘由征税就是犯罪。他们征税的理由应是为了保卫王国，抗击陆上的劫掠者和海上的强盗。或者是为了抗击异教徒以保卫信仰与祖国，或者其他与之相同的原因。如果臣民是由于这些原因被征税，他们会乐意接受而没有顾虑；但如果税款被挪作他用，臣民劳动的血汗在审判的那天将会从贵族的手中要回来，他们的哭声将越来越高……如果国王对臣民否定正义，如果他不听请求或不保卫国家，那么他就没有权力获得正常的财政收入……如果这种正常的财政收

---

　　① 〔英〕昆廷·斯金纳：《现代政治思想的基础》，段胜武、张云秋、修海涛等译，第467—468页。
　　② 同上书，第469页。
　　③ 同上书，第471页。

入被以合理的原因征收：为了保卫国家。但如果它没有达到它应达到的目的，收入被用于不该用的地方，这种收入就应被禁止。而且，基于对权力规定的法律，他应该因不称职而被废除。如果他忽视了在王国政府中的职责他应该被彻底废除，人民选择另一人做国王是合法的；如果他忽视了王国中的某一地区，那一地区的人被允许选择另一个君主，即使他认识在他的领土内没有上级……但是，如果人们由于爱或恐惧而不愿废除他，君主至少应该在忏悔的法庭中做出赔偿。"[1]

"然而，如果国王将其视为儿戏，且这种享乐、服装费用、宴会或修建城堡原本应被用于保卫国家的费用被过度浪费了，他没有权力因为这种目的对臣民进行敲诈勒索。如果他这样做了，他有责任进行赔偿。同时，如果他在一场非正义的战争中被俘虏了，他没有权力对臣民要求赎金。"[2]

人民主权

为什么要制约、限制王权，反抗、废黜、诛杀暴君的理由之一就是人民主权。逻辑是：人民才是国家的主人，王权只是被主人授权管理国家的，所以，为了让其忠实代表人民利益，就必须对其权力进行制约与限制，否则便可能出现化人民的权力为国王私人权力的情况。当然，如果国王彻底背叛人民利益，甚至压迫、迫害人民，彻底违背了人民主权原则，那就不是对其权力进行限制的问题了，而是必须废黜、诛杀他们了。

中世纪和近代早期的人民主权思想非常零碎，无系统性。这里只挑选一些代表性言论。人民主权思想顺着世俗和宗教两条线索发展，后来，两者又交织在一起。先看世俗方面的：

12世纪，意大利的约翰·巴西安尼（John Bassiani，逝于1197年）说："法律和习惯的生命力是人民的意志……法律约束我们的

---

[1] Ewart Lewis, ed., *Medieval Political Ideas*, pp. 131-132.

[2] Ibid., p. 132.

唯一理由是，它们是人民所接受了的……法律唯一依赖于人民的意志。"罗萨特的阿尔伯里克（Alberic of Rosate）认为，立法与执法的官员们都只是人民的代表，"这些长官们所做的，是选举了他们的人民所授权的，因此，就是人民做的。"[①]这些话，典型地体现了刚刚兴起不久的意大利城市自治共和国的国家权力理念。这些年轻的共和国，尽管实际上都被土地贵族所把持，但是，在反对封建领主，争取城市独立自治的斗争中，土地贵族和全体城市居民，都秉持主权在民的思想。古代希腊城邦和罗马共和国给他们留下了现成的主权在民的政治理念。关于国王的权威从何而来，一位16世纪的法国人写道："上帝选择，人民确立了一位国王。"[②]这就表明，国王是人民确立的，或者说，人民是国王的确立者。

在阐述主权在民思想方面，有几个城市共和国的人比较有代表性。

马西利乌斯不仅把代表国家最高权力的立法者与"人民、全体公民或其中比较重要的部分"等同看待，而且进而补充说，立法者的意志必须"在全体公民大会上表述出来"，他认为全体公民大会是讨论一切法律政治事务的权威的论坛。"全体公民"在一切时候都是最高立法者，"无论他们亲自制订法律，还是把立法权委托给某人或某些人"。马西利乌斯认为，即使人民同意将主权转交给一位最高统治者或行政官员来行使，这样一位官员也决不会成为"绝对意义上的立法者，而仅仅是相对意义上的并且是特定时期的立法者"，最终的权力必须永远掌握在民众自己手中，民众能够永远控制统治者，如果统治者不能按照民众授予他们的严格权限行事，民众甚至能够撤换他们。

巴特鲁斯主张除最大的城市以外，"民众政权"肯定永远是所有

---

①　John Hine Mundy, "Medieval Urban Liberty", R. W. Davis, ed., *The Origins of Modern Freedom in the West*, pp. 127-128.

②　Donald R. Kelley, "Kingship and Resistance", R. W. Davis, ed., *The Origins of Modern Freedom in the West*, pp. 253-254.

其他城市最适当的统治形式。在这种政权中，"城市的全部权力都掌握在全体民众手中"。巴特鲁斯在其对《学说汇纂》的评注中赞成相同的论断，并极其详尽地阐明了一切统治者和高级官员所应受到的限制。他坚决主张，任何统治者都不能"减免刑罚""停止执行判决"或"改变法律和规章"，也不能"制定同全体民众所通过的法律相抵触的法规"。

两位理论家提出了三项约束一切统治者和行政官员的措施，以防止他们漠视民众的意志，从而堕落为暴君。

马西利乌斯将第一项归结为如下的规则：为了"保障公民的美满生活"，一个国家通过选举确立新君主肯定要比世袭继承的方式好。第二项约束是，任何统治者在执行法律时，其自由裁决权要尽可能地小，决不允许超过这一限度。马西利乌斯后来以引证亚里士多德的著作这一特有形式阐述了这个基本原则："正如亚里士多德在《政治学》第五卷第六章中所说'统治者支配的事情越少'，即不受法律约束的事情越少，'一个政权延续的时间肯定就越长，因为他们'即统治者，'就会变得不那么专断，就会处事比较稳重，因而较少受到其臣民的憎恨'"。最后一项约束，是建立一套对所有行政官员和执政会议进行检查的复杂制度，以保证他们时刻关心选举他们的公民的意志。[1]

弗朗西斯科·苏亚雷斯认为，说统治者的权力是由神创造的制度安排没有任何道理，因为由自然法和神法所授予的政治权力是唯一地移交给作为整体的人民的。社会作为一个整体将政治权力让与国王或其他的统治者群体。国家统治权"必定是以社会赞同的方式赠予国王的"。[2]

在世俗世界，人民主权思想还具体地表现在操作层面上的多数

---

① 〔英〕昆廷·斯金纳：《现代政治思想的基础》，段胜武、张云秋、修海涛等译，第64—67页。

② 〔美〕默瑞·N.罗斯巴德：《亚当·斯密以前的经济思想——奥地利学派视角下的经济思想史》（第一卷），张凤林等译，第190页。

统治观念的演进。

"多数"统治观念是随法人观念的发展而发展的。逐渐地，多数人的决定被视为可以代表整个法人团体。[①]一个行会是一个法人，一个村庄共同体是一个法人，一个城市共和国是一个法人，一个王国也是一个法人。民主的原则适用于所有的法人团体。

在罗马法中，更大的部分（maior pars）并不总是等同于数量上更大的部分，数量上的多数人同意被视为法人成员的全体同意。不过，这是私法中的一个概念，而在中世纪却被扩展了内涵。所谓更大的部分，有时特指一个大会到会人数的三分之二。多数通过意味着，不同意的少数人在此事上无任何进一步的法律权利。例如，一个大学（universitas）的校长（procurator）应该由整个大学或者至少是到会成员三分之二（maior et sanior pars）的选举后才能代表该大学。13 世纪英国的布莱克顿的亨利认为，贵族和高级教士的多数就代表整个王国。[②]

对于多数人的决定，少数人必须服从，在一些日耳曼法典中，对于少数人坚持其观点，有着严厉的惩罚规定，比如放逐或罚款。在中世纪后期意大利城市公社中，也可见到一致同意的趋向，同时，也有少数人极快地加入到多数人行列从而产生一致通过决定的习惯。[③]

日耳曼语的国王（King）一词，是与政治共同体整体、它的全体成员密切联系的。为了保障全体成员的利益不被部落首领侵犯，在日耳曼法中，也有诸如抵抗、罢免的可能性、全体自由人参与司法程序等限制王权的概念。[④]

在中世纪早期的立法中，有着"同意"的明确记载。据记载五世纪的《勃艮第人法律》（*Laws of the Burgundians*）就是根据全体人民的共同意志制定的。第四次托莱多宗教会议（the Fourth

---

[①] Arthur P. Monahan, *Consent, Coercion, and Limit the Medieval Origins of Parliamentary Democracy*, p. 134.

[②] Ibid., p. 136.

[③] Ibid., p. 137.

[④] Ibid., p. 55.

Council of Toledo）（633年）似乎也显示出了统治者和人民之间的粗糙的契约，包含了同意。根据一本编年史（*Annals of Lorsch*）的记载，802年时，北欧一些地方法律的修改就是由一个民众大会进行的。无论如何，九世纪，立法和修改法律普遍都要得到贵族们的同意。864年，意大利城市共和国比萨制定的《比萨法令》（*The Edict of Pisa*）规定："法律应该凭人民的同意和国王的表达而制定。"①

再看早期教会中通过选举产生领导人的实践反映出的"人民主权"思想。史料表明，在最初的基督教徒之间，就像在日耳曼人之间一样，决定任何重要事情，都得通过民主会议。信徒在庙宇或宗教会议中集合，商讨宗教事务，就和蛮族在他们的集会中同时商讨日常事务和军事事务一样。这种讨论会后来就变成了定期的五月会议。②

在早期教会实践中的确有通过选举表达同意之例。《使徒法令》（*The Acts of the Apostles*）多处提到这一点。比如，罗马的克莱门特说，使徒和其他重要的早期基督教领导人"经过整个教会的同意"而将一些人安排在有权威的位置上。③

2—4世纪，有一些教会拒绝接受他们并未通过选举程序而接受的教士领导的例子。5世纪初，教皇西勒斯廷（Celestine）一世立下规矩："除非被接受（invitus），任何人都不得为主教。"还有证据表明，俗人也参加了教会大会和其他教会管理组织。

后来，教皇立沃一世（Leo I，约400—461年）在写给一位主教的信中也说："除非由教士选举，得到人民的接受，被他的同级主教和上级主教承认，任何人都不应该被考虑为一个主教。"④记载

---

① Arthur P. Monahan, *Consent, Coercion, and Limit the Medieval Origins of Parliamentary Democracy*, pp. 55-56.

② 〔法〕J. A. 布朗基："欧洲中世纪经济思想史"，巫宝三主编：《欧洲中世纪经济思想资料选辑》，第85页。

③ Arthur P. Monahan, *Consent, Coercion, and Limit the Medieval Origins of Parliamentary Democracy*, pp. 46-47.

④ Ibid., pp. 47, 54.

表明，在教会中最早选举教皇、主教、修道院长都要求全体一致同意。从基督教会开始到10世纪，教会领导人一直是以此种方式选举的。[①]

除了民主讨论、民主选举体现出人民主权（当然"人民"的范围是有明显局限的，同今天我们使用的这一概念有根本区别）之外，对被选举出来的管理者进行罢免，共同体成员平时参与共同体治理，也是人民主权的体现。史料表明，早在6世纪的修道院中就有罢免和平等参与治理这一类概念了。[②]

至此，我们已经考察了世俗和教会两方面的人民主权理论和实践。现在，我们看看，在两者结合基础上形成的人民主权思想。

教会民主思想和实践，形成了对世俗政治理念有重要影响的"宗教会议理论"（Conciliar thesis）：教会组织是一种立宪君主制，从而将教会视为政治社会的一个分支。具有民主性质的宗教会议，是立宪君主制的最高权力机构，相当于民主政体中的议会。而一些主张在世俗社会中实行人民主权的人，就将这个具有民主性质的宗教会议作为世俗社会治理的典范，把人民主权制度从教会推广到世俗社会。

让·热尔松（Jean Gerson）是这一理论的重要阐释者。为此，他建立了一个比较完整的逻辑链：首先，他认为，一切政治社会必须是"完善"的社会。一个完善的社会应是一个独立自主的实体，它享有不受外来干涉，独立管理内部事务的全权。

其次，就像教会一样，所有世俗政权必定都是独立于任何其他形式的司法权——包括所谓的教会司法管辖权——而存在的。因为

---

① 当然，也有相反的例子。6世纪，圣本狄克规定，一个人只要是"最贤明的"，未得到一致同意也可以被选为修道院长。同意的人甚至可以远远少于多数，一个候选人的合适性（worthiness）可以超过任何其他候选人得到的选票的力量。本尼狄克采用了一个"较好的部分"（better part; sanior pars）概念。在1917年修订教会法（*Canonical Code*）之前，这一概念一直保留着。在实践中有无数这类选举的例子。Arthur P. Monahan, *Consent, Coercion, and Limit the Medieval Origins of Parliamentary Democracy*, pp. 136-137, 139.

② Ibid., p. 55.

它们是"完善"的社会的治理机构。

最后，既然世俗社会同教会一样都是完善的社会，所以，它的治理方式也应该和教会一样。教会的最高统治权为信徒代表会议即教徒大会所有，教皇名义上拥有的大量权力实际上是为管理宗教事务之便授予他的。教会的司法特性必须同其他任何"完善"的社会的司法特性相对应。他因此而断定，一个世俗国家的最高立法权必须相应地始终由全体公民的代表机构来行使。

热尔松在他的"论教权"一文中，对任何完整社会中的权力归属都提出三项主张。第一，也是最重要的一点是，任何统治者所拥有的权力都不能超过他治理的社会所拥有的权力。由此又能得出以下两点推论：首先，任何完善的社会的最高统治权必须始终掌握在整个社会手中；其次，这个社会的任何统治者最终只能享有一位主管人或代理者，而不是一位专制君主的法律地位。热尔松接着又提出一种关于权力的"主观性"理论，把上述主张同世俗政治社会联系起来。他认为，对某物拥有权利等于有权随意处置该物。然而，他已经断言，任何统治者，甚至教皇，也不能说有权将国家或国民的财产视为己有。因此，任何统治者都不能说他对所治理的国家拥有任何权力。他只是在尽一位主管人或其他人的权力委托人的职责，他本人却并非权力的所有者。这就使热尔松坚持可以假设统治者"居于法律之上"，或对其臣民的财产拥有绝对权威的社会根本不是一个真正的政治社会。最后他总结说，任何一位称职的统治者必须永远"根据法律"，"为着公众的利益"而施行其统治，他并不"凌驾于"社会之上，而只是社会的一分子，他要受法律的约束，被"为公共利益而统治"这一绝对义务所限制。[1]

在《论教会的统一》这部论著中，热尔松提出，正如允许以暴抗暴一样，也可"免除教徒对教皇的服从"。在以"为国王和统治者们所作的十项最有益的思考"为标题的小册子里，热尔松将这种私

---

[1] 〔英〕昆廷·斯金纳：《现代政治思想的基础》，段胜武、张云秋、修海涛等译，第388—390页。

法理论推而广之，应用于政治领域。在第七项思考的开头，他指出，"声称国王对臣民不承担任何义务是错误的"。因为"按照神法和自然法"，国王负有主持公道和保护臣民的责任。他又告诫说，"如果国王们没有尽到这些职责，如果他们对臣民采取非法的行为，如果他们怙恶不悛，那么就到了根据自然法的命令，用暴力反对暴力的时候了"。[①]

此时的民主理论指出，最高权力只是人民"让渡"给统治者的，为的是更可靠地维护全体人民的利益。政权权力不仅源于人民，而且属于人民。因此，人民只是将其最根本的权力委托而不是让渡给统治者，所以统治者永远不能享有绝对君主的地位，他只不过是国家的代理人或官员。阿尔曼在他的著作《再思集》的开头就概括出这两个重要的观点。他又进一步推断出五条必然的结论。第三条，也是最重要的一条结论认为，最高政治权力必须始终掌握在整个社会手中，因此国王在王国中的地位永远也不可能超过"一位官员的地位"。阿尔曼在第五条结论中也承认，"由于全体居民不可能定期相聚"，因此他们把司法权"委托给某个或某些易于相聚的人是适宜的"。但他仍然坚持，这些人始终只是代理人。因为正如第四条结论所说的那样，整个社会对国王拥有的权力是一种不能放弃的权力。阿尔曼在第二条结论中说明了他如此强调社会的权利不可让渡的理由：如果一个社会将自身最初和最高的权利都转让出去了，那就意味着它放弃了自我保存的能力。[②]

梅尔提出，虽然可以将统治者看作"全体臣民的领袖"，但实际上，他只是为人民的利益而被设立的。所以，"全体人民的地位必然是在君主之上"。紧接着他又提出，当人民同意建立国家时，他们"根本就没有放弃"最初为他们所有的权利。统治权"永远是自由民

---

① 〔英〕昆廷·斯金纳：《现代政治思想的基础》，段胜武、张云秋、修海涛等译，第400—401页。

② 同上书，第393页。

众的财产"。①人民主权思想的最革命性表现便是：人民具有废除侵犯或者滥用他们的权力的暴君的权力。

梅尔和阿尔曼进一步用比奥卡姆的威廉，甚至比热尔松都更自信的态度，陈述了这种激进的权力理论中最具有颠覆性的含义：凡不能治理好国家的统治者都可以正当地为其臣民所废黜。由于事实上任何统治者都只是一位官员，所以，"他对国家不能像我们对自己的书籍那样拥有自由处置的权利。"因此，"全体人民必定高于国王，在某些情况下，他们能够废黜他"。②

阿尔曼在几个地方暗示，如果"全体臣民"发现统治者"有害于"他们的利益时，便可以将其罢黜。同时梅尔也在《大不列颠史》里提出，"当国王不称职时，人民像当初委任他为国王那样，也有权剥夺他和他的子孙们的一切权力。"如同所有宗教会议论者所主张的那样，他认为教会审判乃至废黜信奉异教的教皇或罢免无能的教皇的最高权力必须归信徒代表会议即教徒大会所有。同样，梅尔似乎认为废黜暴君之权必须由等级代表会议所掌握。这一点最清楚地表现在他的《大不列颠史》一书论述剥夺约翰·贝利奥尔的苏格兰统治者的权力是否公正的一章中。他一开始就指出，凡是与国王有关的任何争议问题，都应由以"教士和贵族"为主组成的议会来裁决。在这一章的结尾，他又更为肯定地指出，未经"三个等级的认真审议"，"不得废黜国王"，因为"只有不受任何感情因素的干扰"，才可能做出"成熟的判断"。③

泰奥多尔·贝扎（Theodore Beza，1519—1605年）强调人民主权。④激进的加尔文主义者乔治·布坎南（George Buchanan，1506—1582年）提出："由于人民作为一个整体创造了他们的统治

---

① 〔英〕昆廷·斯金纳：《现代政治思想的基础》，段胜武、张云秋、修海涛等译，第394页。

② 同上书，第395页。

③ 同上书，第396页。

④ 〔美〕默瑞·N.罗斯巴德：《亚当·斯密以前的经济思想——奥地利学派视角下的经济思想史》（第一卷），张凤林等译，第278页。

者，所以，在任何时候都……可能发生'人民摆脱'他们强加在他们自己头上的'任何统治权'的情况。个中的道理在于，'一种给定的权力所赋予的任何事情，都可以被同一种权力所否定'。"①

以上这些理由的核心是：国王只是受被统治者委托进行统治的，所以无权对被统治者滥用权力；国王和其他人一样，受道德、法律、宗教信仰的约束，不得突破这些约束。这就为保障臣民的政治自由确立了一些理论前提。

三、限制王权的手段：法律

欧洲有着悠久的法治传统。在民主的希腊城邦、共和的罗马共和国、共和的中世纪城市共和国、具有民主因素的中世纪自治城市，甚至具有民主因素的村民庄园共同体，法治都起着限制掌权者、强势者的权力，保护共同体全体成员自由的作用。这种悠久深厚的传统和无处不在的实践，自然使臣民们把法律作为限制、约束王权，保护臣民自由的重要手段。中世纪欧洲产生了许多著名的具有根本大法性质的法律，包括：《大宪章》（英国，1215 年）、《黄金诏书》（匈牙利，1222 年）、《耶路撒冷王国条令》、《勃兰登堡贵族特权法》、《阿拉冈统一法案》、《布拉邦特的科登勃格宪章》、《多菲内法规》（1341 年）、《朗格多克公社宣言》（1356 年）。布洛赫强调，在这里，"西欧封建主义获得了它的最原始的特征之一"。②这些法律都体现了用法律制约王权的思想。

作为例证，我们先看匈牙利国王安德鲁二世《黄金诏书》的内容：（国王及继承者）每年在某个固定的时间和地方召开议会；"任何贵族非经依法传唤和判罪，不得因任何强权者的意愿而被逮捕，

---

① 〔美〕默瑞·N.罗斯巴德：《亚当·斯密以前的经济思想——奥地利学派视角下的经济思想史》（第一卷），张凤林等译，第282—283页。

② 〔法〕马克·布洛赫：《封建社会》（下卷），张绪山等译，商务印书馆2004年版，第702页。

或受伤害"；"不得征税、颁发货币或未经邀请而去巡视贵族的地产、房屋或村庄"；"未经议会同意，不得把官职授予进入王国的任何外国人"；对官员"不能按照他的职位的尊严行事或者对他统治下的人们大肆掠夺"，应当加以降级、撤职，并令他返还所夺之物。进一步的义务还有：不得授予世袭官职；不得在短于12个月的间隔内发行新的货币；如果任何人依法被宣判有罪，那么任何强权者的袒护都不能使他不受惩罚。《黄金诏书》最后说："我们还规定，如果我们或我们的任何一位继承者在任何时候违反了这项法规的条款，那么，我们王国中的所有主教和高层低级贵族，现在和将来的每个人，都将因此拥有不受控制的、通过言语和行动的反抗权利。这种权利是永恒的，它并不招致叛国的指控。"①

再看著名的英国《大宪章》的主要内容：《大宪章》在限制国王非法侵夺封臣和其他自由人的私有财产方面的规定可分为以下四类。由于它们在英国法制史、财产史中地位极其重要，并且，也为了让本书的非专业读者对封建制度和西欧法制传统有较具体直观的了解，我们将有关条目全文引述。

第一类，在国王与封臣的传统财政关系中，将王权限制在封建法所许可的权力范围之内。兹将有关国王在封臣的封土继承、监护、婚姻、服军役、缴纳传统辅助金等方面的财政权利的规定引述如下：

第2条　任何伯爵或男爵，或因军役而自余等（国王自称——引者）直接领有领地之人身故时，如有已达成年之继承者，按照旧时数额缴纳承继税后，即可享有其遗产。计伯爵继承人缴纳100镑后，即可享受伯爵全部遗产；男爵继承人于缴纳100镑后，即可享受男爵全部遗产；骑士继承人于最多缴纳

---

① 〔美〕哈罗德·J. 伯尔曼：《法律与革命——西方法律传统的形成》，贺卫方、高鸿钧、张志铭、夏勇译，第358页。

100先令后，即可享受全部骑士封地。其他均应按照领地旧有习惯，应少交者须少交。

第3条　上述诸人之继承人如未达成年，须受监护者，应于成年后以其遗产交付之，不得收取任何继承税或产业转移税。

第4条　凡经管前款所述未达成年之继承人之土地者，除自该项土地上收取适当数量之产品，及按照习惯应行征取之赋税与力役外，不得多有需索以免耗费人力与物力。如余等以该项土地之监护权委托执行吏或其他人等，俾对其收益向余等负责，而其人使所保管之财产遭受浪费与损毁时，余等将处此人以罚金，并将该项土地转交该领地中合法与端正之人士二人，俾对该项收益能向余等或余等所指定之人负责。如余等将该项土地之监护权赐予或售予任何人，而其人使土地遭受浪费与损毁时，即须丧失监护权，并将此项土地交由该领地中之合法与端正人士二人，按照前述条件向余等负责。

第5条　此外，监护人在经管土地期间，应自该项土地之收益中拨出专款为房屋、园地、鱼塘、池沼、磨坊及其他附属物修缮费用，俾能井井有条。继承人达成年时，即应按照耕耘时之需要，就该项土地收益所许可之范围内置备犁、锄与其他农具，附于其全部土地内归还之。

第6条　继承人得在不贬抑其身份之条件下结婚，但在订婚前应向其本人之血属亲族通告。

第7条　寡妇于其夫身故后，应不受任何留难而立即获得其嫁资与遗产。寡妇之嫁奁，嫁资，及其应得之遗产与其夫逝世前为二人共同保有之物品，俱不付任何代价。〔自愿改醮〕之寡妇得于其夫身故后，居留夫宅40日，在此期间其嫁奁应交还之。

第8条　寡妇之自愿孀居者，不得强迫其改醮，但寡妇本人，如执有余等之土地时，应提供保证，未得余等同意前不改醮。执有其他领主之土地者，亦应获得其他领主同意。

第12条 ……征收之辅助金（指仅在国王被俘赎身、国王长子受封骑士、长女出嫁三种场合向国王封臣征收的钱款。参见下引第12条之全文——引者）亦务求适当。

第16条 不得强迫执有骑士领地，或其他自由保有地之人，服额外之役（专指额外之军役，即超过规定时限之军役——引者）。

第26条 凡领受余等之领地者亡故时，执有余等向该亡故者索欠之特许证状之执行吏或管家应即依公正人士数人之意见，按照债务数额，将该亡故者之动产加以登记与扣押，使在偿清余等债务之前不得移动。偿债后之剩余，应即交由死者之遗嘱执行人处理。如死者不欠余等之债，则除为其妻子酌留相当部分外，其余一切动产概依亡者所指定之用途处理。

第37条 任何人以货币租地法（fee farm），劳役租地法（socage），或特许享有法（burgage）①持有余等之土地，但同时亦持有其他领主之兵役领地者，余等即不得借口上述诸关系强迫取得其继承人（未成年者）及其所持有他人土地之监护权。除该项货币租地，劳役租地与特许享有租地负有军役义务外，余等皆不得享有其监护权。任何人以献纳刀、剑、弓、箭等而得为余等之小军曹者，余等亦不得对其继承人及其所持有之他人土地享有监护权。

第二类，在传统封建收入之外的新收入，即免役捐（盾牌钱）和额外的辅助金，必须经全国公意许可。这是第一次以成文法律形式确定了纳税人批准税收的原则，是以后议会批税权的法律理论依据，《大宪章》为实施这一原则而作出的有关组织

---

① 特许享有法持有地（burgage渊源于burg——城邑）为中世纪中期城市市民所持有属于国王之土地，其条件为按时交纳定量货币地租，但数目常甚微小。此类土地与货币租地、劳役租地相同，大多不负军役义务（亦间有例外，但极少）。但领有此项土地者多同时领有属于其他领主，负有军役义务之土地，而按照封建习惯，仅获有军役权利之领主始可在其附庸亡故时执行监护权。本条用意在制止国王特势滥用此项权利。转引自刘启戈、李雅书选译《中世纪中期的西欧》，第76页。

制度的规定，又成为了议会组织制度在法律理论上的一个源头。兹引述有关条文如下：

第12条　除下列三项税金外，设无全国公意许可，将不征收任何免役捐与辅助金。即（1）赎回余等身体时之赎金（指被俘时——引者）。（2）册封余等之长子为骑士时之费用。（3）余等之长女出嫁时之费用——但以一次为限。且为此三项目的征收之辅助金亦务求适当。关于伦敦城之辅助金，按同样规定办理。

第14条　凡在上述征收范围之外，余等如欲征收辅助金与免役捐，应用加盖印信之诏书致送各大主教，主教，修道院院长，伯爵与男爵，指明时间与地点召集会议，以期获得全国公意。此项诏书之送达，至少应在开会以前40日，此外，余等仍应通过执行吏与管家吏普遍召集凡直接领有余等之土地者。召集之缘由应于诏书内载明。召集之后，前项事件应在指定日期依出席者之公意进行，不以缺席人数阻延之。

第三类，对国王（或王室官员）非法敲诈勒索臣民财产行为的限制。

第9条　凡债务人之动产足以抵偿其债务时，无论余等或余等之执行吏，均不得强取其收入以抵偿债务。如负债人之财产足以抵偿其债务，即不得使该项债务之担保人受扣押动产之处分，但如债务人不能偿还债务，或无力偿还债务时，担保人应即负责清偿。担保人如愿意时，可扣押债务人之土地与收入，直至后者偿还其前所代偿之债务时为止。惟该债务人能证明其所清偿已超过保人担保之额者，不在此限。

第10条　任何向犹太人借债者，不论其数额多少，如在未清偿前身故，此项借款在负责清偿之继承人未达成年之前不得负有利息，如此项债务落入余等之手，则余等除契据上载明之动产以外，不得收取任何其他物品。

第21条　伯爵与男爵，非经其同级贵族陪审，并按照罪行程度外不得科以罚金。

第25条　一切郡，百户区，小市镇，小区——余等自己之直领地庄园在外——均应按照旧章征收赋税，不得有任何增加。

第28条　余等之巡查吏或管家吏，除立即支付价款外，不得自任何人之处擅取谷物或其他动产，但依出售者之意志允予延期付款者不在此限。

第30条　任何执行吏或管家吏，不得擅取自由人之车与马作为运输之用，但依照该自由人之意志为之者，不在此限。

第31条　无论余等或余等之管家吏俱不得强取他人木材，以供建筑城堡或其他私用，但依木材所有人之意志为之者，不在此限。

第32条　余等留用重罪既决犯之土地不得超过一年零一日，逾期后即应交还该项土地之原有领主。

第39条　任何自由人，如未经其同级贵族之依法裁判，或经国法判决，皆不得被逮捕，监禁，没收财产，剥夺法律保护权，流放，或加以任何其他损害。

第40条　余等不得向任何人出售，拒绝，或延搁其应享之权利与公正裁判。

第44条　自此以后，不得以普通传票召唤森林区以外之居民赴森林区法庭审讯。但为森林区案件之被告人，或为森林区案件被告之保人者，不在此限。

第47条　凡在余等即位后所划出之森林区，及建为防御工事之河岸，皆应立即撤除。

第四类，确立了臣民对国王违法行为进行监督和纠正的权利。这种权利的最高形式便是武装反抗。这是自《大宪章》至17世纪英国革命的数百年内国王的臣民们从未忘记过的一种权利，也是有产者保护其私有财产的最后手段。兹引述这方面之规定如下：

第61条　余等之所以作前述诸让步，在欲归荣于上帝，致国家于富强，但尤在泯除余等与诸男爵间之意见，使彼等永享太平之福。因此，余等愿再以下列保证赐予之。

诸男爵得任意从国中推选男爵25人，此25人应尽力遵守、维护，同时亦使其余人等共同遵守余等所颁赐彼等，并以本宪章所赐予之和平与特权。其方法如下：如余等或余等之法官，管家吏或任何其他臣仆，在任何方面干犯任何人之权利，或破坏任何和平条款而为上述25男爵中之4人发觉时，此4人可即至余等之前——如余等不在国内时，则至余等之法官前——指出余等之错误，要求余等立即设法改正。自错误指出之40日内，如余等，或余等不在国内时，余等之法官不愿改正此项错误，则该4人应将此事取决于其余男爵，而此25男爵即可联合全国人民，共同使用其权力，以一切方法向余等施以抑制与压力，诸如夺取余等之城堡、土地与财产等，务使此项错误终能依照彼等之意见改正而后已。但对余等及余等之王后与子女之人身不得加以侵犯。错误一经改正，彼等即应与余等复为君臣如初。国内任何人如欲按上述方法实行，应宣誓服从前述男爵25人之命令，并尽其全力与彼等共同向余等实施压力。余等兹特公开允许任何人皆可作上述宣誓，并允许永不阻止任何人宣誓。国内所有人民，纵其依自己之意志，不愿对该25男爵宣誓以共同向余等施用压力者，余等亦应以命令令之宣誓。[①]

　　上面这两个著名的法律文件之所以长期被人们视为欧洲中世纪贵族自由的基石，就是因为它们用非常具体、切实、有力的措施，限制了王权，保障了臣民在封建制度框架内的自由。

　　国王在加冕礼上的宣誓在1308年之前主要承诺以下三方面的职

[①]　译文以转引刘启戈、李雅书的为主，同时参照英文本做了一些改动。参见刘启戈、李雅书选译《中世纪中期的西欧》，第69—82页；George Burton Adams and H. Morse Stephens, eds., *Select Documents of English Constitutional History*, pp. 42–52.

责：保障上帝的教会和王国人民的和平与安宁，抵制犯罪行为和在审判中做到公正和仁慈。[1]1308年爱德华三世在加冕礼上的宣誓又增加了一个条款，即承诺遵守王国人民和王国共同体选择的法律。[2]

中世纪欧洲的一些理论家是这样来强调法律同自由之间关系的：法律的本性就是保护自由。比如，在13世纪60年代产生的反映贵族政治诉求的政治诗歌《刘易斯之歌》(the Song of Lewes) 中也强调："法律支配着国王的尊严……如果没有法律，他的统治将偏离正道。"[3]著名的政论家在15世纪末写道："如果一个法律增加奴役而减少自由，那么它就必然是残忍的。因为人的本性永远渴望自由。奴役是人们以邪恶的目的而采用的；而自由则是由上帝植根于人的本性之中。因此，当一个人的自由被剥夺之时，它总想回来。不倾向于自由的人可视为不虔敬和残忍的，考虑到这些事情，英国的法律在任何一个案子中都倾向于自由。"他在1520年还说农奴制是法律所遭遇的最大的不便，因为存在着滥用法律的可能性。同一时期，在一个司法场所，人们说，农奴制"是法律中的一件可厌的东西，不被赞同，因为它绝对地对立于自由，而自由则是法律最赞同的一件事情"。[4]法律为什么同自由之间有如此本质的联系呢？因为，"法 (law) 是上帝的馈赠，平等的约束，正义的规范，神圣意志的摹本，安全的屏障，人民的统一性与相互承认，责任的标准，恶行的防御者与杜绝者，暴力与一切伤害的惩罚者。"[5]

哈罗德·J. 伯尔曼指出，中世纪欧洲人认为：第一，每一个教会团体和世俗团体各自的首脑都应当采用和维护他们自己的法律体

---

[1]　J. S. Roskell, *Parliament and Politics in Late Medieval England*, London: The Hambledon Press, 1981, p. 12.

[2]　Harry Rothwell, ed., *English Historical Documents: 1189-1327*, London: Eyre & Spottiswoode Ltd., 1975, p. 525.

[3]　Thomas Wright and Peter Coss, *Thomas Wright's Political Songs of England: from the Reign of John to that of Edward Ⅱ*, Cambridge University Press, 1996, p. 115.

[4]　J. H. Baker, "Personal Liberty Under the Common Law of England, 1200-1600", R. W. Davis, ed., *The Origins of Modern Freedom in the West*, p. 188.

[5]　John of Salisbury, *Policraticus*, edited and translated by C. J. Nederman, p. 191.

系，即，应当经常制定法律，建立司法制度，组织政府部门，并实行普遍的依法而治（rule by law）。第二，它意味着每一个教会团体和世俗团体各自的首脑都应当受到他们自己制定的法律的约束；虽然他们可以合法地改变法律，但在法律改变前他们必须服从法律——他们必须在法律之下统治（rule under law）。（这蕴含于君主的立法权从属于他的司法权之中。）第三，每一种管辖权就其他管辖权的法律也是合法的而言，也都要受到其他管辖权的法律的约束；每一个国家都存在于一个多种管辖权的体系之中。这最后一点的意思强化了其他两点的含义。如果教会应当具有各种不可侵犯的法律权利，那么国家就必须把这些权利作为对它自己的最高权力的一种合法限制来接受。同样，国家的各种权利也构成了对教会最高权力的一种合法限制。两种权力只有通过对法治（rule of law）的共同承认，承认法律高于它们两者，才能和平共存。[①]

在英国国王亨利二世（Henry Ⅱ, 1154—1189年）统治时期著名法学家格兰维尔（Ranulf de Glanvill, 卒于1190年）在以令状界定王室司法管辖权的同时也限制了这种司法管辖权。用英国法学家梅特兰（Frederic William Maitland, 1850—1906年）的话讲：令状的统治即法的统治（the rule of writs is the rule of law）。当然，人们无法防止国王越出他自己确定的限度之外攫取权力；不过，如果他这样做，将会削弱公众对合法性的信心，而他个人的合法性正是以这种合法性为基础的，因而便会增加他诉诸缺乏效能的武力维护权力的可能性。格兰维尔对王权双重性的分析暗示：为了制服叛乱和外敌，它需要军事武装；为了治理他的和平臣民，它需要公正的法律。布莱克顿开始也说："为行善治，国王需要两样东西，即武器和法律。"但他接着指出，国王的政权恰来源于法律——是法律（lex）使他成为国王（rex），　且他只用武力统治，

---

① 〔美〕哈罗德·J. 伯尔曼：《法律与革命——西方法律传统的形成》，贺卫方、高鸿钧、张志铭、夏勇译，第356页。

他就不再成其为国王了。[①]

布莱克顿赞成用法律束缚国王。他认为，国王之所以为国王，来自其正确的统治而不是控制。因为他行王道，他就是国王，但是当他利用人们赋予他的暴力统治权力来压迫人们时，他就是个暴君。因此，要让他的权力受法律限制，因为法律是权力的缰绳。另外。接受法律的限制是光荣的事情，"国王的尊严值得这样做：让自己接受法律束缚。"[②]

在接受亚里士多德之前，索尔兹伯里的约翰的《论政府原理》（*Policraticus*）是中世纪欧洲唯一的政治论著，以至于在某种意义上称得上是关于中世纪政治理论的前托马斯大全。[③]索尔兹伯里的约翰写道："暴君与君主的主要区别就是：君主服从法律，以一种服务人民的意志统治他的人民，在法律指引下以有助于其荣耀职位的方式管理共和国的收入与支出。"[④]"暴君以暴力去压迫人民，而君主则以法律进行统治。"[⑤]他赞同查士丁尼的告诫："君主的权力由正当的权威决定，并且顺从法律比掌控帝国的权力要重要。"[⑥]他强调对权力的制约"只有通过法律规则和神圣机制才得以实现"。[⑦]

这里着重介绍著名政论家约翰·福特斯鸠爵士在15世纪末关于王权与法律的关系的言论。他教育将要成为国王的王子在成为国王之后必须严格遵守法律。他找出许多理由来证明国王遵守法律的正当性和必要性，其中就包括来自《圣经》和罗马法的教诲：

因为一位王的职责就是为他的人民征战，并用公义给他们裁判。您可以从《列王记上》第八章清楚地知道这一点。

① 〔美〕哈罗德·J. 伯尔曼：《法律与革命——西方法律传统的形成》，贺卫方、高鸿钧、张志铭、夏勇译，第554页。

② Ewart Lewis, ed., *Medieval Political Ideas*, p. 283.

③ 〔美〕沃格林：《政治观念史稿（第二卷）：中世纪（至阿奎那）》，叶颖译，第119页。

④ John of Salisbury, *Policraticus*, edited and translated by C. J. Nederman, p. 28.

⑤ Ibid., p. 190.

⑥ Ibid., p. 29.

⑦ Ibid., p. 168.

这一真理铭记在优士丁尼（查士丁尼）皇帝的心底。在他的《法学阶梯》（*Institutes*）一书中，在前言的开头处，他说："帝国之君不单应当佩戴武器，还要佩戴法律，如此，他就可以公义地统治，不论在和平时期还是在战争时期。"

摩西，那位伟大的立法之人，过去时间里众人的领袖，也邀请您怀着一腔热忱来研习法律。他的话甚至比恺撒的话更为有力，他凭借神圣的权柄，命令以色列的王，要他们有生之年日复一日地研习法律，他说："王登上他的王国的宝座之后，他要从利未人的祭司那里接受一份《申命记》的律法，并为他自己把律法抄写在一个本子上，他要随身保有它，并在有生之年日复一日地研读它，如此，他就知道敬畏神，他的主，就知信守他的话语，和他的仪礼，这些都写在了律法之中。"

法律乃是一个神圣的命令，它命令正直之物，而禁止相反之物。法律……是善与公正的艺术。先知说："你们世上的审判官将接受管教。"

有鉴于此，王子殿下，当您心怀快乐地行事正义，并借此养成法律习惯，您将被名副其实地称为正义；有这样（的）修养，您就会听到传扬，说："你喜爱公义，恨恶罪恶。所以神，就是你的神，用喜乐油膏你，胜过膏你的同伴。"那就是说，地上做王的人。[①]

约翰·福特斯鸠爵士把政体分成三种类型：王室的——靠血统获得合法性的；政治的——靠人民的同意获得合法性的；王室的和政治的混合的。他认为，英国的政体是第三种类型。

"政治"（Policia）一词源自poles（意思是"众多"）和ycos（意思是"智慧"）；如此说来，政治政府就是靠着智慧和众人商议实施

① 〔英〕约翰·福蒂斯丘爵士：《论英格兰的法律与政制》，〔英〕谢利·洛克伍德编，袁瑜玲译，第32—33、35、39、41—42页。

管理的政府。[1]福特斯鸠在他的《论自然法的属性》一文中说："罗马的吉尔斯（Giles）在《论君主政治》（*On Princely Government*）中……写道：'那根据自己制定的法律和自己的意志和喜好而成为首脑的人，就是王室统治的首脑；那根据公民业已确立的法律统治公民的人，就是政治统治的首脑'"。[2]

"英格兰的王不能随心所欲地改变他的王国的法律，这道理是，为施行对王国臣民的统治，他的政府不单是王室的（royal），也是政治的（political）。假使他对他们实施统治所凭借的权威是纯粹王室的，他就可以改变王国的法律，并且可以不用咨询他们而向他们征缴捐税和别的费用；这正是民法体系的法律所代表的那种统治方式，它们宣称'王者所喜之事，便有法律效力'。一个王用政治的方式来统治臣民，那情形就要相去甚远，这道理是，不经他的臣民赞同，他就不能凭借自己来改变他们的法律，也不能用怪异的课税名目向不情愿的人民加税；如此说来，接受他们自己喜欢的法律的统治，那人民便自由享有他们的财货，不论是他们自己的王，还是别的什么，都不能劫掠他们。那生活在仅仅凭借王室权力施行统治的王之下的人民，也可以获取这样的欢乐，只要那王不至堕落到一个暴君。"[3]

"这样的王所以设立，是为了捍卫这法律，捍卫这臣民，和他们的身心与财物，并且，他这权力乃是来自人民，要他凭借任何别的权力来统治他的人民乃是不可能的。"[4]"英格兰的制定法……的制定不单要根据君主的意志，还要根据整个王国的同意，如此，它们既不能有损于人民，也不能疏于保证它们的利益。"[5]

另外，加冕誓言也是对国王的约束。在一个宗教信仰力量强大

---

① 〔英〕约翰·福特斯丘爵士：《论英格兰的法律与政制》，〔英〕谢利·洛克伍德编，袁瑜珍译，第121页。

② 同上书，第163页。

③ 同上书，第47—48页。

④ 同上书，第53页。

⑤ 同上书，第59页。

的环境里，个人的誓言被认为神可以听得到，所以，必须算数。而英国国王加冕时要宣誓。"加冕之时他要宣誓遵守他的法律，他要受这誓言的约束"。①

他引用《圣经》故事说明不遵守法律的国王就是暴君。"当宁录（Nimrod）凭着那为他自己谋取荣耀的力量，造就并组成第一个王国，用专制暴政叫它屈服于自己，他不会叫它接受别的法律或统治，而只能接受他自己的意志；他就是凭着这意志并为了实现这意志才造就这王国。有鉴于此，尽管他如此这般为他自己造就了王国，《圣经》却不肯称他为王。'因为，王的称谓乃是基于良好的治理（regendo）或统治。'他没有做到这事，而是靠着武力压迫人民，因此他是一个专制暴君，被称为'暴君中的第一个暴君'。《圣经》称他为'神前的英勇猎户'。这道理是，正如猎户捕获那野兽，是为了屠杀并吃掉它，宁录凭着武力叫人民雌伏于他，是为了获得他们的服侍和他们的财货，用那等称为'纯粹王室统治'的权力凌驾于他们之上。"②

他认为违背法律、专制横行的"法兰西的王尽管假以'王室的法律'的旗号，它却是暴君专制。这道理是，如圣托马斯说，当一个王统治他的王国，仅仅为了他自己的好处，而不是为了他的臣民的利益，他就是一个暴君。希律王（King Herod）'靠着王室的权力'统治犹太人，但是当他杀死以色列的孩子，他就是一个暴君了，就算那法律这样宣称：'王者所喜之事，便有法律效力'。"③

"这样的王作出任何违背神法或是违背自然法的事，就是在作恶，不论先知宣称的那法律如何。并且，自然法在这等事宜上的旨意是，王对待他的臣民的方式，应当就如他自己要被对待的那样，如若他就是一介臣民；这就不会叫王的地位摇摇欲坠，而法兰西的

---

① 〔英〕约翰·福蒂斯丘爵士：《论英格兰的法律与政制》，〔英〕谢利·洛克伍德编，袁瑜珺译，第82页。

② 同上书，第119—120页。

③ 同上书，第126页。

平民也不会穷途末路。"[1]

意大利城市共和国的人民更是从他们切身的体验中发现了法治是自由的保障，如果许多人违法或者共同体无法，则必定没有自由。尼可罗·马基雅维里在他为城市共和国佛罗伦萨写的历史著作中说："因为不论贵族还是平民——前者执行的是奴役制，后者则是行为放肆——都只是在名义上尊重自由，实际上他们既不愿服从法律，也不愿服从行政长官。不过，当一位既善良又英明而且又有势力的公民出现（这种情况很少）、由他制定出能够平息或约束这些互相敌对的倾向的法令从而防止他们闯祸的时候，这样的政府才可以算得上是自由的，它的规章制度也才能是稳定可靠的。"[2]

中世纪欧洲的贵族们当然最清楚：法律还是限制王权侵犯臣民人身自由的手段。

以英国为例。在13世纪，甚至15世纪，英国人对自由的理解还仅仅是把"自由"作为奴役和农奴之反义词。主要体现在身份上。自由还没有更多的含义。只是当农奴制消失后，英国人才开始思考更多。其中最突出的思考之一是关于面对王权的人身自由。在普通法的语言中，囚禁（imprisonment）一词，不仅具有将某人投入监牢的意思。任何对人身自由的限制，例如，给人戴手枷，将其关于某一私人房间内，在大街上抓他，仅凭语言（而非法律）就逮捕他，等等，都是"囚禁"。因此，它们都要求经过法律的判决。不仅最先将手放到被囚禁者身上的人，而且打开囚室门锁的人，以及保存囚室门锁匙的人，都需要有合法的司法手续。关于囚禁的一般原则，可追溯到《大宪章》第29条。[3]

在国王亨利八世（Henry VIII，1509—1546年）时代，人们反对

---

① 〔英〕约翰·福蒂斯丘爵士：《论英格兰的法律与政制》，〔英〕谢利·洛克伍德编，袁瑜琤译，第127页。

② 〔意〕尼科洛·马基雅维里：《佛罗伦萨史》，李活译，第178页。

③ J. H. Baker, "Personal Liberty Under the Common Law of England, 1200-1600", R. W. Davis, ed., *The Origins of Modern Freedom in the West*, p. 191.

当时政府对臣民的强制的和非法的拘禁，比如凭王室官员们的命令就拘禁人。正是从这些案例开始，关于自由的法律才大为发展。所有这些发展的前提是人们接受任何人都要服从法律的原则；甚至国王，因为正是法律创造了国王。当时人认为，国王的法官们应该保证让国王也遵守法律，要求国王任何赠赐或征取行为，或者对一个臣民的任何人身限制行为，都凭正确正当的程序进行，并且要作记录。15世纪关于宫廷礼仪的文章（Courteous fiction）就主张，国王不能够做任何错事。以国王的名义做的任何非法之事在法律上都是无效的。15世纪中期，国王的法官们说国王本人即使出于好的原因，也不能将臣民投入监狱，因为任何人都不能挑战法庭的权威。他必须遵守法律的程序。法律下的自由的另一个前提是独立的司法。自14世纪起，司法传统趋向于日益独立。尽管法官是由王廷任命，但他们宣誓依法断案，而普通法是作为一门独立、复杂的学科而在法律学校被传授的。[1]

17世纪英国革命时期，自由法学家们指出，一个政治体就像一个自然身体一样，如果它在追求其所选择的目标上被强迫或强制地剥夺了任意行动的能力，它将变得不自由。不仅如此，他们还把使用这样的暴力来对待一个自由人定义为专制的标志。这就可以解释为什么在1642年1月查理一世（Charles Ⅰ，又译查尔斯一世，1600—1649年）企图逮捕下院的五名议员时，这一事件后来被研究英国革命的辉格派解释为——用英国著名历史学家麦考莱（Thomas Babington Macaulay，1800—1859年）的话说——这是查理一世一生中"最重大的决定"，它使得人们"立刻群情激愤"地反对他。约翰·弥尔顿（John Milton，1608—1674年）在其伟大的名篇之一"偶像破坏者"中，特别将此视为重大的事件。他说，当国王"带着三百名士兵"闯进议会下院时，他是正在企图阻碍整个民族身体的

---

[1] J. H. Baker, "Personal Liberty Under the Common Law of England, 1200–1600", R. W. Davis, ed., *The Origins of Modern Freedom in the West*, pp. 179–180.

代表去行使其处理国家事务的基本职责。换句话说，国王正在企图强制性地以他的意志来替代作为国家行为决定者的政治身体的意志，由此侵害了整个议会的名誉和自由。弥尔顿后来在讨论19条建议的过程中引申出这样的寓意：

如果我们的最高机构和法律意志受到了国王的意志限制的话，那么将是一个人的意志成为我们的法律，议会就不能进行任何的辩论，整个民族将成为奴隶，从来没有任何专制国王妄想获得这么多的要求，他的意志或想法，即便人民不同意，也要被信赖，并能决定一切。总之，国王非法使用武力始终意味着是侵害了公共自由。[①]

综上所述，中世纪和近代早期欧洲既存在着限制王权，保护臣民自由的法律，又存在着这方面丰富的理论。尽管这些理论并没有清楚地指出谁是立法者，立法者同王权之间的关系是什么，并且都只是代表权势阶层利益，没有对社会最底层人民权益的关心，但是，它们包含的王在法下、违法必究的思想，却已经充满了自由的意味。在人类历史上，自由从来都是同法治紧密联系在一起的。没有法治的自由，一定是脆弱的。中世纪欧洲用法律来限制王权、保障臣民自由的思想，在自由观念史上具有不可替代的作用。另外，历史上自由从来都是递进的、渐进的，逐步地从少数人的自由扩展到更多人的自由。

四、来自教会的限制、制约王权的观念

如果说来自臣民的对王权的限制、制约、反抗观念是下级对上级提出的；那么，在中世纪欧洲，还有一种来自与王权平行的权力——教会——的限制、制约王权的观念。它虽然不是出于捍卫本书所探讨的政治自由——臣民的自由——的目的，但是，在实际上

---

① 〔英〕昆廷·斯金纳：《自由主义之前的自由》，李宏图译，第33—34页。

却起到捍卫这种自由的作用，而且是极其重要的作用。它捍卫教会的自由——君临王权、独立于王权、制约王权的自由。这种自由包含着教会权势者们的统治欲望、权力欲望、财富欲望，本身同王权所要追求的专制的自由并没有很大的区别。但是，它事实上构成了对王权的牵制、制约，有利于整个社会自由的发育。教会所追求的自由，说明了自由是具体复杂的，在一些时候，它是积极、进步的；在另一些时候，它又是消极、退步的；还有一些时候，它是中性的。我们评判历史上自由的问题时，要看谁的自由、什么样的自由、起什么社会作用的自由。这就是本书探讨教会制约王权的观念的理论前提。

基督教会通过8世纪以来逐渐确定的由教会为国王"涂油"加冕的仪式而强化了国王"职位（职责）"观念。"涂油"仪式的根源来自《圣经》，教会将其引入加冕仪式后达到两个效果：一方面，是使王权神化——这种神化不是像某些古代帝王那样纯粹使自己成为至高无上的神，君临天下；而是让国王成为基督教会的一部分——他代表教会的神来治理国家。对"神"的意旨的解释的主动权掌握在教会手中，国王随时可以被解释为违背了神的意旨。我们知道，在中世纪欧洲，基督教是至高无上的意识形态，教会管制着每一个人的灵魂，上帝是具有实际权力的人间统治者。教会作为上帝的代理人，具有高于王权的地位。追求王权神化，就是王权地位低于教会的证明：教会本身就是神的代理人，而王权则还需要"化"成神。另一方面，是使王位"职位化（职责化）"：上帝将某人置于"国王"这个职位上，让他保护教会和人民的生命与财产，维护法律和正义，如若不然，他将会丢失这一职位。也就是说，王位、王权都既不是国王私有的，又不是国王可以无条件拥有的。这是契约观念的体现。教会借用古老的既来自罗马传统又来自日耳曼传统的契约观念，让国王同神之间，从而间接地同神所庇佑的臣民之间建立了一种契约关系。契约的神化，神化的契约，把神学和政治学结合起来了，在那个理性尚未张扬的时代，以一种特殊的观念形式限制了王权。这一观念明显体现在教会主导创造的国王的加冕誓词中。这里看10世纪教会设计的德意志国王（实际上是继承王位的王子，他只有加冕后才成为合法的国王）的加冕誓词样本（用于加冕程序的预习、准备）：

> 让大主教阁下询问王子如下问题：
>
> "你是否愿意持有天主教会人士传授给你的神圣信仰，追随正义的事业？"
>
> 他回答："我愿意。"
>
> "你是否愿意成为神圣教会及其服务者的保护者和捍卫者？"
>
> 他回答："我愿意。"
>
> "你是否愿意遵从祖先的正义，统治并保护上帝赐予你的这个王国？"
>
> 他回答："在上帝及其信徒的帮助下尽我所能，我宣誓为所有的事尽心尽力。"
>
> 然后让大主教阁下询问人们："你们是否愿意服从于这个王子和统治者，全心全意支持他，服从他的命令？"
>
> 众教士和民众异口同声回答："是的，是的，阿门！"[①]

在11世纪的"圣职授职权之争"中，教会把这种基于契约之上的王位"职位化（职责化）"的观念充分表达出来。萨克森贵族们在反抗皇帝亨利四世（Henry Ⅳ，1056—1106年）时，提出的理由是：他们曾发誓忠于他，但条件是他要用自己的皇家身份去构建而不是破坏上帝的事业，他要按正义、法律、习惯来统治，给予每个人应有的地位、尊严、权利、安全和不被侵犯的权利。如果他违背这些

---

① Kern Fritz, *Kingship and Law in the Middle Ages*, New York: The lawbook Exchange, Ltd., 2006, p. 76.

条件，他们将不再信守诺言。[①]这些理由得到"教皇派"的支持，劳滕巴赫的曼内格尔德（Manegold of Lautenbach，1030—1103年）是他们的代表，他对"契约"和"职位"观念进行了深刻阐述。曼内格尔德认为，皇位高于所有的世俗权威，因此，行政之人应具备超越他人的智慧、正义、虔诚的品德，因为他必须管理所有的人，统治所有的人，只有具备超凡的德行，他才能最大限度地用其能力实现最高的平等。曼内格尔德毫不怀疑圣彼得"服从国王为最高的权威"的话，但他指出人们必须将"国王个人"同"国王职位"分开，要服从王位，而不是服从被废除的国王。曼内格尔德甚至对教皇格雷高利一世（Pope Gregory I，Saint Gregory the Great，约540—604年）的话进行了修正，他认为格雷高利一世关于"服从国王错误命令"的话是不对的，"如果伟大的格雷高利的意思确实如此，并照此行事，那他的话和行动也是错的，必须改正。"曼内格尔德认为"人类之所以高于动物的本质在于理性力量的品德，使人类洞察事物因果，不仅思考应做什么，而且思考为什么做。没有人可以使自己成为国王或成为皇帝。人们选他在这个位置上是为了保护善良和打击邪恶，向所有人行使正义。如果他违背被选时的协议，打乱或破坏现行秩序，人们就可以正义并合理地收回对他的服从——因为他打破了他与他们的信约。人们绝不应该维护同一个狂暴、疯狂统治者签订的协定。"在阐述"国王职位"原则时，他引入了一个著名的比喻："如果某人用固定的薪金雇人放牧猪群，后来却发现后者不是在照看猪，而是偷窃、屠杀、丢失它们，难道不应该责难他，收回佣金，辞掉他吗……通过正确和适当的推理，按照人的条件与猪的明显区别作比，这一比喻都是很适合的：他不是试图去统治人们，而是使他们陷入混乱。所以，他应该被剥夺所有赋予他的高于人们的权威和尊严……在王国内要么是国王行王政，要么是国王行暴政。因为人们给予皇帝或国王信任与尊敬，是为了保卫

---

① Kern Fritz, *Kingship and Law in the Middle Ages*, p. 94.

王国的运作。当然，这是为了好的理由。如果他们行使暴政，就不应当给予他们信任，他们将失去忠心与尊敬。"[1]

教皇格雷高利七世（Gregory Ⅶ，约1015—1085年）宣称：哪怕是地位最低的神职人员，他施行灵性拯救的能力也超过世上所有国王与皇帝。后来的一个教会法学家雨果·奥斯蒂昂西斯（Hugo Hostiensis）宣布一个神甫的尊贵比国王高出7644.5倍，因为按照古代天文学家克罗狄斯·托勒密（Claudius Ptolemy，约90—168年）的算法，这是太阳大于月亮的倍数。格雷高利七世惩罚了皇帝亨利四世。著名的1075年《教皇谕旨》说："唯有教皇能使用皇帝的徽章"，"所有君王应吻教皇的脚"，"在所有教会的祷文中，只能提教皇一个人的名字"，"教皇可以废黜皇帝"，"无人能审判教皇"，"教皇凭他自己，不需要有任何宗教会议，便可以谴责主教们"，"教皇是神在地上的唯一代表，他掌管着天堂和地狱的钥匙"。[2]

1075年，教皇格雷高利七世拟定了一个文件——《教皇敕令》（Dictatus Papae）——由27条主张组成。其中有这样一些与世俗君主有关的条文：

2. 只有罗马主教才能正当地被称为具有普遍管辖权者。

11. 他可以废黜皇帝。

18. 任何人都不得修改他的判决，只有他才可以修改所有的（判决）。

27. 他可以解除不公正者的臣民的忠诚（宣誓）。[3]

格雷高利七世在一封著名的信中把世俗君主们形容得如此低俗

---

[1] Ewart Lewis ed., *Medieval Political Ideas*, p. 165.

[2] 〔奥地利〕弗里德里希·希尔:《欧洲思想史》，赵复三译，第79页。

[3] 〔美〕哈罗德·J. 伯尔曼:《法律与革命——西方法律传统的形成》，贺卫方、高鸿钧、张志铭、夏勇译，第114—115页。解除臣民的忠诚意思是让不公正的国王不再得到他的臣民按照契约应该给予他的忠诚。在缔结契约时，主臣双方都要宣誓。在极其讲究诚信的时代，誓言是绝对不可以无正当理由而违背的。

恶劣：

> 谁不知道国王和王公是脱胎于对上帝无知的人呢？这些
> 人胆大妄为，为贪婪所蒙蔽且毫无节制，他们在这个世界的
> 王——魔鬼的唆使下，凭借傲慢、掠夺、背叛、谋杀，凭借每
> 种犯罪，使他们自己高于他们的同胞……尘世的国王和王公受
> 虚荣心的诱惑，他们更看重自己的利益而不是灵魂的成就，与
> 此相反，虔诚的教皇则鄙视极度的虚荣心，他们把上帝的事业
> 置于人类的肉欲之上……前者全身心地投入俗务，而极少顾及
> 精神事务，后者则全神贯注于超凡脱俗的主题，鄙视这个世界
> 的琐事。[①]

就罗马教会同神圣罗马帝国之间的关系，或者更具体地说，教皇和皇帝的关系而言，直到14世纪早期，教会与帝国的角色仍旧与什么是"坏国王"的讨论相关。因为，彼此地位的高低、权力的大小，要有一个评判的准则。在当时宗教信仰和伦理道德意识非常浓厚的环境下，道德上的"好"与"坏"，就成为天经地义的准则。1302年写于巴黎的一本未署名的书中提到，在国王的权力之外，存在一个间接的或"相伴的"权力：教皇有高于一个坏国王的权力。这意味着：如果一个国王犯了违背教会规则的罪行，比如叛教，教皇"可以解除，或者说宣布解除（国王的）封臣对国王的效忠誓言"。巴黎的约翰说，在这种情况下，教皇可以将任何一个仍然继续服从国王的人开除教籍。"人们要废除他们的国王，教皇也会按事态发展去这样做。"那些认为皇帝的职位需得到教皇肯定才合法的人，一般来说也支持教皇"出于正义"而废除皇帝。[②]

---

① 〔美〕哈罗德·J. 伯尔曼：《法律与革命——西方法律传统的形成》，贺卫方、高鸿钧、张志铭、夏勇译，第132页。

② Antony Black, *Political Thought in Europe 1250-1450*, Cambridge: Cambridge University Press, 1992, pp. 148-149.

　　这种对皇帝暴行进行谴责和对皇帝行为进行忠告的责任被后世的教父们所继承。圣西马库斯（St. Symmachus，498—514年）在写给罗马皇帝阿纳斯塔修斯（Anastasius）的信中说道："可能你会说：根据一些规定，我们必须去服从每一种权力。在现实生活中，我们接受了当权者的统治。但是，如果他们的意愿违背了上帝的旨意，我们就不接受他们的统治了。此外，如果每一种权力来自上帝，那么这些权力就是为上帝的事业服务的。如果您按上帝的旨意统治，我们就按上帝的旨意服从您。但如果您不按上帝的旨意统治，您就不能祈求上帝得到已被您蔑视的权力了。"圣西皮安（St. Cyprian）也表示：国王不得行不公之事。他的王位的目的是统治，但是，他首先必须纠正自己的违规行为，然后才能去纠正别人的违规行为，并且去统治别人。否则名不正言不顺。国王的正义意味着他不可对人民滥施压迫；他要在人民中间实施公正的决断；保护弱者；惩罚邪恶；保护教会；将公正的官员安置在王国的适当位置上；按上帝和基督信仰生活；使儿童少年远离邪恶。不按这些原则统治的国王将会为他的国家和子孙带来许多邪恶和灾难。国王应该牢记他在人类当中处于最高位置，如果他不行正义将会遭受最大的惩罚。[①]这里显示出教父们在劝导世俗君主时常用的逻辑：如果你滥用权力，必会遭到上帝的惩罚。

　　在这些对君主的警示中，以圣伊西多尔在第四次托莱多宗教会议上所作的宣言最为有力："我们对未来的国王诏令如下：如果他们中的某些人骄傲自大，盛气凌人，或者出于贪欲而对人民实行残酷的统治，那就让他受到上帝的诅咒吧。让他远离上帝，接受审判，因为他放任自己邪恶的行为并且把王国带进毁灭之中。"

　　833年，法兰克国王虔诚者路易（Louis I the Pious，778—840年）在包括来自教会的巨大压力下被迫退位。主教们对他的指责是

---

　　① Antony Black, *Political Thought in Europe 1250-1450*, p. 223.

"他如何忽视了自己的职责，做了许多人神共愤的事情。"①

9世纪之前的教父们认为，谴责暴君的行为是上帝的仆人——教士阶层——的职责，与人民无关。这里体现出一种地位观：教士的地位高于世俗民众。有一个叫圣安布罗斯的人认为：基督教的人们应当以宗教的美德服从世俗统治者；但是，如果统治者犯有任何罪行，教士们必须谴责他。②也就是说，世俗民众们老实服从君主们的统治，至于君主们是否正确地统治你们了，由教士们说了算。一次，神圣罗马帝国皇帝在西萨罗尼卡（Thessalonica）犯下了屠杀的罪行，圣安布罗斯当着皇帝的面拒绝举行圣餐仪式以表示抗议。但与此同时，他并不希望教唆人民起来造反，否定世俗民众以强力反抗执行皇帝命令的任何权利。③可见，教会在维护社会基本秩序、基本社会等级方面，与世俗君主的利益是一致的。

当然，王权与教权一直在博弈，双方力量往往此消彼长。比如，中世纪有一位卡斯提国王就撇开教会，自己将王冠戴在自己头上。也就是说，他无须神职人员的授权就当上了国王。这说明那里王权很强大，没有受到教会的制约。④这发生在中世纪早中期。当然是例外情况。

综上所述，教会从两个理论角度制约、限制王权。一是教会是神的代理人，可以管控王权：如果王权违反实际上体现为基督教基本教义的神的意旨；或者违背教会的意志，那么教会就可以代表神对其进行惩罚，直至废黜它。二是教会是臣民的代言人：如果王权违背臣民的意志与利益，教会就可以让臣民解除对王权的效忠誓约。而一旦臣民解除了对王权立下的服从它的誓约，他们就可以视王权

---

① Sir R. W. Carlyle and A. J. Carlyle, *A History of Medieval Political Theory in the West*, Vol. 1, Edinburgh and London: William Blackwood and Sons Ltd., 1915, p. 250.

② Antony Black, *Political Thought in Europe 1250–1450*, p. 180.

③ Ibid., p. 231.

④ 但是，抵抗的观念一样久远。在阿拉贡（Aragonese）贵族中就有关于"自由"的传说。16世纪早期，抵抗的观念在社会各阶层中广为传布。参见 Donald R. Kelley, "Kingship and Resistance", R. W. Davis, ed., *The Origins of Modern Freedom in the West*, p. 253。

为敌人，可以同它进行战斗。教会的这些理论当然有利于扩大整个社会的自由空间。

五、反抗暴君的理论

在中世纪欧洲的现实生活中，存在着按照当时人们的价值标准衡量的"好"君主和"坏"君主。根据主流看法，对于好君主，臣民当然要拥戴他的统治；对于坏君主，那就要反抗了。所有好君主都有一些共同的品格特征、行为特征；所有坏君主也是一样。就像古代中国把那些好君主归类叫作贤君或者明君，把那些坏君主归类叫作昏君或者暴君一样。在中世纪欧洲，臣民们很多时候把坏君主叫作暴君。关于什么是暴君以及应该怎样对待暴君的观念，成为欧洲中世纪政治思想史中非常重要的内容。

暴君的定义

暴君（Tyrant）一词最早起源于古希腊词（Tyrannos），后在拉丁文中有所转变（Tyrant），在更后来的英语中，表示中文词"暴君"，也就是"暴虐的君主"的意思。国内史学界研究人员在涉及古希腊历史时，往往将其译为"僭主"，而不是"暴君"，这主要是从其权力获得的方式来进行命名的。《说文解字》是这样解释的："僭，儗也。"[①]"儗"在汉语中的意思是下级干犯上级，行使权力越过界限。而"僭主"是通过僭越夺权的方式来夺取政权的，虽然不是以下犯上，但其夺取权力的方式却超越了本分，具有僭越的意思。史学家们推测该词来源于小亚细亚中西部古国吕底亚（Lydia）。吕底亚僭主基格斯（Gyges）串通王妃杀死国王后成为国王。7世纪中叶的希腊诗人阿尔基洛克斯（Archilochus）将此事记录下来。据说这是最早的关于"僭主"的记载。[②]

---

① 《说文解字段注》（上册），成都古籍书店1981年版，第400页。
② 顾准：《希腊城邦制度》，中国社会科学出版社1982年版，第135页。

罗马时代，也有事实上的暴君概念。著名思想家西塞罗曾说："不服从法律之人就是放弃改善自己，否定人的真实自我，因而要遭受最严厉的惩罚。"[①]他的这句话是针对违法的统治者而言的。所以，他对诛杀谋求专制统治的恺撒之人极力赞美，认为诛杀行为是"最辉煌的行为"。理由当然是：恺撒是违背法律的统治者。斯多葛派思想家西尼卡（Seneca）也认为"对暴君进行诛杀是挽救国家衰败的唯一方式"。[②]

有人认为，6—7世纪时，圣伊西多尔第一次清晰划分了"暴君"和"国王"的界线。他认为，国王之所以称为国王，源自其正确的统治。他不行正义之事就不得统治。如果统治者奉行正义，他将保有王名，否则将会失去。这主要源自古代的一句谚语："如果你行王道你就为王，否则便不是。"他认为"暴君"在最初的一段时间等同于"国王"的概念，但后来便用于指称邪恶和残忍的统治者。[③]从圣伊西多尔的理论中，学者们可以得出一种结论，即暴君已经不能被简单地称之为国王了。这同之前教父们的观点，尤其是伟大的格雷高利的"暴君也具有国王的尊贵"这一观点有着明显的区别。这种对暴君概念的定义被后来的教父思想家们所继承。[④]

奥卡姆的威廉把是谋求整个社会的共同利益，还是谋求个人自身利益，作为区分正常君主和暴君的标准："……最有力的王权统治看起来像是不按法律统治，而是按他自己的意志来控制一个王国内的政府……这种统治不同于暴政的（tyrannic），它是为了共同利益；

---

① 〔美〕乔治·霍兰·萨拜因：《政治学说史》，〔美〕托马斯·兰敦·索尔森修订，盛葵阳、崔妙因译，第205页。

② Oscar Jászi and John D. Lewis, *Against the Tyrant*：*The Ttradition and Theory of Tyrannicide*, Free Press, 1957, pp. 9–10.

③ Sir R. W. Carlyle and A. J. Carlyle, *A History of Medieval Political Theory in the West*, Vol. 1, 1915, p. 221.

④ 不过，9世纪之前的教父们认为，谴责暴君的行为是上帝的仆人——教士阶层的职责，与人民无关。4世纪的圣安布罗斯（St. Ambrose）认为，基督教的人们应当以宗教的美德服从世俗统治者。如果统治者犯有任何罪行，必须由教士们谴责他。Sir R. W. Carlyle and A. J. Carlyle, *A History of Medieval Political Theory in the West*, Vol.1, pp. 180, 221.

也不同于专制统治的（despotic），因为专制统治的君主只为了寻求自身利益。王权统治的存在是为了共同利益，因此不适合被称为专制统治……"他实际上把暴政和专制统治都作为正常的王权治理的对立面，而其根本特征，都是不谋求公共利益，而谋求私利。作为这一思想的具体解释，可以看他的这句话："正常的王，不可以用他的臣民及臣民的财产谋私利。"①

布莱克顿认为，国王之所以为国王，理由来自其正确的统治，而不是压制人民。如果他行王道，他就是国王；但是当他利用人们赋予他的暴力统治权利来压迫人们时，他就是个暴君。②这里，暴君的标准就是"压迫人们"。

中世纪欧洲人们认为，篡夺王权的人，即使统治得很好，仍旧是一个暴君。有一些理论家写文章论述这一观点。比如，皮埃尔·莎伦（Pierre Charron，16世纪法国人，生卒年不详）写道："君主之所以成为一个暴君和恶徒，要么是由于他有着错误的继位方式，要么是他有着错误的政府统治方式。如果是由于错误的继位，那就是说，作为叛逆侵占王位，通过自己的武力和强有力的权威获得了非正义的统治权，那么，无论他是好还是恶（如果他恶，就可据此称其为暴君），毫无疑问，我们都应该通过正义来反抗他……既然他从未被接受或被承认是一个君主，这种反抗就不能被称为是反抗君主……"理论家理查德·胡克（Richard Hooker，1554—1600年）在谈到国王的加冕仪式时写道："在明确国王身份之前举行的那些公共仪式，是为公开证明继承者的权力，或者以这种形式证明他对那些事物的占有权。因此，在这种情况下，没有正确血统的人占据了王位，所有的这些选举与授职就是完全无效的，它们使他不能继承财产，正统继承者可以视其为暴君而剥夺他的权力。"

伊拉斯谟（Erasmus，1466—1536年）认为："任何为自己私利

---

① Ewart Lewis, ed., *Medieval Political Ideas*, pp. 300−301.

② Ibid., p. 283.

而不是为臣民的利益而进行统治的人，根本不能被视为一位真正的国王，而只能被当作一个强盗，一个'食人者'，一个暴君"。[①]而国王应具有的美德应是"宽宏、仁慈和守信"。

16世纪著名思想家乔治·布坎南将国王和暴君进行了对比。他认为国王是通过民众同意进行统治的人，通过法律进行统治而自己又遵守法律的人，他要有一个由智者组成的议会，并允许他们辅佐他。而暴君则仅仅是片面地抓住权力，并声称他可以创造法律，不需要受到法律的束缚，也不接受任何建议。国王是为臣民的利益服务的，而暴君仅仅为了满足私欲。布坎南的对比一方面继承了英国传统的反暴君暴政观念，例如国王应遵守法律，听取建议，为臣民利益服务等；另一方面在对法律的定义和议会组成方面，其内容大大超越了中世纪早期，具有近代的特征。对于中世纪传统思想家要求臣民绝对服从国王的看法，布坎南指出，这一看法应用于国王，而不是暴君。也就是说，对国王是要绝对服从的，而对暴君则不能。他从《圣经》和罗马法中寻找依据，指出两者强调的对国王绝对服从的观念都只应用于合法的君主。[②]

弗朗索瓦·哈特曼（François Hotman，1524—1590年）将暴政的标志归纳为：强迫的服从；有"外国贴身警卫"；未经三个等级组成的代表大会的同意而进行的专断的统治。[③]第一个、第三个标准，是欧洲人通常所持的标准。第二个标准则体现出逐渐形成的民族国家意识。

综上所述，中世纪欧洲人认为暴君暴政的特点大致是：把王权作为谋取国王私利的工具；以违背法律和道德的方式进行统治；以非法方式获得王位。

---

① 〔英〕昆廷·斯金纳：《现代政治思想的基础》，段胜武、张云秋、修海涛等译，第233页。

② J. H. Burns, *The Cambridge History of Political Thought, 1450-1700*, Cambridge University Press, 1991, p. 217.

③ Donald R. Kelley, "Kingship and Resistance", R. W. Davis, ed., *The Origins of Modern Freedom in the West*, p. 263.

反抗、废黜、诛杀暴君的思想

反抗、废黜、诛杀暴君的思想，贯穿在整个中世纪欧洲政治思想史中。我们可以举出很多例子来。

从封建契约看，如果封臣未履行其义务，他们就成为了重罪犯（felon）；那么，如果国王未履行其相对于臣民的义务呢？法国一个叫让·梅斯奇诺特（Jean Meschinot）的人在1640年代写的答案是：就"让他们垮台"。这也是法国一个名叫"公共福祉联盟"（League of the Public Weal）团体的立场，该团体想控制国王路易十一，借口是维护"公共福祉"。胡格诺战争中，贵族们宣布免去对国王的封建捐纳和税赋的义务，也就是说终止臣民同国王之间的契约关系。1405年，法国僧人让·热尔松在其布道中这样来捍卫抵抗暴君，甚至杀死暴君的权利："对于上帝来说，没有比暴君之死更好的牺牲了。"[①]很多人认为，反对一位不受人民欢迎的国王的唯一手段是暗杀。因此暗杀手段被大量实施过，有时甚至使几乎所有王室成年成员都被暗杀。6世纪时，巴黎地区一个小国的国王曾经对特地聚集在一所教堂中的巴黎市民讲出了这样悲伤感人的话："我恳请你们，在场的男人和女人，忠实于我；不要像你们杀害我的兄弟那样杀害我。让我再活三年，以便能把我的侄儿培养成人。如果我死了，你们也将遭殃，因为将没有足够强大的王来保护你们"。[②]一个国王居然哀求臣民再让自己活三年，他的政治地位的糟糕，真是难以形容了。16世纪，德国帕拉赛尔苏（Paracelsus）认为，为了大众的利益，可以处死暴君。[③]10—11世纪，瑞典国王奥拉夫·斯各空宁（Olaf Scotkonning，944？—1042年）在位时，不顾人民反对，不肯同邻国挪威缔结和平。因此，一位有声望的预言家写信给他说："我

---

① Donald R. Kelley, "Kingship and Resistance", R. W. Davis, ed., *The Origins of Modern Freedom in the West*, pp. 253-254.

② 〔美〕沃格林：《政治观念史稿（第二卷）：中世纪（至阿奎那）》，叶颖译，第48页。

③ 〔奥地利〕弗里德里希·希尔：《欧洲思想史》，赵复三译，第248页。

们同胞希望你，奥拉夫国王，和挪威缔结和平，将女儿还给她们的母亲……如果你不按我们的要求做，我们将攻击你，杀了你，不再忍受你引起的动乱和无法无天。因为我们的父辈曾经这样做过；他们曾将五个像你同样傲慢的国王丢进了姆拉辛（Mulathing）附近的井里。"①

值得注意的是，反抗暴君理论不仅是针对世俗暴君的，在某些人那里，还可以针对行为不当的教皇。格拉提安写道："没有人可以裁判教皇，除非他被发现正在背弃信仰。"也就是说，只要人们判定教皇背弃了宗教信仰，人们就可以废黜它。这就设下了一条通向以异端为理由而废黜教皇的理论的道路。后来的教会法学家又增加了其他可以废黜教皇的理由，包括教皇挥霍教会财产。到了12世纪末，休古西奥发展了这样一种理论，一位教皇可以由于通奸、抢劫、渎圣以及其他严重损害教会声誉的劣迹昭彰的犯罪而受到审判和废黜。不只如此，12世纪和13世纪的教会法学家还指出，教皇不得从事与整个教会的"地位"（status）相反的行为，他不得颁布以损害教会的"一般地位"（generalis status ecclesiae）为目的的法律，包括损害教会的特性、一般利益或公共秩序，或者后来世纪里所谓的宪法性法律。甚至崇尚权力主义的教皇之一英诺森四世（Innocent Ⅳ，1243—1254年）也承认，在下述情况下信徒们不服从教皇的可能性：假如他命令人们去做一件将会损害教会地位的不公正事情，例如，他的命令中包含着异端内容。②这一切表明，限制教皇专断权力的理论一直在发展。世俗君主不应该成为暴君，教皇也不应该成为暴君。

这里把具有典型意义的一些思想家和一些政治派别的思想稍微予以介绍。

索尔兹伯里的约翰是表述有关暴君、暴政，反抗、废黜、诛杀

---

① Kern Fritz, *Kingship and Law in the Middle Ages*, p. 76.
② 〔美〕哈罗德·J. 伯曼：《法律与革命——西方法律传统的形成》，贺卫方、高鸿钧、张志铭、夏勇译，第258—259页。

暴君思想特别有影响的人物，所以这里用较多篇幅介绍他。

他大约生于1115—1120年。1136年，他前往巴黎某修道院，师从当时的大学者如彼得·阿贝拉得（Peter Abelard，1079—1142年）等人，学习思辨哲学、修辞学、语言学、文学和神学。1147年，他离开巴黎。不久被人推荐给英国坎特伯雷大主教西奥博尔德（Theobald）担任秘书。在那里，他开始写作著名的政治著作《论政府原理》。《论政府原理》还有一个副标题："论朝臣的虚妄之言与哲学家的足迹"（of the Frivolities of Courtiers and the Footprints of Philosophers）。1176年，他被任命为查特斯（Chartres）大主教，在那里他一直生活到1180年去世。[1]

约翰关于君主的论述重要的前提之一是剥夺君主"私人""私利"的性质，而将其定义为"公共"职务，也就是为大众服务的职务。

约翰将君主这一职位定义成"公共权力"。他说："君主是公共权力（public power），是神在人世间的一种摹本。"[2]他把国王描述为"公共人格的承担者（the bearer of the public personality）"。[3]他也引用古代马其顿战胜其敌人的例子，论证君主作为公共职位本身的象征意义对人民政治热情的凝聚与激发作用。[4]因为马其顿国王勇敢、顽强、智慧，代表臣民根本利益，所以，他振臂一呼，从者如云，全国臣民都跟着他打胜仗，赢得了广袤的国土。他还说："君主在名义上并不真正以他人之名拥有他的财产，甚至也不以他人之名拥有国库的财产——那些他宣称为公共所有实为自己拥有的私产。国王完全把国库当私产，这并不奇怪，因为他的人并不是自己的，而是所有臣民的。"[5]所以，他的私，实际上就只能是公。以此为基础，他讨论了君主的职责和义务。他说："君主之所以高于其他人，也正是

---

① 关于他的生平，可以参见Cary J. Nederman, *John of Salisbury*, Arizona Board of Regents for Arizona State University, 2005。

② John of Salisbury, *Policraticus*, edited and translated by C. J. Nederman, p. 28.

③ Ibid., p. 30.

④ Ibid., p. 132.

⑤ Ibid., p. 40.

由于其他个人只是照看自己的事务，而君主们考虑的是整个共同体的事务。"①"既然他就是公共权力，他便想方设法攫取力量，唯恐这力量变弱，他应当为所有成员提供安全。"②也就是说，君主之"高"（凌驾于臣民之上），并不是因为他手握大权，而是因为他担负着谋求公共利益的职责。

君主职位是公共的，但是，担任这个职位的却是个人。个人就有欲望、私利。欲望、私利就必然要导致君主利用公权力为本人谋利益。

首先，约翰将权力与人的本性联系起来。他指出，人天生欲求权力。欲求成为统治者的人的数量上总是远远超过欲求成为被统治者的人，而"愿意受统治的人是非常少的，每个人都尽一切力量摆脱对他人的服从。"③其次，约翰看到权力天生就有不断扩张的本性。他说，每个人在本性上都是这样的："他的权力能扩张到多远，他就想统治多远。"④最后，约翰注意到权力的滥用会导致危险的结果，并且不管这种滥用是出自"平民的傲慢还是统治者的专断"。⑤

因此，他得出结论说：将制约的希望寄托在"人一生中早年形成的那些好的品质的力量是徒劳的"。⑥他强调对权力的制约"只有通过法律规则和神圣机制才得以实现"。⑦

可以说，约翰具有了跨越时代的政治学天才。他的这些观点，正是近代以来西方政治学关于制约政治权力、把权力关进制度的笼子等这些理论的前驱。

制约权力，主要依靠法律，但是，中世纪的实际表明，法律绝非万能。许多国王就是通过践踏法律而变成暴君的。因此，这就提

---

① John of Salisbury, *Policraticus*, edited and translated by C. J. Nederman, p. 28.
② Ibid., p. 63.
③ Ibid., p. 162.
④ Ibid.
⑤ Ibid., p. 167.
⑥ Ibid., p. 85.
⑦ Ibid., p. 168.

出了在法律制约失效的情况下如何对待暴君的问题了。约翰明确地回答：如果法律也无法制约君主的专断权力，那就只能反抗了。反抗的极点便是从肉体上消灭暴君。

约翰赋予人民诛戮暴君行为的正当性。这也是他最负盛名、影响深远的思想之一："……进一步说，不仅赞美暴君是被允许的，诛戮暴君也是被允许的，而且是公平的和正义的。因为持剑者当以剑毁灭之。"[1]在《论政府原理》第8部分第17章中，约翰谈道："正如哲学家所描述的那样，与依法统治的君主相对立，暴君是靠暴力统治压迫人民的人。""君主捍卫法律和人民的自由，暴君践踏法律，使人民沦为奴隶……暴君是魔鬼的影像，应当被诛杀。"[2]"像上帝一样的君主必须被热爱、崇拜和珍爱；像魔鬼一样的暴君总体上看，甚至应该被杀死。"[3]

约翰还援引基督教的最高理论权威《圣经》的话来证明自己观点的正确。他说，根据《圣经》，诛戮暴君是合法的，也是荣耀的。若暴君是对上帝权威的侵犯，是对法律的践踏，是人民的罪恶、怯懦与腐化的象征，那么为了恢复上帝、法律和人民的荣耀，杀死暴君简直可以称为一种责任。[4]他说："暴君是一个公敌（public enemy）。"[5]"诛杀一个暴君不仅是合法的，而且也是正确的和正义的，因为动用武力的人都注定要毁之于武力……对于践踏法律的人，法律应当拿起武器反对他。对于努力使公共权力形同虚设的人，公共权力将狂猛地反对他。虽然有许多行为是对君王的大不敬，但其中无一是比反对正义本身更严重的犯罪。因此暴政不仅是一种对公众的犯罪，而且还是一种更有甚于此的犯罪——假如能有这样一种

① John of Salisbury, *Policraticus*, edited and translated by C. J. Nederman, p. 25.

② Ibid., pp. 190-191.

③ Donald R. Kelley, "Kingship and Resistance", R. W. Davis, ed., *The Origins of Modern Freedom in the West*, pp. 252-253.

④ C. J. Nederman, "A Duty to Kill: John of Salisbury's Theory of Tyrannicide", *The Review of Politics*, Vol. 50, No.3 (Summer, 1988), pp. 365-389.

⑤ John of Salisbury, *Policraticus*, edited and translated by C. J. Nederman, p. 25.

犯罪的话。如果在大不敬的犯罪中允许所有人都成为原告，那么在践踏甚至应该规制皇帝的法律的犯罪中，在多大程度上更应该如此呢？的确没有人会替一个公众的敌人报仇，相反，谁试图使他不受到惩罚，谁就是对自己和整个人类共同体犯罪。"①

约翰的暴君概念并不限于世俗统治者，它并不仅仅包括背叛了"正义"（recte）的君王，而是包括一切"不尊重荣誉与正义"者（甚至包括普通个人），这些人"无论是教会还是世俗社会的一分子，他们渴求对一切事物的权力，不断追逐这种权力并且践踏律法与神意。"②比如，他对于教士们的"暴政"也进行了批判。他写道："如果我说在神父这个群体中也可以找到暴君的话，他们无须为此感到愤慨。"③

乌尔曼认为，"在《论政府原理》完成两个世纪后，它成为（意大利法学家们）必不可少的信息源和讨论特定基本问题的标准。"④14世纪意大利法学家卢卡斯（Lucas）认为："关于诛暴君，约翰写出了许多值得人们记忆的东西。"他继承和坚持约翰的观点，认为："上帝只有通过毁灭公众的敌人才能得到安慰……诛杀暴君不仅被允许，而且是正义的。"⑤15世纪初，巴黎大学学者让·柏蒂在写文章支持勃艮第公爵刺杀奥伦斯公爵时，就引用了约翰的诛暴君理论。法国宗教战争时期，西班牙耶稣会会士马里亚纳引用约翰的诛暴君观点对当时政治形势进行评论。⑥

除了约翰外，还有一些著名思想家有相关论述。前已指出，英国的格兰维尔是亨利二世时期的著名法官，他的《论英格兰王国的法律与习惯》（*Treatise on the Laws and Customs of the Kingdom of*

---

① John of Salisbury, *Policraticus*, edited and translated by C. J. Nederman, p. 343.

② Ibid., p. 192.

③ Ibid., p. 194.

④ W. Ullmann, "The Influence of John of Salisbury on Medieval Italian Jurists", *The English Historical Review*, Vol.59, No.235 (Sep., 1944), pp. 384-392.

⑤ Ibid., p. 387.

⑥ Oscar Jászi and John D. Lewis, *Against the Tyrant：The Ttradition and Theory of Tyrannicide*, pp. 29, 68.

England）是著名法律著作。他在该书序言中写道："王权不仅应当加强军事准备，以暴力镇压反对国王和王国的叛逆者和入侵的外国，而且应该制定法律，以法律统治臣民及和平之民族；这样的话，无论在战时与平时，我们尊贵的国王就都可以成功地履行其职责，用暴力手段弹压、制服桀骜不驯之辈，用公平正义之杖为谦恭怯懦之辈主持正义。这样，就将使得国王对于敌人，战无不胜；对于臣民，永远彰显公平正义。"格兰维尔引用罗马法学家的一句名言："王之所好即为法律。"但是，对于这样一句具有明显专制主义色彩的话语，他却有着反专制主义的解释：这里的"法律"指的是对决策机构中的未决之事，运用国王的权威，经过权贵的咨议后，明确公布的法律。[①]可见，这不是国王个人意志的体现，而是集体商议的结果。格兰维尔头脑里的国王，不拥有绝对的权力，而只拥有受到制约的权力。他在国王的个人意志与王国的法律之间，插入了集体决策这一限制国王个人意志的程序，从而使得法律事实上不仅仅是"王之所好"。格兰维尔限制王权的思想还可以反映在一个例证中：1187年，阿宾顿（Abingdon）修道院院长去世，国王亨利二世将该修道院交给了埃斯波恩的托马斯（Thomas of Esseburn）负责。托马斯后来决定把修道院转交给国王。副院长和修士上诉到格兰维尔处，要求豁免副院长和女修道院的财产。那么，格兰维尔是偏向于王权，还是偏向于公正？当时人记录道："上帝的仁慈占了上风，首席法官格兰维尔转向其他法官说，我们习惯的确立是理性和明智的，其中并无丝毫过分之处。国王既不愿也不敢去违反和修改如此古老和正义的习惯。"经法官们的一致判决，副院长和修士胜诉。[②]由此可知，即使在王权强大的亨利二世时期，国王具有绝对权力这样的思想也是不合时宜的，国王的违法行为至少在人们的观念上是不可接受的。

著名法学家布莱克顿进一步阐述了国王与法律的关系，他在自

---

① John Beames, *A Translation of Glanville: to Which are Added Notes*, Berlin: Nabu Press, 2010, pp. 36–39.

② 〔美〕C. H. 麦基文：《宪政古今》，翟小波译，贵州人民出版社2004年版，第52页。

己的著作《论英格兰的法律与习惯》的开篇写道："为行善治，国王需要两样东西，即武器和法律。""如果国王没有笼头，即没有受法律的束缚，人们就应该给他套上笼头……""国王不应在任何人之下，但应在上帝和法律之下，因为法律造就了国王，因此要让国王归于法律之下……仅凭意志而不是法律统治，国王就不能称之为国王。他应在法律之下，因为他是上帝的使者……让他的权利受法律限制，因为法律是权力的缰绳。国王可以按法律行事，因为人类的法律说明了法律是束缚立法者的。国王的尊严值得这样做：让自己接受法律束缚。"[1]当然，布莱克顿有时候又强调王权至上。这是他的矛盾之处。[2]

托马斯·阿奎那明确表达了人民有权废黜暴君的意向："克服暴政弊害的办法应以公众的意见为准，而不能以若干个人的私见为断。特别是在一个社会有权为自身推选统治者的情况下，如果那个社会废黜它所选出的国王，或因他滥用权力行使暴政而限制他的权力，那就不能算是违反正义。这个社会也不应为了这样地废黜一个暴君而被指责为不忠不义，即使以前对他有过誓效忠诚的表示也是如此；因为这个暴君既然不能尽到社会统治者的职责，那就是咎由自取，因而他的臣民就不再受他们对他所作的誓约的拘束。"[3]

奥卡姆的威廉从自然法的角度论证废黜暴君的合法性："国王高于整个王国，但在某些情况下他又低于整个王国，因为在必要的情况下，臣民可以废黜国王或将其作为犯人关入城堡。因为这种行为符合自然法的权利，正如自然法原则允许以暴制暴一样。"在奥卡姆的威廉的思想体系中，教皇是反对皇帝滥用权力的；有时一个农夫

---

[1]　Ewart Lewis, ed., *Medieval Political Ideas*, pp. 279-282.

[2]　在1627年的达纳尔案（Darnel's case）中，国王没有告知逮捕理由就监禁了五位骑士，被监禁者的律师引用布莱克顿的话说，国王非依法律就不得行为。而国王辩护方却说："我想用布莱克顿的话结束我的发言：'如果一个决定，如一侵犯臣民法定的权利的决定，是由国王做出的（因为没有人可以向国王发布令状），臣民只能请求国王更改和修正他的决定'。" J. H. Burns, ed., *The Cambridge History of Political Thought, 1450-1700*, p. 195.

[3]　〔意〕阿奎那：《阿奎那政治著作选》，马清槐译，第59—60页。

也可以举起剑来反对皇帝。他举出一些例子来说明这样的道理：对一个人诛暴君的行为是否正义的判断，应取决于具体环境。也就是说，只要诛杀行为是在合理正当的理由下进行的，就是正义的。罗马教皇也以奥卡姆的威廉这一理论为基础判断个人诛暴君行为是否具有正义性。[①]

英国都铎时代（1485—1603年）废黜、诛杀暴君的观念大都来自新教理论家，尤其在玛丽·都铎（Mary Tudor，1496—1533年）统治时期，大批新教徒被迫逃亡，其中一些理论家在逃亡的过程中提出了"诛暴君"观念。反对血腥的玛丽的抵抗理论表现在一系列著述之中。人们认为，不服从的权利不仅"下级官员"有，而且所有人都有。[②]这一时代著名的思想家波奈特（Bonet）在著作中明确提出了普遍革命和诛暴君的观念。对于废黜邪恶的统治者和诛杀暴君是否合法的问题，波奈特的答案是肯定的。他列举了《圣经》，教会、英国历史中大量支持他的观点的例子，并指出合法的废黜暴君和个人去诛杀暴君的行为都是正确的。他说："任何人如果通过暴力反抗的手段可以除掉一个暴君，那他就应该去这样做。"他认为国王被赋予权力是有条件的，如果他滥用权力，就应该被罢免。他进一步指出，政府的责任是使国王履行其义务，防止暴政。

波奈特的观点得到同时代新教理论家古德曼（Goodman）和诺克斯（Knox）的支持。乔治·布坎南在阐述自己的暴君观念后也进一步申明了自己的诛暴君立场："既然暴君是不合法的，那么人们就可以废黜他。"他赞成通过合法的方式，例如囚禁或流放来除掉暴君，也赞成个人诛杀暴君的权力。[③]

西班牙经院学者、耶稣会士胡安·德·马里亚纳反对暴君，公然谴责像居鲁士大帝（Cyrus the Great）、亚历山大大帝（Alexander

---

① Ewart Lewis, ed., *Medieval Political Ideas*, p. 270.

② Donald R. Kelley, "Kingship and Resistance", R. W. Davis, ed., *The Origins of Modern Freedom in the West*, p. 257.

③ J. H. Burns, ed., *The Cambridge History of Political Thought, 1450–1700*, p. 217.

the Great）、恺撒（Julius Caesar）这样的古代帝王，视他们为暴君。因为他认为，这些人是通过非正义手段和抢劫来获得他们的权力的。他强调，只要国王有滥用权力的行为，人们就有权重新索要他们的政治权力。在将他们原始拥有的政治权力从一种自然状态转移给国王的过程中，人民必然要保留属于他们自己的重要权利。除了重新索回统治权以外，他们还保留像税收、否定法律权、当国王无子嗣时决定王位继承人等至关重要的权利。他认为，暴君就是任何这样一个统治者：他违反宗教法律，他未征得人民的同意而征税，或者他阻止一个民主议会的举行。任何单个的公民都能够正当地暗杀一个暴君，并且可以采取任何必需的手段。暗杀并不要求全体人民的某种集体决策。马里亚纳说，我们不必要担心过多的人民参与诛戮暴君的活动会导致公共秩序的极大扭曲。因为参加的人只是少数。如果统治者对人民保持敬畏，并且认识到堕入暴政可能会引起人民要求清算他们的犯罪，那么，这样将会对统治者有益。他实际上是在淫欲、贪婪、残忍以及欺骗等这些并非国王所特有的邪恶品性的驱使之下，没收单个人的财产，并对这些财产加以滥用。暴君们实际上想要伤害和毁灭每一个人，他们往往直接具体打击王国中的富人和正直的人们。他们认为良善者比邪恶者更值得怀疑。他们自身所缺乏的美德是最令他们感到畏惧的……他们依据下面这一原则来把好人从共同体中驱逐出去：无论谁在王国中的地位提高了，都要把他降下来……他们还通过在公民之间制造纠纷以及卷入战争，耗尽所有其他人的精力，使其无法因为他们面临的新的每日纳贡要求而团结起来。他们以公民付出费用和承担痛苦为代价兴建巨大工程。当埃及的金字塔诞生时，暴君必然会担心，那些受到他们的恐怖统治并且被置于奴隶地位的人会企图推翻他们……因此他将禁止公民聚集，集中开会，以及一起讨论国家大事，以秘密警察的方式剥夺他们自由演说、自由聆听的机会，甚至自由抱怨的机会……[①]

---

① 〔美〕默瑞·N.罗斯巴德：《亚当·斯密以前的经济思想——奥地利学派视角下的经济思想史》（第一卷），张凤林等译，第192—194页。

1579年，菲利浦·德·莫尔奈（Philippe de Mornay，1549—1623年）发表《捍卫反对暴君的自由》一文。他还发表了《政治论文集》，严厉谴责那些所谓的"神学家和传道者"的以下观点：任何人都不可以在"没有得到上帝的特别启示"的情况下合法地杀死暴君。[1]

加尔文派的反抗理论。反抗暴君的思想，除了体现在人们的日常生活中、思想家们的著述中外，还系统地体现在一些重要的宗教派别中。这是欧洲反暴君思想的一个重要特点。有必要加以介绍。

加尔文派是和路德派一样影响巨大而深远的具有近代资产阶级宪政意识的思想流派。在约翰·加尔文那里，除了对上帝之外，对谁都是可以反抗的，甚至对于神所设置的权威也可以不服从——对上帝的服从超越了所有其他世俗的义务。他说："我们必须服从上帝而不是人。"[2]加尔文教徒对反抗暴君暴政理论所做的阐述，最早见于贝札在1554年所写的《民政长官对异端之处罚》这一小册子中。贝札转而对彼得·马特尔（Peter Martyr，1500—1562年）可能又施有影响。马特尔在1553年英国女王玛丽即位时被迫离开英格兰后，与加尔文及其在日内瓦的追随者取得了广泛的联系。他在其分别完成于1558年和1561年的《圣保罗致罗马人书注释》及《士师记注释》两本书中，为一种赞扬反抗暴君暴政的宪政理论作了辩护。[3]

马特尔当然也是首先承认《圣经》中圣保罗关于"凡掌权的都是神所命的"这一主张，但他希望纠正两种在他看来是对这一主张所产生的曲解。一是"有些人徒然地吹毛求疵，认为他们可以不尊敬下级长官"，"认为他们服从于高级掌权者，如皇帝和国王便足够了"。然而，圣保罗的主张并不限于上级掌权者，而是"指所有类

---

[1] 〔美〕默瑞·N.罗斯巴德：《亚当·斯密以前的经济思想——奥地利学派视角下的经济思想史》（第一卷），张凤林等译，第275—276页。

[2] Donald R. Kelley, "Kingship and Resistance", R. W. Davis, ed., *The Origins of Modern Freedom in the West*, pp. 255-256.

[3] 〔英〕昆廷·斯金纳：《现代政治思想的基础》，段胜武、张云秋、修海涛等译，第482页。

型的掌权者"，包括"像管理各城市的或被任命为各地方长官的这样的"权威。二是他们没有认识到，圣保罗要求我们服从统治者，只限于那些合法的掌权者。马特尔首先指出，"最重要的是，要把职责与人区别开来"，因此他强调，我们的统治者是为履行一种特殊职责而被命定的，负有"从圣保罗所叙述的这些职责中获取统治原则"的责任。然后，他更为坚定地补充道，这职责"由于是正义的，因此只能出自上帝，而不能出自别处"，但尽管如此，也还存在着这样一种可能性，即当人承担它的时候，"由于他是一个人，他便可能把一件好的东西滥用"到这样的程度，以致认他为上帝所命的掌权者可能不再适当了。马特尔断言，一旦在这两点上正确地解释圣保罗的话，他便无法再对公众宣讲绝对不反抗的教义了。既然所有统治者都是被命定的掌权者，既然他们都是为完成一种特殊职责才被命定的，那么即使是最高掌权者，"倘若他们僭越了其所接受的权力顶点和界限"，下级长官也可以合法地对其进行"抑制"。[①]

16世纪50年代，最激进的加尔文派教徒波奈特和古德曼首先承认，如果我们认为那些邪恶的君主为上帝所命，而同时又去论证反抗他们是合法的，那么我们毫无疑问地把上帝看成了世间邪恶与不义的制造者。波奈特在其著作的"论统治者们需服从于法律"那一章中指出，设想上帝支持暴虐的统治者们"掠夺其臣民"，是"一种大不敬"。古德曼在其著作"论使徒要服从教义"那一章中重申了这一判断。他认为，圣保罗说"没有权柄不是出于神的"，"所指的只是那些为上帝所命定并合法设立的掌权者"。如果说上帝一定命定了并赞成"一切暴政和压迫"，这不仅是一种亵渎，而且在道义上也是不可能的，因为上帝"从未制定任何赞成""暴君、偶像崇拜者"及其他压迫者的法律，而只制定了"谴责和惩罚"他们的法律。

解决这一难题的唯一合乎逻辑的途径，就是放弃奥古斯丁学说的那一基本思想：即使我们的统治者不履行其职责，他们也应该被

---

① 〔英〕昆廷·斯金纳：《现代政治思想的基础》，段胜武、张云秋、修海涛等译，第483—484页。

看作受命于上帝的掌权者。波奈特早在论述反抗的合法性的主要章节中，对这一点便有了认识，当时他直截了当地指出，"一位君主或法官并不总是为上帝所命定的"。[1]

一些加尔文派教徒认为在适当情况下，至少有两种力量可以合法地拿起武器反抗他们的统治者。第一种力量被认为是民选官员这样一个特殊阶层，加尔文在《基督教原理》中把他们称作"受命去遏制国王们的刚愎自用的人民的长官"。慈温利（Zwingli Huldrych，1484—1531年）在《论牧师》一文中提出了这样一个关键性意见，即在现存社会中，可能有一些这样的官员，尽管他们严格说来不是"监察官"，但仍可被认为有资格为了"维护人民的利益"而行使"监察官"的权力。对"监察"权力思想的主要发展是加尔文派做出的，对有关概念的最重要阐述是由加尔文本人完成的。加尔文在《基督教原理》中，尽管把"监察"官员看作上帝所命定的，但他也把他们看作人民选举并向人民负责的。他是把他们称作"民选"而非"下级"长官而开始他的讨论的，并接着强调他们是为"节制国王们的权力"而被任命——他没有说被命定——的。而且，当他为他们"反抗穷凶极恶的国王们"的权利辩护时，他所提出的理由是，如果他们不进行这样的反抗，就是在从事"一种罪恶的叛变行为"，因为他们是在纵容"对人民选举权的一种欺骗性的背叛"。他所提到的古代世界的三个例子是：斯巴达人自己的监察官、"罗马人中的平民保民官"及"雅典人中的市政官"。[2]

第二种力量是人民。在16世纪50年代一些最激进的加尔文派教徒的作品中，最终接受了这样的意见，即在某些情况下，使用政治暴力不仅对长官们来说可能是合法的，而且对公民个人乃至全体人民来说，也可能是合法的。[3]

---

① 〔英〕昆廷·斯金纳：《现代政治思想的基础》，段胜武、张云秋、修海涛等译，第479—498页。

② 同上书，第501—503页。

③ 同上书，第505页。

波奈特在这一点上又回到他早先所依靠的教会会议至上论。正如教皇"可以被教会团体所革除"一样，"根据同样的论证、理由和根据，滥用其职权的皇帝、国王、君主及其他统治者们，都可以为'全体会众或国民所废黜，把他们从其地位和职务上拉下来'"。古德曼首先重申，所有统治者都是特地为履行其职责才被命定的，因为"上帝并未把他们置于他人之上，让他们随心所欲地去违犯他的律法，而是要他们和他们所统治的人一道去服从这律法"。接着他宣称，"如果统治者及其他官员们不再履行其责任"，那么人民"可以说就等于没有了长官，甚至可以说比没有他们还要坏"。因此，他提出了最具革命性的政治主张：既然该统治者在这种情况下只是一个罪恶的平民，那么任何一个或全体臣民就可以合法地反抗他，因为上帝在此"把刀剑交与了人民之手"。古德曼承认，由人民而不是由被合法任命的统治者来惩罚这种犯罪，乍看起来可能会出现大的骚乱，但他在该章结尾的最后一句话却强烈地重申了这一论点：如果"上级长官不想帮助"人民维护圣洁的统治和根除异端，那么"人民自己动手去做这一切便是合法的，甚至可以说是他们的责任"，由此保证他们"铲除每一个腐败分子"，并把神的律法"不仅加于其他同胞身上，而且也加于他们自己的统治者及长官身上"。[1]

当今的一切基督徒同样受约于上帝与"其以色列子民"所签订的"这一同盟契约"，因此，他们有着压倒一切的责任去"铲除他们中间被上帝视为恶的那些暴行"。

正是在对这些承诺进行阐述的基础上，古德曼和诺克斯才终于完成了他们对民众革命的辩护。他们的论证是为人们所熟悉的，即主张承诺了去做某事，就有义务去做它。每个公民都被认为向上帝允诺去维护他的律法，因而也都被认为负有通力反抗和铲除　切崇

---

[1] 〔英〕昆廷·斯金纳：《现代政治思想的基础》，段胜武、张云秋、修海涛等译，第506—507页。

拜偶像或残忍暴虐的行政长官的神圣责任。古德曼在分析了契约观念之后和回到私法论证之前的第13章开始部分论述了这一结论。他首先重申，每个人"都毫无例外地"立约服从上帝的旨意。上帝所发出的主要旨意当然是去维护神的律法，"去铲除邪恶"并摒弃一切形式的偶像崇拜和暴政。因此，如果我们的统治者"完全藐视并破坏上帝的正义和律法"，那么去"维护和保卫这些律法"，反对其统治者，并以此去反抗并铲除其政府的偶像崇拜和残暴统治，便成为"被赋予一定的伸张正义权力的每一个人，不管其地位高低"，亦即"全体大众"的誓约责任。最后，诺克斯在《呼吁书》的结尾处也得出这一革命性结论。他在此提出，"不仅统治者，而且人民也受到他们向上帝所立誓约的约束"，去维护圣洁的统治，并"竭尽全力去报复反对上帝的威严及律法"的任何不义行为。因此他的结论是，"全体人民"都被赋予了惩罚进行偶像崇拜的"国王及主要统治者们"的责任。[1]

16世纪中后期的宗教战争中，法国和荷兰的加尔文信徒们形成了更加世俗化的抵抗理论。在法国，抵抗问题最先由1559年亨利二世之死及后来的统治问题所引发。年轻的国王弗朗西斯二世（Francis Ⅱ，1544—1560年）尚未成年，统治由桂斯（Guise）家族实际把持。该家族由亨利公爵及其兄弟，法国洛林地区（Lorraine）大主教等为首。他们与王后凯瑟琳（Queen mother Catherine de Medicis）共谋。因此，对他们的抱怨不仅包括他们有着"外国人"（指凯瑟琳来自佛罗伦萨）的背景，而且也包括他们要否定已经被改革的宗教。反叛首先采取对这些篡权者进行人身攻击的方式。然后便是论证抵抗这些人的"暴政"的合理性。加尔文的弟子贝扎写道："人们经常问我们，是否允许起来反抗那些不仅是宗教的敌人而且是现实世界的敌人的人？"这些话发表于

① 〔英〕昆廷·斯金纳：《现代政治思想的基础》，段胜武、张云秋、修海涛等译，第509页。

1559年9月，正好在法国国王亨利二世死后两个月。而实际的反抗也在此时开始。在胡格诺运动中，出现了《被桂斯家族暴政压迫的法国各等级》（*The Estates of France Oppressed by the Tyranny of the Guise*）这样的小册子。弗朗索瓦·哈特曼在其著名的"1560年法国之虎"（Tiger of France of 1560）一文中指出，洛林的大主教因其宗教不宽容和政治上的篡权越位，至少应该受到像恺撒受到的暗杀一样的处罚。所有这些胡格诺的小册子也号召召开三级会议（Estates General）。

当王子孔德（Conde）于1562年4月在法国奥尔良（Orléans）与其他胡格诺领袖们集合在一起，以及包括哈特曼和贝扎在内的捍卫者们开始组织反抗时，事情便到了决战阶段。他们向德国诸侯、英国女王伊丽莎白一世（Elizabeth Ⅰ，1533—1603年）、日内瓦议会（Genevan Council）发出了求助信。在孔德与其追随者们签订的《联盟条约》（*Treaty of Association*）中，他说他希望年轻的国王及其合法的咨政们能够获得充分的自由，希望"减轻"桂斯家族加在"穷人们"身上的"沉重税收和债务负担"。因此，一场以"良心的自由"为基础的宗教运动，以及"抵抗的问题"，都从理论走向了实际。而到了下一代，就走进了法国的国民生活。在后来的几年里，胡格诺运动国际化。它影响了尼德兰。在1568年，奥兰治的威廉（William of Orange）说，西班牙人一直试图奴役尼德兰。在1572年4月，他说："在驱逐了暴虐的压迫者之后，我们将看到尼德兰人恢复其古老的自由，再一次得到不凭借任何暴力的统治。他们对国王保持正当合适的忠诚，统治者保护人民信仰的安全，根据等级会议的意见进行统治。"

1572年，圣巴托罗缪大屠杀（St. Bartholomew's Day Massacre）使抵抗理论达到高潮。贝扎在发表于1573年的"行政长官的权利"（Right of Magistrates）一文中说，"我们必须不仅崇敬那些不用抵抗就征服了别人的殉教者，以及仅仅用忍耐来反抗迫害真理的暴君们的殉教者，我们还要崇敬那些由法律和有效的权威机构授权，努力捍卫真正的宗教的殉教者。"①

圣巴托罗缪大屠杀标志着抵抗理论的又一个转折点，因为它导致新教徒第一次直接反对国王本人而不是他的外国篡权者们或者"邪恶的咨议员们"（evil counsellors）。在大屠杀中幸免的哈特曼说："在这样一个魔鬼的身上，怎么能有任何'尊贵'（majesty）呢？一个人怎么能够接受一个在八天里让三万人流血的人为国王呢？"对"尊贵"，也就是最高权力本身，提出疑问，是甚至在战争时期一个人也难以持有的最为反叛性、革命性的立场，也即"渎尊"。奥兰治的威廉在几年之后也采取了这一立场，那是当菲利浦二世（Philip Ⅱ，1527—1598年）悬赏购他的头之时。在他的1580年的"致歉"（Apology）一文中，威廉说，国王违背了作为国王的誓言，侵犯了尼德兰的习惯与自由。数月之后，尼德兰等级会议正式废除了（abjured）西班牙人的统治权利。这份文件说："君主是为其臣民而立的"，如果他未尽其义务，"根据权利和理性，他的臣民……必须不再承认他为君主……而应该废除他"，选举另外一个。这里不但体现了反叛思想，还体现了人民主权思想。这种主权在1648年威斯特伐利亚（Westphalia）条约中得到了承认。②

16世纪抵抗理论发展的最后阶段是一批作者们对该理论的更为理论化和哲学化的阐述。这些关于君权的著述（treatises of the monarchs）从《圣经》、古代哲学、罗马法、中古和近代历史、法律格言和自然法中吸收营养。不过，要点可顺两条主线来归纳。第一，服从上帝先于服从人。如果一个统治者强迫他的臣民反对上帝的意志，他就失去了他的合法性，因此成为一个暴君，人民不仅有权利，而且有义务进行反抗。第二，统治者是为其人民而设的，而不是相反。如果一位君主未尽其爱民之义务，他就变成了一个暴君，应予推翻、杀死，甚至由另一个被选举出来的统治者所取代。不过人民

---

① Donald R. Kelley, "Kingship and Resistance", R. W. Davis, ed., *The Origins of Modern Freedom in the West*, p. 261.

② Ibid., pp. 261-262.

这种行为的合法性在于，它或者是由政治上有资格的领导人，比如"较小的行政长官"，或者是由古老而神圣的等级会议——其最大的形式便是"大会议"（Great Council）——加以授权批准的。贝扎认为，最高主权是由国王和他的官员们（"较小的行政长官"）、各个社会等级——它们是自由和合法权威的代理人，传统上拥有选举和废除国王的权利——共同拥有的。贝扎用了古罗马和中世纪的许多例子来说明这点，包括著名的阿拉贡誓言（贵族们对国王发的誓言）："我们和你一样配作国王，并且能够比你做更多的事情，我们以下述种种条件为前提，选举你为国王。"贝扎也使用了古代罗马的"合法的君主"（lex regia）一词，根据这个词的意思，君主从罗马人民那里接受了最高权力。贝扎也借用了教会所反对的宗教会议理论（conciliar thesis），该理论将由教会代表组成的具有民主性质的宗教会议置于教皇之上。他认为，如果官员们失职，那么，每一个公民都应当竭尽全力去捍卫他的国家的合法的制度。[①]哈特曼将暴政的标志归纳为：强迫的服从；有"外国贴身警卫"；未经三个等级组成的代表大会的同意而进行的专断统治。[②]

贝扎在"捍卫反抗暴君的自由权利"一文中指出："在所有合法的统治中总可以发现一个契约"。他认为，国王的加冕总与两个契约（covenants）相伴，"第一是在上帝、国王和人民之间：人民将是上帝的人民；第二个是在国王和人民之间：如果他是一个合适的统治者，他将被人民服从。"但是，"如果他不是的话，那么，反抗就不仅是人民的权利，而且也是义务。国王由人民建立，也可以由人民废除。人民比国王更加伟大。"[③]

德国农民战争中的多种反抗理论。16世纪伟大的德国农民战争不但在实践上沉重打击了德国专横的统治者，而且将反抗暴君暴政

---

① Donald R. Kelley, "Kingship and Resistance", R. W. Davis, ed., *The Origins of Modern Freedom in the West*, pp. 262–263.

② Ibid., p. 263.

③ Ibid., p. 264.

的理论推向一个新高度。德国诸侯们形成了捍卫其"自由"的政治团体，开展了代表着信仰"自由"的信仰宣告运动（confessional movement），这是近代抵抗理论最早的形成。路德说："如果一个人可以抵抗教皇的话，他也可以抵抗所有捍卫教皇的皇帝和公爵。"①

正是信仰问题成为抵抗的最早原因。1550年，德国马格德堡（Magdeburg）的牧师指出："我们将努力表明，一个基督教政府可以而且应该保卫其臣民抵抗一个将试图强迫人民否定上帝的语言而实行偶像崇拜的上级权威。"②

抵抗理论的最激进表达是德国1525年5月"告农民大会书"（To the Assembly of the Peasantry May 1525）。作者号召以积极的行为反抗"虚伪而不受限制的权力"，反抗非基督教的世袭统治制度。不仅一个共同体"有权罢免其邪恶的统治者"，而且，这是"上帝想要做的！""基督本人一定是一位反叛者"。因此，人民应以主人的名义武装起来，进行正义的战争。③反抗者义愤、壮烈地宣布："这些恶势力只有通过伟大的战争、鲜血和战斗才能制止。"④

综上所述，作为政治自由思想的重要组成部分，以上反对暴君暴政的理论表现形式多样，内容丰富，而且同反抗暴君暴政的实际斗争紧密结合。

这一理论具有四种表现形式。一是平常臣民同王权的关系之中随意的话语。这说明这样的观念已经无处不在，无时不在，深入人心。二是一些比较有影响力的神学家、法学家、思想家比较系统深入的理论阐述。这些人的理论代表着一个时代比较主流的看法。其中，索尔兹伯里的约翰的理论最为完备，最具有理论体系的色彩。三是以加尔文派为代表的宗教派别的理论体系。这是欧洲中世纪和近代早期政治理论表现形式的一个鲜明特点：政治理论同宗教理论

---

① Donald R. Kelley, "Kingship and Resistance", R. W. Davis, ed., *The Origins of Modern Freedom in the West*, pp. 253-255.

② Ibid., pp. 255-256.

③ Ibid., p. 258.

④ 朱孝远：《神法、公社和政府——德国农民战争的政治目标》，第215—216页。

混合，政治行为同宗教行为结合。正是因为有了宗教的力量，政治理论才具有神学的权威；正是因为有了宗教的力量，政治行为才具有高效率的组织依托。四是德国农民战争中起义农民的政治纲领和政治口号。在德国草根的革命运动中，提出的口号同其他一些农民起义主要谋求经济平等、生活改善的目标有鲜明的差别。

这一理论包括专制王权违背神法、神的意旨的思想，专制王权违背法律的思想，专制王权违背与臣民的政治契约的思想，被统治者有权限制、制约、反抗、废黜、诛杀暴君的思想，政府应该为被统治者服务、受被统治者监督、由被统治者更替的思想，臣民应有的自由不能被剥夺的思想。

这一理论充满了现实性，同血与火的战斗交融。无数人高举这一理论的旗帜在战场上为自己的政治自由奋斗，许多人用鲜血和生命实践了这一理论。能够经受战斗洗礼、刀剑考验的理论，一定是有强大生命力的。所以，我们在美国独立战争、法国革命、英国革命中，都看到了这一理论的闪光。从欧洲人在中世纪晚期和近代早期以这一理论为武器同王权的斗争，我们就看得出它已经融进人们的血液，成为一种深厚的、稳固的精神信仰和文化传统。

当然，这一理论总体上还是很幼稚的。前提不是很科学，论证缺乏系统性，逻辑力量不够，同神学纠结太多。尤其重要的是，它主要还是代表少数人的利益，而不是绝大多数人的利益。

第二编　近现代的自由观念及其实践

第四章　近现代欧洲关于自由的一般看法

近代欧洲同此前的欧洲相比，有了非常不同的政治经济环境，人们也有了对自由新的理解与追求。

《对自由的恐惧》一书的作者，美国著名学者埃里希·弗罗姆（Erich Fromm，1900—1980年）认为，"近代欧美历史都围绕一个中心，这就是尽力从束缚人们的政治、经济和精神枷锁中获得自由。希望得到新自由权的被压迫者向那些既有特权的维护者们发动了自由之战。"[①]他说，我们应从"中世纪末和近代初的欧洲文化，来开始研究自由对现代人的意义。"[②]因为，"在这一时期，西方社会的经济基础发生了剧烈的变革，同时，人的人格结构也随之发生了同样剧烈的变革。于是，发展了一种新的自由概念。"[③]随着中世纪社会结构的逐渐解体，"个人"才慢慢从中世纪团体化的经济文化整体结构中挣脱出来，这就是文艺复兴具有历史意义的变革。弗罗姆还说，这一时期的"意大利人是'从封建社会的襁褓中诞生出来的现代欧洲人中的老大哥'，是第一个'个人'。"[④]弗罗姆认为："中世纪与现代

① 〔美〕埃里希·弗罗姆：《对自由的恐惧》，许合平、朱士群译，国际文化出版公司1988年版，第1页。

② 〔德〕埃里希·弗罗姆：《逃避自由》，陈学明译，工人出版社1987年版，第56页。

③ 同上书，第57页。

④ 同上书，第65页。

社会相比，其主要特点就是缺乏个人自由。"①因为，人的全部经济和社会的生活都被形形色色的规则和条约所操纵，没有一个活动领域能例外。只是随着中世纪封建制度的瓦解，在文艺复兴和宗教改革中，资本主义制度逐渐萌生，才使个人逐渐获得解放，获得商品经济条件下的个人自由。

"近现代西方人谈论自由时主要指从君主专制下解脱出来。按照18世纪伟大的法国自由主义作家邦雅曼·贡斯当的看法，古代世界持有一种与现代截然不同的自由观念：对现代人而言，自由意味着一个在法治之下受到保护的、不受干涉或独立的领域；而古代人的自由则意味着参与集体决策的权利。"②"但是，从社会学的角度来看，在现代自由所具有的诸多无可置疑的显著特性中，有两点特别值得关注：一是现代自由与个人主义的紧密联系，二是现代自由与市场经济和资本主义之间的血亲关系和文化关系。"③

一、关于自由的一般论述

约翰·洛克（John Locke，1632—1704年）是近代西方自由、人权、民主、私有财产观念的极其重要的奠基人之一。他比较全面地阐述了自由的概念。他认为，不受专制权力限制的自由与人的生命一样重要。他说："这种不受绝对的、任意的权力约束的自由，对于一个人的自我保卫是如此必要和有密切联系，以致他不能丧失它，除非连他的自卫手段和生命一起丧失。"④

洛克还把自由划分为自然自由和社会自由。"人的自然自由，就

---

① 〔德〕埃里希·弗罗姆：《逃避自由》，陈学明译，第61页。
② 〔英〕约翰·格雷：《自由主义》，曹海军、刘训练译，吉林人民出版社2005年版，第3页。
③ 〔英〕泽格蒙特·鲍曼：《自由》，杨光、蒋焕新译，吉林人民出版社2005年版，第44页。
④ 〔英〕洛克：《政府论》（下篇），叶启芳、瞿菊农译，商务印书馆1964年版，第16—17页。

是不受任何上级权力的约束，不处在人们的意志或立法权之下，只以自然法为他的准绳。处在社会中的人的自由，就是除经人们同意在国家内所建立的立法权以外，不受其他任何立法权的支配；除了立法机关根据对它的委托所制定的法律以外，不受任何意志的统辖或任何法律的约束。"①洛克对两种类型自由的划分，具有重要的理论意义。因为它使自由既具有理论的前提，又具有在现实生活中的可操作性。自由只能是在法律保护和许可的范围之内，使他不受另一个人的"任意意志"的支配，可以有遵循个人意志行动的自由。洛克所讲的自由并不是一种无政府状态，而是受法律约束的有序状态。在洛克看来，自由和法律总是密切联系的："法律按其真正含义而言与其说是限制还不如说是指导一个自由而有智慧的人去追求他的正当利益……法律的目的不是废除或限制自由，而是保护和扩大自由。这是因为在一切能够接受法律支配的人类的状态中，哪里没有法律，那里就没有自由。这是因为自由意味着不受他人的束缚和强暴，而哪里没有法律，那里就不能有这种自由。"②

　　洛克除了把自由与个人独立意志相联系，他还是西方思想家中第一个把自由与财产相联系的人。洛克明确地指出财产权乃个人之生存权与自由权赖以保障的物质基础，私有财产权是最为根本的自然权利。洛克特别强调人对财产的天然权利，并认为自然法的其他一切权利都以财产权为核心和基础。他认为，人在自然状态中"是他自身和财产的绝对主人"，天赋人权使人"自然享有一种权力……可以保有他的所有物——即他的生命、自由和财产——不受其他人的损害和侵犯……"③财产权即私有财产神圣不可侵犯，是自然权利的核心所在，为了生存，人们必须享有自然中的一切生活资料。在此基础上，洛克宣布人是一种"自由、平等和独立"的存在，他生而具有的"生命、自由、健康和财产"的权利，是神圣不可侵犯的。

---

① 〔英〕洛克：《政府论》（下篇），叶启芳、瞿菊农译，第16页。
② 同上书，第35—36页。
③ 同上书，第53、59、77页。

政治社会的首要目的是就是保护私有财产不被侵犯，因为这是个人自由的基础。

洛克又规定了三条原则，进一步确保私人财产权利不被侵犯。

第一，无论专制的或民主的立法权，"它对于人民的生命和财产不是、并且也不可能是绝对地专断的。"

第二，"立法或最高权力机关不能揽有权力，以临时的专断命令来进行统治，而是必须以颁布过的经常有效的法律并由有资格的著名法官来执行司法和判断臣民的权利。"

第三，"最高权力，未经本人同意，不能取去任何人的财产的任何部分。"①

英国洛克的思想，在法国著名启蒙思想家卢梭（Jean-Jacques Rousseau，1712—1778年）那里，得到了进一步的回应。卢梭主要从社会契约的角度，对作为基本人权的人的自由进行了论述。

就对封建制度的批判而言，卢梭是近代西方最激进的思想家之一。不过，在自由问题上，他比那些激进的人似乎要有所节制。因为他强调自由的社会契约对于个人自由的约束。他也把人类的自由分为自然自由与社会自由。自然自由是以个人的力量为界限的，而社会自由则是被公意所约束的自由。"人类由于社会契约所丧失的，乃是他的天然的自由以及对于他所企图的和所能得到的一切东西的那种无限权利；而他获得的，乃是社会的自由以及对于他所享有的一切东西的所有权。"②他认为"我们必须很好地区别仅仅以个人的力量为其界限的自然的自由，与被公意所约束着的社会的自由……"他说道："唯有道德的自由才使人类真正成为自己的主人；因为仅只有嗜欲的冲动便是奴隶状态，而唯有服从人们自己为自己所规定的法律，才是自由。"③这种自由是不能放弃的，"放弃自己的自由，就是放弃自己做人的资格，就是放弃人类的权利，甚至就是放弃自己

---

① 〔英〕洛克：《政府论》（下篇），叶启芳、瞿菊农译，第83—86页。
② 〔法〕卢梭：《社会契约论》，何兆武译，商务印书馆1980年版，第30页。
③ 同上书，第30页。

的义务……这样一种弃权是不合人性的；而且取消了自己意志的一切自由，也就是取消了自己行为的一切道德性。"① 卢梭认为，自由并不是为所欲为或消极地受法律制约，而是自觉服从公意即法律，服从法律并不意味着屈从任何外部的东西。因为公意也包括自己的意志，所以，服从法律即服从自己的意志，就是自由。他所理想的法律即资产阶级法律和自由的关系。

　　作为高度关注法律、法治、法的精神的思想家，与卢梭同时代的法国的孟德斯鸠（Montesquieu, 1689—1755年）既反对专制主义，倡导自由，又比较注重自由同法律之间的关系。他认为给自由下定义是困难的，他说："没有一个词比自由有更多的涵义，并在人们意识中留下更多不同的印象了。有些人认为，能够轻易地废除他们曾赋予专制权力的人，就是自由，另一些人认为，选举他们应该服从的人的权利就是自由；另外一些人，把自由当作是携带武器和实施暴力的权利；还有些人把自由当作是受一个本民族的人统治的特权，或是按照自己的法律受统治的特权。"② 他区分了哲学上的自由和政治上的自由。他说："哲学上的自由是要能够行使自己的意志，或者，至少（如果应从所有的体系来说的话）自己相信是在行使自己的意志。政治的自由是要有安全，或者至少自己相信有安全。"③并且他还说："在民主国家里，人民仿佛愿意做什么就做什么，这是真的，然而，政治自由并不是愿意做什么就做什么。在一个国家里，也就是说，在一个有法律的社会里，自由仅仅是：一个人能够做他应该做的事情，而不被强迫去做他不应该做的事情。""自由是做法律所许可的一切事情的权利，如果一个公民能够做法律所禁止的事情，他就不再有自由了，因为其他人也会有同样的权利。"④他进一步阐释到，一个公民的政治自由是一种心境的平安状态。这种心境的

---

① 〔法〕卢梭：《社会契约论》，何兆武译，第16页。
② 〔法〕孟德斯鸠：《论法的精神》（上册），张雁深译，第153页。
③ 同上书，第188页。
④ 同上书，第154页。

平安是从人人都认为他本身是安全的这个看法产生的。要享有这种自由，就必须建立一种政府，在它的统治下，一个公民不惧怕另一个公民。也就是说，自由就是服从法律，而不是为所欲为。只要人人都服从法律，在法律范围内行使自己的自由权利，就不会互相侵犯，从而安全地自由生活。

以"沉思"著称的犹太裔荷兰哲学家斯宾诺莎（Baruch de Spinoza，1632—1677年）给自由以一个充满哲学思辨意味的界说："凡是仅仅由自身本性的必然性而存在、其行为仅仅由它自身决定的东西叫作自由。"[1]他强调只有依照理性之道的人才是自由的。他说："其实，自由是一种德性，或一种完善性……一个人如果不能生存，或者不能运用理性，那么，我们根本不可能说他是自由的；只有在他能够生存、能够依照人的本性的法则而行动的时候，才能说他是自由的。"[2]他认为，一个醉汉的快乐和一个哲学家的快乐是完全不一样的。哲学家才是自由人。"那只受情感或意见支配的人，与为理性指导的人，其区别何在……因此我称前者为奴隶，称后者为自由人。"[3]一个人只要能够正确运用理性，思想便完全处于自己的权利之下，或得到完全的自由。所以，凡是最有理性和最受理性指导的人，也就是最充分掌握自己权利的人。因此之故，只要是在理性指导下生活的人，就可以称他为完全自由的人。[4]斯宾诺莎说："依照理性的指导，我们于两善中，将择其大者，于两恶中，将择其小者。"[5]

尽管斯宾诺莎极力赞美自由，说自由比任何东西都珍贵，主张政府保护人民的自由权利，但是，另一方面，他也反对个人无限制的自由。他说："虽然我们现在所讨论的自由不能完全不给人民，无限制地给予这种自由是极其有害的。所以，我们现在必须研究，究

① 〔荷兰〕斯宾诺莎：《伦理学》，贺麟译，商务印书馆1983年版，第4页。
② 〔荷兰〕斯宾诺莎：《政治论》，冯炳昆译，商务印书馆1999年版，第13页。
③ 〔荷兰〕斯宾诺莎：《伦理学》，贺麟译，第222页。
④ 〔荷兰〕斯宾诺莎：《政治论》，冯炳昆译，第16页。
⑤ 〔荷兰〕斯宾诺莎：《伦理学》，贺麟译，第220—221页。

竟能够并且必须给予到多大的限度，而不危及国家的安宁或统治者的权势。"①他与孟德斯鸠一样，认为受到法律限制的自由才是真正的自由。他说："一个受理性指导的人，遵从公共法令在国家中生活，较之他只服从自己，在孤独中生活，更为自由。"②"一个受理性指导的人，他服从法令，并非受恐惧的支配，但就他遵循理性的命令，以努力保持他的存在而言，换言之，就他努力去过自由的生活而言，他愿意尊重公共的生活和公共的福利。因此，他愿意遵守国家的公共法令而生活。所以一个遵循理性指导的人，为了过一个更自由的生活起见，愿意维持国家的公共法纪。"③这里我们看到了他为自由设定的边界。

被许多人认为具有一定专制主义思想倾向的德国哲学家黑格尔对自由问题高度关注，对人类历史上自由的逐渐扩展充满了赞扬。他在名著《历史哲学》中，把自由当作他那个著名的作为历史发展主体的"精神"的本质。他的自由理论，充满了哲理。他不同意其他思想家所提出的自由分为天然自由和社会自由的观点。他认为人类处于自然状态的时候没有自由，只有任性、野蛮。只有在国家和社会的限制下，才有自由。他说："所以天然状态不外乎是无法的和凶暴状态，没有驯服的天然冲动状态，不人道的行为和情感状态；社会和国家当然产生了限制，但是这种限制只是限制了纯属兽性的情感和原始的本能；就如像在一种比较更进步的阶段，便是限制了放纵和热情考虑的意图。这一种限制，乃是真正的——合理的和依照概念的自由的意识和意志所由实现的手段。"④

黑格尔认为："因为自由正是在他物中即是在自己本身中，自己依赖自己，自己是自己的决定者……只有当没有外在于我的他物和

---

① 〔荷兰〕斯宾诺莎：《神学政治论》，温锡增译，商务印书馆1963年版，第271—272页。

② 〔荷兰〕斯宾诺莎：《伦理学》，贺麟译，第226页。

③ 同上。

④ 〔德〕黑格尔：《历史哲学》，王造时译，生活·读书·新知三联书店1956年版，第81页。

不是我自己本身的对方时，我才能说是自由。"①他强调了自由和法律的关系，他说："任何定在，只要是自由意志的定在，就叫作法。所以一般说来，法就是作为理念的自由。"② "法律是自由的具体表现，是自我意识的实现，是精神的实在的一面和实在的形式。国家是法律的客观实现。法律是精神之自在的和自为的存在，是有其确定的存在的，是能动的。法律是自己实现其自身的自由。"③这里，我们看到，斯宾诺莎、孟德斯鸠及黑格尔都强调了自由必须是在法律限制下的自由。

近代德国最伟大的哲学家康德（Immanuel Kant，1724—1804年）对于自由也是高度关注。本书后面将要介绍他关于人只能是目的，而决不能是任何其他人的手段的观点，就蕴含着人相对于他人是先天自由的意思。当然，这个自由是政治自由。他还从道德哲学角度阐述道，一个人按照自己的意志行事就是自由，"自由不过是不服从自然界的定律罢了……自然界的必然性隐含着动因的他律……所以，除了自律以外，即除了意志能作为自己规律的特性以外，意志自由还有什么意义呢……自由意志与合乎道德的意志只是一件事。"④这是继承了古典希腊开创的"自治、自律"（autonomy）的思想：政治上的自治与道德上的自律的统一，自由与自我约束的统一。

到了19世纪，英国著名思想家约翰·斯图亚特·密尔（John Stuart Mill，1806—1873年）便把自由问题作为专门的题目加以论证，完成《论自由》这一名著。他为个人的自由确定了极其宽泛的范围，他认为个人的自由包括："第一，意识的内向境地，要求着最广义的良心的自由；要求着思想和感想的自由；要求着在不论是时间的或思考的，是科学的、道德的或神学的等一切题目上的意见和情操的绝对自由……第二，这个原则还要求趣味和志趣的自由；要

---

① 〔德〕黑格尔：《小逻辑》，贺麟译，商务印书馆1980年版，第83页。
② 〔德〕黑格尔：《法哲学原理》，范扬、张企泰译，商务印书馆1979年版，第39页。
③ 〔德〕黑格尔：《哲学史讲演录》（第二卷），贺麟、王太庆译，第244页。
④ 〔德〕康德：《道德形上学探本》，唐钺译，商务印书馆1957年版，第60页。

求有自由订定自己的生活计划以顺应自己的性格；要求有自由照自己所喜欢的去做，当然也不规避会随来的后果……第三，随着各个人的这种自由而来的，在同样限度之内，还有个人之间相互联合的自由。"[1]

密尔在谈到对公民自由限制时说，只有当某一个公民行使自由时对他人或社会构成危害时，社会才有权力限制公民的自由。否则的话，社会不应当干涉每个公民的思想、行为、社会交际。他认为，若说是为了那人自身的好处——不论是物质的好处或者精神的好处，都不是正当干涉的理由。因为人们有权对自己的利益做出自己的判断和选择。别人也许可以劝止或劝导他，但却无权用强力干涉他。

其实，密尔更担心的是社会对自由的威胁，是社会上多数人不能容忍非传统见解。他担心"多数人的暴政"会侵害少数人的权力，因此他担心对自由的侵害不是来自政府而是来自社会多数人的舆论或意志。他认为即使全体人中只有一个人持不同的意见，那么要这个人沉默并不比这个人要全体人沉默更为公正（密尔认为这里不是简单的数字相加那么简单）。他说："凡一切聪明事物或高贵事物的发端总是也必是出自一些个人，并且最初总是也必是出自某一个个人。"[2]因此社会要宽容这些人，并为这些人的发展创造条件。这些人可能个性鲜明，在一些人看来有些怪异。他说："一个社会中怪癖性的数量一般总是和那个社会中所含天才异秉，精神力量和道德勇气的数量成正比的。今天敢于独行怪癖的人如此之少，这正是这个时代主要危险的标志。"[3]这在当时基督教一统天下的欧洲来说是难能可贵的。

同一般思想家从单纯理论角度论述自由不同，17世纪英国农民运动组织掘地派领袖杰拉德·温斯坦莱（Gerrard Winstanley，约1609—1652年）从农民的立场论述了自由。他的自由观念散发出

---

[1]　〔英〕约翰·密尔：《论自由》，许宝骙译，商务印书馆1959年版，第14页。

[2]　同上书，第78页。

[3]　同上书，第79页。

浓厚的泥土气息。他认为自由对农民来说就是自由使用土地,他说:"总之,长期的自然经验证明,真正的自由就是自由地使用土地。"①"因此,一些兄弟夺走另一些兄弟土地的现象,就是压迫和奴役,而自由利用土地就是真正的自由。"②这种观点虽然有点狭隘,但是,它却闪耀着真知灼见:自由只有表现为对物质生产资料的支配时,才具有实践、实在的意义。马克思主义自由观就是强调无产阶级通过使社会生产资料公有而建立通向"每一个人自由而全面的发展"社会的桥梁。对于饥寒交迫的农民来说,还有什么比土地更宝贵的呢?没有土地,人都要饿死,他们的任何其他自由就是一句空话。

法国大革命时期雅各宾派的领导人物,著名的激进革命家罗伯斯庇尔(Maximilien de Robespierre,又译罗伯斯比尔,1758—1794年)对法国专制王朝充满了仇恨,对自由极其向往。他说:"自由是人所固有的随意表现自己一切能力的权利。它以正义为准则,以他人的权利为限制,以自然为原则,以法律为保障。"③罗伯斯庇尔对自由的理解和定义,代表了当时人们对自由的普遍观念。这就是:自由是人固有的自然权利,是天赋人权;自由是人随意地表达自己的思想和自主地支配自己的行动的一种权利或能力,即意志和行动摆脱了被动和受制状态,达到了独立自主;当然,这种权利或能力并不是无限制的,它客观上受到两种限制:一是不能侵犯别人的自由,二是不能违反社会公德。自由的范围和界限主要由法律具体规定,其实现主要依靠法律保障。

19世纪英国著名社会学家斯宾塞认为,自由是使每一个人实现幸福的最主要的、同等的条件。斯宾塞提出了"同等自由法则",即"人人都有运用其机能的充分自由,条件始终是他不侵犯任何别

---

① 〔英〕温斯坦莱:《温斯坦莱文选》,任国栋译,商务印书馆1965年版,第110页。

② 同上书,第109页。

③ 〔法〕罗伯斯比尔:《革命法制和审判》,赵涵舆译,商务印书馆1965年版,第137页。

人类似的自由。"[1]他说："行动的自由是运用机能的第一要素，因此也是幸福的第一要素；每个人的自由受所有人的同样自由的限制，是当这第一要素应用于许多人而不仅是一个人时所采取的形式；从而每个人的这一自由受所有人的同样自由的限制，是当这第一要素应用于许多人而不仅是一个人时所采取的形式；从而每个人的这一自由受到所有人的同样自由的限制，是社会必须按照它组织起来的原则。自由是个人正常生活的先决条件，而同等自由则成为社会正常生活的先决条件。"[2]他还说道："一个公民享有的自由不是由他生活的国家机器的本质决定的，无论是代议制的还是其他的，而是由强加于他之上的限制数量决定。"[3]

在自由观念史上，同约翰·斯图亚特·密尔一样有独特贡献的一个人是法国的文学家、思想家贡斯当。我们完全可以把他视为近代西方自由主义的奠基人之一。他对自由理论的突出贡献之一是，把自由分为政治自由和个人自由。政治自由是古代人享有的自由，个人自由是现代人享有的自由。他在《古代人的自由与现代人的自由》中提出，古代人的自由在于以集体的方式直接行使完整主权的若干部分，诸如在广场协商战争与和平问题，与外国政府缔结联盟，投票表决法律并作出判决，审查执政官的财务、法案及管理，宣召执政官出席人民的集会，对其指责、谴责或豁免（以希腊、罗马为例）。因此古代人的自由主要是指政治参与与集体决策。而随着历史的发展，资本主义生产关系的确立，现代的人民对自由的理解和要求同以前大不相同了。现代人的自由意味着"和平地享受私人的独立"，因此私人生活的独立而非政治参与才是现代人的自由的主要特点，自由基本上以个人的独立为条件。对现代人来说，行使行政权的政治自由已经没有多大意义了。因为："首先，国家规模的扩大导

---

① 〔英〕赫伯特·斯宾塞：《社会静力学》，张雄武译，商务印书馆1996年版，第30页。
② 同上书，第41—42页。
③ 〔英〕赫伯特·斯宾塞：《国家权力与个人自由》，谭小勤等译，华夏出版社2000年版，第17页。

致每一个人分享政治的重要性相应降低……第二，奴隶制废除剥夺了自由民因奴隶从事大部分劳动而造成的所有闲暇……第三，商业不同于战争，它不给人们的生活留下一段无所事事的间歇……最后，商业激发了人们对个人独立的挚爱。商业在没有权威干预的情况下提供了人们的需求，满足了他们的欲望。"[1]因此贡斯当认为对现代人而言，"自由是只受法律制约、而不因某个人或若干人的专断意志受到某种方式的逮捕、拘禁、处死或虐待的权利，它是每个人表达意见、选择并从事某一职业、支配甚至滥用财产的权利，是不必经过许可、不必说明动机或事由而迁徙的权利。它是每个人与其他个人结社的权利，结社的目的或许是讨论他们的利益，或许是信奉他们以及结社者偏爱的宗教，甚至或许仅仅是以一种最适合他们本性或幻想的方式消磨几天或几小时。最后，它是每个人通过选举全部或部分官员，或通过当权者或多或少不得不留意的代议制、申述、要求等方式，对政府的行动加以某些影响的权利。"[2]贡斯当由此得出结论，现代人民所追求的是公民自由，这种自由表现于公民个人对国家政权有一定的独立性，国家对私人生活不得干预。另外，现代自由与资本主义经济自由紧密相关。

自由观念史上另一位著名思想家伯林（Isaiah Berlin，1909—1997年）主要从自由需要免除限制、免除约束的角度谈论自由。他说："自由的根本含义，是免于桎梏、免于监禁、免于被他人奴役。其余的含义，则是这一含义的引申或隐喻。力争自由就是设法去掉障碍。"[3]他在《两种自由概念》里，提出了著名的"积极自由与消极自由"概念。他以为前者主要涉及"何人有权控制或干涉从而决定某人应该去做这件事、成为这种人，而不应该去做另一件事、成为另一种人"。后者则关乎"在什么样的限度内，某个主体可以或应当

---

① 〔法〕邦雅曼·贡斯当：《古代人的自由与现代人的自由》，阎克文、刘满贵译，第30—31页。

② 同上书，第26页。

③ Isaiah Berlin, *Four Essays on Liberty*, New York: Oxford University Press, 1969, p. lvi.

被容许做他所能做的事而不受到他人干涉。"[1]

著名的自由主义思想家哈耶克（Friedrich August von Hayek，1899—1992年）认为：个人自由是指国家权力的有限性，即便国家是建立在民主的基础之上，权力也是有限的，政治自由即民主只是国家的组成方式。他认为个人自由的实质或核心是指私人财产自由和契约自由。这里，我们可以同时见到洛克和卢梭的影子。他认为，法律的目的不是废除和限制自由，而是保护和扩大自由。就真正意义上的法律而言，不管在哪个国家中，哪儿没有法律，哪儿就没有自由。自由使我们免于他人的强制和暴力，而这在没有法律的地方是不可想象的。哈耶克在《自由宪章》一书中认为，自由是消极意义上的，它只是表明没有强制。他说自由是"人的一种状态，在这种状态下，社会中他人的强制被尽可能地减少到最小限度。这种状态我们称之为'自由'（freedom or liberty）的状态。"[2]因此他强调的自由是一种强制被限制在最低程度的状态。他说："对政治自由的伟大倡导者们来说，这个词意味的是免于强制的自由，是摆脱了他人专断权力的自由，是从种种束缚中的解放，这些束缚使个人除了对他们隶属的长官唯命是从之外别无选择。"[3]

以自由问题作为主要思考对象的约翰·格雷（John Gray，1948—　）在《自由主义》一书中分析了历史上思想家们对自由主义的贡献及不足，提出自己关于自由的看法。他说："我认为，基本自由应该被设想为构成自律行为者的必要条件。一个自由人即是享有为他自主的思想和行动所必须的各种权利和特权的人——即拥有支配自己，而不是被他人支配的权利和特权的人。基本自由权体系的内容无须是固定的或一成不变的，但都体现了在特定的历史

---

① Isaiah Berlin, *Four Essays on Liberty*, pp.162-166.

② 〔英〕哈耶克：《自由宪章》，杨玉生、冯兴元、陈茅等译，中国社会科学出版社1999年版，第27页。

③ 〔英〕哈耶克：《通往奴役之路》，王明毅等译，中国社会科学出版社1999年版，第30页。

环境中发展和运用自律的思想和行动能力所必需的条件。显然，基本自由无论包括其他什么内容，都将包括从司法上保护一种自由状态——免于任意逮捕的自由，以及良心自由、结社自由、迁徙的自由等。除了这些公民自由权利之外，人们常常认为，基本自由权包括被构想为各种形式的经济自由。"①

美国实用主义哲学家杜威（John Dewey，1859—1952年）认为自由并不是放纵，他说："既然自由的领域是有其界线的，因而当'自由'蜕化为'放纵'的时候那就要恰当地诉之于权威的作用来恢复平衡。"②自由也不是从某种束缚中解脱出来，他说："爱自由是否不仅是想要从某些特殊束缚下解放出来的一种欲望呢？而且，在挣脱束缚之后，在另一些事物又使人们感到不能忍受以前，这种追求自由的欲望就会趋于消逝吗？"③他认为自由是把所谓的潜力解放出来，"更多地给予个人以自由，把个人潜力解放出来，这个观念和这个理想是自由精神永远存在的核心；它是和过去一样正确的。"④但具体的解放方式，他并没有谈及。他说："个人的自由只有由于许多不同的复杂因素通力合作一致，趋向于一个单一的目的，才能得以维护，可是到底怎样根据自由的意愿使这些因素相互协调起来，我们尚盲无所知。"⑤

杜威把自由与民主联系起来，他说："民主的自由观念不是指个人想做什么就做什么的权利，即便再加上一条补充：'只要他不干扰别人的同样的自由'。虽然这一观念并不总是也常常并不能充分地明确表达，基本的自由就是心灵的自由，以及产生理智自由所必要的行动与经验的适度的自由。《权利法案》中所保证的自由方式都属此

① 〔英〕约翰·格雷：《自由主义》，曹海军、刘训练译，吉林人民出版社2005年版，第86页。
② 〔美〕杜威：《人的问题》，傅统先、邱椿译，上海人民出版社1965年版，第74—75页。
③ 〔美〕杜威：《自由与文化》，傅统先译，商务印书馆1964年版，第3页。
④ 〔美〕杜威：《人的问题》，傅统先、邱椿译，第100页。
⑤ 〔美〕杜威：《自由与文化》，傅统先译，第123页。

类：信仰与良知的自由，表达意见的自由，集会商讨的自由，作为交流工具的新闻出版的自由。这些权利受到保证，因为没有它们，个人就不能自由发展，社会也就被剥夺了他们可能贡献的东西。"[1]在杜威这里，自由更加具体了。

中国人非常熟悉的英国哲学家罗素（Bertrand Arthur William Russell，1872—1970年）认为自由就是摆脱羁绊和束缚。他说："自由的东西或自由的人是不受外部强制束缚的，如果精确一点，还要指出这种强制是什么。因此，当思想不受时常出现的外部束缚的制约时，它才是自由的。一旦思想自由，束缚就断然不会存在，在这些束缚中，有些昭然若揭，有些则微妙而令人捉摸不定。"[2]但他提到"政府和法律，就其实质来讲是对自由的约束，而自由是最大的政治善行。"[3]"尽管目前必须承认某种形式的政府和法律是必需的，还不应忘记所有法律和政府本身多少都是恶。"[4]罗素与其他强调法律对保证自由意义的思想家不一样的地方是，他强调思想自由，即思想不要受到外部约束；并且他强调政府、法律对自由的约束。

以名言"权力使人腐败，绝对的权力使人绝对腐败"著称于世的英国思想家阿克顿（John Emerich Edward Dalberg-Acton，1834—1902年）具体指出了自由的涵义包括五方面内容："1.它是对身处弱势的少数人的权利的保障。2.它是理性对理性的支配，而不是意志对意志的支配。3.它是对超越于人类的上帝所尽的义务。4.它是理性支配意志。5.它是公理战胜强权。"[5]"自由的历史——自由，是贯穿于几千年来的人类历史中唯一的内在连续性和一致性的因素——一条历史哲学的原则。"[6]"自由是古代历史和现代历史的一

---

①〔美〕杜威：《新旧个人主义——杜威文选》，孙有中、蓝克林、裴雯译，上海社会科学院出版社1997年版，第6页。

②〔英〕伯特兰·罗素：《自由之路》，李国山等译，西苑出版社2004年版，第86页。

③同上书，第15页。

④同上书，第16页。

⑤〔英〕阿克顿：《自由与权力》，侯健、范亚峰译，商务印书馆2001年版，第308页。

⑥同上书，第313页。

个共同主题：无论是哪一个民族、哪一个时代、哪一个宗教、哪一种哲学、哪一种科学，都离不开这个主题。"因此，他认为自由对人类的发展是至关重要的。"自由的进程：追求自由和反对自由这两者之间的斗争，构成了一条贯穿人类社会古代历史和现代历史的主线。作为一个共同的主题，自由的进程贯穿于古雅典、古罗马以及美洲移民的政体形态之中；贯穿于哲学和教会的宗旨之中；贯穿于教会和国家的斗争以及教会与教会的斗争当中；贯穿于基督教的基本原则之中，包括从中演化出去的各种教派及其敌人的教义之中。"①我们不得不承认阿克顿对自由的认识及论述是极其深刻的。

法国存在主义哲学家萨特（Jean-Paul Sartre，1905—1980年）提出人的存在就是自由。他说："自由，作为虚无的虚无化所需要的条件，不是突出地属于人的存在本质的一种属性……在人那里，实存与本质的关系不同于在世间事物那里的存在与本质的关系。人的自由先于人的本质并且使人的本质成为可能，人的存在的本质悬置在人的自由之中。因此我们称之为自由的东西是不可能区别于人的实在之存在的。"②并且他认为自由是绝对的，自由是与生俱来的，是与人的存在同在的。但是，人又是处在一定的环境中的，他提出自由与境遇不可分，自由离不开境遇，自由是具体境遇中的自由。萨特说："自由仅仅意味着这样的事实，即这种选择总是无条件的。"③个人不得不自由。这就是说，除自由本身外，找不到个人的自由的限度；也不妨说，人们没有不要自由的自由。他说："我们开始瞥见关于自由的悖论，只有在处境中的自由，也只有通过自由的处境。人的实在到处都碰到并不是他造成的抵抗和障碍；但是，这些抵抗和障碍只有在人的实在所是的自由的选择中并通过这种选择才有意义。"④他是在生命哲学的意义上，从人的基本哲学处境角度来阐述自

① 〔英〕阿克顿：《自由与权力》，侯健、范亚峰译，第313页。
② 〔法〕萨特：《存在与虚无》，陈宣良等译，生活·读书·新知三联书店1987年版，第55页。
③ 同上书，第64页。
④ 同上书，第609页。

由问题的。他的自由论不是政治自由论。

以探讨社会正义问题名满天下的伦理学家罗尔斯（John Rawls，1921—2002年）认为，自由是个人有行动的自由、摆脱限制和束缚、免除被强迫。他写道："自由可以参照三因素来解释：自由的行为者，他们所摆脱的束缚和限制，他们自由去做或不做的事情……这样，对自由的一般描述便具有以下形式：这个或那个人（或一些人）免除（或没有免除）这种或那种强制（或一系列强制）而去做（或不做）等。"①

以上我们介绍了近代以来西方关于自由定义的最基本、最主要的观点。从中可以知道，对自由下定义是困难的。据阿克顿的研究，自由的定义有200种以上。也有人说自由是类似变色龙一样的概念，任何人都可以根据其不同时期呈现的颜色定义它。当然我们也可以说，自由的含义随着时代的发展而不断改进和完善。

二、自由的来源与价值

既然自由如此重要，受到思想家们如此广泛持久的关注，那么，对于习惯于对问题寻根究底的西方思想家们来说，就一定有一个自由的来源问题和一个自由的价值问题。

首先，看来源问题。近代西方思想家们基本上相信自由源于天赋的权利。近代著名思想家像霍布斯、洛克、卢梭等在论及人类的政治原则的时候，总要以人类的自然状态为起点，强调人的"自然权利"。这个词有时翻译成"天赋权利"，实际上是"自然权利"，自由是其中重要的部分。近代西方思想家们并不都肯定人类自然状态的价值，但是，大都承认那种状态下人类享有自由，②并把它作为文

---

① John Rawls, *A Theory of Justice* (Revised Edition), Cambridge, Massachusetts: The Belknap Press of Harvard University Press, 2000, p. 32.
② 卢梭关于"自然"与人类天然的自由、平等的关系的论述，参见〔法〕卢梭《社会契约论》，何兆武译，第6—7页。

明社会人类政治自由的理论依据——也就是所谓的"自然权利"。

斯宾诺莎提出，人具有天赋的生存权和自由权，人的自然权利是自由和生存。人生来自由，他们只知道按照自然的最高律法和权利行事，也就是竭尽自身的力量，不顾一切来保存自己，他认为："每个个体应竭力以保存其自身，不顾一切，只有自己，这是自然的最高的律法与权利，那就是按照其天然的条件以生存与活动。"①

洛克认为生命、自由、财产是自然法为人类规定的基本权利，是不可让与、不可剥夺的自然权利。自然状态"是一种完备无缺的自由状态"，自由是自然的人类状态，在国家没有产生之前，人们是自由的，处于自然状态的。因此自由是人们与生俱来的，先于国家之前就存在的。他特别强调"自然状态有一种为人人所应遵守的自然法对它起着支配作用；而理性，也就是自然法，教导着有意遵从理性的全人类：人们既然都是平等和独立的，任何人就不得侵害他人的生命、健康、自由或财产。"②因此，这些自然权利即使在人们订立契约的时候也不可放弃、不可转让。他的原话是："这种不受绝对的、任意的权力约束的自由，对于一个人的自我保卫是如此必要和有密切联系，以致他不能丧失它，除非连他的自卫手段和生命都一起丧失。"③这种自我保存是人最根本和最强烈的要求，是他具有支配万物以维持个人生存与供给个人使用的权利的基础。基于人们同意建立的政府，它的"重大的和主要的目的"就是保护人们的生命、自由和财产。一旦政府丧失保护人们的生命、自由、财产的职能，那么人们就可以推翻政府。因此我们可以看到，在洛克这里，个人权利（自由）是自然的、天赋的，是目的，而政府是约定的，是手段。无论是美国的《独立宣言》，还是法国的《人权宣言》都开宗明义地说明人"生而自由"，因此洛克的学说是资产阶级对抗"君权神授"学说有力的武器。他的代表作《政府论》被誉为"资产阶级革

---

① 〔荷兰〕斯宾诺莎：《神学政治论》，温锡增译，第212页。
② 〔英〕洛克：《政府论》（下篇），叶启芳、瞿菊农译，第6页。
③ 同上书，第15页。

命的《圣经》"。

卢梭在《社会契约论》一开始就写道"人是生而自由的，但却无往不在枷锁之中。"①他认为人生来是自由的，但这种自然状态的自由并不是真正的自由，只有放弃自然自由进入社会自由才是真正的自由。对此前面已经有所论述，这里不再赘述。

杰斐逊（Thomas Jefferson，1743—1826年）认为，所有人都是平等的，"生命、自由和追求幸福的权利"是上帝赋予人们的"不可让渡的权利"。他说："在自然法则下，人人生而自由，人生来就有权利，包括随自己的意志而迁移和利用自身的权利。这就是所谓人身自由，这是造物主给他的，因为这对他的生存是必要的。"②在由他起草的《独立宣言》中，有这样的话语，"下述真理是不言自明的：一切人生来平等；造物主赋予他们以某些不可剥夺的权利，其中包括生命、自由和追求幸福；为了巩固这些权利，在人们当中建立了政府，政府的正当权力来自被统治者的同意……"这是西方人权及政府权力的宣言。他认为如果没有自由，那一个民族将是危险的。他的原话是："一个民族的自由的唯一牢固基础是坚信这些自由是上帝赐予的，如果去掉这个基础，这个民族的自由能被认为是安全的吗？"③

其次，来源于天赋的自由，究竟价值何在？在近代以来西方思想家那里，天赋的自由具有无与伦比的珍贵价值。西方人如此强调个人自由的理由如下：

第一，个人自由是不可剥夺的天赋权利。我们前面已经知道，所谓天赋人权或者自然权利，是近代西方资产阶级全部政治理论的出发点和基石。而从本书前面的介绍中，我们也知道西方思想家们是何等地注重作为个人天赋权利的核心内容——自由的。所以这里不再赘述。

---

① 〔法〕卢梭：《社会契约论》，何兆武译，第8页。

② 世界知识出版社编：《资产阶级政治家关于人权、自由、平等、博爱言论选录》，世界知识出版社1963年版，第57页。

③ 〔美〕托马斯·杰斐逊：《杰斐逊选集》，朱曾汶译，商务印书馆1999年版，第267页。

第二，个人自由是个人意志、个性发展、个人价值实现的前提。资产阶级思想家们认为，一个社会要进步，关键在于个人的创造力。个人要有创力的激发关键又在于个性能够得到充分的发挥。只有在一个自由的社会中，个人的潜能才能得到最大限度的发挥。斯宾诺莎就明确地把个性的发展作为自由的内涵。他说："可见政府最终的目的不是用恐怖来统治或约束，也不是强制使人服从，恰恰相反，而是使人免于恐惧，这样他的生活才能极有保障；换句话说，加强他生存与工作的天赋之权，而与他个人或别人无损。""政治的目的绝不是把人从有理性的动物变成畜生或傀儡，而是使人有保障地发展他们的心身，没有拘束地运用他们的理智；既不表示憎恨、忿怒或欺骗，也不用嫉妒、不公正的眼加以监视。实在说来，政治的真正目的是自由。"[①] 这是在西方思想家中，关于自由价值的最经典的论述之一，因为他把自由当作了政治最终的目的。

密尔在这方面有更加深入的论述。他认为让人类按照他们自己认为好的方式生活，比强迫他们按别人认为好的方式生活，对人类更加有益。他说："要想给每个人本性任何公平的发展机会，最主要的事是容许不同的人过不同的生活……凡是压毁人的个性的都是专制。"[②]

密尔认为个性的自由发展，"不止是和所称文明、教化、教育、文化等一切东西并列的一个因素，而且自身又是所有那些东西的一个必要部分和必要条件"[③]。个性的自由既然对整个社会有利，那么，也就有利于民族的进步。他说："进步唯一可靠而永久的源泉还是自由，因为一有自由，有多少个人就可能有多少独立的进步中心。"[④] 他认为一个民族在前进一段时间后，就会停止下来，停止的时候，就是不复保有个性的时候。

---

① 〔荷兰〕斯宾诺莎：《神学政治论》，温锡增译，第272页。
② 〔英〕约翰·密尔：《论自由》，许宝骙译，第75页。
③ 同上书，第66—67页。
④ 同上书，第83页。

密尔强调自由的意义在于有助于人们认识真理，他指出："迫使一个意见不能发表的特殊罪恶乃在它是对整个人类的掠夺，对后代和对现存的一代都是一样，对不同意于那个意见的人比对抱持那个意见的人甚至更甚。假如那意见是对的，那么他们是被剥夺了以错误换真理的机会；假如那个意见是错的，那么他们是失掉了一个差不多同样大的利益，那就是从真理与错误的冲突中产生出来的对于真理的更加清楚的认识和更加生动的印象。"①的确，在精神奴役之下由于没有智力活跃的人民，没有真理的发现，这个国家也很难进步。

著名德国教育家、思想家洪堡（Wilhelm von Humboldt, 1767—1835年）认为个人的自由之所以如此重要，是由于"人的真正目的——不是变换无定的喜好，而是永恒不变的理智为他规定的目的——是把他的力量最充分地和最均匀地培养为一个整体。为进行这种培养，自由是首要的和不可或缺的条件"。②洪堡对亚里士多德在《伦理学》中的一段话特别推崇："每一个人按其本性所固有的东西，对他来说就是最好的和最甜蜜的东西。因此，如果人性在最大程度上在于人的理智，那么，按照理智而生活是最为幸福的"。③

哈耶克认为，自由作为人类生存的价值，不仅仅是目标，还更应该是人类生存本体的自身。他说，纵观人类几千年的文明史可以看到，什么时候、什么地方自由多些，那个时候、那个地方的经济和社会发展就会快些。什么时候、什么地方奴役多些，那个时候、那个地方的经济和社会发展就会慢些；即使经济偶有增长，但随后就会有更大的倒退。因此可以说，个人自由是经济和社会发展的根本条件。"我们对自由的坚信，并不是以我们可以预见其在特

---

① 〔英〕约翰·密尔：《论自由》，许宝骙译，第17页。

② 〔德〕威廉·冯·洪堡：《论国家的作用》，林荣远、冯兴元译，中国社会科学出版社1998年版，第30页。

③ 同上书，第28页。

定情势中的结果为依据的，而是以这样一个信念为基础的，即从总体观之，自由将释放出更多的力量，而其所达致的结果一定是利大于弊。"[1]

阿克顿笔下有一连串的对自由的赞美。他说："自由的理念是最宝贵的价值理想——它是人类社会生活中至高无上的法律。"[2] "自由所追求的事业也就是正义和德性所追求的事业——反对自由也就是反对正义和德性，也就是在捍卫错误和罪行……" "自由能促使我们不受国家、社会、无知和错误的干扰而履行我们的义务。我们自由度的大小是同我们能在多大程度上摆脱为生存竞争所进行的搏杀以及与诱惑、性格发生的冲突这些障碍成正比的——这些障碍乃自由之内在敌人。" "自由是防止自己被他人控制的保障之法。"[3] "自由、正义与文明是人类历史上经常互相斗争以推动历史进步的三种力量。"[4] "自由就像生命和财产一样弥足珍贵，这种观念并不新鲜。"[5]

三、作为政治权利的自由

思想言论自由

无论政治自由也好，经济自由也好，信仰自由也好，都必须以思想言论自由为前提。可以说，言论自由是个人自由最基本的体现。所以，西方思想家们对这一自由权利的强调非常强有力。

斯宾诺莎竭力主张思想和言论自由。他认为，每个人是他自己思想的主人，理解力属于个人。这种天赋权利是不能转让的，即使

---

[1] 〔英〕哈耶克：《自由秩序原理》，邓正来译，生活·读书·新知三联书店1997年版，第31页。

[2] 〔英〕阿克顿：《自由与权力》，侯健、范亚峰译，第307页。

[3] 同上书，第308页。

[4] 同上书，第314页。

[5] 同上书，第315页。

出于自愿，也不可能放弃。他认为"强制言论一致是绝不可能的。因为，统治者们越是设法削减言论的自由，人越是顽强地抵抗他们。"①禁止言论和判断自由的法律是背离人类天性的，它在实际上只能激怒人民。"自由判断之权越受限制，我们离人类的天性愈远，因此政府越变得暴虐。"②他赞扬那些为包括言论自由的自由而战的勇士，他说："为正义而死不是惩罚，而是一种光荣，为自由而死是一种荣耀。"③

斯宾诺莎指出，人的思想是不能控制的，他说："思想分歧矛盾的人，若强迫他们只按最高当局的命令说话，是不会没有可悲的结果的。"④个人虽然可以放弃自由行动之权，但不应该放弃自由思考与判断之权。"虽然他的想法与判断可以与当局有分歧；他甚至可以有反对当局的言论，只要他是出于理性的坚信，不是出于欺骗、忿怒或憎恨，只要是他没有以私人的权威去求变革的企图。"⑤所以在斯宾诺莎这里，只要人的思想是出于理性，那么他的思想言论自由是必须保证的。

斯宾诺莎还提出，思想自由对于科学艺术的发展也非常重要。他指出："思想自由其本身就是一种德行，不能禁绝……更不用说这种自由对于科学与艺术是绝对必须的，因为，若是一个人判断事物不能完全自由，没有拘束，则从事于科学与艺术，就不会有什么创获。"⑥他说："最好的政府会容许哲理思辨的自由，正不亚于容许宗教信仰的自由。"⑦

然而斯宾诺莎认为，思想自由不是绝对的，思想自由也是要受限制的。他说："虽然我们现在所讨论的自由不能完全不给人民，无

---

① 〔荷兰〕斯宾诺莎：《神学政治论》，温锡增译，第275页。
② 同上书，第277页。
③ 同上书，第276页。
④ 同上书，第271页。
⑤ 同上书，第272页。
⑥ 同上书，第274页。
⑦ 同上。

限制地给予这种自由是极其有害的。所以,我们现在必须研究,究竟能够并且必须给予到多大限度,而不危及国家的安宁或统治者的权势。"①他主张,对那些"有危险性的意见"必须加以限制。"举例来说,若是有一个人说,有一条法律是不合理的,所以应该加以修改;如果他把他的意见呈给当局加以审查,并且同时绝没有违反那条法律的行动,他很对得起国家,不愧是一个好国民;可是如果他责备当局不公,鼓动人民反对当局,或是如果不得当局的同意,他谋乱以图废除这条法律,那他就是个捣乱分子与叛徒。"②这里斯宾诺莎提出了对自由的限制,即不能危及国家及统治者的权势。

在各种自由中,密尔最重视的是思想言论的自由。他说:"任何一个社会,若是上述这些自由整个说来在哪里不受尊重,那就不算自由,不论其政府形式怎样。任何一个社会,若是上述这些自由在那里的存在不是绝对的和没有规限的,那就不算完全自由。"③并且他认为言论自由与思想自由同样重要。密尔认为:"发表意见的自由,看来该归纳于一种不同的原则之下,因为它属于个人,关系别人的行为;但因为和思想自由差不多同等的重要,而且大部分基于同样的理由,它在实际上就无法和思想自由分开。"④

通过以上的分析,密尔得出结论,思想言论自由是人类精神福祉所必不可少的,没有这种自由,人们在智力方面就有毁灭性的后果。他深刻地指出:"在精神奴役的一般气氛之中,曾经有过而且也会再有伟大的个人思想家。可是在那种气氛之中,从来没有而且也永不会有一种智力活跃的人民。"⑤在这种精神奴役下,"有一大部分最积极、最好钻研的知识分子都觉得最好把真正的原则以及信念的根据包藏在自己心里,而在公开演讲中则把自己的结论尽量配合于

---

① 〔荷兰〕斯宾诺莎:《神学政治论》,温锡增译,第271—272页。
② 同上书,第272—273页。
③ 〔英〕约翰·密尔:《论自由》,许宝骙译,第14页。
④ 朱坚章:"穆勒的自由观念之分析",《政治思想史》2011年第1期。
⑤ 〔英〕约翰·密尔:《论自由》,许宝骙译,第39页。

他们内心所弃绝的前提……在这种事态之下，只能找到这样一类人，不是滥调的应声虫，就是真理的应时货，他们在一切重大题目上的论证都是为着听众，而不是自己真正信服的东西。"①

这里我们举一个例子：哥白尼提出的日心说的理论，虽不为当时的社会环境所接受，但历史证明他是正确的，还他以清白。历史上这样的例子比比皆是。因此密尔认为任何一个民族的活力都来自于思想言论自由。

孟德斯鸠也非常强调思想和言论自由。他说："要享有自由的话，就应该使每个人想说什么就说什么；要保全自由的话，也应该使每个人能够想什么就说什么。这个国家的公民可以说或写一切法律所没有明文禁止说或写的东西。"②

杰斐逊也高度重视思想言论自由。他认为，如果没有思想自由及表达思想的自由，人就不过是一架肉的机器，只能靠外力活动；在弗吉尼亚宗教自由草案中他写道："真理是伟大的，如果对它不加干涉的话，它终将会占上风，真理是一位称职的反对谬误的斗士，足以战胜谬误，并且不怕斗争，除非人为的干涉解除了真理的天然武装——言论和辩论自由。如果允许人们自由地批判谬误，谬误也就不再有生命危险了。"③通过杰斐逊等开国元勋的努力，思想言论自由以法案的形式在美国确立。

拉斯基（Harold Joseph Laski，1893—1950年）认为言论自由是衡量国家民主的标准，"一个国家的品质的最好指标，就在它能够容许人们对它进行自由批评的程度。因为这意味着国家对公众意见的敏感和消除人民疾苦的志愿，从而使国家巩固和扩大公民对它的忠诚。"④一个国家"一旦禁止言论自由，禁止对于社会制度的批评，

---

① 〔英〕约翰·密尔：《论自由》，许宝骙译，第38页。

② 〔法〕孟德斯鸠：《论法的精神》（上册），张雁深译，第322页。

③ 〔美〕彼得森注释编辑：《杰斐逊集》（上），刘祚昌、邓红风译，生活·读书·新知三联书店1993年版，第370页。

④ 〔英〕拉斯基：《现代国家中的自由权》，何子恒译，商务印书馆1959年版，第81页。

就会走向专制的道路"，①自由的本质就危险了。

美国总统罗斯福（Franklin Delano Roosevelt，1882—1945年）也认为世界是建立在人类的四项基本自由之上的，也就是我们熟知的"言论自由""宗教自由""免于匮乏的自由"和"免于恐惧的自由"。言论自由是四大自由之首。

出版自由

与思想言论自由紧密相关的是出版自由。英国自都铎王朝开始一直实行严格的出版许可制度。一切书籍、小册子都必须在获得政府颁布的许可证之后才可以印刷。这一制度是英国宗教改革期间亨利八世设立的，目的是禁止宗教异端以及对王室的恶意诽谤。后来在内战期间（1644年），约翰·弥尔顿在他的小册子《论出版自由》中激烈批判了这一出版许可制度。

他说："误杀好人和误禁好书就会同样容易。杀人只是杀死了一个理性的动物，破坏了一个上帝的像；而禁止好书则是扼杀了理性本身，破坏了瞳仁中的上帝圣像。"②"在我们这个世界中，关于恶的认识与观察对人类美德的构成是十分必要的，对于辨别错误肯定真理也是十分必要的。既然如此，我们如果想探索罪恶与虚伪的领域，又有什么办法能比读各种论文、听各种理论更安全呢？这就是兼容并包的读书法的好处。"③

他说："让我有自由来认识、发抒己见、并试据良心作自由的讨论，这才是一切自由中最重要的自由。"④"我们看到，有时像这样就会犯下杀人罪，甚至杀死的还是一个殉道士；如果牵涉到整个出版界的话，就会形成一场大屠杀。在这种屠杀中，杀死的还不止是凡尘的生命，而是伤及了精英或第五种要素——理智本身的

---

① 〔英〕拉斯基：《现代国家中的自由权》，何子恒译，第69页。
② 〔英〕弥尔顿：《论出版自由》，吴之椿译，商务印书馆1996年版，第5页。
③ 同上书，第17页。
④ 同上书，第45页。

生气。"①

　　他用了大量篇幅论述书报检查制度的荒谬。他说书报检查制度"首先对于学术和学者是一个最大的打击和污辱，所以它不但没有好处，而且还有十分明显的坏处。"②那些"富于自由精神和天才的人，他们显然生来就宜于研究学问，而且是为着学术本身而爱好学术；他们不为金钱和其他的目的，而只为上帝和真理服务；并且追求一种流芳百世的令名和永垂不朽的赞誉，这是上帝和善良的人们对于出版书籍促进人类福利的人乐于赠与的……必须明了，一个学术名望不高，然而从不触犯法律的人，他们的观点和忠诚如果得不到信任，以致被人认为没有人检查和指导就不能发表自己的思想，不加管制就将弄出一个教派或者散布毒素，那他作为一个明白事理的人就将认为这是一种最大的不快和污辱。如果我们从老师的教鞭底下逃出来又落到了出版许可制的刑棍底下，如果严肃而认真的写作……不经过草率从事的检查员胡乱检查一下就不能发表；那么作为一个成年人又比一个学童能好多少呢？如果一个人从没有作奸犯科之名，而他自己的行为又都不能自主，那么他就只能认为自己在自己的国家里是一个傻瓜或者外方人了。当一个人准备向外界发表作品时，他必然会运用自己的全部智慧和思虑。他辛勤地探讨、思索，甚至还征求贤明友人的意见。做过这一切之后，他才认为自己对于行将写出的东西的了解，已经不下于以往任何作家。这是他忠诚地写作，并运用成熟的智慧得出的最完满的结果；假如他在这里面所费的那样多岁月、那样多辛勤劳动，以及他的才能在以往的信誉都不能让他达到一个成熟的境地，因而始终不能被人相信；他深夜不眠、守伴孤灯、精心勤劳地写出的作品却必须送给一个终日忙碌的检查员匆匆地看上一眼，而这个检查员很可能是比他小很多的晚辈，在判断上也远不如他，在写作上可能一无所知；纵使他幸而没有被驳回或受到轻蔑，在出版时也必须像一个晚辈由自己的保护

　　① 〔英〕弥尔顿：《论出版自由》，吴之椿译，第5—6页。
　　② 同上书，第27页。

人领着一样，让检查员在他的标题页后面签署，以保证他不是白痴或骗子——这种做法，对作者、对书籍、对学术的庄严与特权，都是一个莫大的污辱。"①他认为出版检查制度"对于健在的明达之士说来是个莫大的污辱，对于已故的贤者流传后世的著作也是一个莫大的损害，所以在我看来，这对整个国家都是一种污蔑和损害。英国的发明、艺术、智慧以及庄严而又卓越的见解绝不是一二十个人都能包容无疑的：更不用说，没有他们的亲笔签署就不能发行：不论他们的禀赋多么好，我也不能如此轻视英国的文化。真理和悟性决不能像商品一样加以垄断，或凭提单、发票掊斥播两地进行交易。"②弥尔顿认为出版许可制会阻挠真理的输入："虽然各种学说流派可以随便在大地上传播，然而真理却已经亲自上阵；我们如果怀疑她的力量而实行许可制和查禁制，那就是伤害了她。让她和虚伪交手吧。谁又看见过真理在放胆地交手时吃过败仗呢？"③"谁都知道，除去全能的主以外就要数真理最强了。她根本不需要策略、计谋或者许可制来取得胜利。这些都是错误本身用来防卫自己、对抗真理的花招，只要让真理有施展的余地，而不要在睡着了的时候把她捆住就行了。"④

现代学者伯里（John Bagnell Bury，1861—1927年）肯定了弥尔顿的观点，他说："弥尔顿在《论出版自由》（1644年）一文里，以论证极力为出版自由辩护，其辩证亦合用于一般的思想自由。他谓出版检查'能顿挫学术，阻滞真理，不但使我们不了解已得的事物，并且阻遏未来的宗教与政治上的发现。'因为知识要靠新思想的发表才能进步，真理要靠自由言论才得发现。若真理之水，'不能继续不停地流着，就要沉滞而为服从与习俗的泥水潭了。'发执照者所批准的书，往往如培根所说，'只是一时的文辞罢了'，于进步上

---

① 〔英〕弥尔顿：《论出版自由》，吴之椿译，第27—28页。
② 同上书，第30页。
③ 同上书，第46页。
④ 同上书，第47页。

并无任何贡献。检查出版最严的国家，并未能证明它于道德上有何效益：'试看意大利与西班牙，那里严厉的书籍审查曾否让贤智忠良者裹足不前？'西班牙诚然可以说：'我是更正统的，这是更要紧的事。'最要注意的是：弥尔顿尊思想自由当急于政治自由。'给我依良心而求知、发表和辩论的自由，急于其他一切的自由。'"[1]

托克维尔（Alexis de Tocqueville, 1805—1859年）也指出："出版自由的影响不仅及于政治观点，而且及于老百姓的一切简介。它不仅使国家改变法律，而且能使社会改变风气。"[2]他认为出版自由不仅是公民自由和安全的保障之一，而且是这方面的唯一保障。他还说："出版自由和人民主权，是相互关系极为密切的两件事。""在完全由人民主权理论施政的国家，设立出版检查制度不仅危险，而且极其荒谬。"[3]

杰斐逊也认为出版自由比言论自由更重要，言论自由只影响到少数人，而出版自由影响范围大得多，因此没有自信的政府最先想控制的就是出版自由。他其实并没有写过专著论述出版自由，他关于出版自由的思想散见于他起草的《独立宣言》《弗吉尼亚宗教自由法案》，以及私人书信中。他说："所以我们的第一个目的就是向他敞开一切通往真理的途径。到现在为止我们所发现的最有效的途径，就是出版自由。因此那些害怕自己的行为受到查问的人，首先禁止的也是出版自由。"[4]并且他认为出版自由是个人自由、财产自由真正的保证。杰斐逊1786年写信给约翰·杰伊时说道，政治自由，除了靠新闻自由是得不到保障的，限制新闻自由就一定有失去政治自由的危险。他说："只有人民才是自由和财产的可靠保管者，但是人民没有知识也不会安全可靠。如果有出版自由，而人人又有阅读能力，

---

① 〔英〕J. B.伯里：《思想自由史》，宋桂煌译，吉林人民出版社1999年版，第52页。

② 〔法〕托克维尔：《论美国的民主》（上卷），董果良译，商务印书馆1996年版，第203页。

③ 同上书，第205页。

④ 世界知识出版社编：《资产阶级政治家关于人权、自由、平等、博爱言论选录》，第73页。

那就一切都安全可靠了。"①并且他在1792年写给华盛顿的信中表达了对政府批评的必要性。他说:"任何政府都不应当没有批评者,如果政府正直,它用不着害怕公正的攻击和答辩。"②杰斐逊还说:"防止人民进行这些不正当干预的办法,是通过报纸渠道让他们充分了解国家大事,并努力使报纸进入千家万户。由于我们政府的基础是人民的舆论,首先就应当使舆论保持正确;如果让我来决定,到底应该有政府而没有报纸,还是应该有报纸而没有政府,我将毫不犹豫地选择后者。"③

1759年,牛津大学英国法教授布莱克斯顿(W. Blackstone)认为应该允许出版自由,如果出版物真的有问题,可以在出版后追责。他的原话是:"出版自由对自由国家来说是在本质上必不可少的。但这种自由存在于不得预先限制出版物,而在出版后涉及犯罪事项则没有免责的自由。"④

资产阶级革命中,争取思想、言论自由成为革命者的目标。19世纪,西方报业的发展,特别是西方报业独立于政府原则的确立,有利于他们获得独立的报道权、言论权。美国在这方面最典型。如1704年美国诞生了第一份真正连续出版的报纸——《波士顿新闻报》,1719年又诞生了连续出版的《波士顿公报》。在美国独立战争中,领导者们将新闻自由作为他们致力于争取的权利之一。

今天,新闻媒体被誉为"第四权",也即对政府进行监督的第四种权力。第四权理论强调新闻媒体在现代民主社会中所扮演的角色,系作为一种政府三权(行政权、立法权与司法权)以外的第四权力组织,用以监督政府、防止政府滥权,因此第四权理论又被称为"监督功能理论"。虽然在英美国家"第四权"并不是一个有法理

---

① 世界知识出版社编:《资产阶级政治家关于人权、自由、平等、博爱言论选录》,第84页。
② 〔美〕彼得森注释编辑:《杰斐逊集》(上),刘祚昌、邓红风译,第1133页。
③ 〔美〕托马斯·杰斐逊:《杰斐逊选集》,朱曾汶译,第389页。
④ W. Blackstone, *Commentaries on the laws of England*, Book IV, Philadelphia: Lippincott, 1893, pp. 151-152.

意义的名词，也没有具体的宪法、法律、规令来解释、设立第四权，但新闻监督权力越来越受到公众的重视，并且这种监督以它的公开性、灵活性、广泛性起到越来越大的作用。1974年的"水门事件"和1986年的"伊朗门事件"都是被报业最先曝光的最好的例子。

信仰自由

信仰应该是个人的事情。但是，自从人类有信仰以来，这种个人的事情就被团体化、社会化、国家化。在罗马时代有着国家对基督徒的迫害，在中世纪有着基督教对异端的迫害。在中世纪晚期和近代早期，争取信仰自由与宗教宽容，曾经是资产阶级的一个重大任务。同时，许多思想家和理论家一直呼吁信仰自由，坚持政权不要对此进行干预。

托马斯·莫尔（Sir Thomas More，1478—1535年）虽然反对宗教改革，但他对信仰还是持开明态度。他在《乌托邦》中写道："乌托邦人最小心翼翼，不肯轻易作出武断结论的，莫过于有关宗教的问题。"[1] "不但乌托邦全岛总的说来有各种宗教，在每个城市也是如此。有人崇拜日神，有人崇拜月神，又有人崇拜其他某一种星辰。"[2] "即使不赞成基督教义的乌托邦人，既不阻止别人信从，也不侵犯已经信从的人。""原来乌托邦人有一条最古的制度，任何人不能由于自己的信仰而受到责罚。"并且国王"他一开始就规定每人信从自己所选择的宗教是法律上认可的，一个人也可以向别人宣传自己的教，劝其接受，但只能用温和文静的方式，讲出道理为自己的教作辩护，如果他劝说无功，不应将其他一切的教都恶毒地摧毁，不得使用暴力，不得诉诸谩骂。如有人表达自己观点时，断断争辩，态度过分激烈，他将受到流放或奴役的处分。"[3] "乌托普不轻率地作出武断的结论。他不能肯定，上帝是否不愿意看到各种各样的

---

① 〔英〕托马斯·莫尔：《乌托邦》，戴镏龄译，商务印书馆1982年版，第109页。
② 同上书，第103页。
③ 同上书，第105页。

多方面的信仰，因而不向不同的人灌输不同的观点。但是他肯定这一点，即强迫和威胁人人都接受你心目中的真理，那是既横蛮又愚笨的。"① "因此乌托普把宗教的全部问题作为一个尚有待于解决的问题，容许每人选择自己的信仰。"②莫尔的论述在当时的历史条件下是难能可贵的，因为16世纪宗教改革前还是基督教一统天下的局面。

洛克认为，宗教信仰是个人的事，国家不应干涉。他说："我以为下述这点是高于一切的，即必须严格区分公民政府的事务与宗教事务，并正确规定二者之间的界限。"在他看来，"国家是由人们组成的一个社会，人们组成这个社会仅仅是为了谋求、维护和增进公民们自己的利益。"③而"教会是人们自愿结合的团体，人们加入这个团体，是因为他们认为能够用上帝可以允许的方式礼拜上帝，以达到拯救灵魂的目的。"④针对当时基督徒之间的纷争，洛克毫不留情地进行了批评，他认为宽容、仁爱、友善是真正基督徒的标志。他说："我把那种宽容誉为纯正的教诲基本特征的标志。""倘若他缺乏仁爱、温顺以及对全人类乃至对非基督徒的普遍的友善，他自己当然也就不配为一个真正的基督徒了……不论是谁，如果他愿意置身于基督的旗帜之下，对他来说，首要的和高于一切的，就是向自己的邪恶和私欲开战。任何人若没有圣洁的生活、纯洁无瑕的行为，缺乏仁爱和忍让精神而僭取基督徒的美名，都是徒然无益的。"⑤

他还谈到了排除异己的宗教迫害所带来的严重后果，他说："对教会狂热加上奴役他人的欲望，究竟可以带来什么样的后果，以及用宗教和关心他人的灵魂作为借口，多么易于成为贪婪、掠夺和野心的掩饰物！"⑥在很多情况下，"人们在为他们自己和他们的宗派谋

① 〔英〕托马斯·莫尔：《乌托邦》，戴镏龄译，第104—105页。
② 同上书，第105页。
③ 〔英〕洛克：《论宗教宽容——致友人的一封信》，吴云贵译，商务印书馆1996年版，第5页。
④ 同上书，第8页。
⑤ 同上书，第1页。
⑥ 同上书，第30页。

求某种特权时，是以某种特别富于欺骗的言辞为掩饰，而在实际上却践踏社会的公民权力。"[①] "基督教世界之所以发生以宗教为借口的一切纷乱和战争，并非因为存在着各式各样的不同意见（这是不可避免的），而是因为拒绝对那些持有不同意见的人实行宽容。（而这是能做到的）。"[②] 这种言论对今天一些宗教还是有借鉴意义的。

卢梭提倡一种宽容敦厚的宗教精神。在他所向往的"公民宗教"中，唯一不被允许的反面教条就是不宽容。在《爱弥儿》中卢梭甚至说："没有任何真正的信仰者是会不宽容的，或者是会变成迫害者的。假如我是官吏而法律又对无神论者处以死刑的话，那么谁要是宣判别人这种罪状，我首先就要把他烧死。"[③] 在《爱弥儿》中卢梭又呼吁："我的孩子，你要使你的灵魂时时刻刻都希望有一个上帝，而且对他不要抱丝毫的怀疑。此外，不管你最后的决定怎样，你都要记住：真正的宗教的义务是不受人类制度的影响的，真正的心就是神灵的殿堂，不管你在哪个国家哪个教派，都要以爱上帝胜于爱一切和爱邻人如同爱自己作为法律的总纲；任何宗教都不能免除道德的天职，只有道德的天职才是真正的要旨；在这些天职中为首的一个是内心的崇拜；没有信念，就没有真正的美德。"[④]

潘恩（Thomas Paine，1737—1809年）坚决主张信仰自由，要求废除国教。他一针见血地指出了宗教与政权结合的严重危害，认为"教会和国家一旦勾搭起来，发生了龌龊的关系，不论是犹太教、基督教或土耳其教会，就会非常有力地用痛苦和处罚的方法来绝对禁止议论已确立的信条，以及宗教上的主要原理"。[⑤] 并且教会还会通过流血的迫害和致死的折磨，使它服务于专制主义的目的。历史证明接连不断的宗教战争，曾使欧洲成为血泊，给人类带来无穷的灾难。因而潘恩坚决反对教会与国家政权结合起来，认为信仰上帝

---

① 〔英〕洛克：《论宗教宽容——致友人的一封信》，吴云贵译，第39页。
② 同上书，第47页。
③ 〔英〕卢梭：《社会契约论》，何兆武译，第186页注释。
④ 〔法〕卢梭：《爱弥尔》（下卷），李平沤译，商务印书馆1996年版，第454页。
⑤ 〔英〕潘恩：《潘恩选集》，马清槐等译，商务印书馆1997年版，第349页。

是个人与上帝之间的私事，决不应受教会或政府的干预。正因为如此，教会再也不能像中世纪时代那样粗暴干涉国家政事，政教必须分离，实行宗教信仰自由。

杰斐逊也提倡宗教信仰自由。他认为，宗教信仰是个人的事，国家不应干涉。在他的努力下通过的《弗吉尼亚宗教自由法令》中就有这样的话语：全能的上帝既然把人类的思想创造成自由的，所以任何企图影响它的做法，无论是凭靠人世间的刑罚或压迫，或用法律规定来加以限制，结果将只是造成虚伪和卑鄙的习性，背离我们宗教的神圣创始者的旨意。因此，"任何人都不得被迫参加或支持任何宗教礼拜、宗教场所或传道职位，任何人，不得由于其宗教见解或信仰，在肉体上或者财产上受到强制、拘束、干扰、负担或其他损害；任何人都应该有自由去宣讲并进行辩论以维护他在宗教问题上的见解，而这种行为，在任何情形下，均不得削弱、扩大或影响其公民权力"。这些都是杰斐逊坚持宗教自由思想的具体体现。他还用直白的话告诉我们："我们邻居说有二十个上帝也好，说没有上帝也好，都于我无损，这既没有偷走我口袋里的财物，也没有折断我的腿。"[1] 杰斐逊认为既然宗教的社会影响是让人变得良善，在个人心目中划定一条道德底线，因此，不应该强迫，强迫只能适得其反，使人变得口是心非。他说："强制的结果是什么呢？使世界上一半的人成了傻子，一半成了伪君子。使全世界的坏事和错误都有了靠山。"[2] 他还说："假如罗马政府不曾容许自由探讨，基督教就不会得到传播。假若宗教改革时代不曾容许自由探讨，基督教的腐败现象就不可能得到根除，如果现在限制自由探讨，就会使现有的腐败事物受到庇护，而且使新的腐败事物滋长起来。"[3] 这无疑是一针见血的。

---

[1] 世界知识出版社编：《资产阶级政治家关于人权、自由、平等、博爱言论选录》，第59页。

[2] 同上书，第60页。

[3] 同上书，第59页。

贡斯当也主张宗教信仰自由。他说："现行宪法在宗教问题上回到了惟一理性的观点，即支持信仰自由，没有限制，没有特权，更没有对个人的强迫，没有要求他们遵照完全法定的形式，宣布对特定宗教形式的选择。"[①] 他认为人们遭受的苦难不计其数，到处寻求安慰，所有经久不衰的安慰都来自宗教。宗教是人们的避难所。因此政府应该允许宗教信仰。他说："所有信仰形式获得完全彻底的自由，既对宗教有利，也符合正义的要求。"

托克维尔指出："在所有的生物中，只有人对本身的生存有一种天生的不满足感，总是希望人生无可限量。人既轻视生命，又害怕死亡。这些不同的情感，不断地促使人的灵魂凝视来世；而能把人引向来世的，正是宗教。因此宗教只是希望的一种特殊表现形式，而宗教的自然合乎人心正同希望本身的自然合乎人心一样……没有信仰只是偶然的现象，有信仰才是人类的常态。"[②] 他分析了宗教维护美国民主共和制度的有利因素，即政教分离、宗教宽容。在欧洲，特别是英国遭受宗教迫害的人逃离到新大陆——美国，那里既有新教徒，也有天主教徒，人们相安无事地崇拜上帝。正是这种宗教宽容吸引了大批人才来到美国。

其他自由

作为政治权利的自由种类众多，除前述几种外，还有集会、结社、游行、示威、罢工、迁徙等自由。西方思想家们对这些自由权利都有论述，宪法也有相应规定。

托克维尔在《论美国的民主》中曾指出：结社自由是仅次于自己活动自由的最自然的自由，他认为，政治方面结社的无限自由，是一切自由当中最后获得人民支持的自由。"结社权是基本人权，破坏结社权就会损害社会本身；结社……从长远看有利于社会稳

---

① 〔法〕邦雅曼·贡斯当：《古代人的自由与现代人的自由》，阎克文、刘满贵译，第182页。

② 〔法〕托克维尔：《论美国的民主》（上卷），董果良译，第344页。

定。"①资产阶级革命胜利以后，为了保证人民享有的自由、权利，各国先后用宪法的形式规定了公民的自由，如1789年法国大革命后通过的《人权与公民权宣言》第11条写道：自由传达思想和意见是人类最宝贵的权利之一；因此，各个公民都有言论、著述和出版的自由，但在法律所规定的情况下，应对滥用此项自由负担责任。

美国宪法修正案的第一条写道，国会不得制定关于下列事项的法律：确立国教或禁止信教自由；剥夺言论自由或出版自由；或剥夺人民和平集会和向政府请愿伸冤的权利。

历史上很多宪法文件提到迁徙自由：最早的成文法渊源可追溯到1215年英国的《大宪章》，该宪章第42条规定："自此以后，任何对余等效忠之人民，除在战时为国家与公共幸福得暂加以限制外，皆可由水道或旱道安全出国或入国。"英国1628年《权利请愿书》规定："凡自由人除经其同意之合法裁判，或依国法外，皆不得加以拘捕、监禁，或剥夺其管业权、各项自由及自由之习惯，或置诸法外，或加以放逐，亦不得以任何方式加以毁伤。"在法国，1676年《人身保护法》声称其目的在于"使人民自由之保障更为妥善并取缔海外之监禁"，最早以成文宪法形式规定公民迁徙自由权的是法国的《1791年宪法》，该宪法的第一篇第二款规定，"宪法也同样保障下列的自然权利和公民权利：各人都有行、止和迁徙的自由，除非按照宪法所规定的手续，不得遭受逮捕或拘留"。

19世纪后，世界各国宪法中，绝大多数都对迁徙自由有直接或间接的规定。《荷兰宪法》第二条第四款规定，"除议会法令另有规定者外，任何人均有出境的自由"；《瑞士宪法》第45条规定，"凡瑞士公民均可以在本国的任何地方定居。凡瑞士公民一律不得被驱逐出境。"《德意志联邦共和国基本法》第11条规定，"所有德国人享有在全联邦境内的迁徙自由"，第12条规定"所有德国人都有自由选择他们的营业、职业或专业、工作地点和受培训地点的权利"。

---

① 〔法〕托克维尔：《论美国的民主》（上卷），董果良译，第216—218页。

1948年《世界人权宣言》、1966年《公民权利和政治权利国际公约》相继规定了公民的迁徙自由权。可见，迁徙自由作为一项不可剥夺的人权已经获得国际社会的广泛认同。

婚姻自由。婚姻自由是由法律所规定并受法律所保护的一种权利。任何人，包括当事人父母，都不得侵犯这种权利；否则就是违法行为。婚姻自由既包括结婚自由也包括离婚自由。随着社会的进步，很多国家都确立了婚姻自由的概念。莎士比亚借戏剧《无事生非》中培尼狄克之口歌咏："一个人明明知道沉湎于爱情里是一件多么愚蠢的事，可是，在讥笑他人的浅薄无聊以后，偏偏自己打自己的耳光，照样陷入爱情温柔的怀抱，因为美妙的男欢女爱是天衣无缝的珠联璧合。"因此人们认为，自由选择自己的爱人是人权最基本的一项权利。

教育自由。教育自由是每个人都有获得适当教育的权利。受教育已被认为是一项基本人权。当今大多数国家都实行了基本义务教育。

许多思想家也论述了教育的重要性。密尔强调了孩子有受教育的自由。如果父母不能保证孩子享有这一自由，那么国家就会承担实行监督的义务。他说："人类对于自由的珍视一般总是远远不及对于权力的珍重的。就以教育为例来看，国家对于生为公民的每一个人都应当要求并强迫他们受到一定程度的教育，这难道不几乎是一条自明的公理吗？可是试问有哪个人不害怕承认并主张这个真理呢？不错，并没有任何人否认，做父母的既经把一个人生在世上，就应当给他一种教育，使他一生对人对己都能很好地尽到他的本分，这乃是他们的（或者照现存的法律和习惯说，只是父亲的）最神圣的义务之一。但是，尽管大家都一致宣称做父亲的负有这个义务，可是一到听说要强迫他去履行这个义务时就没有人能忍受了。人们不但不要求他作什么努力或牺牲去为孩子求得教育，就是有了免费的教育摆在面前，人们还听任他随便接受不接受呢？大家都还没有认识到，一个人只顾把孩子生育出来而没有不仅能喂养他的身体并且能把他的心灵教练好的相当预计，这对于那个不幸的后代以及整个的社会说来都是一种道德上的犯罪；大家也还没有认识到，如果做父母的不尽这项义务，国家就应当实行监督，务使这项义务尽可能在父母的负担之下得到履行。"①今天世界上大多数国家都实行了义务教育，这不得不感谢这些思想家们的呼吁。

密尔反对国家垄断教育，担心"要由国家主持一种一般教育，这无非是要用一个模子把人们都铸成一样"，②因此他主张："政府只要决心要求每个儿童都受到良好教育，并不必自己操心去备办这个教育。做父母的欢喜让子女在哪里得到怎样的教育，这可以随他们的便，国家只须帮助家境比较困难的儿童付学费，对完全无人负担的儿童代付全部入学费用，这样就足够了。"③

杜威强调学术自由，这其实是教育自由的一个重要组成部分。"教育的自由，具体讲来，就意味着学生和教师的自由：作为一个教育机构的学校的自由。"④"今天，教师与学生的教与学的自由对于塑造一种理智的公民是绝对必要的，这种公民能够真正自由地参与社会重建，而没有这种重建，民主就会消亡。""既然思想自由与表达自由是一切自由的根本，否认教育的自由就是对民主的犯罪。"⑤他还说学术自由从根本上来说是一个社会问题，与未来的国家公民将如何构造政治、经济命运密不可分。"简而言之，学术自由的社会意义在于，如果没有研究的自由，没有教师和学生探索作用于社会的种种势力以及引导它们的可能途径的自由，社会有序发展所必需的理智行为的习惯就无法产生……每种意在限制教育自由的力量，都鼓励着人们最终诉诸武力来求得社会变革。每一种倾向于解放教育过程的力量，都鼓励着采用理智的、有序的方法，将正在进行的社会

① 〔英〕约翰·密尔：《论自由》，许宝骙译，第125—126页。
② 同上书，第126页。
③ 同上。
④ 〔美〕杜威：《人的问题》，傅统先、邱椿译，第59页。
⑤ 〔美〕杜威：《新旧个人主义——杜威文选》，孙有中、蓝克林、裴雯译，第54页。

变革引向更加公正、平等与人道的结局。"①

上述由思想言论自由、出版自由、信仰自由、迁徙自由、受教育自由、婚姻自由等构成的资本主义人权的主要内容，是资产阶级在近代一直为之奋斗的目标。必须指出的是，资产阶级思想家们这些关于自由的观念，有着很大的时代与阶级局限。第一，他们是针对封建专制制度以及这一制度在思想上的遗毒而倡导自由的，争自由的主体是资产阶级。第二，这些理论同实践之间还有不小的距离。有不少理论显得空洞、抽象。

---

① 〔美〕杜威：《新旧个人主义——杜威文选》，孙有中、蓝克林、裴雯译，第55—56页。

第五章 关于自由的政治保障
——民主制度的观念

自由，尤其政治自由，必须有政治制度的保障，才能真正地成为公民的权利。近代以来西方思想家们普遍认为民主制度是最能够保障公民自由的制度。

一、民主是自由的最佳保障

个人是目的，国家是手段

我们在讨论自由的价值时，提到自由与社会发展的辩证关系，即个人自由有利于社会的发展，同时社会的发展又对个人自由有促进与保证作用。那么如何对自由进行制度上的保证，思想家们提出了不同的见解，其中重要的一点就是个人是目的，国家是手段，国家是个人实现自由的手段。

正如我国学者李强指出："洛克学说的理论前提也是抽象的、非社会的个人。这些个人享有自然权利。由于自然状态的种种不便，人们才订立社会契约，组成政府，设立政府。社会与政府的目的仅仅在于保护个人利益，除此之外，绝无其他特殊利益。和霍布斯一样，在洛克的学说中，个人是第一位的，社会、国家是第二位的；个人是本源，社会、国家是派生的；个人是目的，社会、国家是手段。"①

洛克思想中虽然没有明确说明个人是目的，国家是手段，可是他提出的国家的目的是保护个人的生命、财产、自由，清晰地表明国家是为个人利益服务的。他说："政治权力是每个人交给社会的他在自然状态中的所有权利，由社会交给它设置在自身上面的统治者，附以明确的或默许的委托，即规定这种权利应用来为他们谋福利和保护他们的财产。"②所以国家是手段、个人是目的这一含义非常明确。

对个人是目的、国家是手段的论述，笔者在拙著《个人与国家的关系——近现代西方相关思想研究》中有过比较详细的论述，现转录一部分在此。

对个人是目的而不是手段这一命题，伟大的思想家康德有着最为经典的论述。比如，"天赋的权利是每个人根据自然而享有的权利，它不依赖于经验中的一切法律条例……"③"只有一种天赋的权利，即与生俱来的自由。自由是独立于别人强制的意志。而且根据普遍的法则，它能够和所有人的自由并存，它是每个人由于他的人性而具有的独一无二的、原生的、与生俱来的权利。"④

他的许多话，都作为名言而流传后世。比如，"人是他自己的目的"。"要这样行动，无论是对你自己或对别的人，在任何情况下把人当作目的，决不只当作工具。"康德认为人是具有绝对价值的，它的存在本身就有一种绝对的价值，它就是目的本身。他说："人，总地说来，每个有理性的东西，都自在地作为目的而实际存在着。他们不单纯是这个或那个意志使用的工具。在他们的一切行动中，不论是对于自己，还是对于别人，任何时候都必须被当作目的。"⑤在康

---

① 李强：《自由主义》，中国社会科学出版社1998年版，第55—56页。
② 〔英〕洛克：《政府论》（下篇），叶启芳、瞿菊农译，第105页。
③ 〔德〕康德：《法的形而上学原理——权利的科学》，沈叔平译，商务印书馆1991年版，第49页。
④ 同上书，第50页。
⑤ 〔德〕康德：《道德形而上学原理》，苗力田译，上海人民出版社1986年版，第25页。

德看来，人与动物不同，有些东西的存在并不靠我们的意志，是靠自然的，他们如果是无理性的动物的话，就只有一种作为手段的相对价值，因此称为物，而理性动物则称为人，因为他们的本性就已经表明他们是目的本身，不能仅仅当作手段使用。因此是受到限制、不可任性的（是尊重的对象）[1]。而且人之为目的，并不仅仅是主观的目的，不是因为它是我们行为的结果，它的存在才对我们具有一种价值，人乃是客观的目的，也就是说，人之为物，其存在本身就是目的，而且是这样一种目的，这种目的是不能为任何其他目的所代替的，是不能仅仅作为手段为其他目的服务的。[2]康德还认为最高的实践原则要来自一样东西的表象，那东西必然是每一个人的目的，因为它就是目的本身。因此，实践的律令就是："每个有理性的东西都必须服从这样一条规律：不论是谁在任何时候都不应把自己和他人仅仅当作工具，而应该永远看作自身就是目的。"[3]接着康德还用四个例子，说明如自杀、说谎、不发展自己才智、不帮助别人，都是违背"人是目的"的法则，把自己或别人仅仅当作工具。康德认为，人既然具有绝对价值，它的存在本身是目的，因此，人就与物不一样，只有人格，不能算价格，人的价值是不能用利害功用来估价的。

把人是他自己的目的这一理论运用到个人与国家的关系问题上，自然就会得出国家只是个人实现其目的的手段这一结论。因此，康德说，国家的目的是"在公共强制性的法律下实现人的权利"。它的基本原则就是上述所指的对任何个人的自由的限制，使其有可能在一种普遍的法律下，与所有其他的人的自由互相协调。那么，什么是"普遍的法律"？康德说，所谓的"普遍法律"，不过是"道德律令"的同义语，而国家正是按照道德律令原则建立的作为意志总称的"自由人"的联合体。康德认为，国家应该建立在普遍立法、人是目的、意志自律这三项道德律令的基础之上。他说："公民状态

---

① 〔德〕康德：《道德形而上学原理》，苗力田译，第25页。
② 同上。
③ 同上书，第24页。

纯粹作为立法状态看，先验地建筑在三个原则上。"这三个原则是：（1）社会中每个成员，作为人，都是自由的；（2）社会中每个成员，作为臣民，同任何其他成员之间，都是平等的；（3）共和政体的每个成员，作为公民，都是独立的。这三项原则，即"自由、平等、独立"的原则，强烈地体现了每一个个人作为目的而非手段的本质。康德关于人是目的的具体的论述到今天还没有人能超越，"人是目的"也是今天政治思想家们努力奋斗的目标。

杰斐逊从自然权利的角度出发找到了国家与个人关系的基础与原则。杰斐逊认为，政府的原则是建立在人的权利基础之上的，正是为了保卫权利，人们才诉诸于建立政府。政府的目的是保证为每一个社会成员的不可剥夺的权利服务（这其中包括自由），保证这些权利不受暴力的侵害，增进他们的安全与幸福。这是政府的基础。他认为，权利如自由之光普照，而绝非只惠及少数名人或富人。"科学知识的普遍传播正向人们揭示了这样一个事实，即人生下来并不是背上装着马鞍，也不是得天独厚的少数人理当穿着皮靴，套着靴刺，堂而皇之地骑在他们背上。"[1]

对社会契约论要求公民交出部分权利的说法，杰斐逊亦不以为然。他指出，"说我们进入了社会反而放弃了自然权利，这纯属无稽之谈"。[2]并且，如果政府违背了它最初建立的意图，人们有起来推翻政府，进行革命的权利。因为，人民是国家权力的源泉，人民是国家的目的，人民不但有权推翻君主，而且在共和政体下，人民对政府进行偶尔的反抗也并不是一件坏事，革命是防止政府腐化，促进政府健康发展的"良药"。如果政府侵犯了人民的自由，人民就有权利推翻政府。对待谢司起义，杰斐逊持一种欢迎态度。他热情地指出，"自由之树是必须时时用爱国志士和暴君的鲜血来浇灌的。这

---

① 〔美〕托马斯·杰斐逊：《杰斐逊选集》，朱曾汶译，第696页。

② Thomas Jefferson to Francis Gilmer, 1816, In Thomas Jefferson, *The Writings of Thomas Jefferson*, Lipscomb and Bergh eds., Washington, D.C., 1903—1904. Vol. 15, p. 24.

是它的天然肥料。"①所以国家是手段，个人是目的的思想在杰斐逊这里不言而喻。

著名自由主义思想家哈耶克的老师米塞斯（Ludwig von Mises，1881—1973年），奥地利学派第三代掌门人认为国家机器的任务就是保护人身安全和健康；保护人身自由和私有财产；抵御任何暴力侵犯和侵略。一切超出这一职能范围的政府行为都是罪恶。一个不履行自己的职责，而去侵犯生命和健康，侵犯自由和私有财产的政府，必然是一个很坏的政府。这种政府的权力即使为品德高尚的人所掌握，也会使世界变成一个鬼神的墓地。而如此之大的权力一旦被居心不良的当权者滥用，就会导致非常恶劣的后果。这里，我们可以发现，一旦国家是手段、个人是目的的秩序颠倒，善恶的秩序也就颠倒了。

另一个自由主义者爱因·兰德（Ayn Rand，1905—1982年）说："与自由社会相适应的法律本质和政府权威的根源都起源于恰当政府的本性和目的。这两者的基本原则在《独立宣言》中作了表述：'为了保障（个体的）权利，人们建立了政府，并同意让出一部分权利……'"②可以看出，在米塞斯和爱因·兰德这里，天赋人权实际上已经被具体化为各种现实的权利，并且在此基础上，把国家与个人的关系也具体化了。

国家起源于保护个人自由和利益的"需求"

西方思想家有一个传统，就是倾向于从人类社会、政治权力、政治共同体或者国家最远古的状态中，去寻找某些"事实"，来为他们有关权利、法律、社会、国家等重大问题的理论辩护。例如契约论，很多思想家提出国家起源于人们之间的契约。因为是一种契约

---

① 世界知识出版社编：《资产阶级政治家关于人权、自由、平等、博爱言论选录》，第66页。

② 〔美〕爱因·兰德：《新个体主义伦理观——爱因·兰德文选》，秦裕译，上海三联书店1993年版，第110—111页。

关系，国家的建立是基于人民的同意，基于保护人民的自由和利益的需求。

霍布斯认为建立国家的目的是为了自保，因为在他的论述中自然状态是人与人的战争状态，所以建立国家是为了保护人民的自由和利益。当然，矛盾的是，在他那里，国家起源之后，国家（君主）又成为个人的目的。这里只介绍他的第一方面的思想。

霍布斯认为国家起源于人们自愿的契约。他从性恶论的观点出发，认为在自然状态下，"最糟糕的是人们不断处于暴力死亡的恐惧和危险中，人的生活孤独、贫困、卑污、残忍而短寿。"[①]人们建立国家是基于保存和平与安全的目的，"像这样放弃权利、转让权利的动机与目的，无非是保障一个人，使他的生命得到安全"，[②]那么，一旦国家的权力直接危害臣民的生命，即自我保存，如果臣民不能反抗，也就根本上不合于他们当初建立国家的目的，国家反过来侵蚀了自己的基础，霍布斯国家学说的出发点也就面临威胁。在这一点上，霍布斯态度明确地认为："任何人都不能让出或放弃自救于死、伤或监禁的权利，避免这类的事情是放弃任何权利的唯一目的。因此，不反抗强力的允诺在任何信约中都不能转让任何权利，而且也没有约束力。"[③]

斯宾诺莎也认为国家产生是为了保护个人的自由和利益。他认为在自然状态下人们常受感情和欲望的支配，努力保存自己之所爱而消灭自己之所恨。凡对自己有用的东西，"他有绝大之权尽其可能以求之，以为己用。或用武力，或用狡黠，或用吁求，或用其他方法。因此之故，凡阻碍达到其目的者，他都可以视之为他的敌人。"[④]因此说人们在自然状态下过的是没有理性的生活，人们缺乏理性的指导，处于一种非理性的状态。而"人性的一条普遍规律是，

---

①　〔英〕霍布斯：《利维坦》，黎思复、李廷弼译，商务印书馆1985年版，第95页。
②　同上书，第100页。
③　同上书，第106页。
④　〔荷兰〕斯宾诺莎：《神学政治论》，温锡增译，第213页。

凡人断为有利的，他必不会等闲视之，除非是希望获得更大的好处，或是出于害怕更大的祸患；人也不会忍受祸患，除非是为避免更大的祸患，或获得更大的好处。也就是说，人人是会两利相权取其大，两害相权取其轻。"①基于以上的原因，人们为了免于生存的威胁，为了彼此能和睦相处与互相帮助，以便实现自我保存的目的，他们便出自这一理性的要求，互相订立契约，把个人的一部分自然权利，转让给一个最高的政权，于是，人们便在社会契约的基础上建立国家。国家的目的或者说政治的最终目的是自由。在他看来，一个国家的好坏，主要不在于政体形式上的区别，而在于目标上的根本不同。目标的不同也决定了维护国家手段上的差异。他指出，一个国家的最好状态很容易从政治状态的目标中发现，这个目标只在于和平和生命的安全。因而，最好的国家是人们在其中和睦相处与法律不受破坏。

洛克将自由作为其政治学说的核心概念，并且强调是现实的自由，而不是理念的自由。在洛克的思想中，他认为在自然状态下，存在三大缺陷，一是"缺少一种确定的、明文规定的、众所周知的法律，为共同的同意接受和承认为是非的标准和裁判他们之间一切纠纷的共同尺度。"二是"缺少一个有权依照既定的法律来裁判一切争执的知名的和公正的裁判者。"三是"缺少权力来支持正确的判决，使它得到应有的执行。"②

由于在自然状态下存在着上述的三大缺陷，为了确保生命财产和自由的安全不受威胁，人们便订立契约，把部分权力交给政府：一是在自然范围内，为了保护自己和别人，有可以做他认为合适的任何事情的权力，二是自由惩处违反自然法的罪犯的权力。"这就促使他们托庇于政府的既定法律之下，希望他们的财产由此得到保障，正是这种情形使他们甘愿放弃他们单独行使的惩罚权力，交由他们中间被指定的人来专门加以行使；而且要依照社会所一致同意的或

---

① 〔荷兰〕斯宾诺莎：《神学政治论》，温锡增译，第214—215页。
② 〔英〕洛克：《政府论》（下篇），叶启芳、瞿菊农译，第77—78页。

他们为此目的而授权的代表一致同意的规定来行使。这就是立法和行政权力的原始权利和这两者之所以产生的缘由，政府和社会本身的起源也在于此。"①

卢梭认为，人们试图通过缔结某种契约而共同生活在一起，通过这种共同力量来保卫和保障每个结合者的人身和财富，并且由于这一结合而使得每一个与全体相联合的个人又不过是在服从其本人，并且仍然像以往一样地自由。由此可以看出，卢梭认为人们结成政治社会的目的是为了获得生活的便利和效率。为了实现结合的目的，每个结合者将其自身的一切权利全部转交给整个集体，既非部分权利，也非转交给某一个人。这就是卢梭所认为的国家起源。

他认为这样形成的国家"不是上级与下级之间的一种约定，而是共同体和它的各个成员之间的一种约定。它是合法的约定，因为它是以社会契约为基础的；它是公平的约定，因为它对一切人都是共同的；它是有益的约定，因为它除了公共的幸福而外就不能再有任何别的目的；它是稳固的约定，因为它有着公共的力量和最高权力作为保障。只要臣民遵守的是这样的约定，他们就不是在服从任何别人，而只是在服从他们自己的意志。"②人们订立这样的契约，所做的并不是一项出让而是一项有利的交易，是以一种更美好的、更稳定的生活方式代替了不可靠的、不安定的生活方式；以自由代替了天然的独立；以自身的安全代替了自己侵害别人的权力；以一种由社会的结合保障其不可战胜的权利代替了自己有可能被别人所制胜的强力。③"如果不是为了防止受压迫，不是为了保护可以说构成他们生存要素的财产、自由和生命，他们（人民）为什么要给自己找出一个统治者呢？"④人们之所以要有首领，乃是为了保卫自己的自由，而不是为了使自己受奴役，这是无可争辩的事实，同时也是

---

①〔英〕洛克：《政府论》（下篇），叶启芳、瞿菊农译，第78页。

②〔法〕卢梭：《社会契约论》，何兆武译，第44页。

③同上书，第45页。

④〔法〕卢梭：《论人类不平等的起源和基础》，李常山译，商务印书馆1962年版，第132页。

全部政治法的基本准则。"主权权力虽然是完全绝对的、完全神圣的、完全不可侵犯的，却不会超出、也不能超出公共约定的界限；并且人人都可以任意处置这种约定所留给自己的财富和自由。"①因此国家的起源在于保护个人的自由和利益的需求。

潘恩认为政府唯一的目的就是增进人民的福利，保护人民的自由。他说："许多个个体以他自己的自主权利互相订立一种契约以产生政府，这是政府有权利由此产生的唯一方式，也是政府有权利赖以存在的唯一原则"。他还认为，政府不是任何人或一群人为了谋利而有权利开设或经营的"店铺"，而完全是一种"信托"。

在《常识》的一开篇，他就详细论述了政府的起源和兴起；他意在指出政府是由于人们德行的软弱无力而有必要采用的治理世界的方式；由此也可看出政府的意图和目的，即自由与安全。②他提出社会和政府的职能之一是"增进我们的幸福"，政府的全部目的是保证人民的自由与安全。

著名社会达尔文主义者斯宾塞，用生物进化论的理论解释社会的发展。他认为社会进化如同生物进化一样，社会发展也是遵循"物竞天择、优胜劣汰、适者生存"的自然生物界的法则，是一个生存竞争的过程，也是一个不断适应环境和"净化"的过程。他说："在人类身上我们看到这种倾向的最高表现。"③他认为，人类社会的进化是朝着更大程度的相互依赖和更大程度的个体化方向发展的。这种发展的结果就是具有最高个体化程度的人与国家的最高程度的适应与融合，个体性作为有机体生命力的表现，是衡量国家有机体发展程度高低的根本标志。"在一切人都自由以前，没有任何人能完全地自由；在一切人都有道德以前，没有任何人能完全地有道德；在一切人都幸福以前，没有任何人能完全地幸福。"④因此当每个人被充分

---

① 〔法〕卢梭：《社会契约论》，何兆武译，第41页。
② 〔美〕潘恩：《潘恩选集》，马清槐等译，第4—5页。
③ 〔英〕赫伯特·斯宾塞：《社会静力学》，张雄武译，第248—249页。
④ 同上书，第262—263页。

地个体化时，个人也就充分地融入了社会之中，个人利益与公共利益也就实现了高度的一致，那些由于个人与社会对立而需要的外部强制就失去了存在的条件。"那时，将不再有立法的限制和立法的负担；因为通过同一过程，它们将变得既不必要也不可能。那时将会出现其个体性能充分地向各个方向扩展的人。这样，完全的道德、完全的个体化和完全的生命就将同时实现。"①对于国家的这种进化过程，斯宾塞把它概括为"从国家就是一切而个人等于零的一个极端前进到个人就是一切而国家等于零的另一个极端。"②每个人都有做一切他愿意做的事的自由，只要他不侵犯任何他人的同等自由。他认为国家的基本的职能是保护——实行同等自由的法则——维护人们的权利，即具有保护每个公民不受他人侵害和不受外国侵略的职责。

除了从国家起源角度进行的论证之外，西方思想家们还从多个其他角度对国家的职责是保护个人的自由的问题进行了论证。这里我们着重介绍霍布豪斯（Leonard Trelawny Hobhouse，1864—1929年）的观点。

霍布豪斯非常明确地指出，国家与个人是一种相互依存的关系，国家是由个人组成的，国家没有也不可能离开个人而独立存在，国家的整体利益只能存在于个人利益之中。既然国家与个人相互依存，而国家又是为实现个人目的而存在的，那么，他们之间的权利、义务、责任关系又是怎样呢？对此，霍布豪斯进一步提出了国家与个人的"互为责权"关系的理论。"应用伦理学的一个简单原则是，责任应与权利相称。"③这一点对自由主义的发展至关重要。"我提到的各种改革要点可能体现在个人不能遗世独立、个人和国家之间有一种相互责任这一原则中。"④

他认为国家最基本的责任是保护人民的生命、财产安全。为了

---

① 〔英〕赫伯特·斯宾塞：《社会静力学》，张雄武译，第249页。
② 同上书，第244页。
③ 〔英〕霍布豪斯：《自由主义》，朱曾汶译，商务印书馆1996年版，第83页。
④ 同上。

履行这一职责，国家可以使用暴力。"国家就是用这个方法来维护言论自由、人身和财产安全、真正的契约自由、集合和结社权利，最后也维护国家自身实现共同目的，不受个别成员反抗阻挠的权力。"①毫无疑问，国家既赋予个人和联合组织以权利，也赋予它们以权力。国家的强制是实现自由的根本保证。国家也应该为个人能力的发展创造良好的环境。他论述了国家应该在经济领域、社会生活方面为人民创造条件的方方面面，甚至涉及妇女、儿童的保护、最低工资等。同时国家不能强迫个性的形成、不能强迫道德的形成、不能强迫精神的形成。对个人来说，由于他把自己的生命和财产托付给国家，因此他便有责任服从国家权力，听从国家征召，遵守国家法律，以换取国家的"保护"。个人对国家的责任是为自己和自己的家庭勤奋工作。他不应该剥削他的幼年子女的劳动，而应该服从社会的需要，为他们的教育、健康、卫生和幸福尽心尽力。社会的责任是为个人提供维持文明生活水准的手段，而单单让个人在市场的讨价还价中尽力挣到工资是不算尽到责任的。对国家来说，如果不能很好地履行自己的责任，让其人民遭受外来侵略者的蹂躏，或蒙受国内无政府混乱的不幸，那么，人民便有权利不服从国家的统治，甚至起来推翻它。"所以自由和强迫之间没有真正的、不可避免的矛盾，而归根结底是一种相互的需要。"②"互为责权"的提法无疑在只强调个人权利的资产阶级意识形态中发出了不同的声音，矫正了过分强调个人权利而忽视对国家义务的提法。

民主是实现个人自由的最佳政体

近代西方思想家们寻找并且自认为找到了保障个人自由的制度形式，那就是民主制度。可以说，近代西方资产阶级政治思想史，基本上就是一部民主思想史。绝大多数西方知识精英们，都是民主的歌颂者。西方学者萨托利曾经指出："在所有的政治制度中，民

---

① 〔英〕霍布豪斯：《自由主义》，朱曾汶译，第74页。
② 同上书，第74—75页。

主是最为迫切要求头脑清醒的制度。因此民主理论就要把有关民主应是什么、能是什么以及不是什么和不应成为什么的各种交织在一起的一团乱麻解开，以免使预期的善变成出乎意料的恶。"①杜威讲道："民主的政治与政府方面只是一种手段，是迄今所发现的最好的手段，用以实现遍及于宽广的人类关系领域及人格发展方面的目的。正如我们常说的，它是一种生活方式——社会的和个人的，尽管我们可能并未领会这一提法所蕴含的全部意义。作为一种生活方式之民主的关键，在我看来似乎可以表述为要求每个成熟的人参与形成用以调节人们共同生活的价值标准：无论从普遍的社会福祉还是从作为个人的人的全面发展来看，这都是必要的。"②虽然民主也有其弊端，例如效率低下，但正如丘吉尔所说，民主是我们目前找到的一种最不坏的制度。我们相信民主必将是人类社会发展的趋势。在这里只挑选几位思想者的言论，以为例子。

在近现代历史上，民主之所以是实现个人目的的最佳政体，就在于民意可以在这种政体下得到体现，通过选举权，人们掌握政府的更迭。当然并不完全是这样。在这里，问题的核心在于谁是实际掌握权力的"人民"，因为，在西方资本主义民主制度下，资本对政治的支配是显而易见的。不过，思想家眼中的民主，却往往有着理想主义的色彩。那么，在近代西方思想家们那里，民主是否具有这样的特征？为何说民主是实现个人自由的最佳政体？

先看看斯宾诺莎是怎样肯定或者歌颂民主的吧。他认为："在民主政体，所有的或大部分的人民集体握着权柄，这件事实，人人都能明白。"③因为民主政体代表的是大多数人的利益，因此人民服从国家其实也是在服从自己的意志。在《神学政治论》中他说："只有这种政体我说得很详尽，因为这与我说明在一个国家之中享受自由的

---

①〔美〕乔·萨托利：《民主新论》，冯克利、阎克文译，东方出版社1993年版，第6页。

②〔美〕杜威：《新旧个人主义——杜威文选》，孙有中、蓝克林、裴雯译，第3页。

③〔荷兰〕斯宾诺莎：《神学政治论》，温锡增译，第271页。

利益这个目的最为相近。"①他认为，民主政体之所以最能保证个人自由，还在于它能使一个国家获得安全。这是因为实行民主政体的国家既可以避免内战，又不易卷入对外战争。他说在民主政体下，国家之所以不易引发内战，是因为在民主的国家里，不管是首领们或是军队，都没有理由爱好战争而反对和平。一个人在军营里是个士兵，在街上就是个公民；在军营里是个首领，在法庭里就是个法官；在军营里是个将帅，在国中就是个统治者。所以没有人会为打仗而想打仗，而是为保持和平和自由而想打仗。

法国哲学家、政治思想家、新托马斯主义的主要代表马里旦（Jacques Maritian，1882—1973年）认为，我们可以从这一观点体会到民主制的生存和改善对人类的进化和现世命运的极端重要性：人类是和民主制一起进入了政治生活的唯一真正的、即道德合理化的道路的。换句话说，进入了理性动物在这一世界上可能取得的最高的尘世成就的道路。民主制在一条脆弱的船上载运着人类的尘世的希望，或者不妨说是生物的希望。当然，船是脆弱的。我们还仅仅处于过程中的最初阶段。当然，我们为了严重的错误和道德上的缺陷已付出了并正在付出很高的代价。民主制可能是别扭的、粗陋的、有缺点的……民主制可能是应该受到这种批评的。可是它却是人类历史上进步的努力所经历的唯一道路。

"根据这一事实，我们也可以体会到民主制所负担的责任。我们可以体会到目的和手段的问题对民主制的独一无二的、给人以深刻印象的重要性。在政治生活的道德合理化过程中，手段必然是道德的。对民主制来说，目的既是正义又是自由。"②他拥护民主制度，认为民主制度是个人自由的保证，也是实现个人自由的最佳政体。

现代思想家罗伯特·达尔（Robert Dahl，1915—2014年）也盛赞民主，认为民主保证它的公民享有许多的基本权利，这是非民主制度不会去做、也不能做到的。民主较之其他制度，可以保证公民

---

① 〔荷兰〕斯宾诺莎：《神学政治论》，温锡增译，第219页。
② 〔法〕马里旦：《人和国家》，霍宗彦译，商务印书馆1964年版，第57—58页。

拥有更为广泛的个人自由；更加有助于人们维护自身的根本利益；能够为个人提供最大的机会；使他们能够运用自我决定的自由，也就是在自己选定的规则下生活的自由；为履行道德责任提供了最大的机会；使人性获得更充分的发展；造就相对较高的政治平等。[①]

哈耶克认为："民主本质上是一种手段，一种保障国内安定和个人自由的实用手段。"[②]"民主的控制可能会防止权力变得专断，但并非仅仅存在民主的控制就能做到这一点。"[③]

赫伯特·戴维·克罗利（Herbert David Croly，1869—1930年）讲道："民主不但认可个人追求实现自身最大能力的权力，同时也为他提供一片公平的土壤，如果他成功了，就会带来丰厚的回报。即使结果可能是不平等的，可民主原则提供的是一个平等的开始。"[④]"民主最感兴趣的是更高质量的个人发展。这种高质量个人发展的实现有两个不可或缺的经济条件，一个是私人财产制度以某种形式得以保存，一个是它现有本质和影响的完全转化。"[⑤]

在近代西方，最普遍的民主制度是代议制。代议制起源于欧洲中世纪的等级会议，最典型的是英国的议会。西方思想家对民主的论述，都是在这一特定的历史背景下进行的，并且主要指代议制政体。

对代议制作为保护个人自由的最佳政体形式这一点论述最为全面深入的要数密尔。他对代议制作了经典式的定义："代议制政体就是，全体人民或一部分人民通过由他们定期选出的代表行使最后的控制权，这种权力在每一种政体都必定存在于某个地方。他们必须完全握有这个最后的权力。无论什么时候只要他们高兴，他们就

---

① 〔美〕罗伯特·达尔：《论民主》，林猛、李柏光译，商务印书馆1999年版，第67—68页。

② 〔英〕哈耶克：《通往奴役之路》，王明毅等译，第71页。

③ 同上书，第72页。

④ 〔美〕赫伯特·D. 克罗利：《美国生活的希望——政府在实现国家目标中的作用》，王军英等译，江苏人民出版2006年版，第151页。

⑤ 同上书，第173页。

是支配政府一切行动的主人。不需要宪法本身给他们以这种控制权。"① 他认为，代议制为个人自由提供了比官僚政治可靠得多的保障，"要使自由能有效地和持久地发挥作用，自由的某种外部因素是完全必要的。同样地，除非能找到把自由同训练有素的和熟练的行政结合起来的手段，自由就不能产生它的最好的效果，并且往往完全失败。在代议制政府（在实际已经成熟到实行这种制度的人民当中）和可以想象得到的最完善的官僚政治之间进行选择的话，是会毫不踌躇地选择前者的。"② 与其说代议制政府是为了维护民主，还不如说是为了维护个人的自由与发展。个人自由的发展才是密尔所强调的。个人自由是一个社会政治、经济、文化、教育发展的必要条件。我们相信人类的历史会逐渐朝向更文明、更民主的社会发展，其条件是依赖这个社会对个人自由的保护，惟其如此，才能保证个人的创造性，而这对社会的发展至关重要。

他具体论证了代议制对个人自由的保障作用。密尔说："代议制议会的适当职能不是管理——这是它完全不适合的——而是监督和控制政府：把政府的行为公开出来，迫使其对人们认为有问题的一切行为作出充分的说明和辩解；谴责那些该受责备的行为，并且，如果组成政府的人员滥用职权，或者履行责任的方式同国民的明显舆论相冲突，就将他们撤职，并明白地或事实上任命其后继人。这的确是广泛的权力，是对国民自由的足够保证。此外，议会还有一项职能，其重要性不亚于上述职能：既是国民的诉苦委员会，又是他们表达意见的大会。它是这样的一个舞台，在这舞台上不仅国民的一般意见，而且每一部分国民的意见，以及尽可能做到国民中每个杰出个人的意见，都能充分表达出来并要求讨论。在那里，这个国家的每个人都可以指望有某个人把他想要说的话说出来，和他自己说得一样好或者比他自己说得更好。"③

---

① 〔英〕约翰·密尔：《代议制政府》，汪瑄译，商务印书馆1997年版，第68页。
② 同上书，第101页。
③ 同上书，第80页。

他还说:"好政府的第一要素既然是组成社会的人们的美德和智慧,所以任何政府形式所能具有的最重要的优点就是促进人民本身的美德和智慧。对任何政治制度来说,首要问题就是在何种程度上它们有助于培养社会成员的各种可想望的品质——道德的和智力的,或者可以说(按照边沁更完善的分类),道德的、智力的和积极的品质。在这方面做得最好的政府,就很可能在其他一切方面最好的,因为政府的实际工作中一切可能的优点正是有赖于这些品质(就它们存在于人民来说)。"①政府的干预应与促进个人发展相一致,而不是通过压制个人发展来提高政府的权威。密尔认为如果国家的行动确实有可能削弱个人才能的充分发展,就不应该有国家行动。个人是所有政府的最终目标,个人的才能和能力是所有社会利益的根源。

托马斯·潘恩对代议制也有较多的阐述。他认为代议制共和政体是最理想的政体,也是个人自由的保证。代议制之所以有如此巨大的优越性,最根本的一点就在于它是人民当家做主。潘恩说,在代议共和制下,每个公民都是国家的主人,政府的所作所为公开透明,人民参政的权利得到高度保障。"在代议制下……每一个人都是政府的经管人,把了解政府情况看作是他分内之事。这关系到他的利益,因为政府的所作所为影响到他的财产。他审查政府的费用,并比较其利弊;最重要的是,他从来不采取盲目跟从其他政府称为'领袖'的那种奴才作风。"②"代议制把大量关于政府问题的知识普及全国,从而扫除了愚昧,杜绝了欺骗。在此基础上无法施展宫廷的鬼蜮伎俩。这里没有秘密;也无从产生秘密。那些不当代表的人对事情的性质了解得就同当代表的一样透彻。故意卖弄玄虚会遭到讥笑。国家不能有什么秘密,而宫廷的秘密,正如个人的秘密一样,总是它们的短处。"③代议制像国民本身那样,在身心两方面都具有无穷的力量,并以正直和威严的姿态出现在世界舞台上。不论有什么

①　〔英〕约翰·密尔:《代议制政府》,汪瑄译,第26—27页。
②　〔英〕潘恩:《潘恩选集》,马清槐等译,第249—250页。
③　同上书,第249页。

缺点，全都一目了然。它不靠欺诈和玄秘生存，也不凭漂亮话和诡辩办事；但它灌输一种开诚布公的语言，这种语言使人理解并深受感动。①因此这种政治体制才是个人自由最好的体现与保证。

杰斐逊也倾心于代议制。他认为在代议制下，人民通过选举和罢免的办法来实现对政府的控制，使政府服务于人民。他认为，国家的整体拥有至高无上的主权，其自身拥有立法、司法以及执行的权力。然而，她们亲自行使这些权力有很多不方便，并且亦不适当，他们因此而任命一些特殊的机构来代表他们的立法意志，进行审判，并予以执行。他说，构成一个社会或国家的人民是那个国家中一切权力的源泉；他们可以自由地通过他们认为适当的代表处理他们所共同关心的事情；他们可以随时个别地撤换这些代表，或在形式上或职能上改变代表的组织。②能否做到这一点，是衡量一个政府是否为共和制的标准。

为了保证个人自由，对政府的权力加以控制，除选举和罢免外，还应当经常地参与对地方政府和高级政府的监督，使自己不仅在一年一度进行选举的那一天，而是在每天，都是国家事务的参与者和管理者。他说："当这个州里没有一个人不是本州大大小小参议会的议员时，他们就会宁愿粉身碎骨，也不肯让恺撒或拿破仑那样的人来夺取他们的权力。"③

对于民主国家的管理形式，除了代议制政府之外，思想家们还设想了保护个人权利，实现人是目的的政府管理原则：三权分立。此外，在发展过程中，各主要资本主义国家逐渐形成了政党政治，形成了参与、监督、竞争、法治等一系列比较完善的政治运行机制，这些将在后面详细阐述，此处暂不深论。

从历史经验看，民主政体的确是诸多政体中最有利于保障个人自由的政体。西方思想家对这一点的认同是正确的。但是，他们忽

①〔英〕潘恩：《潘恩选集》，马清槐等译，第248页。
②〔美〕托马斯·杰斐逊：《杰斐逊文选》，朱曾汶译，第51页。
③同上书，第58页。

视了民主本身的多样性，只把西方历史上和现实中的民主作为民主的唯一模式。其实，个人也是从属于不同的阶级、阶层、利益集团的，历史上，西方民主对个人自由的保障从来不是普遍的和均等的。一般地说，谁实际控制着社会核心权力，谁的个人自由就得到最大的保障。对此，我们要有清醒认识。

二、民主制度所具有的权力制衡是保障自由所必需的权力结构

民主政治的核心问题是建立有效的监督制约机制和制度使公民可以监督国家权力，促使政府实现民意，维护公民自由，实现社会政治文明。西方思想家们认为民主政体是保证个人自由最好的政体，但国家与个人自由之间也是有矛盾的，为了捍卫自由，他们又不只是停留在一般的原则主张上，而是深入到了具体的制度的层面，提出了非常系统深刻的制度构想。

思想家们在这方面思想的内容主要包括：对国家权力通过法制进行制约；通过分权进行制约；对已经分割的权力再通过它们之间横向的（比如立法、行政、司法）和纵向的（比如中央、地方；上院、下院）相互牵制进行制约。而通过这些制约，又实现了权力之间的平衡。使之既不侵犯个人自由，又能够较好地履行保护和增进个人自由的职责。

这种限权与分权的理论由来已久，我们在古典时代、中世纪都可以找到它们的影子。但是，作为近代制约与平衡思想的最直接的渊源，则是资产阶级在英国内战和法国革命期间针对封建王权的专制而提出的。我们接下来考察西方思想家们具体的制度制衡理论。

制约国家权力的理论依据

为什么不受制约的国家权力会侵犯个人的自由和其他利益呢？

对此，西方思想家们有许多答案。

他们认为，人性本恶。人性既然不可靠，权力在人手中，便很容易泛滥成灾。因此，权力变成一种极为可怕的东西，为了维护人类社会生活的稳定，必须要对掌权者进行约束，即人性恶必然要求对人性、对政府官员权力以及对国家或政府采取怀疑态度和戒备心理。由此，思想家们认为，由于人性恶引起政治生活中的各种矛盾，使得保护社会成员的权利和限制公共权力成为一种客观必要。思想家们也意识到希望执掌权力的人，透过内在道德的修养，以自己完美的人格去净化权力是不现实的（这一点与儒家思想形成鲜明对比）；因此，只能是追求制度上的防范，以权力制约权力，即依法治权和建立有限政府。杰斐逊十分深刻地指出："世界上每一个政府都表现出人类的某些痕迹，即腐化和堕落的某种萌芽。狡黠的人会发现这种萌芽，坏人则会慢慢地扩大、培养和利用这种萌芽。任何一个政府，如果单纯委托给人民的统治者，它就一定要退化。因此，人民本身是政府惟一可靠的保护者。"[1]国家本身便是一种邪恶的东西，只是人们为了便利的生活而不得已借助这一机构，所以它是一种"必不可少的恶"。既然如此，那么在可以不需要国家介入的场合，自然就应该尽可能地通过国家之外的其他途径来解决个人和社会所面临的各种问题。这一思想对于美国的建国者们有深刻的影响，他们相信人性本身包含了某些邪恶的成分，由人所构成的政府自然也不可能避免这些东西。既然人的天性是恶的，因而人在追求幸福和利益中，势必造成社会冲突与矛盾，而通过法治协调社会与个人之间的利益关系，可以实现社会稳定的目的。因此，思想家们提出了法治。如果没有法律的控制与调整，那么人类社会秩序难以得到维持，只靠道德和伦理达不到社会稳定的目的。

同时思想家认为，掌握国家权力的人并不必然地具有超人的智

---

① 〔美〕托马斯·杰斐逊：《杰斐逊文选》，朱曾汶译，第72页。

慧，权力并不等于真理，因此存在权力被滥用的可能性。自由主义者认为，不论权力是掌握在少数人手里或者多数人手里，权力被滥用的可能都无法被排除，因此，为了避免权力被滥用，必须对其进行限制，而不论这种权力的性质如何。这样才能避免将权力异化为为自己谋私利的工具。

他们认为，国家权力作为一种重要的社会资源，可能为掌握这种权力的人带来其他的利益，也就是说，权力本身就带有走向腐败的倾向。这点也是与人性的贪欲连在一起的，不能指望人人都是天使。阿克顿认为，要了解人世的黑暗和人类的堕落性，最值得重视的因素就是权力。他认为，人性本具有罪恶性，权力既然是由人而产生，便有它无法消解的毒素。地位越高的人，罪恶性也就越大了。因此，教皇或国王的堕落性便不可和老百姓同日而语。他由此得出一个著名的结论："权力导致腐败，绝对的权力导致绝对腐败。"[1] 因此，所有的权力都必须受到监督和限制。这是近代自由主义者一个共同的思想。孟德斯鸠尖锐地指出："一切有权力的人都容易滥用权力，这是万古不易的一条经验。有权力的人们使用权力一直到遇有界限的地方才休止。说也奇怪，就是品德本身也是需要界限的！"[2] 托克维尔说："我本人认为，无限权威是一个坏而危险的东西。在我看来，不管任何人，都无力行使无限权威。我只承认上帝可以拥有无限权威而不致造成危险……"[3] 这里我们可以看到思想家们都提出对权力被滥用的警告。

拉斯基明确指出，在一个社会里，不论是谁行使权力，总有滥用权力的倾向。少数享有这种权力的人就会放纵自己的行为，把自己的意志强加于人，这样势必侵害人民的自由和民主权利。简言之，权力在不受控制的时候，始终是自由的敌人，国家的不受控制的权力对于公民自由构成了一种含蓄的威胁，受他们统治的人绝不会是

---

① 〔英〕阿克顿：《自由与权力》，侯健、范亚峰译，第342页。
② 〔法〕孟德斯鸠：《论法的精神》，张雁深译，第154页。
③ 〔法〕托克维尔：《论美国的民主》（上卷），董果良译，第289页。

自由的。所以政府中人之行为，受全国人之审核监督势在必行。

法律的制约

法律对政府行为的制约表现在政府的构成与行为都必须以法律作为基本根据，即所说的宪制。最简单来说宪制意味着政府受制于宪法。宪制包含更多的含义：一是意味着政府的成立必须遵循宪法，也就是说，政治权力的获得是受宪法约束的；二是意味着一种有限政府，即自由主义者所主张的自由式的最小政府。人民同意建立政府并受其统治，仅仅是为了保障生命、财产、自由等个人权利，个人可以保有这些权利并以此对抗政府（如洛克所主张）；三是意味着政治权力的分立，这主要是为了防止政治权力的集中和专制的危险。另外，宪制还要求一个独立的司法机关行使司法权，以保证政府不偏离宪法法规。①

狄骥（A. V. Dicey，1835—1922年）认为法治首先是指和专断权力的影响相反的正规法律的绝对的、无上的或超越一切的权力，它防止政府方面的专断权、特权甚至广泛的自由裁量权。

哈耶克指出："最能清楚地将一个自由国家的状态和一个在专制政府统治下的国家的状况区分开的，莫过于前者遵循着被称为法治的这一伟大原则。撇开所有技术细节不论，法治的意思就是指政府在一切行动中都受到事前规定并宣布的规则的约束——这种规则使得一个人有可能十分肯定地预见到当局在某一情况中会怎样使用它的强制权力，和根据对此的了解计划它自己的个人事务。"②

他继续说，虽然："因为立法者以及那些受委托执行法律的人都是不可能不犯错误的凡人，从而这个理想也永远不可能达到尽善尽美的地步，但是法治的基本点是很清楚的：即留给执掌强制权力的执行机构的行动自由，应当减少到最低限度……在法治之下，却防

---

① 〔美〕路易斯·亨金：《宪政·民主·对外事务》，邓正来译，生活·读书·新知三联书店1996年版，第7页。

② 〔英〕哈耶克：《通往奴役之路》，王明毅等译，第73页。

止了政府采取特别的行动来破坏个人的努力。"①

哈耶克强调："只有在自由主义时代，法治才被有意识地加以发展，并且是自由主义时代最伟大的成就之一，它不仅是自由的保障，而且也是自由在法律上的体现。正像康德所说的那样'如果一个人不需要服从任何人，只服从法律，那么，他就是自由的。'"②

卡尔·波普尔（Sir Karl Raimund Popper，1902—1994年）也说："我们应该明白，在相当长的时间内，一切政治问题都是制度问题，是法律构架的问题，而不是个人的问题，通往更平等的进步只能靠对权力的制度控制来保证。"③"尤其重要的是，控制统治者和检查他们的权力的问题，主要的是一个制度的问题——总之，是设计各种不同制度防止即使是坏的统治者也不能造成太大伤害的问题。"④因此，波普尔认为权力的归属问题并不重要，而权力的制约才是政治哲学的核心。他说："与'权力如何被行使'和'行使多大权力'的问题相比，'谁应行使权力？'的问题是无关紧要的。"⑤这里波普尔指出了政治体制的最理想状态，即即使是坏人掌握了权力也无法干坏事。

亨廷顿（Samuel Phillips Huntington，1927—2008年）在《变革社会中的政治秩序》一书中曾提到，美国的宪法实际上是比现代英国的不成文宪法更多地保留了传统因素，"殖民地代议制实际上是都铎王朝代议制的翻版，随后，1787年宪法又在全国范围内确立了这些制度。""传统的法律观以两种形式在美国继续存在。其一，人类只能宣布法律而不能制定法律的观念，当它在欧洲已经被实在法律观取代很久之后，在美国却依然强大。它的某些观点一直持续到20世纪。其二，基本法不受人类控制的旧观念，由于被认为同成文

---

① 〔英〕哈耶克：《通往奴役之路》，王明毅等译，第73—74页。
② 同上书，第82页。
③ 〔英〕卡尔·波普尔：《开放社会及其敌人》（第二卷），陆衡等译，中国社会科学出版社1999年版，第258页。
④ 同上书，第208页。
⑤ 同上书，第257—258页。

宪法一致而获得了新的权威。"①

在实践上，由法律对政府行为和构成限制的最典型国家也是美国。1787年9月17日由制宪会议通过，1788年6月21日为九个州批准而生效的美利坚合众国宪法，是世界上第一部资产阶级成文宪法。它规定了美国资本主义社会的政治制度，它所确立的各项原则，今天依然是美国政治生活的准则。美国当代著名政治学家达尔教授指出："支配美国政治生活的不只是这一文件（宪法），然而它对于形成美国政治制度的特点、形式的特殊性、实质和程序，从而使其区别于其他政治制度所起的作用，比任何其他单个因素都大得多。"②

托克维尔也说："我们越是深思发生于美国的一切，就越是确信法学界是美国能够平衡民主的最强大力量，甚至可以说是能够平衡民主的唯一力量。

我们在美国不难发现，法学家精神是如何因其优点，甚至还可以说如何因其缺点，而适用于平民政府所固有的弊端的。当美国人民任其激情发作，陶醉于理想而忘形时，会感到法学家对他们施有一种无形的约束，使他们冷静和安定下来。法学家秘而不宣地用他们的贵族习性去对抗民主的本能，用他们对古老事物的崇敬去对抗民主对新鲜事物的热爱，用他们的谨慎观点去对抗民主的好大喜功，用他们对规范的爱好去对抗民主对制度的轻视，用他们处事沉着的习惯去对抗民主的急躁。法院是法学界对付民主的最醒目工具。"③

"在美国，既没有旧式贵族又没有文人，人民不信任富人。因此，法学家形成了一个高等政治阶级，他们是社会上最有知识的部分。"④

美国政治制度中一系列重要原则都是以根本法的形式确定下来的。如宪法规定了三权分立的原则：第一条规定了立法权属于国会，

---

① 〔美〕塞缪尔·亨廷顿：《变革社会中的政治秩序》，李盛平、杨玉生等译，华夏出版社1988年版，第103、106页。

② 转引自Dahl, Robert A., *Democracy in the United States: Promise and Performance*, 4th ed., Boston: Houghton Mifflin, 1981, p. 4.

③ 〔法〕托克维尔：《论美国的民主》（上卷），董果良译，第309页。

④ 同上书，第308页。

包括众议院、参议院的组成，议员的选举，国会的权力等内容；第二条规定了行政权属于总统，包括总统的选举、总统候选人的资格、总统的权力等内容；第三条规定了司法权力属于最高法院，以及司法权的适用范围等。

此外，西方国家基本都有司法审查制度（也叫违宪监督），主要指对立法和政府行政行为是否违宪进行审查和裁决。具体的做法有两种：一种是由普通法院审查违宪问题，如美国、加拿大等国实行此类制度；一种是由专门的宪法法院进行违宪审查，如德国、奥地利、意大利等国实行此类制度。凡被最高法院裁定的违宪法律、行政命令和条例均无效，这样就对权力进行了有效制约。

分散的权力之间的相互制约

为了对国家的权力进行制约，自由主义的政治思想家们除了进行理论上的阐述之外，还进行了大量政治制度方面的设计，其目的是不仅使人们意识到对政府权力加以限制的必要，而且在政府的自身结构当中加入某些自我控制的机制，从而使政府的行为能够在相当程度上摆脱掌握权力的人的好恶和愿望，还是我们刚刚提到的，就是要达到即使"坏人"掌握了权力也不可能做"坏事"的目的。为了达到这一目的，就要实行分权与权力制衡。总的来说，理论家们所提出的对于国家权力进行限制的内在机制主要指国家权力的自我约束机制，它包括三权分立、中央与地方之间、上院与下院之间的相互制约。对此，笔者在《个人与国家的关系——近现代西方相关思想研究》中有过比较详细的论述，这里不再重复。[①]

其他方式的制约

除了"以法律制约权力""以权力制约权力"这种传统模式之外，当代西方国家在权力制约上又产生了两种新的权力制约理论与

① 赵秀荣：《个人与国家的关系——近现代西方相关思想研究》，中国社会科学出版社2012年版，第143—154页。

实践形式，即"以权利制约权力"和"以社会制约权力"。

以"权利制约权力"模式强调通过法治实现公民权利的伸张。一方面是我们前面论述的以法律制约权力。另一方面是以公民所享有的权利制约权力。因为权力来源于人民，特别是根据社会契约论，政府的权力源于人民的同意与让渡，因此人民有权利对政府手中的权力进行限制与制约。政府必须在人民授权的范围活动，不能滥用人民赋予的权力。

"以社会制约权力"作为一种宪制民主下的权力制约理论模式与其他几种理论相比出现得较晚。从某种程度上讲，这是对"权利制约权力"的延伸，许多学者都认为，一个强大的市民社会的存在是社会制约权力的前提。"市民社会具有抑制国家权力过度膨胀的作用，但这种作用不是反抗国家，而是在国家与市民社会的二元结构中保持平衡。"① 托克维尔对此进行了详细的论述。他认为在美国之所以能避免暴政是因为（地理）环境、法制和民情的三个因素。他说："法制比自然环境更有助于美国维护民主共和制度，而民情比法制的贡献更大。"② 托克维尔所说的民情指一个民族的整个道德和精神面貌。美国的国情包括新英格兰地方自治、新闻自由及自由集会、结社等一套适应民主社会的生活方式。这样的民情对美国的政治生活意义重大，因为它塑造了一个独立于国家之外，有一定自主性的社会，并且对国家权力产生强大的牵制作用。达尔对托克维尔的论述做出了肯定的评价，他说："托克维尔也强调一种特定类型的社会对于民主的重要性，在这样的社会中，权力和各种社会功能以一种分散化的方式由众多相互独立的社团、组织和群众来行使。他强调如下因素的极端重要性：独立的报纸、作为一种独立职业的律师、政治社团以及参与公民生活的其他团体，不仅包括'同业公司和制造公司'也包括成千上万的其他种类的社团——不管是宗教的还是道德的，严肃的还是轻浮的，涉及面广泛的还是有限的，大型的还是

---

① 邓正来：《国家与社会——中国市民社会研究》，四川人民出版社1997年版，第6页。
② 〔法〕托克维尔：《论美国的民主》（上卷），董果良译，第354页。

小型的。托克维尔是第一个认识到民主的体制与多元的社会政体具有亲和性的人之一。他是完全正确的。"①他自己也认为一个由各种独立的、自主的社团组成的多元社会，可以对权力构成一种"社会制衡"。

所谓的"社会制约权力"主要的方式还是监督和制衡。下面逐一考察监督和制衡的几种方式，其中包括公众制约、舆论制约、在野党的制约和利益集团的制约。

1.公民

当代社会的公民制约，一般都是在公民的政治参与过程中完成的。在西方社会，最重要的是普选，任何一个政党或国家元首的上台都需要经过公民的选举，这是在权力入口的制约。并且被选举执政的政党或元首任期有限，经过一定的时间需要重新选举，人民的定期选举权是对国家权力有效的制约。也正是因为这种定期的普选制，掌握国家权力的人不可能任意而为，他们必须考虑国家的利益，保护公民自由，否则在下次的选举中就面临下台的危险。

除了作为选举人，公民还可以作为被选举人参与国家政治，每个国家对被选举人的资格规定不同，但普选的原则保证了有能力、有抱负的公民可以被选举为领导人（当然不排除金钱的作用）。因此政府官员一般都是对下而并非仅仅"对上负责"。选民的满意是高级政府官员赢得选票的关键因素。选举为选民评价政府的表现提供了机会。通过定期的、普遍的选举，使选举人，即公民能够对在职官员施加相当大的压力。

作为政治参与的重要机制，参与制约的途径除了普选外，西方许多国家都有供公民投诉的方式，如英国的投诉制度、美国的检举制度、法国的行政调解专员等。在不同国家，这种选举的范围和选举产生的人员不同，但主要集中在两个方面：一是选举产生代议制代表，如议员；二是选举产生政府首脑。这样民众可以间接影响议

---

① 〔美〕达尔：《民主理论的前言》，顾明行等译，生活·读书·新知三联书店1999年版，第220页。

会的立法，甚至是政府首脑的选举。

除了选举，直接同议员或行政官员接触，也是公民制约经常采用的方法。人们通过给行政官员尤其是议员写信、打电话、专访、递交请愿书等方式，提出对某些问题的看法、愿望和要求（包括个人问题）。行政官员和议员为了选票，对选民的意见都不敢怠慢。例如在英国，议员每周都有固定的时间接见民众，倾听他们的诉求，如果议员不能很好代表民意，或者对人们的疾苦置之不理，他们在下次选举的时候就面临失去选票的危险，特别是如果一个议员在一个选区获得不良的口碑，那么他再次当选的可能性就会很小。

抗议示威是公民制约政府比较激烈的方式。公民往往是在采用通常的方式和渠道但无法解决问题，不能实现目标之后采取的抗议方式。一般是和平的，但当政府镇压时，则可能发展为暴力行动。公民通过这种方式制约政府，在今天的西方屡见不鲜，例如此前英国发生的抗议学费上涨的游行，在美国发生的抗议黑人被警察打死的游行等。有时这种抗议对改变政府政策产生重大影响。因为任何一个政府都不愿意看到大规模的抗议示威。出现这种情况可能是政府政策不得民心，并且这种情况在某些国家也会对政权稳定造成威胁。

近年来有些国家还会针对具体的问题进行全民公投。虽然学者们对全民公投有不同的意见和看法，但这也是制约国家权力的有效手段之一，当然，这种手段并不是经常被采用。

2.舆论制约

思想家们很早就强调了舆论制约的重要意义。托克维尔说："报刊是每个人都可阅读并能被最软弱和最孤立的人利用的强大武器……报刊可以使他们向本国的公民和全人类求援。"[1]

舆论制约主要是指大众传播媒介对政府行为的制约。大众传播媒介是指拥有广大读者、听众或观众的新闻传播媒介，即报纸、期

---

① 〔法〕托克维尔：《论美国的民主》（下卷），董果良译，第923页。

刊、广播电台和新闻机构，今天更重要的则是网络。在信息时代，大众传播媒介在人们的政治生活中的地位和作用更为突出。甚至有人说："新闻界是公共政策机构，其作用不亚于总统、法院和议会，在阐明政府程序时理应有其一席之地。"①在一些西方国家，特别是美国，传播媒介是为公众而不是为政府服务的。政府掌握着权力，而权力本身就具有走向腐败的倾向，即所谓的"权力导致腐败，绝对权力导致绝对腐败"。因此如果政府行为不端，应受到批评。新闻界则起着监督行政、立法、司法三个部门过分行为和不端行为的"政府第四部门"的作用。新闻界把自己看作"政府的批评者"，②美国最高法院也确认了传播媒介批评政府和政府官员的权利。所以我们在西方的媒体上经常看到负面的报道，媒体人认为曝光丑闻、揭露黑暗是他们的责任。

从历史上看，西方大众传播媒介对政府的政策、腐化、错误和丑闻，对政府官员（包括总统在内）的渎职行为，滥用权力和违法行为不断揭露并提出批评。而大众传播媒介的揭发和批评，一旦见报和广播，立即传遍全国，形成强大的舆论压力，使某些官员轻则陷入困境，重则身败名裂，不得不退出政治舞台。最著名的例子是尼克松总统因"水门事件"辞职。

但今天由于网络的流行，这种自由有绝对化的趋势，造成一些舆论暴力，如人肉搜索，这里暂不深论。

3.在野党制约

有的英美资本主义国家实行两党制。在两党制下，一党在台，一党在野，互相形成一定的制约。在野党是指暂时不拥有行政权力的政党，但在议会中仍是拥有比执政党（或执政联盟）次多席位的政党。在野党被认为是执政党的预备力量，在未来的大选中，经过角逐，很可能上台执政，取代昔日的执政党，从这个意义上说，在

---

① 转引自李道揆《美国政府和美国政治》（上册），商务印书馆1999年版，第107页。

② Doris Graber, "Mass Media and American Politics", *Congressional Quarterly*, Washington, D. C., 1980, pp.18, 193.

野党的存在本身就构成对执政党的威胁，使他们谨慎施政，不敢滥用权力，足以说明在野党对国家权力制约的重要性。

在野党有时也被称为反对党。在西方国家主要反对党对执政党的制约，有两个基本途径：一是通过议会等机构对政府进行调查、质询、弹劾，以约束政府的行政行为；二是通过舆论工具批评政府的政策，揭露行政机关及其工作人员的违法乱纪活动。特别是在立法和财政方面反对党发挥的作用极大，它要对政府制定的议案进行认真的批驳，使之尽可能完善，照顾多方面的利益。因此，反对党的存在和活动有利于协调资产阶级和社会不同阶层、集团、党派之间的矛盾和冲突。此外，在野党的存在，还使西方政治出现这样一种现象："即任何一个政党总存在于国家权力与非国家权力之间，或者说，在社会与国家之间来回摆动。当它上台执政时，它是受着社会与反对党监督与制约的力量，当它在野时，则是监督与制约国家权力的社会力量。"① 在英国，人们说两党政治"是19世纪对政府艺术的最大贡献。"②

在两党制（或多党制下）下，民众可以利用两党的竞争实现自己的要求。在竞选中，两党为了争取人们的支持，不得不把民众的要求纳入竞选纲领，并且在上台后进行某种程度上的兑现。例如，2008年美国的大选，奥巴马（Barack Hussein Obama，1961—）结束伊拉克战争的竞选口号吸引了很多反战的选民，当然他上台后并没有像他承诺的那样立即从伊拉克撤军，但最终还是分阶段撤军。在英国也是一样，在野党通过各种手段揭露执政党的错误，违法、失职和犯罪行为，利用议会中的监督程序如质询、调查、听证、辩论、提案、弹劾等追究执政党的法律责任。为了保证在野党的监督作用，英国从法律上赋予在野党议员特别的人身保护，使他们免受打击和报复。因此，英国许多高官（执政党成员）常常因腐败问题于在野党的穷追猛打下，被迫丢官弃职。

---

① 应克复等：《西方民主史》，中国社会科学出版社1997年版，第421页。
② 杨祖功、顾俊礼：《西方政治制度比较》，世界知识出版社1992年版，第234页。

英国的反对党甚至还组织"影子内阁"（Shadow Cabinet）对执政党构成威胁。长期以来，英国形成了这样的惯例，即在议会下院中的次多数党，是法定的反对党。它拥有其他在野党所没有的若干特权，其中之一就是组织"影子内阁"。所谓"影子内阁"实际上是由反对党上层领导集团组成的后备政府，与执政党一样有所谓的内阁成员和政府其他重要官职，其党的领袖任"内阁首相"，可以随时出面组阁，与内阁一样，"影子内阁"同样强调阁员行动的一致性和集体负责精神。他的存在本身就对执政的内阁构成威胁，想到时时会有人取而代之，使得执政的内阁成员不得不小心行事，不敢越雷池一步。同时，"影子内阁"各部的负责人针对内阁各方面的问题，进行研究、评论、批判，这对执政党所起的监督和制约作用，比一般性的监督要深刻得多。

4.利益集团制约

美国学者杜鲁门（David Truman，1913—2003）给利益集团（interest group）下了一个被人们广泛接受的定义："利益集团是一个持有共同态度、向社会其他集团提出要求的集团。如果它通过向政府的任何机构提出其要求，它就变成一个政治性的利益集团。"[1]达尔说："从最广泛的意义上说，任何一群为了争取或维护某种共同利益或目标而一起行动的人，就是一个利益集团。"也有人称："利益集团，就是一部分人组织起来为追求共同利益而对政治过程施加压力。"[2]利益集团有广义和狭义之分，如果持有共同态度为了一定目的而寻求影响政府政策的集团就是政治性的利益集团。这种利益集团又被称为"压力集团"（因为它向政府施加压力）或"院外集团"（因为它最初是在议会休息厅进行游说的）。现代西方民主的运行，利益集团的影子无处不在。从立法、行政机构的选举，到立法决策

---

① David B. Truman, *The Governmental Process, Political Interests and Public Opinion*, New York: Alfred A. Knopf, Inc., 1951, p. 37.

② 〔美〕加里·沃塞曼：《美国政治基础》，陆震伦等译，中国社会科学出版社1994年版，第182页。

的出台，利益集团都起着至关重要的作用。

随着经济和社会的发展，政府的职能日渐扩大。在当代美国，政府的政策已经关系到个人生活的方方面面。政府的一项政策，可能有利于一部分人而不利于另一部分人，可能符合一部分人的理想而不符合另一部分人的理想，因此当政府制定某项政策法规时，它不得不考虑社会各利益集团的利益，因此利益集团是一个监督政府的有力工具，迫使政府在制定政策时，不得不平衡各方利益，因此各种利益集团的存在就构成对政府的制约。在经济上自由竞争、市场调节的资本主义社会，没有一个绝对的中央政府统一组织和安排经济活动，因此利益集团之间产生的许多矛盾还是需要由利益集团之间的调节和妥协得到解决。而通过利益集团的博弈，使得各种冲突和矛盾得以解决，一方面对政府构成监督，另一方面也稳定资本主义根本制度。利益集团对公共权力的监督主要表现在四个方面：

（1）干预立法

美国的国会（以及州议会）比其他西方国家行使更有效的决策权，因此利益集团都非常重视对国会的游说，期望国会在表决时通过有利于自己利益集团的议案，阻挠不利于自己集团的议案通过。平时利益集团努力与同其观点相近的议员及其助手建立并保持密切关系，在必要时由其负责人亲自出马或派其代理人向议员及其助手进行游说。为了说服国会议员赞同或反对某一项法案，利益集团要向议员提供资料、数据、详尽的专门分析，力图说服议员，改变议员的政策倾向。利益集团的服务弥补议员在专门问题上的知识不足，可以使议员在同僚和选民中获得良好形象。同时这些利益集团为了影响到议员，他们通常都是通过缜密的调查研究，在掌握第一手调查资料的基础上提出建议。有些利益集团有雄厚的经济背景，有精力和财力坚持自己的建议。

（2）影响选举

利益集团通过提供竞选经费支持提名的候选人，可能是各级议员，也可能是行政官员。他们协助选民登记，动员有关选区的选民投票，运用传播媒介形成舆论等影响选举结果，支持对其友好的候选人当选或现任议员连任，阻挠敌对的候选人当选或连任。利益集团影响选举的主要方式是：为竞选者做宣传，以影响舆论和选民的心理；为竞选者提供资金。经济实力雄厚的利益集团通过提供政治捐款、协助开展竞选、动员选民投票给候选人带来很大帮助。通常这样的利益集团在选举中资助许多候选人，作为一种政治投资。议员们产生于各选区，在一定程度上代表着地方利益，他们需要通过立法行为和争取有关联邦政策的实施去取信于选民。国会议员在履行职务时受到原来地区的选民、地方党派以及个人集团方面的压力，所以他们经常在表决议案时迁就有关团体的要求。

由于近年来西方国家政党作用的削弱，利益集团的政治支持分量相对增加。"环保行动组织从1970年起，根据议员们的投票记录把一些议员列为'反对环保'分子，给他们戴上'肮脏的人'的帽子，集中力量在选举中击败他们。从1970年起，被戴上这种帽子的31名议员，到20世纪80年代只剩下7人仍在国会继续任职。"①

英国的情况也类似，例如保守党在撒切尔和梅杰执政期间，对来自利益集团的意见不予重视，致使一些激进的压力集团转向布莱尔领导的工党，工党获得1997年大选的胜利。

（3）影响政府

政府部门是国家法律政策的具体实施部门，要制定大量的规章和政策，采取诸多的行政措施，直接涉及相关利益集团的得失。因此，利益集团非常重视对政府的影响。这一活动又叫院外活动，从事这一活动的大多是利益集团雇用的律师、专家、退休的官员、前议员等，他们是骨干力量。他们的目标是设法与自己有关的部门高级官员长期交往，派代表到政府有关部门任职或参加有关部门的咨询工作（因为议员不可能熟悉每一个领域的情况，利益集团有时也为议员提供咨询工作），以便影响政策的制定和措施的选择。在监督

---

① 李道揆：《美国政府和美国政治》（上册），第307页。

政府及各级行政部门秉公办事和维护公众利益方面，利益集团发挥的作用是无与伦比的。它使任何执政党都感到有压力，不敢把国民生计当儿戏。

（4）诉讼与抗议

当利益集团的利益得不到满足时，往往通过诉讼、发动公众、抗议示威等手段来达到自己的目的。在极其复杂、充满竞争的美国政府决策过程中，围绕某项提案，代表不同阶层、不同利益集团的利益集团斗争非常激烈，一个利益集团主张通过的提案，另一个集团却会竭力反对。当一个集团的切身利益受到损害时，他们就会借助法院，对通过的议案提出诉讼，这是最后一招。因为美国法院拥有司法审查权，也是决策的机构。

利益集团在使用上述温和手段不能达到目的时，常采用抗议示威的手段，如静坐示威、纠察、游行、召开群众大会、占领工厂和政府办公楼等等。

总之，利益集团的存在是力量平衡的一种机制，一方面社会各利益集团的需要、意愿会传递给政府，政府在决策前能更广泛地咨询，为科学决策提供重要调节，另一方面也使权力制约更趋多元化、合理化。

在美国除了人们熟知的联邦政府和州政府的纵向分权，还有各级政府本身的立法、行政、司法三个部门的横向分权，利益集团参政从外部起着制衡作用，是整个制衡机制的又一环节。不同的集团在参政过程中对政府的权力进行监督和制约，同时又互相竞争和制约。除了上述制约手段外，一个社会的传统与习惯，文化与心理也是制约政府权力的隐性因素。

上述各种措施构成了对政府权力的制约。在当代西方社会，这种制约起着越来越重要的作用。当然，正如前面指出的，我们也必须看到这些制约的局限性。在现实生活中，制约的程度、效果远远不是人们所想象的那么完美。由于各个利益集团之间的扯皮打架、矛盾斗争，甚至无理、无聊的纠缠，使得政策的出台非常困难，有时利益集团也利用这种机制故意拖延某项法规的出台，例如美国总统奥巴马的医保政策就是一个很好的例子。也就是说，制约机制在影响着行政效率。

还要指出的是，我们要看到，尽管各种制约机制表现了权力、势力之间的矛盾、对立，但是，在事关统治集团核心利益的情况下，各种势力往往能够高度一致。一直标榜自由、独立、客观的新闻界也会彻底丢弃自由的原则，完全以统治者的利益为转移。以美国为例，在许多涉及美国对外关系的问题上，即使美国在从事诸如入侵伊拉克这样赤裸裸的侵略行径，国内包括新闻媒体在内的诸种社会政治力量的态度、立场都高度一致，至少是高度默契。社会底层的抗议、示威效果也不都是显著的，资本主义社会基本的资源分配机制，基本的利益结构，基本的社会矛盾，决不会因为人民群众的抗议就能够得到根本改变。因此，对于西方思想家把制约机制的理想化、美化，我们要有清醒的看法。

三、对民主与自由关系的反思

应该说，近代民主制度，至少从理论上、法理上确立了对个人自由、公民利益的保护。当然，这里的个人，是有具体的历史社会内涵和阶级内涵的。但是，一个原则上以保护个人自由为目标的社会，并不必然就会在事事体现出这一原则。政治体制、国家方针政策及社会意识形态都是非常复杂的。它们随时都有可能动摇政体的基本原则。个人在国家中的自由，体现出作为国家的目的这一性质，而不能被接受的国家权力结构和国家的管理行为则有可能改变这一性质，使它变为国家的手段。因此，就像当年针对封建君主制而提出自由问题一样，针对着资本主义民主政府，一些思想家们也提出了个人自由问题。当然，在前一历史环境下，他们主要是希望从根本上改变政体，而在后一历史环境下，他们则主要是希望改良国家权力结构和调节国家的方针政策。

思想家们在专制政体和民主政体下都强调个人自由，根本原因就在于他们认为，个人在任何形式的国家——不论是民主的或者是专制的——面前都具有某些不可剥夺的自由。

现在，我们来探讨近代西方思想家对民主与自由之间关系的理解。

民主在某些方面与自由的矛盾

思想家们看到了近现代（个人）自由同民主（国家）之间的矛盾。在现代世界，民主既是一种制度，更是一个社会，一个非常复杂的社会。在这个社会中所包含的种种让民主制度得以运行的因素中，有许多都可能是与个人自由冲突的。最简单地说，甚至民主制度运行所依靠的最基本的游戏规则——多数原则，在很多情况下，都是与个人自由冲突的。

1.人民主权与个人自由之间的矛盾

人民是一个集体概念，它既不同于组成它的个人，也不同于组成它的部分；有很多时候，至少是在某些具体事情上，在某些短暂的时间内，它也与个人和部分是矛盾的，甚至是尖锐对立的。民主经过近代、现代数百年的运行，西方许多思想家发现了这一问题。因此，他们对启蒙时期曾经广为流行的人民主权学说提出了尖锐的批评，而强调民主社会对个人，对少数人的保护。

贡斯当认为，人类生活的一部分内容必然是属于个人的和独立的，它有权置身于任何社会权能的控制之外，主权只是一个有限的和相对的存在，"公民拥有独立于任何社会政治权力之外的个人权利，任何侵犯这些权利的权力都会成为非法权力。公民的权利就是个人自由、宗教自由和言论自由，包括公开表达自己的自由、享有财产及免受一切专横权力侵害的保障。"[①]他的结论是，人民主权并

---

① 〔法〕邦雅曼·贡斯当：《古代人的自由与现代人的自由》，阎克文、刘满贵译，第61页。

非不受限制，相反，它应被约束在正义和个人权利所限定的范围之内。他批评卢梭的理论，把卢梭的《社会契约论》称为"暴政的工具"。他写道："我相信……《社会契约论》那种狡猾的形而上学，在今天只能用来为各种各样的暴政——一个人的、几个人的或所有人的暴政——提供武器和借口，使之以合法形式或通过大众暴力实施压迫。"①卢梭"在《社会契约论》中所犯的错误，经常被用来作为自由的颂辞，但是，这些颂辞却是对所有类型的专制政治最可怕的支持"。②他还说，如果你确信人民主权不受限制，你等于是随意创造并向人类社会抛出了一个本身过度庞大的权力。不管它落到什么人手里，它必定构成一项罪恶。把它委托给一个人，委托给几个人，委托给所有人，你仍将发现它同样都是罪恶。③一旦主权不受限制，个人在政府面前将无处可逃，即使你声称要让政府服从普遍意志，那也是徒劳。④

因此他主张对主权进行限制。限制在什么范围之内呢？他认为应该是"在正义和个人权利所限定的范围之内"，因为，即使全体人民的意志，也不可能把非正义变成正义。⑤主权的目的是为了保护个人自由。

托克维尔认为民主的一个基本要求就是平等："显示民主时代的特点的占有支配地位的独特事实，是身份平等。在民主时代鼓励人们前进的主要激情，是对这种平等的热爱。"⑥但是平等是与专制联系在一起，他说："专制所造成的恶，也正是平等所助长的恶。专制和平等这两个东西，是以一种有害的方式相辅相成的。平等使人们并立，不让他们有使他们结合起来的共同联系。专制在人们之间筑起

---

①　〔法〕邦雅曼·贡斯当：《古代人的自由与现代人的自由》，阎克文、刘满贵译，第310页。

②　同上书，第57—58页。

③　同上书，第56页。

④　同上书，第60页。

⑤　同上书，第63页。

⑥　〔法〕托克维尔：《论美国的民主》（下卷），董果良译，第621页。

壁垒,把他们隔离开来。平等使人们只顾自己,不去考虑别人。专制使人们把互不关心视为一种美德……在这样的时代,人们最需要的是自由。"①他还说:"实际上,平等可产生两种倾向:一种倾向是使人们径自独立,并且可能使人们立即陷入无政府状态;另一种倾向是使人们沿着一条漫长的、隐而不见的、但确实存在的道路走上奴役的状态。"②

但平等又会破坏自由。托克维尔认为:"随着身份日趋平等,大量的个人便出现了。这些人的财富和权力虽然不足以对其同胞的命运发生重大的影响,但他们拥有或保有的知识和财力,却可以满足自己的需要。这些人无所负于人,也可以说无所求于人。他们习惯于独立思考,认为自己的整个命运只操于自己手里。因此,民主主义不但使每个人忘记了祖先,而且使每个人不顾后代,并与同时代人疏远。它使每个人遇事总是只想到自己,而最后完全陷入内心的孤寂。"③"在平等时代,人人都没有援助他人的义务,人人也没有要求他人支援的权利,所以每个人既是独立的又是软弱无援的。"④

托克维尔对自由与平等的关系进行了辩证的分析,他说:"人们不但因为他们认为平等可贵而维护平等,而且因为他们相信平等必定永远长存而依恋平等。""对于平等给我们带来的危险,则只有头脑清晰和观察力强的人才能发现,但这些人一般总是避而不谈这种危险。"

他认为自由带来的好处,只有经过很长时间以后才能显现出来,而且这种好处的来因,又经常不容易被人辨认出来。平等带来的好处是立竿见影的,人们在感受到它的时候,立即知道它的来源。同样,政治自由可以使人享得最大的慰藉,但不是经常性的,而且只能使某些公民享得。平等可以每天向每个人提供大量的小小慰藉。

---

① 〔法〕托克维尔:《论美国的民主》(下卷),董果良译,第630页。
② 同上书,第838页。
③ 同上书,第627页。
④ 同上书,第845页。

平等的美好时时刻刻都能使人感到，并及于每一个人：高贵的人不能无所感，普通老百姓皆大欢喜。因此，平等造成的激情既是强烈的，又是普遍的。[①]

他说："在大部分现代国家，尤其是在欧洲的所有国家，对于自由的爱好和观念，只是在人们的身份开始趋于平等的时候，才开始产生和发展起来的，并且是作为这种平等的结果而出现的。而最致力于拉平自己的臣民等级的，正是那些专制的君主。在这样的国家里，平等先于自由而存在。因此，当自由还是新鲜事物的时候，平等已是存在很久的事实。当前者刚刚出现，初见阳光的时候，后者已经创造了自己固有的观念、习惯和法律。因此，当自由还只是人们的一种想法和爱好的时候，平等已经深入到人们的习惯，控制了民情，使生活的每一细小行动都具有了追求平等的倾向。因此，我们这个时代的人把平等置于自由之上，又有什么值得惊奇的呢？"

他继续说："我认为，民主国家的人民天生就爱好自由，你不用去管他们，他们自己就会去寻找自由，喜爱自由，一失去自由就会感到痛苦。但是，他们追求平等的激情更为热烈，没有止境，更为持久，难以遏止。他们希望在自由之中享受平等，在不能如此的时候；也愿意在奴役之中享用平等。他们可以容受贫困、隶属和野蛮，但不能忍受贵族制度。"[②]

他认为追求平等的激情是一个不可抗拒的力量，凡是想与它抗衡的人和权力，都必将被它摧毁和打倒。他认为同平等所产生的诸恶进行斗争，只有一个有效的办法：那就是政治自由。[③]

托克维尔还谈到民主对自由的破坏，他说："你是自由的，不必跟着我思想；你的生活，你的财产，你的一切，都属于你；但从今以后，你在我们当中将是一个外人。你可以保留你在社会上的特权，

① 〔法〕托克维尔：《论美国的民主》（下卷），董果良译，第622—623页。
② 同上书，第623—624页。
③ 同上书，第634页。

但这些特权对你将一无用处，因为如果你想让同胞选举你，他们将不会投你的票；而如果你想让他们尊重你，他们将假装尊重你。你虽然仍然留在我们当中，但你将失去做人的权利。在你接近你的同胞时，他们将像躲避脏东西一样远远离开你；即使是那些认为你是干净无垢的人也要离开你，因为他们也怕别人躲避他们。你安安静静地活下去吧，但这样活下去比死还难受"。①

其实建立民主政治的最终目的是为了维护自由，民主的扩展不能使自由受到威胁。托克维尔看到了民主对个人自由潜在的危险。因为民主制中大多数人的意见是无法反对的，这样对个人思想的自由形成威胁。少数人无法抗拒大多数人的意见，也就是说由多数暴政可能会扼杀个人的自由。托克维尔在美国看到了美国社会多数暴政的危险，力图想办法协调民主与自由的关系（这一点在随后将详细阐述）。意大利学者马斯泰罗内对托克维尔的评价非常中肯，他说："为了理解托克维尔在欧洲政治思想中实现的这一转折的意义，必须把他的立场同贡斯当的立场进行比较。《宪法论》的作者贡斯当是以个人自由的名义反对民主，而《论美国的民主》的作者则是为了捍卫个人自由而接受民主。作为取代独裁与暴政的替代方案，自由民主应按理解为所有人通过投票而'自由地'表达自己意见的权利。"②

2.多数原则与个人自由之间的矛盾

自古代以来，民主制度往往都采用多数决策的原则。根据这一原则，在表决中占据多数的人们可以随心所欲，而少数人在大多数情况下都必须无条件地服从多数人的意志和裁决。但是，多数人的意志并不一定总是符合理性，他们的利益表达与要求亦并非总能够施惠于全体。所以，多数统治（majority rule）的民主完全有可能退化为多数暴政（majority tyranny）。多数暴政实际上是民主政治的

---

① 〔法〕托克维尔：《论美国的民主》（上卷），董果良译，第294页。
② 〔意〕萨尔沃·马斯泰罗内：《欧洲民主史——从孟德斯鸠到凯尔森》，黄华光译，社会科学文献出版社2001年版，第90—91页。

一个漏洞和弊端。在多数决定原则下，与多数人利益不一致，甚至是相对的少数人利益，由于无法获得多数票，就可能遭到忽视甚至侵害。

对此，托克维尔曾经提出有名的"民主暴政"理论或"多数暴政"理论。他说："民主政府的本质，在于多数对政府的统治是绝对的，因为在民主制度下，谁也对抗不了多数。"[1]"多数人的道义影响，来源于这样一种思想：许多人联合起来总比一个人的才智大……"[2]"多数的道义的影响，还来源于多数人的利益应当优先于少数人的利益原则。"[3]托克维尔虽然赞美美国的民主，但却认为在美国存在多数暴政的危险，他说："在美国，只要多数还没有最后形成统一意见，讨论就得继续下去；但是，一旦多数做出不可更改的决定，所有的人便默不作声了，不管是决定的支持者，还是决定的反对者，现在都合在一起，表现拥护决定。其所以如此的理由很简单：那就是没有一个君主能像既有权立法又有权执法的多数这样专制到可以总揽一切社会权力和打败其反对者的地步"。[4]"在美国，多数既拥有强大的管理国家的实权，又拥有也几乎如此强大的影响舆论的实力。多数一旦提出一项动议，可以说不会遇到任何障碍。这不只包括阻止通过动议的障碍，甚至包括推迟表决的障碍，以及给留出点时间在表决的过程中听一听反对者的呼声的障碍。"[5]"多数的无限权威及其快速坚定地表达意志的方式，在美国不仅使法律趋于不稳定，并且对法律的执行和国家的行政活动发生了同样的影响。"[6]托克维尔还指出，民主政府所固有的缺点，没有一个不是随着多数的权力增加而扩大的。"当一个人或一个党在美国受到不公正的待遇时，你想他或它能向谁去诉苦呢？向舆论吗？但舆论是多数制造的。向立法

---

① 〔法〕托克维尔：《论美国的民主》（上卷），董果良译，第282页。
② 同上书，第283页。
③ 同上书，第284页。
④ 同上书，第292页。
⑤ 同上书，第284—285页。
⑥ 同上书，第286页。

机构吗？但立法机构代表多数，并盲目服从多数。向行政当局吗？但行政首长是由多数选任的，是多数的百依百顺工具。向公安机关吗？但警察不外是多数掌握的军队。向陪审团吗？但陪审团就是拥有宣判权的多数，而且在某些州，连法官都是由多数选派的。因此，不管你所告发的事情如何不正义和荒唐，你还得照样服从。"[1]他说历史上的君主只靠物质力量进行压制；而今天的民主共和国则靠精神力量进行压制，连人们的意志它都想征服。在独夫统治的专制政府下，专制以粗暴打击身体的办法压制灵魂，但灵魂却能逃脱专制打向它的拳头，使自己更加高尚。在民主共和国，暴政就不采用这种办法，它让身体任其自由，而直接压制灵魂。[2]"在这里，多数的统治极为专制和不可抗拒，以致一个人如想脱离多数规定的路线，就得放弃自己的某些公民权利，甚至要放弃自己做人的本色。"[3]

托克维尔继续说道："我认为必然有一个高于其他一切权力的社会权力；但我又相信，当这个权力的面前没有任何障碍可以阻止它前进和使它延迟前进时，自由就要遭到破坏。"

托克维尔认为，对美国共和政体最大的危险来自多数的无限权威。他说："我本人认为，无限权威是一个坏而危险的东西。在我看来，不管任何人，都无力行使无限权威……当我看到任何一个权威被授以决定一切的权利和能力时，不管人们把这个权威称作人们还是国王，或者称作民主政府还是贵族政府，或者这个权威是在君主国行使还是在共和国行使，我都要说：这是给暴政播下了种子，而且我将设法离开那里，到别的法制下生活。"[4]

他认为在这种政体下，"没有精神的自由，就产生不了文学天才，而美国就缺少这种自由。宗教裁判所始终未能阻止反对宗教的书籍在西班牙大量流通。在美国，多数的统治在这方面比西班牙做

---

① 〔法〕托克维尔：《论美国的民主》（上卷），董果良译，第290页。

② 同上书，第294页。

③ 同上书，第297页。

④ 同上书，第289页。

得高明；它把人们打算出版这种书籍的思想都剥夺了。"①

　　其他许多18、19世纪的自由主义者们也都在民主中发现了一股可以瓦解自由的力量。比如，美国的麦迪逊在《联邦党人文集》中指出："在民主之下，压迫的危险来自社会中的多数。""在共和国里极其重要的是，不仅要保护社会防止统治者的压迫，而且要保护一部分社会反对另一部分的不公。在不同阶级的公民中必然存在着不同的利益。如果多数人由一种共同利益联合起来，少数人的权利就有保障。只有两个方法可防止这种弊病：其一是在不受多数人约束，也就是不受社会本身约束的团体中形成一种意愿；其二是使社会中包括那么许多各种不同的公民，使全体中多数人的不合理联合即使不是办不到，也是极不可能……正义是政府的目的。正义是人类社会的目的。无论过去或将来始终要追求正义，直到获得它为止，或者直到在追求中丧失了自由为止。"②杰斐逊也说："在我们州政府中行政部门不是独揽一切的，它不是需要我警惕的主要对象。立法机关的专横是目前最令人担忧的，而且这种情况将会持续许多年。行政权部门也会残暴专横，但那是遥远将来的事。"③

　　密尔在《论自由》中也提出要警惕"多数暴政"，他说："在今天的政治思想中，一般已把'多数暴政'这一点列入社会所须警防的诸种灾祸之内了。"④他继续解释："和他种暴虐一样，这个多数的暴虐之可怕……主要在于它会通过公共权威的措施而起作用……当社会本身是暴君时，就是说，当社会作为集体而凌驾于构成它的各别个人时，它的肆虐手段并不限于通过其政治机构而做出的措施……而假如它所颁的诏令是错的而不是对的，或者其内容是它所不应干预的事，那么它就是实行一种全社会暴虐。而这种社会暴虐

---

　　①〔法〕托克维尔：《论美国的民主》（上卷），董果良译，第295页。
　　②〔美〕汉密尔顿、杰伊、麦迪逊：《联邦党人文集》，程逢如等译，商务印书馆1997年版，第266—267页。
　　③〔美〕托马斯·杰斐逊：《杰斐逊选集》，朱曾汶译，第440页。
　　④〔英〕约翰·密尔：《论自由》，许宝骙译，第4页。

比许多种类的政治压迫还可怕，因为它虽不常以极端性的刑罚为后盾，却让人们有更少的逃避办法，这是由于它透入生活细节更深刻得多，由于它奴役到灵魂本身。因此，仅只防御官府的暴虐还不够，对于得势舆论和得势感想的暴虐，对于社会要借行政处罚以外的办法来把它自己的观念和行事当作行为准则来强加于所见不同的人；以束缚任何与它的方式不相协调的个性的发展，甚至，假如可能的话，阻止这种个性的形成，从而迫使一切人都按照它自己的模型来剪裁他们自己的这种趋势——对于这些，都需要加以防御。"[1]虽然思想家们都提出来警惕多数暴政，但至今还没有设计出切实有效的手段防止多数暴政的手段，虽然思想家们提出了最后底线，即多数不能侵犯少数的生命权，但目前我们还没有看到对这一问题有效的解决办法。

3. 立法机构的权力与个人自由之间的矛盾

近代民主的核心权力是立法权。在某些国家，某些阶段，曾经出现过立法权膨胀的现象。这引起了一些人的关注。他们认为，过于强大的立法权，必定会侵犯损害个人的自由。这方面最典型的言论来自哈耶克。他在《经济自由》一书中认为，现代民主政治中的立法机构获得了太多的权力。立法机构中的多数拥有无限的权力，这一不受制约的权力是"现代民主制度中……罪恶的根源"[2]。立法机构的权力不受制约，政党就会为了赢得选票而讨好利益集团，结果政府就会成为利益集团的帮凶，帮助利益集团以牺牲他人为代价牟取自己的利益，而政府的权力则会更加没有限制，更加扩张。[3]而且，为了赢得选票，民主的政府还会倾向于许诺社会正义，并以社会正义为名，强制性地干预市场，减少个人自由。

弗里德曼说："作为一个自由主义者，我很难看出任何单纯地为

---

① 〔英〕约翰·密尔:《论自由》，许宝骙译，第4—5页。

② F. A. Hayek, ed., *Economic Freedom*, Cambridge: Blackwell, 1991, p. 385.

③ F. A. Hayek, *Law, Legislation and Liberty: A New Statement of the Liberal Principles of Justice and Political Economy* , Vol. 3, *The Political Order of a Free People*, Chicago: University of Chicago Press, 1979, pp. 9, 11–15, 31.

了再分配收入而施加累进赋税的理由。这种赋税似乎是一个显著的事例来使用强制手段从某些人那里拿取一些东西，把它们给与别人，因而，和个人自由发生了正面冲突。"①

托克维尔指出，法律的僵化和立法的不稳定性也会威胁到民主的生存，他说："在民主开始居于统治地位和人民逐渐将一切事情主管起来的国家里，那些使人民的活动日益活跃和日益不可抗拒的法律，也会直接打击政府的生存。"② "立法的不稳定性，是民主政府必然具有的一个弊端，因为它来自民主制度要求不断改换新人执政的本性。但是，这个弊端是随着授予立法者的权限和行动手段的增减而增减的。"③但民主是目前为止我们找到的最不坏的政治制度，他说："民主制度失误的机会虽多于一个国王或一群贵族，但它一旦觉察失误，回到正确路上的机会也多，因为民主制度本身一般没有与大多数人对抗和反对理性的利益。"④

4.利益集团与个人自由之间的矛盾

美国的多元文化是利益集团出现的原因之一。各种不同的利益集团都努力使自己的利益得到重视，因此利益集团是美国政治中非常独特的现象，托克维尔指出，在法国，你看到的是政府；在英国你看到的是等级；而在美国，你将必然会发现协会。这里他指的是利益集团的雏形。利益集团代表不同阶层的人发声，本来是民主的有利补充，但常常也出现利益集团侵害个人自由的情况。因为一些大的利益集团代表的都是有钱人的利益，也只有这些人才能负担得起庞大利益集团的游说，并且耗得起时间。因此一些政府决策的出台往往是照顾了他们听到的声音的利益（那些大的利益集团的利益），没有考虑他们听不到声音的（公众）的利益，忽视对个人利益的保护，这种状况对美国的民主价值构成威胁。例如美国的枪支泛

---

① 〔美〕米尔顿·弗里德曼：《资本主义与自由》，张瑞玉译，商务印书馆1986年版，第187页。

② 〔法〕托克维尔：《论美国的民主》（上卷），董果良译，第153页。

③ 同上书，第285页。

④ 同上书，第256—257页。

滥问题有目共睹，民众也支持禁枪法案，但由于美国步枪协会的强大势力，禁止私人携带武器的法案一直没有通过。

此外在美国，真正的问题被认为是这些利益团体通过政府机构，以普遍利益为代价而追求其私人目标。真正对政府决策起作用的是那些大的利益集团，虽然没有各种形形色色的利益集团，但真正起作用的还是少数，并且有时不同利益集团之间还互相勾结。利益集团已不再是将广泛的不同意见吸引到民主进程之中的机制，那些享有特权的利益集团，正在行使着相对远离民主监督的准公共权力。

5.大政府与个人自由之间的矛盾

所谓大政府，是近代西方的一个概念，它是指相对于社会而言，政府管理、支配、干预过多的事情，挤占了社会和个人在许多领域，尤其是经济领域的空间。新自由主义者们极力反对大政府，要求小社会。他们反对政府权力过大，要求社会承担更多的管理职能。其实这种观点背后的一个理念是"政府是邪恶的"。

克罗利讲道："一个国家可能会十分珍视自己手中的权力，但对个人的能力和特点关注不够，因此不会采取很多的防范措施。杰斐逊主义的民主非常担心出现任何联合的功效。权利平等总是在权利和权力联合起来的时候遭到侵犯，而特殊的权力总是开始时由于个别组织的正当需要而产生。而最危险的组织不是大公司或工会，而是政府。政府不会像公司一样被法律羁绊住手脚，因为它本身就必然拥有立法权，而这种立法的权力就使它轻易地超越权利平等的界限。立法权力带来产生差别的权力，因此在一个平权民主国家里防止产生差别的最好办法就是组织严密的政府，以便于让权力的滥用得到严格的限制。"[①]

从现实生活中我们也可以看到，美国总统的权力越来越大，以致当代政治思想家担心"行政专横"不是空穴来风，他们担心美国总统权力越来越膨胀，行政权力会侵害其他两权。不仅美国如此，

---

① 〔美〕赫伯特·D.克罗利：《美国生活的希望——政府在实现国家目标中的作用》，王军英等译，第156页。

英国也有这种倾向，虽然英国的民众并不直接选举首相，但英国首相的大选越来越具有"总统选举"的意味。2010年的选举，英国民众也越来越觉得他们是在选举这个领袖或那个领袖。各个党派的领袖们也开始在电视上举行"总统选举式的"的辩论，这在英国历史上还是第一次。无论是在历史上还是传统上，英国政府都被认为是"内阁"政府，也就是说，政府由一些大臣组成，在这些大臣中，首相是"居于平等地位的第一人"（the first among equals）。但是这一点在英国过去30年中发生了很大变化，首相的地位越来越"总统化"。一部分原因是英国首相有时在欧盟中发挥类似总统的作用，而欧盟的轮值主席其实类似于欧洲总统的地位。

英国首相越来越"总统化"的另外一个原因是，最近一些党派在议会中获得了绝大多数席位，这样就使得首相在行使职权时受到较小的限制。1997年工党获得了下院中的绝大多数席位（占据200多席），这就使得当时的首相托尼·布莱尔可以"为所欲为"，因为他知道自己会获得下院中绝大多数工党议员的支持，工党议员们也非常地"温顺"，乐于追随首相的领导。在这种情况下，下院的辩论就成为一种形式，因为首相，或者说内阁总是会获得议会支持。这种首相"总统化"的一个结果就是我们都熟知的出兵伊拉克事件。托尼·布莱尔可以在整个英国普遍反战的情况下，在议会中获得支持参加对伊拉克战争。英国民主政治中一个自相矛盾的现象是选民的选举权利可以决定哪一个党派在大选中获得多数。虽然他们相信这个政党可以推行他们认可的政策（这一点我们可以从1997年的大选中看出），但是这个政党一旦获得议会中的绝大多数议席，就可以"为所欲为"，甚至不再代表选民的利益。对他们唯一的约束只是重新大选。

英国政治总统化的第三个原因是，各个政党越来越多地采取美国式的选举战略，这种战略越来越集中关注个别的"总统"（议员）候选人。媒体也是追随这一套路，因为媒体认为按照候选人的线索来追随他们的故事会更加容易，也更加吸引大众的眼球。

关于大政府与个人自由之间的矛盾，我们在下面介绍有关反对国家过度干预，要求限制国家权力的思想时，将一并介绍。

改进民主

托克维尔讲到民主政府的弊端，他说："搞阴谋和腐化是民选政府的自然弊端。当国家首脑可以连选连任时，这种弊端将会无限扩大，并危及国家本身的生存。一个普通候选人如想依靠阴谋达到目的，他的诡计只能在极其有限的范围内施展。而国家首脑出现于候选人名单，他却可借助政府的力量去达到个人的目的。"[①]当今西方民主制存在的主要问题有：第一，大选成为烧钱的活动，特别是在美国，竞选费用逐渐增加，并且耗费了候选人大量精力，特别是在任总统的中期选举过程；第二，民主在西方最大的危害就是效率低下，各个机构之间互相牵制，造成拖沓的作风，很多事情要经过反复的辩论，虽然保证了政策出台的科学性，但同时也存在效率低下的弊病，特别在福利好的国家更是助长了国家公务员懒惰、拖拉的作风；第三，连篇累牍的选举报道或投票，造成公民对政治的冷漠。

其实，民主制度从一开始就暴露出弊端。当苏格拉底被雅典的公民用民主投票的方式处死之后，西方思想家一直在寻求完善民主的方法，但他们从来没有提出要用另外一种形式取代民主。如果说启蒙思想家坚定了民主思想的基础的话，那么，现代西方理论家们则在此基础上进一步完善、细化了民主的理论。在公认民主的一些基本原则的前提下，在两百多年前法国大革命的旗帜下，他们更加注重民主的具体操作，注重民主的细节，以实现国家对个人这一目的的更加切实的服务。可以说，现代西方人提出的民主理论形形色色，数不胜数，令人眼花缭乱。这里挑选一些略做介绍。

英国社会学家和政治理论家柯尔（George D. H. Cole，1889—1959年）认为代议民主制有种种弊端，因此他设想出一种据他认为能够最好

---

① 〔法〕托克维尔：《论美国的民主》（上卷），董果良译，第152页。

地实现人是目的的国家宗旨的民主形式，即"职能民主制"。他说："给每一种职能寻求一种团体和代表的方法，给每一种团体和代表团体寻求一种职能。换句话说，真正的民主政治不应当在单独的无所不能的议会中寻求，而应当在各种有调节的职能的代表团体这种制度中去寻找。"[①]这种以职能的团体和代表为基础的"职能民主政治"，提供了摆脱现今代议民主政治种种困难的方法。

首先，社会中有大量的职能团体，每个团体都代表一定人群的利益，同时个人可以参加许多不同的团体，这样人们可以在每一类选举中选举不同的人代表自己的意愿。由此解决议员（代表）无法代表选民意愿的问题。

其次，代议民主存在对其议员（代表）无法有效监督的问题，柯尔说："对代表实行民主的控制，首要的困难是选举人投过票以后他们就不再作为一个团体而存在了，一直到需要举行新的选举时，他们才又作为一个团体而出现。任何的人或团体都不留下来给被选人以经常的指导和批评。"职能民主制则有效解决了这一问题，因为代表经常参加他们那个团体的管理，与其他成员交流密切，一直可以代表民意。在柯尔看来，"民主政治的含义是积极的公民权而不仅是消极的公民权，是每一个人不仅有作国家的，而且有作与他的人格或环境有关系的团体的积极公民的机会。"[②]

最后，在民主制下，一人享有一票的权利。柯尔认为这样的选举权不仅能使优秀的人或对政治关心的人发挥应该有的作用，而且在职能民主制中，一个人可以按自己的职能兴趣投票，这样可以避免民主政治中公民的冷漠。

尽管这种民主理论有着强烈的乌托邦色彩，在现实中很难操作——这也是它至今未被西方人完全接受的原因，但是，它的确指出了代议制存在的一些缺陷，因此具有一定的理论价值。

拉斯基试图把西方的代议民主制与社会主义的公有制结合。他

---

① 〔英〕柯尔:《社会学说》，李平沤译，商务印书馆1960年版，第70页。
② 同上书，第73页。

提出"计划化民主国家"是保障实现个人目的的最好国家。他认为民主原则与资本主义经济原则不相容。他说民主意味着所有社会成员在一切社会领域享有平等的机会，而资本主义社会生产资料私有，少数人享有经济特权。此外，资本主义的政治制度与其经济制度相冲突。

拉斯基提出用"计划化民主"取代资本主义，他提出民主制有很多解决不了的矛盾，解决办法是把民主扩展到经济领域，实现经济权力的民主化，以及废除私有制和市场经济，代之以公有制和计划经济。他以1929年美国经济危机为例，说明自由放任政策已经破产，要求政府干预经济。他认为，自由放任作为一个系统的原则已随1914年战争的爆发而结束。实际的情况是，政府干预是必需的（essential），问题仅仅在于用什么样的干预方法能产生最大的成果。他对如何实行计划化的经济提出自己的设想，意味着经济权的几个重要基础应该掌握在社会手里：第一是资本和信贷，第二是土地，第三是进出口贸易，第四是运输、燃料和电力等重要基础工业。这种"新制度"摒弃了资本主义的私有制，而保留它的民主制；摒弃了苏联模式的社会主义国家的专政制度，而采纳其生产资料公有制。它既克服了资本主义和社会主义制度各自最大的"弊端"，又吸取了两种基本制度中各自的"合理因素"。它把资本主义和社会主义结合了起来，是民主和社会主义的结晶。因为公有制意味着计划化，所以拉斯基称这种"新制度"为"计划化民主国家"。拉斯基指出，在"计划化民主国家"中，重要生产资料归社会所有，这是社会主义的基础。只有在这个基础上，民主政治才能建立在同意之上；人民大众才能有完美的个性，自由的概念才能积极化。

拉斯基认为，在"计划化民主国家"里，自由权利是能够得到保障的。在这个社会里，自由建立在生产资料公有制的基础之上，物质产品十分丰裕，人们不再为生活而担忧，产生了一种"新的机会天地"的心境，形成了一种不愿被陈规旧习束缚的心理，这就"为自由的概念开辟了新的个人和制度的前景"。因此，在这种理想国家中，政府的任务在于了解；它越是充分地使公民能够作出最大的贡献，就越是使公民获得福利。国家"设法组织机会，使个人的目标和社会的目标调和起来。它于是设法创造一个环境，在那里，人民大众有完美的个性"。[①]

这些思想家看到西方民主社会存在的问题，并积极探索新的、更理想的社会制度。柯尔提出职能民主，拉斯基则提出计划化民主。作为民主社会主义的理论先驱，拉斯基的思想对民主社会主义理论和运动的形成与发展起了重要作用。他的思想还为英国战后建立福利国家起到积极的推动作用。

需要指出的是，西方思想家固然看到了西方民主的种种弊端，并且提出了诸种补救方式，但是，他们忽视了西方民主最根本的弊端，那就是，在实践上，它受到金钱的掌控。这是对个人自由最大的威胁。

---

① 〔英〕拉斯基：《论当代革命》，朱曾汶译，商务印书馆1959年版，第396页。

第六章　关于自由的经济保障
——市场经济的观念

市场经济发端于西欧的主要原因是当时天时、地利、人和：肇始于西班牙、葡萄牙的地理大发现引发价格革命，促进了欧洲从封建社会向资本主义社会转型；并且价格革命有助于资本家完成原始积累，推动了商业资本的出现。由于价格革命（当然还有其他因素），封建领主遭受沉重打击，资产阶级利用这一机会积聚资本。同时，资本主义生产使得生产者和生产资料分离，生产者被迫出卖自己的劳动力。另外，地理大发现开辟的航线拓展了世界市场、促进了造船业的发展，并且更重要的是刺激了本国制造业及商业的发展。在这一过程中商品经济或者说市场经济逐渐取代自然经济。

西欧的市场经济发端于封建社会后期。以英国为例，英国的市场经济成熟较早，16世纪初，英国仍旧是一个农业国，农业处在社会经济的核心地位，绝大多数居民还是以农耕为主，农业与工业相比仍占优势。16—17世纪中叶，人口增加、价格革命、圈地运动给农业带来各种影响。人口增加对土地造成压力，更大的社会需求刺激了物价上涨，在价格革命中获利的贵族地主、乡绅和富裕自耕农为了追逐更高的利润而圈地。这密切相关的三个因素，尤其是圈地，使农村社会发生深刻变化。首先是土地所有权和阶级关系发生变化，接着农牧业的经营方式、耕作制度，甚至整个生产面貌都发生一定的变化。

在随后的一个多世纪里，英国农业的主要变化是自然经济的保守性与闭塞性得到了重要突破，从自给自足的生计农业迅速向商品化农业过渡，英国进入商品经济时代。而从自足农业向商品化农业转变，受不断扩大的市场所推动。主要是由于人口的持续增加，一个比例较大的农业劳动力转入农村工业以及伦敦市场的迅速扩展等因素所促成。这个时期农业生产越来越专业化，特别是呢绒生产。呢绒生产主要集中在三个区域：在北部农村，呢绒工业基本上集中在约克郡西莱丁区；在西部，沿着斯特劳溪谷和埃文河及其支流两岸的大片地区（跨萨莫塞特、格罗斯特和威尔特三郡）；在东盎格利亚，沿斯陶尔河谷新兴的呢绒生产中心有哈德利、萨福克的拉文哈姆和朗梅尔福特、博克斯福德和大小沃尔丁菲尔德等。[①]在乡村工业发展过程中，新的工业城镇纷纷出现，乡村逐渐城市化，预示封建自然经济将走向瓦解，朝着商品市场经济过渡。

在乡村经济发展的基础上，商品经济获得较为充分的发展，在此基础上以伦敦为中心的全国商业网形成。这些市场已经不再是自给自足的消费经济的补充、附属物，相反，市场经济开始对农业、手工业生产产生强烈影响，甚至在一定程度上取得支配地位。地方性、区域性市场互相补充，既服务于本地区，也服务于外省和伦敦市场。市场的密度越来越大，规模越来越大，服务的地区范围也越来越广。

英国商人在建立国内市场后，很快走出国门。17世纪海外贸易的进一步拓展、对外贸易的转型以及美洲殖民地的建立、与殖民地贸易的发展，为英国商业的发展带来极好的机遇，从此以后各条商路大开，英国的贸易触角深入到世界各地，为其带来巨大的商业资金。商业资金最终转化为工业资本，为其成为工业强国提供了极其重要的条件。伊丽莎白的宠臣雷利曾说："谁控制了海洋，谁就控制了世界贸易，而谁控制了世界贸易，谁就控制了地球的财富和地球

---

①　M. M. Postan and others eds., *The Cambridge Economic History of Europe*, Vol. 2, 1987, pp. 677–680.

本身。"①商业的充分发展促使自然经济走向瓦解。

其他欧洲国家的市场经济发展的历程各具特色，这里暂不深论。

一、关于国家权力界限的观念

自由市场经济的天敌就是经济管制和经济干预。这些管制与干预既来自社会，又来自政府。从中世纪到近代早期，欧洲整个趋势是国家的权力越来越大，对经济活动的干预越来越强，所以，为国家的权力划定边界，制止其过度干预个人经济活动，是自由市场经济确立的前提。

前面已经论述过密尔所认为的好的政府是应该促进人的美德和智慧的发展。为了促进人们的美德和智慧，政府应该履行两类职能："必要的政府职能"（与政府这一概念密不可分的那些职能，或所有政府一向在行使而未遭到任何反对的那些职能）与"可选择的政府职能"。必要的政府职能中有三项是最为重要的，一是保护人身和财产，二是征收适当的税收，三是完善法律和司法。

可选择的政府职能范围很广，远非任何框框所能限定。但是，它们也有一条底线，那就是"增进普遍的便利"。能限制政府干预的只有这样一条简单而笼统的准则，即"除非政府干预能带来很大便利，否则便决不允许政府进行干预。"②

斯宾塞认为，国家的职责是将人们保留在他们适应的环境中，"按照社会条件的许可准确地保护人的天赋权利，其他什么都不能做。任何进一步使用国家的强制性力量的行为都是属于违背政府据以建立的协议的性质。"③

---

① T. K. Rabb, *Enterprise and Empire: Merchant and Gentry Investment in the Expansion of England 1575-1630*, Cambridge: Harvard University Press, 1967, p.15.

② 〔英〕约翰·密尔：《政治经济学原理——及其在社会哲学上的若干应用》（上卷），赵荣潜等译，商务印书馆1991年版，第371—372页。（为了与前文保持一致，行文中和注释中的穆勒翻译成密尔，下同。）

③ 〔英〕霍布豪斯：《自由主义》，朱曾汶译，第26—27页。

斯宾塞坚持国家对社会应该尽量少干预，以"确保每个人运用其各项机能的最充分的自由，只要它与所有其他人的同样自由相一致：我们觉得这就是国家的职责。"①确保自由是国家的职责，他说："无论我们用哪一种方式去说明国家的职责，它都不能超越那个职责而不使自己被挫败。如果看作保护者，我们发现一旦它做的事情超出了保护范围，它就变成侵犯者而不是保护者了；而如果看作对适应的帮助，我们发现一旦它做的事情超出了维护社会状态的范围，它就要推迟适应而不是加速适应。"②国家超过它的职责范围还会阻碍个人机能的正常发挥，减少人们的幸福，延缓人对环境的适应过程。他说："凡是这样正确地构成的人，是不能加以帮助的。通过某些人为的机构去为他做任何事情，就是要替代他的某些能力——使它们放下不用，因此就要减少他的幸福。"③

英国社会学家麦基弗（Robert Morrison MacIver，1882—1970年）在《社群——一种社会学的研究》中提出，公共利益保护是人类生活之所以必要和可能的前提，是现代政治生活的基石。他认为国家的职能有三项：

第一，维持秩序。麦基弗说："我们可将建立并维持秩序当作国家的一个重要任务。在全国范围内保持一个普遍的秩序，是国家所应做的最明显的事，并且这在任何时候都是国家的一项特殊使命"。④

第二，保护。麦基弗认为，保护弱者免遭强者的压迫是国家的一项重要职能，国家应该明确规定并维护公民的一般权利和义务，应该在就业时间、工资水平、维护儿童权益方面制定保护性法规。

第三，维持与发展。这一项职能包罗万象，如国家负有保存、发展社会资源的责任。在现代国家，对人文和生态环境的法律和行

---

① 〔英〕斯宾塞：《社会静力学》，张雄武译，第132页。
② 同上书，第123页。
③ 同上书，第121页。
④ 转引自邹永贤《国家学说史》（下册），福建人民出版社1999年版，第1285页。

政保护已经成为各国政府的一项重要政治职能。

波普尔认为国家权力的界限是保护自由竞争。他认为国家的经济发展与政治、法律制度有直接的关系。国家可以通过政治措施调节各种经济问题，也可以采取各种措施干预失业，减少公众的疾病与痛苦，即国家在保护弱者方面可以发挥积极的作用。此外，他认为国家作用的范围应该局限于减少痛苦。波普尔反对边沁提出的"最大幸福"的原则，他甚至提出"最小痛苦"原则。国家不应当以增加人民的幸福为其目标。因为不同的人对幸福有不同的看法，永远不可能对幸福形成完全一致的意见。如果政府认为自己给予人民的是幸福，而人民却认为不是幸福，其结果是创造幸福变成了制造痛苦。他说："最大幸福的原则能够很容易地当作一种仁慈的专政的借口……反对可避免的苦难的斗争应该成为公共政策的一个公认目标，而增加幸福则应主要留待个人发挥首创精神去解决。"①波普尔替政府开了一系列减少苦难的清单，比如贫困、失业、无社会保障、疾病、宗教歧视和种族歧视、缺乏教育机会、战争等，这些正是政府应当积极去解决的问题。②波普尔提出把国家的作用局限于减少痛苦的范围，实际上是继承了19世纪西方的自由主义传统，管得最少的政府就是最好的政府，或者说国家应该从消极意义上增进人民的幸福。他同样强调个人自由的重要性，认为自由重于一切，但认为对自由的限制也是必要的，没有限制的自由就会损害自由，甚至毁灭自由。因此他也强调干预的重要性，反对彻底不干预的做法。他说，假如我们希望自由被安全地保护，那么我们就必须用国家的有计划的经济干预政策，取代无限制的经济自由政策，我们必须要求无限制的自由资本主义让位于经济干预主义。波普尔认为，国家的干预作用应当是适度的，没有国家的干预，自由就会死亡；同样，

---

① 〔英〕卡尔·波普尔：《猜想与反驳——科学知识的增长》，傅季重等译，上海译文出版社1986年版，第493页。

② 〔英〕卡尔·波普尔：《开放社会及其敌人》（第一卷），陆衡等译，第131页注及第293页。

国家干预过多的话，自由也会死亡。并且他强调一个国家政治制度的重要性，他说："我们需要的与其说是好的人，还不如说是好的制度……我们渴望得到好的统治者，但历史的经验向我们表明，我们不可能找到这样的人。正因为这样，设计使甚至坏的统治者也不会造成太大损害的制度是十分重要的。"①这一点对今天所有的国家都有借鉴意义。

罗伯特·诺齐克（Robert Nozick，1938—2002年）用"最弱意义的国家"概念为国家权力划定了界限。他在1974年出版的《无政府、国家和乌托邦》（*Anarchy, State, and Utopia*）一书中指出国家的主要结论如下：一个仅限于防止暴力、盗窃、欺诈及保证契约的履行等狭小保护功能的最小国家是正义的；任何膨胀的国家都会侵犯人们不做某些事情的权利，都是非正义的。他说："最弱意义上的国家是正确的，同样也是有吸引力和鼓舞人心的。由此引出两个值得注意的推论：国家不可用它的强制手段来迫使一些公民帮助另一些公民；也不能用强制手段来禁止人们从事推进他们自己利益或自我保护的活动。"②诺齐克对这种最低限度国家的希望是："最弱意义上的国家把我们看作是不可侵犯的个人——即不可被别人以某种方式用作手段、工具、器械或资源的个人；它把我们看作是拥有个人权利及尊严的人，通过尊重我们的权利来尊重我们，它允许我们个别地，或者与我们愿意与之联合的人一起地——就我们力所能及地，并在与其他拥有同样尊严的人的自愿合作的援助下——来选择我们的生活，实现我们的目标，以及我们对于自己的观念。"③

洪堡在《论国家的作用》一书中系统深入地论述国家权力的界限。笔者在《个人与国家的关系——近现代西方相关思想研究》一书中对其思想有过介绍，④这里不再重复。

---

① 〔英〕卡尔·波普尔：《猜想与反驳——科学知识的增长》，傅季重等译，第491页。

② 〔美〕罗伯特·诺齐克：《无政府、国家和乌托邦》，姚大志译，中国社会科学出版社2008年版，第1页。

③ 同上书，第330页。

④ 赵秀荣：《个人与国家的关系——近现代西方相关思想研究》，第104—107页。

综上所述，我们要指出，古典自由主义者及新自由主义者都信奉这样一种观念：社会的进步主要依靠个人的自由和创造性。在他们看来，国家权力的职责就是要保障人们的自由、生命和财产不受侵犯，任何超出这一限度的行为都是无法令人忍受的。"管得最少的政府就是最好的政府"。他们都主张限制国家权力和职能。当然，具体限制程度和方式因人而异，有的要求有限政府，有的要求最低限度的政府，有的甚至要求彻底废除政府。哈耶克、弗里德曼夫妇、米塞斯、爱因·兰德等是寻求有限政府的自由至上论者，而诺齐克主张最低限度的政府。

二、关于经济自由的观念

所谓经济自由，是指个人在市场经济制度下自由地从事劳动以获取自己的生产资料和财产的权利。因此，经济自由在一定程度上已经超出保护性权利的范畴，而带有个人发展的意味，或者说带有一点"积极自由"的意味了。应该说，在资本主义政治制度之下，由于政权已经掌握在资产阶级手中，他们已经获得政治自由，对于他们来说，最重要的自由，是经济自由。因此，本书将以较多的篇幅来介绍有关思想及其背景。

近代早期国家对经济的干预、管制

近代西欧各国市场经济的发展经历了一个漫长的时期。近代早期的欧洲各国都建立了行会制度，各国的行会制度对经济的控制极其严格。在国家层面，君主对国家和城市国家对贸易、价格、劳动力、关税等有着严格的管制。在城市、地区层面，城市行会①和农村公地共同体对生产、经营、交易、技术改进等，更有着今天人们难以想象的严厉管制。

---

① 关于行会对经济的管制，请参阅赵文洪"中世纪西欧对私人财产权利的制度性制约"，《世界历史》1996年第5期。

我们以英国为例一窥当时行会对经济的垄断和干预现象。

1.垄断生产。行会自成立之日起就对生产拥有控制权。如伦敦最早的公会之一呢绒商公会早在爱德华三世时期就通过王室特许状获得呢绒贸易的垄断权，同时，该市的织匠、漂洗匠和染匠等也都接到"不准染指任何种类的呢绒的织造和买卖"的禁令。

2.限制竞争。行会严格禁止没有学徒经历的人和外来人在城市就业，外国移民更是被拒之门外。即使对那些本地人，学徒年限也有严格规定（在伦敦，最早的规定是七年，这种习惯逐渐得到传播，但不同的行业也有不同的规定），同时师傅所能带学徒人数也有严格的规定（如1563年的一项法令规定：织布业、缝纫业、制鞋业拥有三个学徒的师傅应雇用一个帮工）。同时行会也对工作时间有规定（一般规定的工作时间是冬天大约12小时，夏天则延长至十五六小时）。此外，每一个行会都有行会章程，明确而详细地规定了生产的数量及质量。如在布里斯托尔，织工行会章程严格规定了布匹的宽度，如果布匹的线不足，则这些布匹连同织布工具必须予以焚毁。最后，规定物价和工资也是行会章程的一项重要内容。诺里季的蜡烛行会章程规定，工匠不得以低于他人的价格出卖产品。

3.阻碍生产技术的改进，阻碍劳力和资本的流动。各个行会都有自己繁琐的规章制度，并且行会极力反对任何生产技术上的改进，防止行会成员扩大生产规模，提高生产效率。例如布里斯托尔的呢绒行会竭力阻挠技术改良，规定织工改造织机要受到处罚。行会的各项规章制度有效地阻止了行会师傅变成资本家，同时又竭力限制帮工和学徒在学习期满取得行会成员资格和在城内开业。行会还努力抵制商业资本这种与它对立的、自由的资本的入侵。

我们不得不承认，虽然行会有种种弊端，但它的存在保证了产品的质量，保证了消费者的权益，这一点是不容否认的。

除了行会对经济的垄断，近代早期英国对经济的控制的另一个例子就是英国通过增加羊毛关税或出口禁令来保护本国毛纺织业的发展。历代君主都竭力保护本国工业，如查理一世禁止向外国厂商出口纱线或漂洗土，禁止进口各种形式的花边和珠宝赝品。从都铎王朝开始，英国逐步减免出口税，降低原料进口税。在内战期间及以后，出口免税的重商主义政策逐步得到执行，开始降低或免征出口税。1700年，废除了毛纺织品的所有出口关税。1722年，通过沃波尔的关税改革，这个免税的过程得以完成。[①] "与此同时，对进口商品征收的关税在光荣革命后逐渐提高，1690年和1693年征收进口附加税，税率为5%或10%，有时达到20%，涉及进口商品值的2/3。从此进入一个关税壁垒不断增高的过程，其中威廉和安妮统治时期是增长最快的阶段。大多数进口商品此前仅征收5%的关税，此后进口商品税率至少增加到15%，多数商品增加到20%—25%，或者更多。"[②]

最后，都铎王和斯图亚特王朝时期，对外贸易实行特许制度，国王向商人颁发特许状，成立海外贸易公司或殖民公司，垄断特定地区的贸易。这一时期城里的典型贸易公司有东印度公司、利凡特公司、俄罗斯公司以及东地公司。另外还有对美洲进行探险开发的弗吉尼亚公司、百慕大公司以及马萨诸塞湾公司。这些公司从国王那里得到特许状，进行与特定地区的贸易，获利颇丰。仅以东印度公司为例，1604年第二次出航，集资6万镑，在南洋的班达抛锚，商人们和当地居民开展正常的贸易活动，主要购买胡椒，以及探测摩鹿加群岛附近水域，这次出航利润率近100%。1607年公司组织的第三次航行，在贸易上更为成功，集资5.3万镑，回国后，将经营所得在股东之间分配，利润率达234%。[③]

亚当·斯密的经济自由思想

亚当·斯密是资产阶级古典政治经济学体系的奠基人，他在

---

① R. Davis, "The Rise of Protection in England, 1689–1786", *Economic History Review*, Vol. 19, 1966, p. 310.

② Ibid., pp. 310–311.

③ Brain Gardner, *The East India Company, A History*, New York: Rupert Hart-Davis Ltd., 1971, pp. 23–28.

《国富论》中提出的经济自由思想为大家所熟知，他的思想大体可归结为以下两个方面。

第一，个人经济自由是天赋人权。我们看到，斯密不仅继承了英国革命前后的理论传统，而且明确地提出了人权概念。他认为，禁止人民大众制造他们所能制造的全部物品，不能按照他们自己的判断，将其资财与劳动，投在其认为最有利的用途上，"这显然是侵犯了最神圣的人权"。①

斯密高度重视劳动所有权。他认为，劳动所有权是一切其他所有权的主要基础，所以，这种所有权是最神圣不可侵犯的。一个穷人所有的世袭财产，就是他的体力与技巧。不让他以他认为正当的方式，在不侵害他邻人的条件下，使用他的体力与技巧，那明显的是侵犯这最神圣的财产。

国家干预的不合理，首先就在于它是侵犯个人权利的事情。他说："如果政治家企图指导私人应如何运用他们的资本，那不仅是自寻烦恼地去注意最不需注意的问题"，而且这种做法"是僭取一种不能放心地委托给任何个人、也不能放心地委之于任何委员会或参议院的权力。把这种权力交给一个大言不惭地、荒唐地自认为有资格行使的人，是再危险也没有了。"②他批评当时英国的情况时形象地指出，由于本国干涉经济的缘故，造成"现今状态下，有些像一个不健全的机体，其中，有些重要生理器官长得过大，以致容易发生许多危险的疾病，那在各部分发展比较均衡的生理器官是不常有的。人为地造成的一个大血管过分地膨胀，并使过大部分的产业与商业流入这个血管，这样大血管要略有停滞，就会使全部政治组织陷入最危险的紊乱中。"③

第二，反对国家干预，主张自由竞争。国家干预经济往往造成

---

① 〔英〕亚当·斯密：《国民财富的性质和原因的研究》（下卷），郭大力、王亚南译，商务印书馆1974年版，第153页。

② 同上书，第27—28页。

③ 同上书，第175页。

垄断。垄断是身份时代的特征，竞争是契约时代的特征。一位西方学者认为，斯密是第一个向垄断开炮的人。[①]

斯密反对国家干预，主张自由放任。他说每个人"通常既不打算促进公共的利益，也不知道他自己是在什么程度上促进那种利益。由于宁愿投资支持国内产业而不支持国外产业，他只是盘算他自己的安全，由于他管理产业的方式目的在于使其生产物的价值能达到最大程度，他所盘算的也只是他自己的利益。在这场合，像在其他许多场合一样，他受一只看不见的手的指导，去尽力达到一个并非他本意想要达到的目的。也并不因为事非出于本意，就对社会有害，他追求自己的利益，往往使他能比在真正出于本意的情况下更有效地促进社会的利益"[②]。

他认为应该让市场发挥调节作用，如果商品供应不足，消费者"不愿得不到这种商品，宁愿支付较大的价格。于是竞争便在需求者中间发生。而市场价格便或多或少地上升到自然价格之上。价格上升程度的大小，要看货品的缺乏程度及竞争者富有程度和浪费程度所引起的竞争热烈程度的大小。但在同样富有和同样奢侈的竞争者间，缺乏程度所能引起的竞争程度的大小，却要看这商品对求购者的重要性的大小。所以，在都市被封锁或发生饥馑场合，生活必需品的价格总是非常昂贵"。相反，如果供过于求，也是由于竞争的关系价格就会下降。因此他的理想是建立一种"自然自由的制度"。

斯密的经济自由思想是资产阶级争取经济权力的要求，是资产阶级与封建势力斗争的理论武器。斯密生活的时代正是英国从封建经济向市场经济转型时期，封建贵族利用在议会中的势力，把持着政府的一切要职，并且他们推行重商主义和关税制度，这严重阻碍

---

① 参见Raymond de Roover, *Business, Bank, and Economic Thought in Late Medieval and Early Modern Europe*, University of Chicago Press, 1976, p. 273，不过，卢福本人反对这一看法，他在书中详细考察了斯密之前的反垄断思想。

② 〔英〕亚当·斯密:《国民财富的性质和原因的研究》(下卷)，郭大力、王亚南译，第27页。

了资本主义的自由发展。因此要求自由竞争、自由贸易是时代的要求。这位经济自由理论之父大声疾呼："法律应该让人民自己照应各自的利益。""一切特惠或限制的制度，一经完全废除，最明白最单纯的自然自由制度就会树立起来。每一个人，在他不违反正义的法律时，都应听其完全自由，让他采用自己的方法，追求自己的利益，以其劳动及资本和任何其他人或其他阶级相竞争。"①

此外，个人选择的自由被看作经济自由的基础，其内容主要包括个人交换、消费、投资、择业等个人决策自由。斯密说："每一个人，在他不违反正义的法律时，都应听其完全自由，让他采用自己的方法，追求自己的利益，以其劳动及资本和任何其他人或其他阶级相竞争。"②因此从这个意义上讲，斯密的经济基础是人权，他说："禁止人民大众制造他们所能制造的全部物品，不能按照自己的判断，把自己的资财与劳动，投在自己认为最有利的用途上，这显然是侵犯了最神圣的人权。"③

因此斯密主张在政府职能上，君主只需履行三项义务即可：一是保护国家的安全，使之免受外族的入侵；二是颁布实施保护公民权利的法律，维护好社会秩序；三是举办和维护必要的社会公共工程，使之正常运转，为社会提供公益服务；在财税政策上，斯密主张管事最少、花钱最少的政府是最好的政府，财税收入的取得应遵循平等、便利、确实、最少征收费用的原则，尽可能减少纳税人的额外负担和对经济活动的干扰；在贸易政策上，斯密主张对内实行自由竞争，对外实行自由贸易。

其他人的经济自由思想

斯密的经济自由思想在他之后的一百多年里，一直被西方经济

① 〔英〕亚当·斯密：《国民财富的性质和原因的研究》（下卷），郭大力、王亚南译，第25—28、102、252页。
② 同上书，第252页。
③ 同上书，第153页。

学家奉为经典。大卫·李嘉图也同样主张自由放任的经济政策。他认为在商业完全自由的制度下，各国都必然把它的资本和劳动用在最有利于本国的用途上。这种个体利益的追求很好地和整体的普遍幸福结合在一起。他还说为了使全世界的资本能得到最好的分配只有当任何一种商品都不受人为的桎梏、可以自由稳定在自然价格上时，才会得到最好的调节。

斯密和李嘉图都确信供给和需求之间的自动平衡。萨伊（Jean-Baptiste Say，1767—1832年）将这一信念上升为市场法则，他认为，除非政治变动或自然灾害，政府无知地干预经济会引起一种产品供给不足而另一种产品充斥过剩的现象，决不会永久继续存在。萨伊根据其市场法则演绎出四个结论：1.一个社会的生产者越多，产品越多样化，产品便销得越快、越多，利润也越高。2.由于供求有直接的统一性，所以，每一个人都和全体的共同繁荣有利害关系；一个企业的成功，可带动其他企业的发展。3.购买和输入外国货物决不会损害国内或本国产业和生产。因为实际付给外国产品的代价，是等值的本国产品。4.仅仅鼓励消费对一国经济繁荣无益，所以鼓励生产是贤明的政策，鼓励消费是拙劣的政策。萨伊从生产给产品创造需求这一基本结论出发，得出产品不会普遍过剩，因而政府应该鼓励生产自由，进出口自由等自由放任的政策。即经济有内在的协调与均衡必然性，应自由竞争。"萨伊定律"是自由竞争时代经济学家普遍的信条。[①]并且萨伊主张大力发展生产，反对贵族非生产性的消费，反对政府对资本主义生产和经营活动的干预，主张经济自由，都是符合当时资本主义经济发展的要求的。

密尔在继承和发展斯密的经济自由理论方面有重大的贡献。他提出一直为后世自由主义者们所推崇的经济自由、反对政府干涉的三种不同情况或理由。

第一，所要办的事，若由个人来办会比由政府来办更好一些。

---

① 参见〔法〕萨伊《政治经济学概论》，陈福生、陈振骅译，商务印书馆1963年版，第145页。

密尔认为，一般说来，凡办理一项事业或者决定怎样来办和由谁来办那项事业，最适宜的人莫若在那项事业上有切身利害关系的人。这条原理就判定了，立法机关或政府官吏不应当像一度通行过的那样干涉到普通的工业生产过程。看得出，在这里密尔与斯密是多么的一致。

第二，有许多事情，虽然由一些个人来办一般看来未必能像政府官吏办得那样好，但是仍宜让个人来办而不要由政府来办；因为作为对于他们个人的精神教育的手段和方式来说，这样可以加强他们主动的才能，可以锻炼他们的判断能力，还可以使他们在留给他们去对付的课题上获得熟悉的知识。即使是巨大的工业企业也应由自愿出资者的联合组织管理。

第三，不必要地增加政府的权力，会有很大的祸患。假如公路、铁路、银行、保险机关、巨大的合股公司、大学，以及各种公共慈善机构等都变成政府的分支机构，那么，即使有一切所谓出版自由和平民的立法组织，也不足以使这个国度或任何国度成为一个名副其实的自由之国。并且，这种行政机构愈是构造得有效率和科学化，网罗最有资格的能手来操纵这个机器的办法愈是巧妙，为患就愈大。这里，密尔是把经济自由当作政治自由的前提和手段。

与此同时，密尔大声赞美自由市场经济。他指出，一度曾有人主张，政府有义务限定商品价格并规定制造程序。但是现在，经过一段长期斗争之后，大家才认识到，要做到价廉而物美，最有效的办法还是让生产者和销售者都完全自由，而以购买者可以随意到处选购的同等自由作为对他们的唯一制约。这就是自由贸易的教义。

著名社会达尔文主义者斯宾塞，从社会达尔文主义理论出发，认为在经济领域，应该让个人自由地竞争，国家不应过多地干涉。国家的职能只是保护个人自由竞争的权利，政府的管理权限只能限制在这个范围内。有人指责这种主张是为"自由放任主义"辩护。斯宾塞却认为，如果自由放任主义的主张是把那些应由人们自己去管的事情（如生产、贸易、抚养、教育后代等）放手让人们自己去管，那我就赞成，如果自由放任主义的主张是对那些政府应该管的事情（如偷盗、拖欠债务）也不去过问，那我就反对。他抨击了当时国家的垄断行为，根据其社会进化论的观点强调了社会有机体的自发进化功能，他指出，一切国家的经验都证明政府凭借自己的经验试图创造幸福的努力都是不成功的，看上去忙忙碌碌的政府，实际上每每证明它的愚蠢与无能。① 他认为，"生存竞争，适者生存"不仅在生物界，而且在人类社会也是起支配作用的规律。"要变得适合于社会性状态，人不仅必须失去他的野蛮性，而且必须获得文明生活所需要的能力。必须发展应用的能力，必须在智力方面进行这样的改变使之适合于它新的任务；而最重要的是，必须获得为将来大的满足牺牲眼前小的满足的能力。"② 而这种能力的获得，自由是先决条件。他说："伴随社会进步而来的，除了对我们所谓的固有权力的认识加深外，还包括政府能更好地履行它们：政府越来越像是公仆，是个体获得福利必要的先决条件。"③

贡斯当也是经济自由的极力鼓吹者。他坚决反对国家干预经济的自由，主张自由竞争，认为这是改善一切产业的最可靠的方法。他坚决反对制定规章的狂热病，认为国家不应该干预企业活动，也不能直接经营商业，因为"每当政府声称为我们做事情，它都比我们自己做更无能、代价更昂贵。"④ 他还反对用立法规定工人的工资，认为这既是令人愤慨的压力，又是无益的，因为竞争可以把工人的工资压到最低水平。在他看来，在个人自由面前，一切法律、规定都无能为力，不起任何作用。自由竞争是事物的本性。国家不应通过制定各种规章制度去限制、干预个人的经营、贸易自由。相反，国家应该鼓励个人主动精神，保护个人自由。贡斯当着重论证了公民经营企业的自由，竭力主张自由竞争。

---

① 〔英〕赫伯特·斯宾塞：《社会静力学》，张雄武译，第9页。
② 同上书，第145页。
③ 〔英〕赫伯特·斯宾塞：《国家权力与个人自由》，谭小勤等译，第97页。
④ 〔法〕邦雅曼·贡斯当：《古代人的自由与现代人的自由》，阎克文、刘满贵译，第31页。

国家干预主义从20世纪30年代到70年代初一直是西方国家的主导原则。主张国家干预的凯恩斯主义经济学成为西方经济学中的主流经济学，并成为西方国家政府经济学。第二次世界大战期间及战后，美、英等各主要资本主义国家的政府都把凯恩斯主义奉为国策，对市场经济进行干预。美国罗斯福新政的若干经济政策，杜鲁门总统的特别经济咨文，英国、加拿大和澳大利亚关于就业政策的白皮书，美国1945年的莫莱充分就业法案和1946年的就业法，法国新宪法关于就业预算的规定等，都是西方国家政府纷纷奉行凯恩斯主义国家干预主义的例证。

但是到20世纪70年代，资本主义国家经济出现滞胀，国家干预理论遇到挑战，证明国家干预的实践并不成功。它的实际效果与预期效果之间有着相当大的差距。一些经济学家认为，正是国家的干预活动阻碍了市场的健康发展，导致西方经济"滞胀"现象的出现；各种福利措施造成极大的浪费，降低了人们的工作积极性；更为重要的是，国家干预的过程中还包含着对公民个人自由的限制。

在新的经济危机下，凯恩斯主义无能为力，保守主义的政治思潮开始逐渐在社会中占据主导地位。新保守主义的兴起是西方社会经济、政治和文化危机的反映。国家干预政策及福利政策的推行带来一系列问题。以英国为例，随着一大批巨型国有行业性垄断企业的建立，政府成为全国最大雇主的同时，也成了这些企业唯一的投资者和管理者，政府有权决定企业的投资、信贷和发展方向，指令企业按照"公共利益"进行生产和经营。在社会福利领域，政府通过高额累进税使社会财富大规模重新分配，并承担保证人民基本生活水准的义务。总之，国家与市场、国家与社会的关系在国家干预的政策下发生巨大变化，国家已经不是"守夜人"式的国家。国家职能扩大，提高了人民的生活保障程度，使政府得到人民群众的支持，但也给国家带来沉重的负担，政府开支迅速增加。由于福利支出的增长超过经济的增长，造成物价不断上涨，通货膨胀居高不下，赤字严重。国家干预还使得政府机构日益膨胀，并由此产生规章手续繁琐，行政效率低下等官僚主义弊病。

两次世界大战之间出现的法西斯主义现象也被认为与国家权力的膨胀有直接关系。20世纪二三十年代，德、意、日等国对于国家、民族、权威的崇拜和浪漫主义看法，最终发展成法西斯极权主义政治理论。法西斯主义在民族、集体主义、义务、忠诚等旗号下将国家神化，并置于整个社会和个人权利之上，从而上演了一幕令整个世界都为之震撼的血腥丑剧。

苏联斯大林模式的计划经济和西方"福利国家"所面对的效率低下、创造性枯竭现象也是国家权力扩大的恶果。保守自由主义认为，这样三个有很长时间跨度的重大历史事件足以说明，"全能国家"和过度的国家干预不可避免地会在政治上危及社会和个人的自由，危及西方的多元民主制度，从而助长极权主义政治的抬头；在经济上，国家的过度干预带来令社会束手的"经济滞胀"，带来令"计划经济"和"福利国家"的倡导者不得不面对的官僚主义和低下的生产效率。因此，在保守自由主义者看来，解决问题的方法只有一个，那就是肃清关于国家的神话，回到作为"正义"基础的个人权利上，对国家权力进行严格的限制。

在这种情况下，一批思想家开始反思国家干预政策的弊端，又开始重新强调市场的作用。这些思想家被称为保守自由主义思想家，即以保卫和守护古典自由主义传统为宗旨的思想流派。他们大多以古典自由主义传统的继承者自居，对新自由主义的思想理论和政策实践持批评态度。他们对新自由主义的国家干预主张不满，并否定计划经济的可能性和合理性。第二次世界大战后当新自由主义政党纷纷执政，福利国家的政策大行其道时，保守主义者就开始聚集力量，进行反击。1947年朝圣山（Mont Pelerin）成立，其中的组织者就是最重要的保守自由主义思想家哈耶克，此外还有奥地利学派的米塞斯、默瑞·N. 罗斯巴德（Murray N. Rothbard），芝加哥学派的弗里德曼、诺齐克等学者。

他们都极端强调个人自由，强调市场本位，坚决反对政府干预

（他们与古典自由主义最大的不同之处在于，他们由彻底的自由放任转向承认政府部分干预的合理性），主张以宪制保护个人权利并制约政府权力。

哈耶克又被誉为"20世纪的伯克"，他系统地阐述了反对国家干预的理由：（1）国家干预主义否定个人自由、市场自由，毁坏了作为西方传统的自由主义的哲学基础。（2）国家干预主义的制度基础是贯彻多数人意志的民主政治。而民主政治是有缺陷的，多数人的意见未必就是真理，不能任由多数人的意志毁坏自由的经济制度的基础。（3）国家干预主义既以生产资料的私有制为基础，又对所有权进行干预，这就是既非资本主义，又非社会主义，不伦不类。（4）政府承担干预经济生活、重新分配财富的职责，有悖于政府超然于各种经济利益之上的宗旨，政治就会成为"一种瓜分全部收入而进行的拔河比赛"，"政治"就会成为令人厌恶的词语。（5）由于资源有限，在由政府为主导的利益重新分配的过程中，必然发生权钱交易，使腐败盛行，进而为各种压力集团所左右，结果就不是代表多数人的利益，而是代表少数人的利益，使政府发生蜕变。（6）国家干预主义不是市场的完善与合理化，而是市场关系的扭曲，其结果必然损害多数人的利益。因为只有市场才能产生多数人所需要的福利，只有市场才能使消费者成为生产的决定性因素，使生产者的利益从属于消费者的利益，并使双方都得到好处。（7）为了社会公正而破坏市场机制的最终结果，是资本的匮乏和经济成长的减缓，从而使政府陷于困境，进而导致政府经济职能的进一步增强和政治官僚集团权力的进一步扩大。而这是一种新式奴隶制出现的前兆。结论是，国家干预必然导致更严重的不平等。[1]他说："政府的权力应该仅限于使得每个人能够看到他们知道的并且在他们的决策中能够加以考虑的原则。"[2]"至关重要的是，尽管政

---

[1]　匡萃坚：《当代西方政治思潮》，社会科学文献出版社2005年版，第237—238页。

[2]　〔英〕哈耶克：《个人主义与经济秩序》，贾湛等译，北京经济学院出版社1989年版，第18页。

府可以为人们从事经济活动创造合适的社会秩序，但政府不应该指挥大多数经济决策活动。不管是为了保障人们的自由，还是为了实现高效率，政府的活动都要划定明确的范围，标出清晰的边界。"①

哈耶克不仅明确主张自由化，强调自由市场、自由经营，而且坚持认为私有制是自由的根本前提。他认为"只是由于生产资料掌握在许多个独立行动的人的手里，才没有人有控制我们的全权，我们才能够以个人的身份来决定我们要做的事情。如果所有的生产资料都落到一个人手里，不管它在名义上是属于整个'社会'的，还是属于独裁者的，谁行使这个管理权，谁就有全权控制我们"②。哈耶克反对任何形式的经济计划和社会主义，认为垄断、计划化、国家干预始终与无效率相联系。他认为"一件人所共知的事实是，政府'计划'得越多，对个人来说，计划就变得越困难"③。他反对政府对于经济活动进行具体的干预。他认为："作为一个成功的政府，它应当保护运行正常的市场，竞争的可能性便取决于这个市场，而竞争又决定着一切产品和生产要素的价格，使其成为指导生产的可靠依据；同时，政府对劳动力（当然包括农民和'雇用自己者'的人）价格至少要发挥一定的影响……但是，政府着手操纵市场结果，使其对某些群体有利之后，又去服从市场不可避免的规律，这在政治上是不可能的。为了某些群体的利益而对市场进行干预的要求一旦经常得到认可，民主政府便无法拒绝它依靠其选票的任何群体的类似要求。虽然这个过程可以是渐进的，但是，一旦为了维护民众的公正观而开始控制价格，这个政府便注定会逐步走向中央指令经济。即使政府不打算采用中央计划的手段，如果它坚持要建立一种公正的分配，它仍将被迫采用可以决定全部报酬分配（但并不能由此产生出公正）的中央指令这个惟一的手段，从而走向本质上属于极权

---

① 〔英〕阿兰·艾伯斯坦：《哈耶克传》，秋风译，中国社会科学出版社2003年版，第275页。

② 〔英〕哈耶克：《通往奴役之路》，王明毅等译，第101—102页。

③ 同上书，第76页。

主义的制度。"①他认为，集体主义的经济计划需要对生产、再分配和交换的手段实行国有化，因而难免会导致极权主义。而且，"社会主义从一开始便直截了当地具有独裁主义性质。"②他说："反传统的社会主义在这里意味着反对一切政府对市场的直接干预，不管进行这样的干预是为了谁的利益。"③

他批评当时的英国说："我们逐渐放弃了经济事务中的自由，而离开这种自由，就绝不会存在以往的那种个人的和政治的自由。"④"我们正在迅速放弃的不仅是科布登和布赖特、斯密和休谟，甚至洛克和密尔顿的观点，而且是在基督教以及希腊人和罗马人奠定的基础上逐渐成长起来的西方文明的显著特点之一。不仅是19世纪和18世纪的自由主义，而且连我们从伊拉斯谟和蒙田，从西塞罗和塔西佗、伯里克利和修昔底德那里继承来的基本的个人主义，都在逐渐被放弃。"⑤

他认为计划经济是通往奴役的步骤，他说："由于在现代条件下，我们的每一件事似乎都要依赖别人来提供手段，因而经济计划几乎将涉及我们全部生活的各个方面。从我们的原始的需要到我们和家庭、朋友的关系，从我们工作的性质到我们闲暇的利用，很少有生活的哪一个方面，计划者不对之施加'有意识的控制'。"⑥他认为，社会主义是对人类现在和未来幸福的威胁，他说："在道德方面，传统的社会主义只能毁掉个人自由和责任的一切道德基础。在政治方面，它迟早会导致极权主义统治。在物质方面，它即使没有实际引起贫困，也会严重地阻碍财富的生产。"⑦他的经济自由主义思

---

①　〔英〕哈耶克：《经济、科学与政治——哈耶克论文演讲集》，冯克利译，江苏人民出版社2003年版，第259页。

②　〔英〕哈耶克：《通往奴役之路》，王明毅等译，第29页。

③　〔英〕哈耶克：《经济、科学与政治——哈耶克论文演讲集》，冯克利译，第264页。

④　〔英〕哈耶克：《通往奴役之路》，王明毅等译，第20页。

⑤　同上书，第21页。

⑥　同上书，第91页。

⑦　〔英〕哈耶克：《经济、科学与政治——哈耶克论文演讲集》，冯克利译，第263页。

想对 20 世纪 80 年代英国首相撒切尔夫人（Margaret Hilda Thatcher，1925—2013 年）的私有化改革和经济自由主义政策产生最直接、最重要的影响。

著名自由主义理论家米尔顿·弗里德曼（Milton Friedman，1912—2006 年）也是新保守主义的代表人物。他反对国家过分干预社会经济。他认为，为了既能从政府活动中得到好处，又能避免它对自由可能带来的威胁，政府的职能应该限定在一定范围之内。"它的主要作用必须是保护我们的自由以免受到来自大门外的敌人以及来自我们同胞们的侵犯：保护法律和秩序、保证私人契约的履行，扶植竞争性市场。在这些主要作用以外，政府有时可以让我们共同完成比我们各自单独去做时具有较少困难和费用的事情。"要确保政府的强制力量只用于维护自由而不变成对自由的威胁，根本问题就在于"经济力量保持在和政治力量分开的人手中"，使之作为政治力量的牵制物和抗衡物。① 当然，这并不意味着排除政府，他说："自由市场的存在当然并不排除政府的需要，相反的政府的必要性在于它是竞赛规则的制定者，又是解释和强制执行这些已经被决定的规则的裁判者，时常所做的是大大减少必须通过政治手段来决定的问题范围，从而缩小政府直接参与竞赛的程度。"② 不难看出，弗里德曼的这一思想与亚当·斯密的经典表述是何等相似。

弗里德曼指出为了能从政府的有利之处取得好处而同时又能回避对自由的威胁，"首先，政府的职责范围必须具有限度……通过在经济和其他活动中主要地依靠自愿合作和私人企业，我们能够保证私有部门对政府部门的限制以及有效地保证言论、宗教和思想的自由。第二个大原则是政府的权力必须分散。"③

他认为经济自由是政治自由的重要保证，他的《资本主义与自

---

① 〔美〕米尔顿·弗里德曼：《资本主义与自由》，张瑞玉译，第 17 页。
② 同上书，第 16 页。
③ 同上书，第 5 页。

由》一书的主要论点是："竞争的资本主义——即通过在自由市场上发生作用的私有企业来执行我们的部分经济活动——是一个经济自由的制度，并且是政治自由的一个必要条件"。具体而言，一方面，经济安排中的自由本身在广泛意义上可以被理解为自由的一个组成部分，所以经济自由本身是一个目的。另一方面，经济自由也是达到政治自由的一个不可缺少的手段。他在举出很多例子后提出，"政治自由意味着一个人不受其他人的强制性的压制。对自由的基本威胁是强制性的权力，不论这种权力是存在于君主、独裁者、寡头统治者或暂时的多数派。保持自由要求在最大可能的范围内排除这种集中的权力和分散任何不能排除掉的权力——即相互牵制和平衡的制度。通过经济活动组织摆脱政治当局的控制，市场便排除了这种强制性的权力的源泉。它使经济力量来牵制政治力量，而不是加强政治力量。"[1]

他说："由于经济安排对权力的集中和分散权力所具有的影响，作为获得政治自由的一个手段，经济安排是很重要的。直接提供经济自由的那种经济组织，即竞争性资本主义，也促进了政治自由，因为它能把经济权力和政治权力分开，因之而使一种权力抵消掉另一种。""政治自由显然是随着自由市场和资本主义制度的发展而到来的。希腊的黄金时代和罗马时代的早期政治自由也是如此。"[2]

他批判1930年代大危机过后人们要求政府干预的呼声，他说："事实是：那次经济大萧条像大多数其他严重失业时期一样，是由于政府管理不当而造成，而不是由于私有制经济的任何固有的不稳定性。"[3]

他说出了自己的基本主张："自由主义者基本上是害怕权力集中的。在一人的自由不妨碍其他人的自由的条件下，他的目标是让各个人得到最大限度的自由。他相信：这个目标要求把权力分散。他

---

① 〔美〕米尔顿·弗里德曼：《资本主义与自由》，张瑞玉译，第6、9—10、16—17页。
② 同上书，第13页。
③ 同上书，第43页。

对分派给政府任何可以通过市场履行的职能表示怀疑，既因为这会在有关领域中用强制手段来代替自愿合作，又因为政府作用的增加会威胁其他领域的自由。"①

弗里德曼提出"单一规则"的货币政策，他认为政府不断调整货币政策，加强对银行的控制，这是一种危险的权力，因为货币和银行对大量经济活动具有十分广泛的影响，政府不断强制调整会威胁在十分广泛领域的自愿合作。

弗里德曼还反对政府插手教育，他认为，随着强迫入学法令的颁布，政府对教育的控制加强，特别是20世纪30年代政府的扩大和权力的集中，对教育行业的发展产生了不可忽视的影响。他说："政府威权日大，不仅给初等和中等教育造成了消极的影响，就是对高等教育，其影响也同样消极。政府干预气氛日浓，不论是献身教育的教师，还是一心向学的学生，都认为这对教学来说十分不利。"②此外，教育在政府的控制下成为一种公共产品，其目的是促进社会公平，减少种族和社会成分差异；而事实上却破坏了市场机制在教育产业中的调节作用，造成教育质量参差不齐等问题，形成了表面公平、实际扩大分化的畸形状态。他说："我们认为，政府在资助和管理学校方面作用的不断加大，不仅导致了纳税人金钱的巨大浪费，而且导致了比自愿合作继续起较大作用所能产生的教育制度远为落后的制度。"③

因此他用迪赛的话来总结说："国家干预的有利影响，特别是立法形式这一方面，是直接的、即刻的和可以说是看得见的，而它的坏的影响是逐步和间接的，并且为人们所不能看到……"④

罗伯特·诺齐克在《无政府、国家和乌托邦》一书中提出最弱

---

① 〔美〕米尔顿·弗里德曼：《资本主义与自由》，张瑞玉译，第44页。
② 〔美〕米尔顿·弗里德曼：《自由选择》，张琦译，机械工业出版社2008年版，第147页。
③ 同上书，第181—182页。
④ 〔美〕米尔顿·弗里德曼：《资本主义与自由》，张瑞玉译，第218页。

意义上的国家。他坚持小政府，大社会。诺齐克认为，最小国家体现了全部正义，我们在前面已经引用过一段这样的话："我们有关国家的主要结论是：可以得到证明的是一种最弱意义上的国家（a minimal state），即一种仅限于防止暴力、偷窃、欺骗和强制履行契约等较有限功能的国家，而任何功能更多的国家（extensive state）都将因其侵犯到个人不能被强迫做某些事的权利而得不到证明；最弱意义上的国家是正确的，同样也是有吸引力和鼓舞人的。由此引出两个值得注意的推论，国家不可用它的强制手段来迫使一些公民帮助另一些公民，也不能用强制手段来禁止人们从事推进他们自己利益或自我保护的活动。"[①]他指出，国家只要在权力与目标问题上多走一步，自我膨胀，就背离了公共权力设立的初衷。"个人拥有权利。有些事情是任何他人或团体都不能对他们做的，做了就要侵犯到他们的权利。"[②]为了保护个人的权利，国家应该做得更少，因为个人是目的，他说："对行为的边际约束反映了其基本的康德式原则：个人是目的而不仅仅是手段；他们若非自愿，不能够被牺牲或被使用来达到其他的目的。个人是神圣不可侵犯的。"[③]

诺齐克坚持不能有凌驾于个人之上的社会实体，他说："只有个别的人存在，只有各个不同的有他们自己的个人声明的个人存在……他不能从他的牺牲得到一种超额利益，故而没有任何人有权把这一牺牲强加给他——而一个国家或者政府尤其不能要求他在这方面的服从（当别人并不如此做时），因此，国家必须小心谨慎地在其公民中保持中立。"[④]

他用"看不见的手"的方法解释国家的产生，他认为"这类解释有某种可取的性质。它们展示了：有的全面模式或计划，并不像所有人所想的必须通过一个人或一个团体成功的努力而实现；相反，

---

① 〔美〕罗伯特·诺齐克：《无政府、国家和乌托邦》，姚大志译，第1页。
② 同上。
③ 同上书，第39页。
④ 同上书，第41—42页。

它可以通过一种与'有意'的全面模式或计划全无干涉的方式而产生并维持。"[1]诺齐克吸收斯密的观点，认为国家不是通过契约产生的，而是人们自利行为的结果，换一句话说国家是人们为了维护自然权利而自发形成的，所以国家必须是"最弱意义上的国家"。人们在自然状态下无法保护自己的权利，渴望联合，于是建立了相互保护性社团，此后保护性社团发展为支配性保护机构，这个机构可以拒绝其成员在没有被允许的条件下行使惩罚和自卫权，但还不是最弱意义的国家。国家应该具备两个条件（按马克斯·韦伯的说法），垄断一个地区的强力的使用权，对地区内所有居民提供保护。如何处理这个要求与保护个人权利之间的关系，诺齐克提出超弱意义的国家。当超弱意义国家向独立者提供该保护时，最弱意义国家就产生了。

诺齐克指出了一条通向"最弱意义上的国家"的具体道路：在尊重个人权利和选择自由的基础上，在国家逐步放权的前提下，培养一个独立的、多元的、活泼的、富于生命力的市民社会。"最弱意义上的国家把我们看作是不可侵犯的个人——即不可被别人以某种方式用作手段、工具、器械或资源的个人；它把我看作是拥有个人权利及尊严的人，通过尊重我们的权利来尊重我们，它允许我们个别地，或者与我们愿意与之联合的人一起地——就我们力所能及地，并在与其他拥有同样尊严的人的自愿合作的援助下——来选择我们的生活，实现我们的目标，以及我们对于自己的观念。有什么国家或个人联合体敢比这做得更多呢？它们不是比这做得更少吗？"[2]

除了经济学领域外，新保守主义在哲学和政治学领域也有自己的代表。在哲学领域比较著名的有伯林、奥克肖特、诺齐克等，在政治学领域有阿隆、萨托利等人。他们分别从哲学和政治学角度对新自由主义进行了批判，此处暂不深论。

---

① 〔美〕罗伯特·诺齐克：《无政府、国家和乌托邦》，姚大志译，第27页。
② 同上书，第330页。

第三条道路理论

当新自由主义和保守主义之间的论战难分胜负的时候，在英国，出现了一种力图调和双方的"第三条道路"理论。这一理论出现的背景是，在当代西方，人们已经逐渐认识到社会、市场和政府都具有自身无法克服的缺陷与不足。两种主要的政府职能理论之间也开始出现相互吸收、相互融合的倾向：国家干预论者依然强调维护自由竞争和自由贸易；自由主义的理论也不再绝对地排斥国家干预，而是要求将这种干涉活动限制在一定的范围之内。

该理论最主要的代表人物是英国著名思想家安东尼·吉登斯（Anthony Giddens，1938— ）。他认为，在西方第一条道路是建立在凯恩斯主义经济学基础上的传统的社会主义思想。这种社会民主主义与共产主义之间不存在太大的差异。第二条道路建立在市场哲学的基础上，它的出现标志着政治思维的转变。"以英国为例，在撒切尔夫人看来，竞争性市场是经济繁荣的动力，最好的社会模式就是使社会尽可能像市场那样运作，在能引进市场的地方就尽力引进市场。因此，这条道路存在着强烈抵制国家的倾向……这就是开始于20世纪70年代并随后得到发展的第二阶段的政治思维。"[①]"新个人主义与传统和习惯从我们生活中消退有关。它是一种与全球化所产生的、范围非常广泛的冲击相联现象，而并非仅仅是市场所造成的……但是，也确实意味着我们必须寻求创造团结的新手段。国家的严格管理和诉诸传统是不能保障社会凝聚力的。我们必须采取比过去几代人更为积极的方式来塑造自己的生活……我们必须找到今天的个人责任与集体责任之间的新的平衡。"[②]这就是吉登斯所说的第三条道路。

---

① 〔英〕安东尼·吉登斯："第三条道路的政治"，郭忠华译，《中山大学学报》2009年第2期。

② 〔英〕安东尼·吉登斯：《第三条道路——社会民主主义的复兴》，郑戈译，北京大学出版社/生活·读书·新知三联书店2000年版，第39—40页。

吉登斯说:"第三条道路是要在公共机构与市场之间寻求平衡,而不是再回到传统对国家的崇拜、对传统社会主义的信仰中去。第三条道路认为既需要有竞争力的市场,又需要政府扮演积极的角色,同时还需要有活跃积极的公民社会或者第三部门。我们必须在它们之间找到平衡,才能适应瞬息万变的世界,并且避免因市场经济发展所带来的不平衡。因此,第三条道路的政治就是如何在一个发生了巨大社会、经济变革的时代创造一个繁荣、得体(decent)的社会,因为我们的世界充满了变化,变化是我们时代的特征。我们必须捍卫社会民主主义的价值,在这个充满诸多新的力量、没有人能够完全理解的世界里保持社会凝聚力。在我看来,也存在着理解第三条道路的另一种方法,那就是在这种新的全球市场社会,如何创造一个既能保持充分竞争,又能保持身份认同、社会凝聚、人性关怀、相互信赖的无国界社会。"①

吉登斯认为,第三条道路的价值是:平等、对弱者的保护、作为自主的自由,强调无责任即无权利、无民主即无权威、世界性的多元化、哲学上的保守主义。第三条道路的纲领是:激进派的中心、新型的民主国家(没有了敌人的国家)、积极的公民社会、民主的家庭、新型的混合经济、作为包容的平等、积极的福利政策、社会投资型国家、世界性的国家、世界性的民主。②这些价值与原则不仅体现在经济方面,还体现在政治、社会方面,这种思潮体现了个人与国家关系的日益协调。

吉登斯认为坚持"资本主义自由经济"的右派和"国家干预"的左派都有局限性,应该从国家的责任入手协调政府与市场、国家与公民社会的关系。具体而言体现在以下方面:

在政治政策上,要求摒弃左右对立的政治观点,吸收各种中间力量,并且摆脱政党政治,关注百姓关心的问题。国家不应该是一

---

① 〔英〕安东尼·吉登斯:"第三条道路的政治",郭忠华译,《中山大学学报》2009年第2期。

② 〔英〕安东尼·吉登斯:《第三条道路——社会民主主义的复兴》,郑戈译,第70、74页。

个权威的力量，而是应该发挥积极的调节作用（国家应该发挥类似社会的作用），国家积极鼓励公民参加政治生活，增加地方政府的权力。国家在促进法治、民主、高效的前提下协调各部门之间的关系，实现国家的目的。

在经济政策上，奉行"市场社会主义"原则，抛弃国有化政策，在自由放任与国家干预之间走一条中间的道路，这条道路不是努力实现国有企业和私人企业之间的平衡，而是要实行经济生活和非经济生活的平衡。国家的作用在于促进宏观经济的稳定增长，鼓励充分的自由贸易。布莱尔在访问法国时曾在国民议会发表演讲，他说经济政策没有左右之分，只有好坏之别，这是对"第三条道路"最恰当的解释。

在社会福利政策上，"第三条道路"主张变福利政策为投资政策。通过在经济、教育、培训领域的政府投资和个人投资，努力培训那些申请福利的人就业，努力帮助他们就业。这种做法就摆脱了左派一味要求国家增加福利而增加国家负担的担心，另外也有别于右派要求把他们简单推向市场的粗暴。在"第三条道路"那里，福利既是责任也是权力，没有责任就没有权力。吉登斯说："一个积极改革的福利国家——积极福利社会中的社会投资国家——应当是什么样的呢？被理解为'积极福利'的福利开支将不再是完全由政府来创造和分配，而是由政府与其他机构一起通过合作来提供。这里的福利社会不仅是国家，它还延伸到国家之上和国家之下……在积极的福利社会中，个人与政府之间的契约发生了转变，因为自主与自我发展——这些都是扩大个人责任范围的中介——将成为重中之重。"[1]

在国际关系上，吉登斯认为："在一个信息时代里，地域对于民族–国家的意义已经不再像过去那样重要了。知识和竞争能力比自然资源更有价值，并且主权也逐渐变得更加模糊、或者变得多样

---

① 〔英〕安东尼·吉登斯：《第三条道路——社会民主主义的复兴》，郑戈译，第132页。

化，民主正在变得更为广泛……在这样的背景下，将国内问题与全球统理相联系就不再是乌托邦了，因为二者已经在实践中紧密地联系了起来。在市场的波动和技术创新的动力之下，在全球层面上运作的合作性机构在数量上已经有了很大的增加。"①因此应该协调国家关系和相互行为，在解决全球问题中实现国际合作。国家是世界主义的国家和全民的国家，应模糊"民主主义"和"多元主权"，强调应加强国际间的集体合作精神。"新干涉主义"是这一思想的具体体现，它主要有两大理论支点：一是西方国家责无旁贷地有义务"捍卫人类普遍的价值观"，认为自由、民主、人权、法治等西方价值是普遍的，应推广到全球；二是"人权高于主权"，提出"人权无国界""主权有限论"等观点。对此我们应该批判地加以吸收。

在教育问题上，增加教育与培训投资，将高质量的学校教育和终身教育作为解决失业问题、提高国民素质和维护社会公正的根本手段。"第三条道路"主张增加教育投资。教育和培训是"第三条道路"政治家优先考虑的重中之重。他们把教育投资看成是政府的一项势在必行的任务，是机会再分配的一个重要基础。托尼·布莱尔在总结工党政府的工作重点时，有一句众所周知的名言，那就是把优先权赋予"教育，教育，教育"。

此外，"第三条道路"还主张保护生态环境，采取措施降低失业率，试图建立一个更加和谐、更加团结的社会。

总之，"第三条道路"奉行实用主义哲学，打破传统左右两分法，淡化意识形态色彩，希望以此团结更多的社会阶层。由于西方社会阶级、阶层的分化和冷战的结束，阶级政治的突出性和传统"左、右"翼力量分界日益模糊，"第三条道路"的倡导者主张对自身进行革命性改造，同时用新的政治思维模式处理棘手问题。吉登斯认为，西欧各政党的政治塑造能力已经耗尽，政治意识形态也空洞化了。他说："我们不能接受资本主义孕育着社会主义的观点，也

---

① 〔英〕安东尼·吉登斯：《第三条道路——社会民主主义的复兴》，郑戈译，第146页。

不能接受有可以拯救我们的历史能动者的观点，不论它是无产阶级的还是其他阶级的，更不接受'历史'有任何必然方向的观点。"[1]

到目前为止，对第三条道路的理论还处在实践的阶段，对它进行评判还为时过早。但它无疑代表着一种趋势，那就是思想家、政治家们越来越重视协调个人与国家之间的关系，希望建立一种能够持久稳定的个人与国家之间的健康平衡的关系。

---

[1] 〔英〕安东尼·吉登斯:《超越左与右——激进政治的未来》，李惠斌、杨雪冬译，社会科学文献出版社2000年版，第262页。

第三编　约束与反对自由的观念及其实践

第七章　约束自由的观念

一、政治自由、经济自由在实践中表现出的弊端

资本主义在发展过程中暴露出许多弊端，这种弊端既表现在政治自由方面，也表现在经济自由方面。

第一，"金钱是政治的母乳"这句话我们已经耳熟能详。今天美国总统的选举及议员的选举无一不是金钱的作用。左右总统人选的是华尔街的金融大亨。因为他们掏得起"政治献金"，帮助总统候选人竞选。竞选成功后，总统当然要感激对他们上台做出过贡献的人，所以竞选时信誓旦旦的承诺，往往都要大打折扣，而需要向那些资助他们选举的人投桃报李。在美国，1860年，共和党为使林肯当选总统只花了十万美元的竞选费用，而在一百年后的1960年，同一数额只够支持半小时的全国电视网的费用。前些年，美国参议院平均每届选举中都有二十多位当选参议员花费在400万美元以上，三十多位平均花费300万美元。如此大的花费竟然是在经济持续低迷、失业率居高不下、联邦财政债台高筑等金融危机时代的窘迫背景下实现的！难怪美国民众对此怨声载道。对于这种现象，美国的《华盛顿邮报》批评道，美国国会是富人的国会。富人的统治，为富人谋福利。

并且华盛顿有众多的职业说客，他们利用以前在政府部门和国会的人脉关系和经验，与国会议员和政府官员保持密切联系，为利益集团和说客提供战略咨询（与我们前面谈到的利益集团吻合）。据

美利坚大学行政系主任詹姆斯·瑟伯估计，美国游说行业共有10万至20万人之多，每年在游说方面的花费为32.4亿美元。国会每年开会184天，游说行业平均每天在国会上的开支达1700万美元。说客和利益集团通过写信、打电话、发传真或登门拜访接近议员和他们的助手，游说国会通过有利于自己的立法或阻止不利于自己的立法。

议会通过种种法令对选举捐款做出严格而明晰的规定：防止这种捐款走向腐败。每个人的捐款都有记录，都有据可查。如《迪尔曼法》禁止银行和公司对选举捐款；《联邦选举法》要求竞选人和政治委员会公开竞选经费；《塔夫脱－哈利法》禁止劳工组织、企业和跨州银行向选举人捐款。

第二，行政权力膨胀。美国的情况我们已经有所论述，我们这里不再重复。如前所述，英国的首相也越来越"总统化"。这一点在前面已经有所论述，这里也不再重复。

第三，经济危机。对此我们并不陌生，马克思认为"总的说来，矛盾在于：资本主义生产方式包含着绝对发展生产力的趋势，而不管价值及其中包含的剩余价值如何，也不管资本主义生产借以进行的社会关系如何；而另一方面，它的目的是保存现有资本价值和最大限度地增殖资本价值（也就是使这个价值越来越迅速地增加）。它的独特性质是把现有的资本价值用作最大可能地增殖这个价值的手段"。[1]而"手段——社会生产力的无条件的发展——不断地和现有资本的增殖这个有限的目的发生冲突"，[2]这种生产社会化和资本主义私人占有的矛盾，"是危机的最深刻、最隐秘的原因，是资本主义生产中种种尖锐矛盾的最深刻、最隐秘的原因"。[3]并且经济危机必然经常发生，在资本主义条件下，由于私有制和生产的无政府状态，社会总资本的再生产就是在资本主义周期性经济危机中实现的。

---

① 《马克思恩格斯全集》（第四十六卷），人民出版社2003年版，第278页。
② 同上书，第279页。
③ 《马克思恩格斯全集》（第二十六卷）（第二册），人民出版社1972年版，第86页。

历史上最严重的经济危机发生在1929年与2008年。经济危机造成的后果是严重的，经济消退、企业倒闭、货币紧缩、消费缩减。人们要遭受失业、生活水平下降、贫困的折磨。具体到2008年的金融危机，2009年9月11日《华盛顿邮报》发表的一项综合经济调查显示，经济衰退使美国新增260万贫困人口，令家庭收入回落到十年前的水平。现在看来无论是自由主义、新自由主义，还是第三条道路都没有解决经济危机这一顽疾。换句话说，人类还没有找到一种根本避免经济危机的理论。

第四，对生态环境的破坏。我们可以不夸张地说资本主义取利的本质极大地破坏了环境。在经济利益的驱动下，每个资本家，每个公司都想利益最大化，特别是一些跨国公司，采取的策略永远是"打了就跑"，"打"那些生态财富最容易获得的（最便宜的）地方，尽可能快地掠夺，而一旦生物物理回馈下降（因此资本化程度上升）限制了巨额利润的获取就尽快地撤离。所以资本所到之地留下一片狼藉。

最近，环境史专家杰森·摩尔提出从环境史的角度对资本主义带来的弊端进行深刻揭露。他认为封建主义向资本主义的过渡主要是由于环境危机。如果我们考察现代世界兴起的历史，从漫长的14世纪封建主义危机到1450—1750年跨大西洋世界经济体的形成，可以看到欧洲的资产阶级在欧洲已经面临资源匮乏、水土流失、森林枯竭的现象，所以他们只有采取一种资本主义的方式解决这场危机，因为原有的封建主义的解决矛盾的方式已经失效。资本主义的兴起在其鲁莽、残忍地对待人类之外的自然方面非常典型，这对人类也有决定性的含义。

中世纪欧洲用了数个世纪的时间完成的掠夺——定居者的扩张、煤矿的繁荣、森林砍伐——早期资本主义仅在几十年间就完成了。资源边疆让位于商品边疆。这是商品－生产复合体穿越欧洲和大西洋的鲁莽运动，这些行动非常有组织，目的是强迫以一种使再次扩张成为必要的方式快速吞并（并耗尽）生态财富，典型的周期是50—75年。

强调夺取第一，建设第二（taking first，and making second）。这是新自由主义阶段"反罗宾汉"（Robin Hood in reverse）的特点——劫贫济富。新自由主义，与资本主义所有发展阶段一样，重新分配了财富；不像资本主义以前的各阶段，此时还没有产生新一轮经济增长和新的生产力革命的条件。如果说新自由主义者逆转的重新分配的动力已经被普遍理解，那么，他们所倡导的"通过夺取进行的积累"的条件则还没被理解。对所有增值的利润来说，工业、农业，或开采业，20世纪70年代以来没有划时代的进步。这种从技术革命到技术重新分配的转型在世界农业中表现最明显。近六十年的转基因实验把财富和权力从农民手中转移到大资本手里，但对于提高内在产量方面却作为不大。

对这个划时代的转型，简要的解释是商品边疆战略已经黔驴技穷。现代大边疆的开发提供了令人震惊的自然财富，这降低了生产成本，增加了生产，便利了几个世纪以来的资本积累。边疆的枯竭是资本主义历史的一个转折点。新自由主义出现，并通过吞并20世纪70年代还存在的无偿馈赠维持其自身：北海、阿拉斯加、西非和墨西哥湾的石油边疆；南亚农业绿色革命的高峰期吞并、枯竭了肥沃的土壤和廉价的水；把苏联集团（的成员国）整合进世界市场；国有和半国有的公司、公共服务的私有化。这些馈赠不会再有。

大边疆的结束使得资本主义几个世纪以来对付生产成本的上升办法失灵。虽然也许还有一些森林和一些"未被使用"的土地可供圈占和开发，但今天的边疆相对于价值积累的巨大需求而言是杯水车薪。一系列生态革命得以实现的历史条件可能可以被理解为本质上不可替换的，或最好的情况下只是在有限的范围内可持续的。资本主义不得不从煤泥和煤炭转到煤和石油，从维斯瓦河的粮仓转到英格兰南部和美国的西部；从欧洲和非洲的劳力边疆转到拉丁美洲和东南亚。这是不可重复的事件。所以资本主义的本质是对环境的破坏，这种破坏还在持续。摩尔认为2008年的危机是信号危机，如果资本主义体制不改变，更大的危机还在等着我们。[①]

第五，效率低下。政治自由，或者说民主最大的弊端是拖沓、扯皮。我们也许还记得2013年美国国会两院没有就新预算案达成一致。白宫下令联邦政府机构关闭的事情，在美国历史上不是第一次。在1977年到1996年的19年间，联邦政府曾关门17次，几乎平均每年关门1次，最短1天，最长21天。其中1995—1996年，克林顿政府执政时期，曾两次关门，美国第28任总统威尔逊，在总结八年的总统生涯时，深有感触地说，三权分立的这种制约和平衡恰恰是功过参半。由于权力分散，所以没有力量。由于权力太多，所以行动不够敏捷。由于程序复杂，所以运转不灵，效率不高。

在实行联邦制的瑞士也是如此，任何一项政策的出台都需要全民投票，任何一个建设项目都需要反复论证，如2014年2月9日的全民公投涉及下面三个主题：（1）是否同意2013年6月20日通过的联邦法对铁路基础建设的财政投入？（2）是否同意《反对大批量移民》的公民投票动议？（3）是否同意《支付堕胎是私属事务，通过排除医疗基础保险覆盖妇女堕胎，以减轻医疗保险负担》的公民投票动议？这是直接民主最典型的代表，值得肯定的是每个人都可以参与投票，看似非常民主，但带来的后果却是效率低下，决策困难。以致很多项目实施不了，造成的后果是在日内瓦一房难求。瑞士人抱怨：其实日内瓦政府十年前就应该建造更多的房屋以解决居住的问题，因为政策决定的困难，所以带来今天住房严重短缺。因此整个西方，"在科学技术飞速发展，社会分工愈来愈细，政府管理越来越重的背景下，如何在民主与效率之间寻找平衡，是当代西方民主面临的一大难题。"[②]

---

① 〔美〕杰森·摩尔：《地球的转型——在现代世界形成和解体中自然的重要性》，赵秀荣译，商务印书馆2015年版，第48页。
② 凌胜银："西方民主政治存在的四大弊端"，《红旗文稿》2005年第23期。

二、关于国家对经济自由干预的观念

其实前面提到的许多思想家都强调自由要有限度。本书前面的内容容易使人产生误解：因为之前介绍的思想家都是强调个人自由，反对国家干预的。而实际情况并非如此。个人与国家，既矛盾又统一，互相以对方为前提。因此，绝对地偏于任何一方，都会使社会失去平衡。以个人与国家的经济关系为例，我们看到了资本主义早期的自由放任主义。这种理论突出个人自由，认为个人在市场引导下无所不能。但是，资本主义周期性的经济危机开始出现，虽然波及国际，但还主要限于英国，如1825年、1837年经济危机；更严重的是从维也纳证券交易所爆发波及整个世界的1873年经济危机，以及影响更广、持续时间更长的20世纪二三十年代世界性的大萧条，给自由放任主义敲响警钟。自由主义经济理论的缺陷在这场经济危机中充分地暴露出来，人们逐渐认识到自由需要限制、需要边界。斯密提出的个人从追求私人利益的角度参与社会分工，社会秩序通过"看不见的手"的调节会自然形成。这样的主张在弘扬自由、反抗专制压迫方面发挥了重要作用。但到19世纪后期，对个人权利的绝对崇拜和对个人义务的相对轻视越来越突出。个人的利益、价值、行为只从个人的角度进行裁判，忽视社会整体的利益。这样造成的问题越来越严重，贫富分化越来越加剧。英国首相迪斯雷利认为英国的穷人和富人已经分化成格格不入的两类人。自由放任造成资产阶级革命和工业革命所带来的成果富裕了少数人，封建社会的不平等被新的不平等取代，封建社会的不自由被新的不自由取代。许多经济学家、政治学家和其他的理论家们，都开始对传统的个人与国家关系理论进行反思。

英国经济学家凯恩斯的《就业、利息和货币通论》一书在1936年出版，凯恩斯在批判自由主义的基础上，提出现代国家干预主义的政府职能理论。按照凯恩斯提出的"有效需求原理"，在小于充分就业的情况下，只要存在着一定量的总需求，社会就会产生相应数量的供给。既然"看不见的手"不能充分有效地对市场进行调节，那么国家就应担当起调节供求关系的部分责任。凯恩斯认为应当放弃古典自由主义的政策主张，在市场失灵的情况下政府应当积极干预经济。应当扩大政府的经济职能，用提高资本边际效率或降低利率的办法来提高投资意愿；或者直接增加政府投资来弥补民间的消费和投资不足；抛弃传统的节约观念，鼓励消费，扩大社会需求；扩大商品输出和资本输出等一系列具体的国家干预政策。他说："扩大政府职能——恐怕会被认为是对个人主义的极大侵犯。相反，我为它辩护，这不仅是避免现存的经济形态完全毁灭的惟一切实可行的办法，而且是使个人主动精神成功地发挥作用的必要条件。"[①]凯恩斯经济学是20世纪30年代大萧条的直接产物，是国家垄断资本主义的必然产物。在他之后，许多思想家都赞同国家干预经济，并且提出国家干预的种种理由。他们认为在新的历史时期，国家的作用应当是积极的，国家的干涉是必要的，政府工作的高效率可以使国家产生巨大威力。

美国是实践凯恩斯主义的国家，20世纪30年代，国家全面、直接干预经济的理论在罗斯福新政中体现，在此期间美国先后颁布七十多部法令，如《紧急银行条例》《金融改革法案》《产业复兴法》《农业经济调整和农业信贷法》《公共营造法案》《社会救济条例》等。在政府的统一调控下，美国克服了经济危机，走出经济低迷。

对自凯恩斯以来西方思想家们强调"看得见的手"的作用的研究，使我们进一步发现，实际上，在整个资本主义时代，主张适当地——而不是过度地——强化国家干预功能、协调功能的思想都存在着。因此，本章用不太多的篇幅，着重介绍在传统的过度强调个人或者过度强调国家的理论外，出现的想使二者的矛盾减少、和谐增加的理论。

---

① 〔英〕凯恩斯：《就业、利息和货币通论》，徐毓枬译，生活·读书·新知三联书店1957年版，第323—324页。

19世纪的国家干预观念

国家干预社会经济生活是传统自由主义所不可涉足的"禁区"，即使是最"开明"的自由主义者密尔，也不敢越此雷池一步。19世纪英国人托马斯·格林（Thomas Hill Green，1836—1882年）首先涉足这个禁区。他认为，国家干预的目的在于提高人的道德水平，从而创造良好的社会环境。格林认为古典自由主义者对个人的定义过分强调个人的法律意义和经济意义。格林希望塑造道德意义上的个人，一个道德的人是愿意"无私地履行自我承担的义务的人"（其实这是格林看到资本主义初期阶段每个人唯利是图而提出的修正办法），并且这些道德人以共同善为目标，便于个人与社会其他成员之间协调一致。他说："人在本质上是道德的存在物，人的最大满足是道德上的满足，即实现道德的善。"

他认为"自由不是仅仅摆脱了限制或强制的自由，不是恣意妄为而不顾后果的自由，也不是为某一个人或集团所独享而剥夺别人的同等权利的自由。我们所珍视的自由，是全体共有的做有价值之事或享用有价值之物的一种积极的权力或能力，一种通过相互帮助和保证而人人得以行使的权力"；①他还认为共同善作为一种道德理想是需要每个人的自我克制，不能损害他人自由。他说："当我们把自由作为某种值得高度珍视的东西来谈论时，我们指的是一种去做值得做的事情或者享受值得享受的事物的积极力量或能力，而且这种事物也是我们与他人共做或共享的事物。"②格林看到19世纪后期，英国资本家的财富急剧增加是建立在剥削广大劳动积极的基础上的，他认为近代工业国家没有资格被称为自由国家。如果个人的行为不考虑他人的利益和社会的需求，个人所追求的善最终会成为泡影。一个共同体之所以能成为共同体，一个社会之所以能成为社会，一

---

① T. H. Green, *Lectures on Liberal Legislation and Freedom of Contract*, London: Longmans Green, 1941, p. 199.

② Ibid.

个国家之所以能成为国家，其中最重要的一点就在于形成这些其他的人具有"共同的善"。

因此，国家干预是服务于这一目的的，国家干预实质上是国家代表社会共同利益，对个人意志的一种修正、调节，它是国家统治的一种表现形式。在格林看来国家干预是通过合法的方式实现对公民的责任。因为，当时英国大量的契约并非基于平等的身份而签订，其实都是有利于雇主而不是普通民众，因此契约往往成为压迫工人的凭据。保护工人利益而制定的《工厂法》，推行强迫义务教育，并为此颁布《教育法》，要求改善公共环境的《卫生法》就是很好的例子。

从共同善的角度来说，格林主张个人必须投身于社会与国家之中，个人必须具有公共福利的意识，并为公共福利做出贡献。反过来，国家也应该维护个人自由的条件，国家应该要求一个人在极力追求道德目的时必须把道德目的当作共同善。同时他也注意限制国家的权限，他认为，在社会达到理想状态之前，尽可能为年轻公民的成长提供真正自由所必需的健康和知识的最好保证是国家的责任，在这个过程中，不能干涉他们的独立和自由。因此他的意图一方面在于明确国家的责任，另一方面在于扩大公民的政治权利。

格林是西方思想史上最早提出国家干预理论的思想家之一。在此之前的自由放任主义坚持国家不能干预经济，应该由市场调节。但英国资本主义发展出现的矛盾和危机促使思想家思考，正是在这个背景下格林提出基于共同善基础的国家干预理论。英国著名政治学家、历史学家欧内斯特·巴克（Ernest Barker，1874—1960年）指出，在格林的国家观念背后，"存在着一种永恒的自我意识这个理念，它把社会的美德这一理念传给人的意识，人的意识又不断追求这一理念的完美，而且在人类社会的较高形式中业已部分达到了完美的境地。"[1]

---

① 〔英〕欧内斯特·巴克：《英国政治思想——从赫伯特·斯宾塞到现代》，黄维新、胡待岗等译，商务印书馆1987年版，第20页。

我们从上文的论述中可以看到，格林提出的国家干预的原则包含着这样一种重要的思想：在单个人或者部分人无能为力，而又有关于整个社会利益的问题上，国家义不容辞地应该担当着干预的责任。这不但不损害个人的利益，反而是增进个人的利益。在这样的国家干预中，个人与国家不但不是冲突对立的，反而是协调和谐的。他看到当时英国社会的矛盾与潜在的危机，格林努力把德国唯心主义，特别是黑格尔的国家学说引进他的理论，"并以一个英国人的足够的审慎态度以及充分注意到所有英国人特有的那种对'臣民的自由'的深切感和对'国家的理性'的深刻不信任感，对希腊和德国的哲学为英国人作了阐述"。①

霍布豪斯虽然没有明确提出国家干预，但他在谈到国家与个人之间的关系时，指出国家与个人是互为责权的关系，因为不能离开权利谈责任，也不能离开责任谈权利。个人对国家的责任是为自己和自己的家庭勤奋工作。他不应该剥削他的幼年子女的劳动，而应该服从社会的要求，为他们的教育、健康、卫生和幸福尽心尽力。社会的责任是为个人提供维持文明生活水准的手段，而单单让个人在市场的讨价还价中尽力挣到工资是不算尽到责任的。

他还坚持个人是目的，国家是手段，他认为国家和个人在根本利益上是一致的。政治方面，他认为国家的职责如下，第一，国家负有保护个人的生命和财产安全的责任。第二，国家有责任维护个人的劳动权利或工作权利。第三，国家负责兴办公共事业。经济方面，他认为国家干预经济生活是应该的，也是必要的。

他说，国家一般来说对财产拥有某种太上皇的权力，对工业拥有监督权，而这种经济主权原则可与经济公正原则并驾齐驱，成为经济自由主义的一个同样重要的概念。在社会方面，霍布豪斯认为，"第一，儿童必须受到保护，经验表明他们必须受到法律的保护。我

---

① 〔英〕欧内斯特·巴克：《英国政治思想——从赫伯特·斯宾塞到现代》，黄维新、胡待岗等译，第38页。

们应该关心儿童的肉体、精神和道德的发展。第二，关于妇女保护。霍布豪斯认为妇女需要做的更为重要的事情是更好地抚养自己的孩子，让其能够幸福健康地成长，而不是外出挣钱增加家庭收入。第三，关于最低（基本）工资制度。霍布豪斯认为，一个成年人依据其劳动所获得的工资不仅应该能够支付家庭的吃穿等日常的生活用度，而且还能提供自己及家人的教育费用，能够对付疾病、意外事故和失业风险等问题的产生。同时他还能够有一份剩余用于养老。这是一个工人应当获得的基本生活工资，这种基本生活工资应当由政府的法律加以规定，形成'最低工资制度'。第四，关于贫困与济贫。霍布豪斯认为如果有人过着贫穷的生活，这些人就是不自由的，这个社会就是不和谐的，因此，社会应当采取措施消灭贫穷。而消灭贫穷，不应当采用传统自由主义者所坚持的仅仅依靠个人自己的努力，而是应当在个人努力的基础上，国家利用其社会财富介入其中，对贫穷者进行救济，也就是说一个和谐的社会一定需要政府的救济。救济的方法主要有三个：第一个是为一切人提供一个可以据以脚踏实地工作的基础，第二个是国家举办社会保险，第三个是用济贫法制度对寡妇、孤儿以及单身母亲进行救济。"[①]

弗里德里希·李斯特（Freidrich Liszt，1789—1846年）主张国家对经济活动进行干预。他认为财富的生产力比之财富更加重要，生产力的发展主要来自本国工业的强大，所以要以采取关税政策保护和发展本国生产为优先。"什么是政府干预呢？简单地讲，就是出于某一目的的集中整个社会的智慧与力量统一进行的行动。是为了整个社会的广大利益，就哪些事情可以做，哪些事情不可以做所达成的共识。"[②]他说："那些在私人经济中看起来是愚蠢的行为，而在国家经济中则有可能是明智的；反之亦然。理由极为简单，裁缝不是

---

① 钭利珍："互为权责：新自由主义关于个人与国家关系的论证——基于霍布豪斯政治思想的研究"，《社会科学在线》2013年第10期。

② 〔德〕弗里德里希·李斯特：《政治经济学的国民体系》，邱伟立译，华夏出版社2009年版，第321页。

国家，国家也不是裁缝；一个家庭与由成千上万个家庭构成的社会是不同的，一所房子与国家广袤的领土的区别是巨大的。个人最了解自己的利益之所在，并且尽力去实现这些利益，如果他依自己的方式行事，那么也并不总是能促进整个社会的利益的。""国家力量不得不对个人事业加以限制，这类例子数不胜数。国家力量防止船主从非洲西海岸装载奴隶运到美国。国家力量同时制定建造轮船的规定和航海的规则，以防止船长因贪婪和喜怒无常而使乘客和船员遭受损失。"①

"由于同样的原因，为了国家的最高利益，国家不仅有理由而且有责任对商业（它本身并无害）制定某种规则或限制。通过禁止和保护性关税，国家不再对个人如何利用他们的生产能力和资本发号施令；国家并没有告诉一个人'你必须将你的资金用来建造轮船，或者用来修建工厂'，或者说'你必须成为一名船长或土木工程师'，国家让个人决定如何利用他们自己的资本，选择他们自己的职业。"②他虽然肯定亚当·斯密对经济学的贡献，但批评他所倡导的世界自由贸易制度，他说："生产财富的能力比财富本身更为重要，它不仅确保拥有财富、使财富增值，而且还能弥补那些失去了的财富的损失。"③他批评斯密"没有把社会作为一个整体进行综合考虑，没能把个人利益结合为一个和谐的整体，他不愿过多地考虑国家而是侧重个人，他对各个生产者的行为自由充满渴望，而却忽略了整个国家利益"④。他还批评了萨伊的理论，他说："萨伊的体系从一个极端观点——政府能够并应该大包大揽——匆忙冲向了另一个极端观点——政府能够也应该无所事事并且什么也不管。个人是一切，政府无关紧要。萨伊先生关于个人全能和政府无能的见解，几乎达到了荒谬的程度。"⑤

---

① 〔德〕弗里德里希·李斯特：《政治经济学的国民体系》，邱伟立译，第122页。
② 同上书，第123页。
③ 同上书，第99页。
④ 同上书，第255页。
⑤ 同上书，第259页。

他认为，政治的任务是使国家从野蛮走向文明，由弱小变得强大，但是最重要的任务是使国家长盛不衰。而国民经济的任务便是完成国家经济的发展，为其将来进入国际社会做好准备。他主要是想指出当时德国的经济落后需要国家的扶持、干预，只有这样才能与其他欧洲国家竞争。他甚至列出了国家需要做到的事情：

> 在已故法官拜尔斯先生列举的下列情形下，经公众一致同意，国家有权干预个人行为自由：国家建立国防，抵御外来侵略。它与外国缔结条约。它维持国内和平与秩序。它制定并执行婚姻法，是家庭关系、家庭责任、家庭情感和家庭教育的基础。它创造并保护财产。它管理财产并转移财产。它强制公路经过或使用公路的那些地区养护高速公路。它责成各郡县自行修建和维护桥梁。它维持口岸和港湾。它负责测绘国家海岸线并负责用灯塔导航。它铸造货币，禁止对这种垄断进行干涉。它管理凭票付款期票的发行。它规定统一的度量衡制度，禁止使用任何其他度量衡。它承担通过邮政发送信息。通过制定《专利法》与《版权法》，采用一定时期内允许垄断的形式，对发明人员的努力给予奖励。它约束法人实体的财产获得。它保护公众健康，禁止各种危害，并为消除危害提供保障。它规定城镇整洁卫生。它规定出租车的收费标准并管理驾驶员。它阻止天花传播，推广疫苗接种。它负责破产者财产的分配。它维持穷人的生计。它使冻结财产超过财产生命周期或超过二十一年的所有企图无效，禁止永久占有财产……在以上各种情形下，政府以公众的名义进行干预。但还有一类情形是为了保护无助或经验不丰富的个人所进行的干预：它保护未成年人，使他们的契约无效，并保护他们的人身和财产安全。保护已婚妇女；保护心理不健全者；并以各种方式保护无助的贫困劳动者。它禁止实物工资制。它控制厂矿雇用妇女和童工。它管理典当行

老板——痛恨高利贷，保证赎当便利……①

综上所述，格林、霍布豪斯及李斯特都提出了国家干预的主张。难能可贵的是，这些思想家提出了国家与个人之间是互为责权的观点，这其实是对资本主义社会中对个人权利过分强调的校正。

20世纪的国家干预观念

我们在讲到20世纪赞成国家干预的思想时，首先会想到凯恩斯主义、保守主义及工党的主张。但是，不应该忘记的是，作为这些派别的对立面的新自由主义，实际上也并非完全排斥国家干预。他们在维护个人自由的前提下，也在一定程度上，一定范围内肯定国家干预的必要性，也力图追求个人与国家之间的和谐的关系。

尤其是20世纪二三十年代，西方市场经济国家的经验表明，市场并不是万能的，不能完全的自由放任，国家必须发挥调节作用，在必要的时候、必要的方面进行干预。

英国哲学家鲍桑葵（Bernard Bosanquet，1848—1923年）与其他新自由主义者一样，认为为了实现社会的共同善，国家必须发挥积极作用。②

第二次世界大战后，波普尔的《开放社会及其敌人》、哈耶克的《自由宪章》和伯林的《自由四论》被公认为20世纪三大自由主义经典著作。我们简单看一下波普尔的国家干预的思想。这一点在前面"自由的边界"中已经有所涉及。

波普尔从"自由悖论"（只要自由不受限制，它就会击溃自身。不受限制的自由意味着，一位强者可以自由地威胁一位弱者，并剥夺他的自由）引申出国家干预的必要性。波普尔认为马克思对无约束的资本主义残忍性的揭露无疑是正确的，因此国家需要对自由做一定程度的限制，以便每个人的自由都能受到法律的保护。他认为

①〔德〕弗里德里希·李斯特：《政治经济学的国民体系》，邱伟立译，第319—321页。
② 赵秀荣：《个人与国家的关系——近现代西方相关思想研究》，第172—174页。

自由主义与国家干预互不排斥。与之相反，除非得到国家的保证，任何形式的自由都是不可能的。波普尔为此批评了反对任何国家干预的绝对自由主义思想。但波普尔同时郑重地警醒人们，"一切权力，政治权力至少像经济权力一样，都是危险的。""国家权力从来就是一种危险，却又是必要的恶。可以把这原则称为'自由主义剃刀'。"① "为了保护经济上弱者免受经济上的强者的剥夺，我们应该建立各种受国家的权力强制的制度。"这意味着，必须放弃不干预、无约束的经济体系的原则。"如果我们想让自由变得安全可靠，那么我们就应该要求，不受限制的经济自由的政策应该被有计划的国家的经济干预所取代。我们应该要求，无拘束的资本主义让位给一种经济干预主义。"② 波普尔认为，一个民主社会要求有自由竞争的市场，而自由竞争的市场势必会造成垄断组织，这些组织会严重地妨碍生产者的自由竞争；自由竞争的市场也会造成贫困和受苦，导致经济权力的滥用。政府应当在经济生活中进行干预，通过这种干预，保护资本主义的自由竞争得以正常地进行，国家对经济自由的限制和干预，恰恰是保护了自由。

"自由主义原则要求，社会生活所必需的对每个人自由的种种限制应当减少到最低限度，并应尽可能做到均等。"③ 但应在此基础上确定一个合理的公民自由度（自由的限度）。另外，国家干预是必要的，"国家必须尽可能平等地限制公民的自由，使其不要超过达到均等的有限度的自由之所需。"可以说，作为一个自由主义者，波普尔一方面把个人自由放在了比国家干预更高、更具有目的意义的位置，而另一方面，他又主张通过适当的国家干预，来增进个人的自由和利益。一方面他说："如果在我们通过干预主义的'计划'赋予国家以更多权力时，没有增强民主制度，那么，我们就可能丧失自

---

① 〔英〕卡尔·波普尔：《猜想与反驳——科学知识的增长》，傅季重等译，第409页。
② 〔英〕卡尔·波普尔：《开放社会及其敌人》（第二卷），陆衡等译，第200页。
③ 〔英〕卡尔·波普尔：《猜想与反驳——科学知识的增长》，傅季重等译，第501页。

由。"①另一方面他又说确定个人自由的限度是民主政治立法的主要任务。他是希望在国家与个人之间建立一种融洽和谐的关系。

克罗利提出采用汉密尔顿的手段实现杰斐逊的目标，主张"在国民政府中实行中央集权负责制和实行强有力的领导"，要求"在建设一个新的政治秩序的任务中，由联邦政府，而不是州立法机关或自愿组织，进行积极地干预"。这种国家主义就是"将一种有效的国家组织作为实现国家利益与目的的必要手段"，即汉密尔顿主义或汉密尔顿的手段。②在《美国生活的希望——政府在实现国家目标中的作用》一书中，他首先谈到教育："普通美国人通常希望部分必须完成的国家教育可单独由个体教育来完成。国家像个体一样，必须去上学；并且国家学校不是一个大讲堂或者一座图书馆。它的学校教育主要在于针对集体目的实现的实验性的集体行动。如果行动没有针对集体目的，一个国家将收获颇少，甚至在它的成功中都是收获如此少。如果它的行动针对集体目的，国家可能获取良多，甚至从它的错误当中。没有仅仅凭个体教育的过程就能完成集体教育的工作，因为国家远远超过一群个体。因为国家有它自己的个性。没有集体责任意识，没有官方的集体尝试的意识，这种个性就不能增加。所以，国家不'振奋'，个体就受不到'振奋'。国家和个体教育的过程当然应该是彼此平行和补充。个体通过实现他自己的具体目的，可以做很多事情帮助国民教育；但是全部个体的成功不比单个个体成功有更多的好处，除非他们经常从事有助于国家建设的工作。国家也可以做很多事情帮助个体教育；但是在其权力范围内，最好的帮助是提供给个人一个真正有助于公共事业成长和鼓舞的机会。"③"国家给予个性一个更大的发挥范围，这就意味着提供给个体

---

① 〔英〕卡尔·波普尔：《开放社会及其敌人》（第二卷），陆衡等译，第207页。

② Marc Stears, *Progressives, Pluralists and the Problem of the State: Ideologies of Reform in the United States and Britain, 1909-1926*, New York: Oxford University Press, 2002, p. 6.

③ 〔美〕赫伯特·D. 克罗利：《美国生活的希望——政府在实现国家目标中的作用》，王军英等译，第336页。

一个有效服务的机会……"①"民主国家所必须做的不是照原样接受人类本性，而是不断改善。"②

克罗利还说："不论国家的利益是什么，政府也绝对不应该袖手旁观。希望民主自我完善的想法必须被抛弃，政府必须介入并在工作上有所偏重，可是要偏向的不是自由和特殊的个人，而是偏向平等和普通人。"③

"一个国家必须尽全力完成它艰巨和责任重大的政治任务，也就是要在各种不同的做法中挑选出既能够体现人民个人权利，又能够保证国家完整和稳定的政策方法……汉密尔顿的国家责任原则就是认识到了这个选择的不可避免性，既然是这样，也就不惧怕在自认为最合适的选择基础上对政治进行干预。如果选择的政策是出于好的信念和深思熟虑，那即使失败，也能从中吸取教训。渐渐地就会寻找到最合适的选择方法，并认识到主动的选择要优于被动选择。"④

"一个民主国家出于自身利益对经济分配进行调节，就像是对政治权力分配进行调节一样，对任何一项利益的忽视都会是致命的。"⑤克罗利还建议征收联邦遗产税，即通过税收重新分配国家财富，进而缓和贫富两极分化的不断扩大，阻止社会分裂。

杜威反对古典自由主义放任的个人主义和自由主义，把社会控制特别是对经济力量的控制，看成是促成个人解放和保证工人自由的必要条件。他主张"运用政府行为，帮助那些经济上处于不利地位的人并缓解他们的危机。""国家有责任制定使人可以发挥出潜能的制度。""争取自由主义的唯一希望就是要在理论上和实践上放弃这样的主张：即以为自由是独立于社会制度与安排之外的个人

---

① 〔美〕赫伯特·D.克罗利：《美国生活的希望——政府在实现国家目标中的作用》，王军英等译，第337页。
② 同上书，第341页。
③ 同上书，第157页。
④ 同上书，第158页。
⑤ 同上书，第167页。

所具有的一些发展完备和现成的东西；并且要明白，社会控制，特别是对经济力量的控制，是保证个人自由（包括公民自由）所必需的。"[1]

在《自由与社会控制》一文中，杜威对自由进行了全新的解读：第一，自由应该是现实的、具体的。"自由不只一个观念，一个抽象的原则。它是进行一些特别工作的力量、实际的力量。没有一般的自由；所谓概括的自由。"[2]第二，自由总是相对而言，实际权力的掌握总是同时存在权力的分配情况，必须把不同主体之间的自由相互联系起来比较，否则，自由是不可理解、不能表现的。第三，自由不是绝对的。"自由是相对于既有的行动力量的分配情况而言的，这意味着说没有绝对的自由，同时也必然意味着说在某一地方有自由，在另一地方就有限制。在任何时候存在的自由系统总是在那个时候存在限制或控制系统。如果不把一个人能够做什么同其他的人们能做什么和不能做什么关联起来，这个人就不能做任何事情。"[3]

在《自由主义的前途》一文中他指出："自由的实际意义问题比较政府和个人的关系问题是更广泛的；更不必说，那假定政府行动和个人自由在一切情况下都是在隔离的和独立的范围内之学说是荒谬的，政府是一个因素，一个重要的因素。"[4]

以凡勃仑、艾尔斯、加尔布雷斯为代表的美国新制度学派，积极主张政府对经济生活的干预，并提出"社会统制"思想；他们批评完全的自由竞争，认为自由竞争不能保证市场平衡，从而极力主张国家干预经济，鼓吹政府对经济实行必要的统制；为此强调政府应不断改革"计划体系"与"市场体系"，实现两者的有效结合。具体而言，他们认为政府在市场经济运行中的主要作用表现为：第一，保护个人财产权利；第二，进行制度优化，健全各种经济法规，保

---

① 〔美〕杜威：《人的问题》，傅统先、邱椿译，第97页。
② 同上书，第89页。
③ 同上书，第90页。
④ 同上书，第112页。

护市场竞争；第三，运用各种经济政策，正确处理政府与企业、政府与个人、企业与个人的经济关系，保证市场经济活动有序运行；第四，在社会内部实行收入再分配，促进收入分配公平，保障社会稳定。

约瑟夫·斯蒂格利茨（Joseph Stiglitz，1943—）是美国斯坦福大学教授。他与西方其他经济学家一样，认为政府干预的主要作用是弥补市场失灵。因此，对市场失灵的研究就成为政府干预理论的一部分。传统的市场失灵理论，在承认市场竞争可以在某些条件下达到帕累托最优的同时，认为市场机制不能解决外部性垄断、收入分配和公共品提供等问题，因此，政府干预的范围应限制在此范围之内。

事实上，没有任何一个国家是单纯采用一种机制来调节社会经济的，而是各取其长处并综合运用。现代市场经济不存在要不要政府调节的问题，而只是如何调节的问题。

第八章　反自由的思想

一、专制主义思想

人们普遍认为西方传统是民主思想占主导，而东方传统是专制主义思想占主导。而实际上，事情决非如此简单。在西方，传统上，除了有着赤裸裸的为君主专制辩护的言论之外，还有近代民主的坚定捍卫者们，也走向了专制主义的歧途。这里面，一个非常重要的理论特征，就是把国家当作个人的目的，个人当作国家的手段。而国家，既可以是君主的代名词，也可以是人民中的多数的代名词。

以国家为目的、个人为手段的理论有两种基本的类型。一种是对国家、主权以及它们同个人之间的关系的错误或者模糊理解，比如认为主权是超越一切的，主权是私权、优越权，主权一旦确立，就与个人无关，全体高于部分，多数高于少数，忽视保护少数和个人。另一种则纯粹是为现实中的专制主义辩护。

早在国家主权思想产生之前的古代希腊，亚里士多德和其他一些思想家，就把城邦比作有机的整体，个人比作其有机组成部分；认为个人的价值依赖于城邦，离开了城邦，个人就无法完善自身。"他如果不是一只野兽，那就是一位神祇"，"不是一个鄙夫，就是一个超人"。[①]这里，实际上已经包含着国家（城邦）高于个人（公民）的思想。但在那个时代，思想家们是根据现实提出这样的主张，

---

① 〔古希腊〕亚里士多德：《政治学》，吴寿彭译，第7、9页。

346

我们不能用现在的标准对其进行评判，必须把其放在历史的背景中考察。

在中世纪欧洲君主制国家中，现实的王权或者君权往往具有两方面特征：一方面是受制约、非专制；而另一方面却是不受制约或者只受到有限制约，实行专制统治。在那个时代，君主实际上就是国家的代名词，因此，主张君主专制，实际上也就是主张国家是个人的目的。

在中世纪西欧，有一种理论认为，事实上，国王是臣民占有的所有财产的所有者。比如，12世纪的民法学者马提纽斯（Matinus）在评论罗马法关于"每一件东西都被理解为在君主的权力支配之下"时说，这句话意味着：统治者是其臣民全部财产的完全的所有者；自然地，他也能够自由地处置它们。他有着对财产的真正的所有权，不受任何法律或者权威的限制，因为，他是上帝在尘世的代理人。[1]

下面我们来介绍一些国家目的论者对君主制度的推崇吧。先简单介绍意大利的马基雅维里的思想。

马基雅维里认为，人和最初的动物一样，没有组织，没有国家。追求权力和财富是人最基本的欲望，权力和财富是有限的，而人们的欲望却是没有尽头的，因此，人与人之间的关系是互相争斗、残杀。为了防止人与人之间的残杀和毁灭，人们便自愿结合起来，从中选举最有力、最勇敢的人担任领袖，颁布约束邪恶的法律和刑法，于是就产生了国家。我们看到，这位领袖，实际上就有可能变成君主。但人民"他们是忘恩负义、容易变心的，是伪装者、冒牌货，是逃避危难，追逐利益的。当你对他们有好处的时候，他们是整个儿属于你的。正如我在前面谈到的，当需要还很遥远的时候，他们愿意为你流血，奉献自己的财产、性命和自己的子女，可是到了这种需要即将来临的时候，他们就背叛你了"。[2]因此君主如果要保持自己的地位，就必须知道怎样做不良好的事，即君主在政治上只应

---

① Walter Ullmann, *A History of Political Thought: The Middle Ages*, p. 38.
② 〔意〕尼科洛·马基雅维里：《君主论》，潘汉典译，商务印书馆1985年版，第80页。

该考虑有效与有害，不需要考虑正当与不正当，为了达到治世的目的，可以不择手段。他认为世界上的斗争方式有两种，一种是法律，一种是武力，前者是人所专有的，后者是属于野兽的。[①]他认为"没有良好的军队，那里就不可能有良好的法律"。[②]因此君主应当学会运用野兽的方法，"狮子不能防止自己落入陷阱，而狐狸不能抵御豺狼。因此君主必须是一头狐狸以便认识陷阱，同时又必须是一头狮子，以便使豺狼惊骇。"[③]这些都是我们非常熟悉的《君主论》中的段落。

虽然马基雅维里在考察、判断各种政体时，盛赞罗马的共和制度，但针对意大利的现实，认为当时必须采取君主专制的制度。他说："要建立任何一种秩序，唯一的方法是建立君主专制的政府。因为在人们彻底腐化堕落的地方，法律已经起不到制约的作用。这样就必须建立某种最高的权力，凭借君主之手，依靠充分而绝对的权力，才能遏制权贵的极大野心和腐化堕落。"[④]他还说，国家的核心问题就是权力。权力既是国家的核心，也是政治的目的。没有权力的约束，人们为所欲为、自私自利必然会危害社会的稳定，因此没有权力就没有统一与秩序，权力，特别是君主的权力是政治稳定的基本需要。他写成了《君主论》为君主进言献策，激励当时的君主们认清时代的特征、维护自己的国家，获取最高的声望。在这部书里他就君主维持与夺取权力的方式、实现国家统一的具体方略等问题，提出过详细、精辟的见解。他认为君主应该把国家利益放在第一位，而为了达到这种利益，可以采取各种手段，甚至背信弃义。"君主既然以半人半兽的怪物为师，他就必须知道：怎样运用人性和野兽，并且必须知道：如果只具有一种性质而缺乏另一种性质，不论哪一

---

① 〔意〕尼科洛·马基雅维里：《君主论》，潘汉典译，第83页。
② 同上书，第57页。
③ 同上书，第84页。
④ 转引自〔美〕乔治·霍兰·萨拜因《政治学说史》（下册），〔美〕托马斯·兰敦·索尔森修订，刘山等译，第404页。

种性质都是不经用的。"①换句话说，即使君主是一个圣人，受人民爱戴，但如果他不能保护自己国家的利益也是枉然。

人们说他的主张将"强权政治"发挥得淋漓尽致，把道德和政治截然分离开来。但说他是绝对君主制的支持者，似乎也有失公允，他只是将君主专制视为挽救意大利的临时措施，君主的暴力只是政治的药剂，只能治疗病态的国家，而不可视为经常的最好的政体。

霍布斯和黑格尔也是典型的专制主义论者，笔者在拙著《个人与国家的关系——近现代西方相关思想研究》中对两人的思想有过详细论述，②这里不再重复。

在此，我们还不得不提18世纪法国的约瑟夫·德·迈斯特（Joseph de Maistre，1753—1821年）。他被描述为一个狂热的君主主义者。国内学界对他的介绍不多，此处略加介绍。迈斯特1753年4月1日生于萨瓦的尚贝里（Chambéry de Savoie）。这个地方在当时是属于皮埃蒙特–撒丁王国的领地，但是深受法国文化影响，当地居民也是讲法语。法国大革命后萨瓦被合并于法国。迈斯特的著作很多，国内目前能看到的汉译本有《论法国》与《信仰与传统》。

迈斯特所谓的自由是指不屈从于外界的压力或是物质力量的阻力而自由地服从于上帝刻在人心中的道德原则，这些道德原则是人心中的一些先天观念。初看上去，迈斯特所讨论的自由似乎可以归入积极自由之列，但实际上……迈斯特所构造出来的自由，便是一种很保守的自由。他说："我们每个人都被一条柔软的锁链系于那至高者的宝座之上，这链条约束着我们，却并不奴役我们。"这条锁链，虽然限定了人的行动范围，但并不强使人如何如何，人是有着自己的自由抉择能力的。③

----

① 〔意〕尼科洛·马基雅维里：《君主论》，潘汉典译，第83页。

② 赵秀荣：《个人与国家的关系——近现代西方相关思想研究》，第69—73页。

③ 施展："神秘与凡俗之下的政治张力——约瑟夫·德·迈斯特政治思想研究"，北京大学博士论文，2008年，第32页。

迈斯特所看重的政治自由，是所谓"君主治下的自由"。这种自由，是对欧洲中世纪封建社会传统的一种承续。斯塔尔夫人曾说过一句著名的话："在法国，自由是古典的，专制才是现代的。"①意大利学者德·拉吉罗对此进一步解释道，"自由与现代君主制下的专制相比，确实更为古老，因为它植根于封建社会。正是在封建社会里，自由化整为零，并且分化为无数特殊的形态，而每一种都覆以同时起隐蔽和保护作用的外壳：我们知道，这外壳的名字便叫作特权。"②这所谓的特权，实际上便是臣民在与主权者的斗争、博弈中，逐渐以契约的方式确定下来的，每一个特权都包含着特定的权利，同样也就附着相应的义务，君主臣民上下彼此之间就如此地形成了一个权利义务网，由契约和传统加以保证。主动地履行义务，实际上从另一个角度说就是对自己的权利的一种确认，从而，也就是对此种模式下的自由的确认。所以，迈斯特说，在君主制下，顺从的臣民，反抗的奴隶，他们希望使其对主权者的服从成为一种荣誉，同时，作为其服从的回报，他们要求向主权者陈情的权利以及引导主权者的权利。在贵族制下也是一样，贤哲之人面对社会差别所必然带来的权威，会因其积极的顺从而高贵地鞠躬，再没有比他弯下腰时表现得更为高大了。自由的服从，所带来的不是卑下，反倒是一种高贵。而对这种高贵的确认以及适当的回应则是主权者的一种义务。封建式的自由就是如此，在迈斯特看来，只有这种在历史与实践中真实存在的，才是有意义的政治自由，其他的通过理性原则构建的所谓政治自由从根本上来说是不现实的，甚至有可能走向自由的反面。

既然只有在历史中承续下来的自由才是真正的自由，那么伴随而来的一个结果就是，由于各个国家历史情况的不同，其所能享受的政治自由也是不同的。"没有任何一个欧洲的基督教国家不是源自

---

① 〔意〕圭多·德·拉吉罗、〔英〕R. G. 科林伍德：《欧洲自由主义史》，杨军、张晓辉译，吉林人民出版社2001年版，第1页。

② 转引自何增科主编《公民社会与第三部门》，社会科学文献出版社2000年版，第154页。

自由的权利，或是相当自由的权利。这些国家中，也没有一个，在其最为纯粹的法例中不包含有适合于它的宪法的一切要素。然而，尤其需要注意的是要避免这样一个重大错误，即相信自由是一种绝对的东西，不可增减。我们可以回想起朱庇特的两只木桶，一只装善，一只装恶，让我们将其替换为安宁和自由吧。朱庇特为每个国家分配一份，有的获得多些，有的少些。人类在此分配中无缘置喙。"每个国家都有"其自己的特性，都有其特定的使命，它们在实践着这一使命却不自知"。所以，不同的国家必然会有着不同的政体，其中蕴涵着不同程度的政治自由，我们无从抽象地评判这些政体是好是坏。一个国家的政体，只有在其适应于该国的独特命运时才是好的；而一个政体，在被引入不适应的国家时，或在一个国家中，虽然它原本适应该政体，但其赋予该政体以生命的原则今已腐坏时，则是坏的。所以，抽象地谈论自由的政体是没有意义的，何谓自由的政体或制度，必须要具体结合一个国家的状况来考虑。迈斯特引英国为例，"英国绝不是因为这些（限制性）法律而成为其自由的；相反，因其是自由的，它才秉有这些法律。只有一个生来自由的民族才能够要求《大宪章》；而《大宪章》对于一个不知自由为何物的民族是毫无用处的。"[1]要建立一个国家的政治自由，首要的任务便是要追寻这个国家的历史，从而理解这个国家的民族性格，理解其自由的可能模式。

"19世纪法国历史学家爱弥尔·法盖很公正地表述了通常人们对迈斯特的看法……他称迈斯特为'一位凶猛的绝对主义者、狂暴的神权政治家、毫不妥协的正统主义者，他鼓吹由教皇、国王和刽子手组成的一个丑恶的三位体，无论何时、无论何地，他都要捍卫最强硬的、最狭隘的和最僵化的教条主义，他是中世纪造就的一位邪恶人物，在他的身上，既有博学的神学家的成分，又有宗教法庭

---

[1]　施展："神秘与凡俗之下的政治张力——约瑟夫·德·迈斯特政治思想研究"，北京大学博士论文，2008年，第33—34页。

审判官的成分，还有刽子手的成分。'"①

在上文，我们一般性地考察了一些人的专制主义思想，而我们知道，任何专制政治，都要表现为一定的政体形式。在不同的时代，政体形式是不一样的。在中世纪晚期和近代早期，西方最普遍的一种政体就是君主制。它的发展只有三种结局，一种是彻底让位于民主共和制度，像法国一样；一种是坚持君主专制，像普鲁士一样；一种是走向君主立宪，像英国一样。这三种命运的选择是非常艰难的、复杂的，交织着各种政治、经济、文化的矛盾冲突。中世纪晚期和近代早期西方一些思想家之所以主张君主制，最直接的原因就在于他们同现实的君主制有密切的关系，例如马基雅维里就与名义上实行共和制、实际上实行君主制的佛罗伦萨美第奇家族有着密切的关系。那个时代，人们只能在君主制度和共和制度之间选择政体，而由于君主立宪制度尚未出现，因此，选择君主制度，就等于是选择了专制制度。

二、主权至上思想

主权概念是法国思想家让·博丹最早提出来的。1576年，他的《国家论六卷》出版，该书探讨了主权、政体、国家管理、社会结构、环境气候对社会和政治制度的影响以及理想的君主政体等问题，创立了君主主权理论。

博丹是历史上首先提出国家主权理论的思想家。首先我们应该知道主权起初只是作为描述贵族阶层的一般属性的一个词，后来才演变为王权特有的属性，"博丹是第一个在这种意义上使用主权概念的人"。正是主权与王权的结合，才产生了近代以来国家主权的概念。国家主权在近代的出现"是法律职业者的行动的结果，他们把君权同罗马法中的'治权'和封建时代的领主权融合到一起，确立

---

① 〔英〕以赛亚·伯林:《自由及其背叛》，译林出版社2003年版，第133页。

了近代法律制度的主权地位"。①

他首先从自己独特的国家起源理论推导出作为国家最高权威的君主的绝对权威。因为家长在家庭中有绝对权威，而君主又是国家这个由无数小家庭组成的大家庭的家长，所以，他就有着家长一样的绝对权威。我们看看他的具体论证。

他认为国家是由家庭发展而来的。家庭是构成社会的基本单位，当一些家庭为了共同防卫的需要而结合在一起便构成了村庄、城市；当一些家庭为了追求共同的利益和共同的信仰而结合在一起时，便构成了教会等各种各样的社会团体；当出现一个合法的、最高的权威把家庭、村庄、城市、社团等统一起来，就形成了国家。因此，他说国家就是众多家庭依靠一个崇高、永久的权力而建立的合法政府。

在家庭里，为了维持正常的秩序，妻子要服从丈夫，子女要服从父亲，父权是家庭中的绝对权力。照此推理，在国家中，为了维持正常的秩序，也需要一个凌驾于所有个人之上的权力，那就是主权。如果说父权管理着家庭的每一个成员，是每个家庭成员必须服从的，那么主权也管理着每个家庭，每个个人，是所有公民必须服从的。

博丹认为，主权是国家最本质的特征。国家主权具有三个重要性质：一是绝对性，二是永久性，三是至高性。主权的绝对性是指国家的主权是至高无上的，不受任何人为的限制，也不为任何条件所拘束：（1）主权者不受其本人制定的法律和命令的约束；（2）主权者能够不受先王法律的约束；（3）主权者不必受风俗习惯的约束；（4）不必受他国法律，尤其是罗马法的限制。而主权的永久性意味着不给权力规定任何期限，它依据本身的权力存在下去，如同世袭君主制一样。主权的至高性是指"主权是处理国民与庶民的无上权力，不受法律限制，主权且不能分割"。"主权就是超越于一切公民

① 周永坤："绝对主权理论的兴衰——《论主权》中译本序言"，《法治论丛》2009年第2期。

与属民之上的不受任何限制之最高权力。"

博丹还探讨了国家主权的基本内容，并将其分为八类：立法权，宣布战争、缔结和约的权力，任命官吏的权力，最高裁判权，赦免权，有关忠节、服从的权力，货币铸造和度量衡的选定权，课税权。

那么，谁是主权的体现者或者代表者呢？是君主。博丹主张，君主是上帝的影子，君主主权获得了类似上帝的那种绝对性，但这种绝对性在世俗领域是不彻底的，主权者仍要受一些条件和义务的限制。（1）主权者的君主要受自然法或神法的约束，还要服从适用于不同民族的共同法，这是"王在法下"理念的精髓；（2）主权者应受其做出的正当承诺和签订的公平契约的束缚；（3）博丹积极地坚持即使拥有绝对主权的君主也要尊重自由臣民的个人自由和财产。

在以前对博丹的理解中，认为在博丹那里个人没有丝毫的权利可言。不管君主做了何种罪恶的、不敬的和残酷的事，任何臣民个人或全体臣民，试图凭借事实或正义原则去做任何反对君主荣誉、生命和尊严的事，都决不可能是合法的。如昆廷·斯金纳在其《近代政治思想的基础》中就指出，博丹"坚持认为，永远不可能证明一个臣民对一个合法君主的公开反抗行为是正当的"。[①]他还进一步指出："任何人哪怕只是有了一个念头要侵犯"他的君主，他也"按罪当死"，尽管他可能"实际上什么也没有做"。[②]斯金纳认为个人决不可能有任何理由正当或充分到了足以使他们拿起武器反对国家的程度。因此国家（君主）是全部目的，个人只不过是其中没有任何价值的构成物。

而随着博丹《主权论》中文译本的出版，李卫海博士认为博丹努力将法律（规范）意义上的主权和政治（存在）意义上的主权区分开来，即前者强调主权的不彻底的绝对性，尤其是主权受到上述

---

① 〔英〕昆廷·斯金纳：《近代政治思想的基础》（下卷：宗教改革），奚瑞森、亚方译，商务印书馆2002年版，第404页。

② 同上书，第405页。

四个方面的限制，具有巨大的宪制限权意义；后者强调主权的最高性，为国家和宪法秩序的构建和维系保留了逻辑上的自洽性。周永坤教授也撰文为博丹鸣不平，"博丹的理论常常遭到人们的指责，其中最主要的是将博丹'绝对的'主权理论加以绝对的理解。他的思想起码有四点是被忽略了的。（1）主权并不必然属于国王；（2）区分主权与治权；（3）将法治纳入国家观念之中；（4）主权要受到自然法和神法的约束。在我看来，博丹主权理论的绝对性是在'权力场域'里的绝对，即在权力场里它具有绝对性，走出这个场域它就没有绝对性了。博丹相信国王要受到传统的根本法的束缚。针对人们对他的思想的绝对的理解，博丹愤慨地还击说：'听说有人相信我会给某人权力，甚至比使他成为一名诚实的公民还要大的权力，对此我惊讶不已。尤其是在我的《国家论》第一书，第八章中，当然还有其他的一些章节中，是我首次在危机之秋，毫不犹豫地反对扩张国库权力和王权的观点——这些观点主张要赋予国王无限的权力，甚至可以不受神法（the laws of God）和自然法的限制。我敢于写下在未经公民最大程度的许可下，国王不得征税——还有谁写的东西比我所写的更富有公益精神？我坚持君王要遵守他自己的法律，但是要更加严格地遵守神法和自然法，这种认识难道不重要吗？君王难道不应像普通公民那样严格遵守自己订立的契约吗？然而几乎所有的法学主流方家却站在了相反的立场上。'可见博丹的主权理论虽然有专制主义的色彩，但是他同时声称主权是法律之下的主权，是正义之下的主权。"①

格劳秀斯认为"国家是一群自由的人为享受权利和谋求共同的利益而结合起来的一个完美的联合体。"②他还认为"凡行为不从属其他人的法律控制，从而不致因其他人意志的行使而使之无效的权力，

---

① 周永坤："绝对主权理论的兴衰——《论主权》中译本序言"，《法治论丛》2009年第2期。
② 〔荷〕格劳秀斯：《战争与和平法》，何勤华等译，上海人民出版社2005年版，第38页。

称为'主权'。"①主权包括颁布法律、司法，任命公职人员，征收捐税，决定战争与和平问题，缔结国际条约等权力。这些权力，凌驾于任何个人权利之上。格劳秀斯的主权思想包括：主权的不可剥夺性；主权的独立与平等性；国家主权的相对性。尽管人们本来都具有天赋权利以抵抗侵害行为，保护自己，但自从国家产生之后（国家的产生是为了和平的文明社会），就产生了一个超过个人，比个人权力更高的权力，为了维护公共和平和良好秩序，个人在一般情况下应该绝对服从国家的权力，因为这种权力是社会契约所赋予的，因而是至高无上的，如果国家允许个人滥用抵抗的权利，国家将无法存在。他明确地认为，国家主权高于个人自由。他说："为了维护公共和平和良好秩序，国家有权制止彼此间无限制地运用那种权利。毫无疑问，国家是这样做了，因为如果允许滥用抵抗的权利，国家将无法存在，而变成一个散沙式的人群。"②虽然今天有一些思想家提出人权高于主权的看法，但博丹当时提出主权的观念对于民族国家的建立还是有积极意义的。

格劳秀斯进一步发展了博丹的主权学说，他提出，国家主权的内涵不仅是指国家对内的最高统治权，而且指国家在国际上的独立权，并强调主权国家是国际关系的主体。他还努力把国家对外行使主权的行为规范到国际法的范围内，认为各国在对外行使主权的时候不是绝对不受限制的，为了各国共同的利益，各国主权的形式必须受到国际法的制约。

斯宾诺莎也认为国家高于个人，全体高于部分。他认为，个人的天赋之权只是为这个人的力量所限，当个人或是出于自愿，或是出于强迫，把这个力量转移于另一个人之手时，他必然地也把一部分权利让出来。因为在个人权利有限性的条件下，个人尽量减少害处、增加好处，也就是尽量扩展自己的权利。

---

① 〔荷〕格劳秀斯：《战争与和平法》，何勤华等译，第88页。
② 转引自〔英〕汉默顿编《西方名著提要》（哲学、社会科学部分），何宁译，中国青年出版社1957年版，第113页。

　　这也就是说为了实现更广泛的权利，个人开始运用理性，开始在联合起来的过程中，将权力上交，从而形成统治权，并服从国家。斯宾诺莎说："若是每个个人把他的权力全部交付给国家，国家就有统御一切事物的天然之权。就是说，国家就有唯一绝对统治之权，每个人必须服从，否则就要受到最严厉的处罚。""他必然地把一部分权利让出来；不但如此，统治一切人的权是属于有最大威权的那个人。"[①]他指出："统治的人只有在他们有能力完全行使他们的意志的时候，他们才有把他们的意志加于人之权。如果这种能力丧失了，他们的命令之权也就丧失了，或落于操纵并保持此权之人的手里。"[②]他甚至更加明确地说："每个公民并非处于自己的权利之下，而是处于国家的权利之下，负有执行国家一切指令的义务；而且，每个公民没有权利决定何者为公正，何者为不公正，何者为道德，何者为不道德。反之，既然国家的实体必须宛若在一个头脑指挥下，结果，国家的意志被当作全体公民的意志，而国家确定为公正与善良的东西，应当被视为犹如每个公民都是这样确定的一样。所以，即使国民认为国家的法令是不公正的，他也有加以贯彻执行的义务。"[③]

　　霍布斯认为主权是国家的本质，主权给予国家整个机体以生命和灵魂，没有主权，就不成其为国家。霍布斯认为国家主权权力的内容包括一切与公共和平、安全有关事务的决定权，如制定法律，任免官吏，统率军队，决定和平与战争，征收赋税，进行审判，实行奖惩，检查书刊，指派大学教师，任命教会的神职人员，规定宗教教义等。司法权也属于主权范围。这就是听审并裁决一切有关世俗法与自然法以及有关事实的争执的权利。甚至决定哪些学说和意见有害于和平，哪些有利于和平，决定对人民大众讲话时什么人在什么情况下和什么程度内应受到信任，以及决定在一切书籍出版前，

---

①　〔荷兰〕斯宾诺莎：《神学政治论》，温锡增译，第216页。

②　同上书，第217页。

③　〔荷兰〕斯宾诺莎：《政治论》，冯炳昆译，第26页。

其中的学说应当由谁来审查等都属于主权范围。①

霍布斯认为主权无所不包，至高无上。一方面，主权者的权力不受任何个人、团体权力的限制，主权者可以任意杀害臣民而不为不义，臣民必须绝对服从主权者："处死一个主权者，或臣民以任何方式对主权者加以其他惩罚都是不义的。"②另一方面，主权者的权力也不受任何法律的限制，既不受前人制定的法律的限制，也不受自己制定的法律的限制。他认为，如果要主权者服从法律，就是在主权者之上又设置了一个新的更高的主权者，这是违背主权绝对性原则的。

霍布斯不仅认为主权无所不包，至高无上，而且认为不可分割，不可转让。"如果将国民军交出去，保留司法权就没有用了，因为法律将没法执行；要是他把征税权让出去，保留国民军也就是空话；要是把统治学理的权利让出去，人们会由于恐惧幽灵鬼怪而发生叛乱。"③如果主权被分割，那么这种分割是"国将不国"的分割。

他认为，主权者拥有无限的权威，原因如下：

第一，主权者不受宪法和法律的制约。虽然霍布斯提到主权者应该受到自然法的限制，但他不受民法的限制，可以任意废除他认为不适合的法律。虽然他也说过主权者应当制定"良法"，但这并不对主权者构成任何实质的约束。

第二，国家机关内部缺乏制约主权者的力量。霍布斯明确反对分权制衡，他认为分散权力就削弱权力，并引发内乱，这就是英国内战的原因。

第三，社会力量也难以制约主权者。虽然主权者是经过人们同意产生，但如罗素所言，主权者一选定，人民便退场了。所以人民没有任何权力约束主权者，社会也没有力量约束之。并且他认为主权者所做的任何事情对任何臣民都不可能构成侵害，而臣民中任何

---

① 〔英〕霍布斯：《利维坦》，黎思复、李廷弼译，第137—139页。
② 同上。
③ 同上书，第139页。

人也没有理由控告他不义。既然像这样按约建立国家之后，每一个人都是主权者一切行为的授权人。因此，抱怨主权者进行侵害的人就是抱怨自己所授权的事情，于是便不能控告别人而只能控告自己。甚至还不能控告自己进行了侵害，因为一个人要对自己进行侵害是不可能的。诚然，具有主权的人可能有不公道的行为，但确切地说，这不是不义，也不算是侵害。①

第四，臣民更是无法制约主权者。主权者可以任意处死一个臣民，但臣民却无权处死主权者。因为"根据以上所说的道理看来，处死一个主权者，或臣民以任何方式对主权者加以其他惩罚都是不义的。因为每一个臣民既然都是主权者行为的授权人，那样就是由于自己所做的事情去惩罚另一个人了。"②并且主权者可以任意剥夺臣民的私有财产，他说："臣民的土地私有权是排斥所有其他臣民使用他的土地的一种权利，但却不能排斥主权者。"③在霍布斯那里，国家是强大的利维坦。

卢梭明确地认为国家主权高于个人自由，他所说的国家主权其实就是公意。首先，他认为主权的权力是绝对的、神圣的、不可侵犯的。他说："唯有公意才能够按照国家创制的目的，即公共幸福，来指导国家的各种力量；因为如果说个别利益的对立使得社会的建立成为必要，那么，就正是这些个别利益的一致才使得社会的建立成为可能，正是这些不同利益的共同之点，才形成了社会的联系……因此，治理社会就应当完全根据这种共同的利益。"④其次，他认为国家主权是不可分割的，也不能代表的。他说："我们的政论家们……把主权分为强力与意志，分为立法权力与行政权力，分为税收权、司法权与战争权，分为内政权与外交权。他们时而把这些部分混为一谈，时而又把它们拆开。他们把主权者弄成是一个支离

---

① 〔英〕霍布斯：《利维坦》，黎思复、李廷弼译，第136页。
② 同上。
③ 同上书，第193页。
④ 〔法〕卢梭：《社会契约论》，何兆武译，第35页。

破碎拼凑起来的怪物……这一错误出自没有能形成主权权威的正确概念，出自仅仅把主权权威所派生的东西误以为是主权权威的构成部分。"①

我们知道，对主权的过分强调，实际上就可能形成只重视多数、整体，而忽视少数、个人的倾向。难怪后来的思想家们认为他是多数专制主义理论家。

现在，我们来看在人类思想史上有重大影响的哲学家黑格尔的有关观念。他的思想极其复杂，一方面，他对个人自由是非常珍视的，自由的发展，是他对人类文明历史认识的一条主线；但另一方面，由于他与普鲁士君主的庸俗而密切的关系，他又陷入自我否定，走向专制论。"从黑格尔的理论里，不难看到前哲的影子。例如，马基雅弗利和布丹对中央集权的君主共和国的向往和礼赞，霍布斯对于主权国家外以御敌、内以治安和致民以富的三大职责的阐发，等等，都可以在黑格尔的理论里找到。"②

黑格尔认为"国家是伦理理念的现实——是作为显示出来的、自知的实体性意志的伦理精神，这种伦理精神思考自身和知道自身，并完成一切它所知道的，而且只是完成它所知道的。国家直接存在于风俗习惯中，而间接存在于单个人的自我意识和他的知识活动中。同样，单个人的自我意识由于它具有政治情绪而在国家中，即在它自己的实质中，在它自己活动的目的和成果中，获得了自己的实体性自由。"③这段话的意思是说国家是个人的实体，个人只有在国家中才能实现其精神价值。④黑格尔认为"国家是伦理理念的现实"，"国家是绝对自在自为的理性东西"，国家对单个人具有最高权利，"成为国家成员是单个人的最高义务"。⑤人的全部价值——一切精神的

---

① 〔法〕卢梭：《社会契约论》，何兆武译，第37页。
② 陈乐民："黑格尔的'国家理念'和国际政治"，《中国社会科学》1989年第3期。
③ 〔德〕黑格尔：《法哲学原理》，范扬、张企泰译，商务印书馆1996年版，第253页。
④ 同上书，第258—259页。
⑤ 〔英〕L. T. 霍布豪斯：《形而上学的国家论》，汪淑钧译，商务印书馆1996年版，第13—14页。

现实性，都要通过国家才能具有。"国家高高地站在自然生命之上，正好比精神是高高地站在自然界之上一样。因此，人们必须崇敬国家，把它看作地上的神物。"①

国家是个人的绝对目的。黑格尔明确认为国家是目的而不是手段，国家高于社会和个人。国家是一种独立的力量，是一个有机体。在这种独立的力量中，个别人只是一些环节。为了抬高国家的地位和作用，他甚至认为国家是客观精神，个人只有成为国家成员才具有客观性、真理性和伦理性。也就是说，人只有成为国家成员才能实现其人格、自由和权利，才有生命和存在的价值。只有在国家中"作为公民，其人身和财产得到了保护，他的特殊福利得到了照顾，他的实体性的本质得到了满足，他并且找到了成为这一整体的成员的意识和自尊。"②黑格尔用他那种稍微玄乎一点的语言说："自在自为的国家就是伦理性的整体，是自由的现实化；而自由之成为现实乃是理性的绝对目的。国家是在地上的精神，这种精神在世界上有意识地使自身成为实在，至于在自然界中，精神只是作为它的别物，作为蛰伏精神而获得实现。只有当它现存于意识中而知道自身是实存的对象时，它才是国家。在谈到自由时，不应从单一性、单一的自我意识出发，而必须单从自我意识的本质出发，因为无论人知道与否，这个本质是作为独立的力量而使自己成为实在的，在这种独立的力量中，个别的人只是些环节罢了，神自身在地上的行进，这就是国家。国家的根据就是作为意志而实现自己的理性的力量。"③

与黑格尔一样，德国历史学家、政治学家特赖奇克（H. von Treitschke，1834—1896年）也是集权的鼓吹者。他非常推崇马基雅维里，认为马基雅维里的伟大之处，在于"这位超群的佛罗伦萨人是第一个明白表示'国家即是权力的人'。"特赖奇克在《政治学》中多次强调："国家就是权力"，"国家本质上是权力"，甚至"如同

---

① 〔德〕黑格尔：《法哲学原理》，范扬、张企泰译，第285页。
② 同上书，第263页。
③ 同上书，第258—259页。

信仰是教会的生存原则，爱是家庭的生存原则一样，权力是国家的生存原则"。[1]他认为国家作为保护公众和维持秩序的公共力量，应该独立于由法律所维系的一种权力。国家对外体现为武装力量，对内体现为法律秩序，其目的不是服务于个人，而在于自我保存。国家所认同的不是被统治者，而是统治者。因此在特赖奇克看来，国家是赤裸裸的权力象征。他主张，个人必须绝对服从国家，因为个人的命运是与国家的命运紧密联系在一起的，服从国家是每个公民的天职，为了国家而牺牲个人，是每个公民的最高道德责任。即使明明知道国家错了（在特赖奇克看来这是不可能的），个人也应服从国家，不能说个"不"字。

他还批评了认为国家的主要职能在于增进个人福利、提高道德水平的观点。特赖奇克认为，这种论点的前提是视国家为手段，个人为目的，这正好把问题给完全颠倒了。国家既是权力，它本身就是目的，个人是手段。国家强盛了，个人自然也会得益；个人的道德是从属于国家的道德的，而国家的最高道德责任（也是个人的最高道德责任）就是国家的强大有力，国家强大了，个人的最高道德水平自然也提高了。相反，如果国家衰败，或为外族所灭，国家不存在，又如何谈个人的福利与道德？[2]因此个人自由在一个民族国家才有可能。这种国家绝对论后来为法西斯主义所利用。

迈斯特提出，最高的主权只能属于上帝，此主权是绝对的。人世间的主权是由上帝赋予的，"无论主权是被如何定义或如何置放，它永远都是单一的、不可侵犯的和绝对的。"同时主权也是无误的或说不可错的（仅就实践上的意义而言），从而就是善的，但这并不排除它会使用暴力。暴力是"宇宙中的一条普遍法则"。但在主权者一方来说，其采用暴力也是迫不得已，惩罚性的正义是暴力性的然而也是必需的，因为社会中的暴力是普遍性的。主权的暴力在血的流

---

[1] 转引自邹永贤主编《国家学说史》（下），第1025页。
[2] 同上书，第1030页。

洒中反过来又使主权得以升华与圣化。①

　　在迈斯特看来，人必定是一种天生的社会动物；而一个社会要想能够存续，就必须有一个主权存在。"我们不可能想象一个人类社会其中没有主权者，就如无法想象一个蜂巢和蜂群中没有蜂王一样，因为，依照自然的永恒法则，蜂群就是如此存在的，否则它就无法存在。社会与主权是共生的，不可能将这两个观念分开。你可以想象一个与世隔绝的人，但这时就不再有法律或政府了，因为他不再是个真正意义上的人了，也不再有社会了。一旦你让人与其同类相接触，从那一刻起你就已经在想象一个主权者了，因为你是在想象一个社会，而社会是不能脱离开主权者而存在的。"②迈斯特引证《摩奴法典》中的话来说明这一点："如果惩罚没有被实施，或者被不当地实施的话，那么所有的阶级都将会败坏，所有的屏障都将被毁坏，人们之间将会是极度的混乱。"更进一步，在迈斯特看来，主权的暴力在其推行中，更可因此而升华与圣化，从而走向了一种更高的层次，导衍出主权的神圣性。③与主权的暴力性相并行的，便是它的绝对性。"每一种主权都因其本性而是绝对的；无论它被置于一个人还是多个人的手中，无论它是否被分割，也无论各种权力是如何被组合配置的，在最终的分析里面，我们都会发现一个绝对的权力，它有能力作恶却不受惩罚，从这种角度来说，它就在充分的意义上是专制的，并且除了起义之外没有任何办法可以免受其害……主权者因此是不受裁断的；假如它可以受到裁断，那么那个有权利对其进行裁断的力量就会成为主权者，那样就有了两个主权者了，这意味着矛盾。"因此，主权也是唯一的。"如果我们检视所有可能的政府，它们可能有权力或者是在自夸，自称为自由的，我们将会看到，那些似乎是拥有一部分主权的权力，实际上只不过是那真正主权者的

---

　　①　施展："神秘与凡俗之下的政治张力——约瑟夫·德·迈斯特政治思想研究"，北京大学博士论文，2008年，第33—34页。
　　②　同上文，第61页。
　　③　同上文，第62页。

平衡力量或缓冲器，可以调节或减缓那真正主权者的行动。"①

学者们对迈斯特的评价不一，伯林认为"在某种意义上，迈斯特是法西斯主义的先驱和早期的鼓动者。"②

中国学者施展指出："很多人因此种评述而视迈斯特为极为保守的专制主义者，嗜血暴君的辩护士。但实际上，迈斯特在这里提出了一个人类社会中极为重要的悖论现象。其论点的根基在于，暴力性是主权的一个基本性质，不论人们喜欢与否，这就是现实，是尘世的秩序。只有从这个可恶的现实出发，才有可能使暴力得其所用——使其维护社会的基本秩序；若只从拟想的和睦状态出发，则暴力反倒会以更为血腥的方式示人——非制度化的暴力将肆虐于整个社会，人们的安全将可望而不可即。"③

迈斯特认为主权起源于上帝，他说《圣经》告诉了我们，神之选民的第一个国王，是由神意的直接干涉而选定并加以圣化的；世界上每一个民族的记录中都对其自己的政府赋予了同样的神意起源，只是名字会有不同。在将自己的列位国王之王位接续向前回溯到一个较为久远的年代后，所有的民族都会达到那些神话时代，这一时代的真实故事能够比所有其他的都教导我们更多。所有这些都向我们展示，主权在其摇篮期是由各种奇迹所围绕的；神意在诸帝国的建立之中总是有着直接的干预；那第一个主权者，至少会是上天所喜爱的一个：他从上天手中接过权杖。上天与他沟通，激励他，在他的额头上刻下神力的印记；而他向其追随者所宣布的法律只不过是他与上天交流的结果。

在迈斯特看来，主权者都有成为暴君的自然倾向，这不是因为主权者本身的腐坏，而是因为人类的腐坏。"我们都天生是暴君，从亚洲的最为专制的君主，到仅仅为了体验征服弱者的快乐而在手中

① 施展："神秘与凡俗之下的政治张力——约瑟夫·德·迈斯特政治思想研究"，北京大学博士论文，2008年，第62—63页。
② 〔英〕以赛亚·伯林：《自由及其背叛》，第155页。
③ 施展："神秘与凡俗之下的政治张力——约瑟夫·德·迈斯特政治思想研究"，北京大学博士论文，2008年，第64页。

闷死一只小鸟的孩子，概莫能外。没有人不会滥用权力，并且，经验证明，最为可恶的暴君——如果他夺取了权杖的话——就是那之前最起劲反对暴君制的人。然而，造物主为权力的滥用设下了界限：他已设定，一旦这些权力超出其自然界限行事的话，将会反过来摧毁自身……（权力）为了保持自身，便必须自我限制，它应该永远远离这样一个极端——在该点上，它这最后的行为也将带来它的末日。"[①]

德国卡尔·施密特（Carl Schmitt，1888—1985年）的代表作是《国家的价值与个体的意义》《政治浪漫派》《论独裁（专制）》以及《当代议会制在思想史上的地位》。他与纳粹帝国的权力中心有稳定可靠的联系，1933年7月被纳粹头子戈林聘任为纳粹帝国的国事顾问。施密特以魏玛共和国的批判者著称，并且竭力主张政治中心一元化和强国家概念。在国家与社会之间，他强调国家的优先性。由此，他不但继承了德国古典法哲学的国家主义传统（以黑格尔为代表），而且还在其"政治"概念下，把国家主义、独裁统治以及权威领袖三者有机地结合起来，以此来展现他对现代性的理解路径和批判逻辑。施密特从思想史的角度，对独裁（专政）体制，独裁（专政）人物以及论述独裁（专政）的思想家进行系统的梳理，提出独裁（专政）可以分为两种不同的类型，一种是前现代的"委任独裁（委任专政）"，一种是现代的"主权独裁（主权专政）"。最后，施密特根据"主权独裁（专制）"概念以及魏玛宪法第48条，为纳粹上台执政进行合法性解释。他认为，法治国家与主权独裁（专制）相互冲突，非此即彼……而独裁（专制）总是非正常状态。

自由主义一般认为，现代民主和资产阶级宪制是紧密联系的，所谓民主，就是利益均衡、多数统治以及精英统治原则。对于这种经验主义的民主理解，施密特提出尖锐的批判意见，其核心内容就是认为公共讨论这种方法十分可笑，不能充分反映民主。根据施密

[①] 施展："神秘与凡俗之下的政治张力——约瑟夫·德·迈斯特政治思想研究"，北京大学博士论文，2008年，第97页。

特的理解和要求，我们必须把民主与代议制区分开来。为此，他提出了两个对立的形式原则。其一，从历史的角度，他坚持认为民主和代议制之间并没有必然的关系，甚至于根本就没有什么瓜葛，只是到了19世纪，人们才把它们牵扯到一起。如果说这点是他的理论兴趣的话，那么，其二，则是他的实际兴趣了，即他坚持认为独裁（专政）与民主之间并不冲突，二者之间不仅有调和的可能，在现实当中甚至经常有调和的必要："没有现代代议制，照样可以有民主；没有民主，代议制也一样存在。独裁（专政）并不是民主的对头，同样，民主也不是独裁（专制）的克星。"不用说，在这里我们都可以看到纳粹御用文人理论的荒谬。

历史发展到今天，我们已经发现，任何主张专制主义的思想都已经被历史的洪流所淘汰，自由、民主是历史的必然。目前思想家所面临的问题是如何进一步完善民主，保护个人自由；在不同的国家寻找最适合本国国情的民主、自由模式。思想家们还在上下求索。

参考文献

一、史料

Adams, George Burton and Stephens, H. Morse, (eds.), *Select Documents of English Constitutional History*, New York: The Macmillan Company, 1901.

Beames, John, *A Translation of Glanville: to Which are Added Notes*, Berlin: Nabu Press, 2010.

Bland, A. E., Brown, P. A., and Tawney, R. H., (eds.), *English Economic History: Select Documents*, London: G. Bell and sons, Ltd., 1914.

Davies, R. Trevor, (ed.), *Documents Illustrating the History of Civilization in Medieval England (1066-1500)*, London: Methuen & co., Ltd., 1926.

John of Salisbury, *Policraticus*, edited and translated by C. J. Nederman, Cambridge: Cambridge University Press, 1990.

Rothwell, Harry, (ed.), *English Historical Documents:1189-1327*, London: Eyre & Spottiswoode Ltd., 1975.

刘启戈、李雅书选译：《中世纪中期的西欧》，商务印书馆1962年版。

齐思和、林幼琪选译：《中世纪晚期的西欧》，商务印书馆1962年版。

巫宝三主编：《欧洲中世纪经济思想资料选辑》，商务印书馆1998年版。

二、专著与论文

Arblaster, Anthony, *The Rise and Decline of Western Liberalism*, Oxford: Basil Blackwell Inc., 1984.

Bay, Christian, *The Structure of Freedom*, California: Stanford University Press, 1958.

Bellamy, Richard, *Victorian Liberalism: Nineteenth Century Political Thought and Practice*, New Nork: Routledge, 1990.

Berlin, Isaiah, *Four Essays on Liberty*, New York: Oxford University Press, 1969.

Black, Antony, *Political Thought in Europe 1250-1450*, Cambridge: Cambridge University Press, 1992.

Burns, J. H., (ed.), *The Cambridge History of Political Thought, 1450-1700*, Cambridge: Cambridge University Press, 1991.

Carlyle, R. W. and Carlyle, A. J., *A History of Medieval Political Theory in the West*, Vol. 1, Edinburgh and London: William Blackwood and Sons Ltd., 1915.

Clancy, Thomas H., *St. Ignatius as Fund-Raiser*, Studies in the Spirituality of Jesuits, January, 1993.

Clark, J. C. D., *The Language of Liberty 1660-1832: Political Discourse and Social Dynamics in the Anglo-American World*, Cambridge: Cambridge University Press, 1994.

Coleman, Janet, (ed.), *The Individual in Political Theory and Practice: The Origins of the Modern State in Europe*, Oxford: Clarendon Press, 1996.

Crump, C. G. and Jacob E. F., (eds.), *The Legacy of the Middle Ages*, Oxford: The Clarendon Press, 1926.

Cuttler, S.H., *The Law of Treason and Treason Trials in Later Medieval France*, Cambridge: Cambridge University Press, 1981.

Davis, R.W. (ed.), *The Origins of Modern Freedom in the West*, Stanford University Press, 1995.

Dodds, Ben, "Workers on the Pittington Demesne in the Late Middle Ages", *Archaeologia Aeliana*, Fifth Series, Vol.28, 2000, pp. 147-161.

Dunleavy, Patrick and O'Leary, Brendan, *Theories of the State: the Politics of Liberal Democracy*, London: Macmillan Education Ltd., 1987.

Fritz, Kern, *Kingship and Law in the Middle Ages*, The lawbook Exchange, Ltd.,2006.

Gellhorn, Walter, *Individual Freedom and Government Restrains*, New York: Greenwood Press,1968.

Gierke, Otto, *Natural Law and the Theory of Society, 1500 to 1800*, Cambridge: Cambridge University Press, 1950.

Goulet, Denis, *The Cruel Choice: A New Concept in the Theory of Development*,

New York: Atheneum, 1973.

Graus, F., "Social Utopias in the Middle Ages", *Past and Present*, No.38, December,1967, pp. 3–19.

Green, T. H., *Lectures on the Principles of Political Obligation and Other Writings*, Cambridge: Cambridge University Press, 1986.

Gwyn, W. B., "The Meaning of the Separation of Powers: an Analysis of the Doctrine from its Origin to the Adoption of the United States Constitution", *The Historical Journal*, Vol.10, 1967, pp. 472–474.

Hansen, Mogen, *The Athenian Assembly in the Age of Demosthenes*, New York: Basil Blackwell Ltd., 1987.

Hill, Michael, *The State, Administration and the Individual*, London: Fontana, 1976.

Holdsworth, W. S., *A History of English Law*, Vol. IV, London: Methuen & Co., Ltd., 1924.

Hook, Sidney, *Political Power and Personal Freedom*, New York: Criterion Books, Inc., 1959.

Ignatius of Loyola, *The Constitutions of the Society of Jesus*, translated with an Introduction and a Commentary by George E. Ganss, St. Louis: Institute of Jesuits Sources, 1970.

Jarrett, Bede, *Social Theories of the Middle Ages 1200–1500*, London: Ernest Benn Limited, 1926.

Jászi, Oscar and D. Lewis, John, *Against the Tyrant: the Tradition and Theory of Tyrannicide*, Free Press, 1957.

Lewis, Ewart, (ed.), *Medieval Political Ideas*, Vol.1, London: Routledge & Kegan Paul, 1954.

Lipson, E., *The Economic History of England*, Vol.1, London: Adam and Charles Black, 1947.

Loyseau, *A Treatise of Orders and Plain Dignities*, Howell A. Lloyd (ed.), Cambridge: Cambridge University Press, 1994.

Manent, Pierre, *An Intellectual History of Liberalism*, New Jersey: Princeton University Press, 1994.

Miskimin, Harry A., "Monetary Movements and Market Structure: Forces for Contraction in Fourteenth and Fifteenth Century England", *The Journal of Economic History*, Vol.24, No.4, December, 1964, pp. 487–490.

369

Monahan, Arthur P., *Consent, Coercion, and Limit The Medieval Origins of Parliamentary Democracy*, Montréal: Mc Gill-Queen's University Press, 1987.

Morgenthau, Hans J., "The Dilemmas of Freedom", *The American Political Science Review*, Vol. 51, No. 3, 1957, pp. 714–723.

Munitiz, Joseph A. and Endean, Philip, *Saint Ignatius of Loyola, Personal Writings*, London: Penguin, 1996.

Nederman, C. J., "A Duty to Kill: John of Salisbury's Theory of Tyrannicide", *The Review of Politics*, Vol. 50, No.3, 1988, pp. 365–389.

O'Malley, John, *The First Jesuits*, Cambridge: Harvard University Press, 1993.

Penn, Simon A. C. and Dyer, Christopher, "Wages and Earnings in Late Medieval England: Evidence from the Enforcement of the Labour Laws", *The Economic History Review*, New Series, Vol.43, No.3, 1990, pp. 356–376.

Postan, M. M. and others, (eds.), *The Cambridge Economic History of Europe*, Vol.3, Cambridge: Cambridge University Press, 1963.

Preston, Larry M., "Freedom and Authority: Beyond the Precepts of Liberalism", *The American Political Science Review*, Vol. 77, No. 3, 1983, pp. 666–674.

Pufendorf, Samuel, *On the Duty of Man and Citizen According to Natural Law*, edited by Tully, James, Cambridge: Cambridge University Press, 1991.

Rashdall, H., *The Universities of Europe in the Middle Ages*, Vol.3, Oxford: The Clarendon Press, 1936.

Roskell, J. S., *Parliament and Politics in Late Medieval England*, London: The Hambledon Press, 1981.

Skinner, Quentin, *The Foundations of Modern Political Thought*, Vol.1, Cambridge: Cambridge University Press, 1978.

Strauss, Leo, *Natural Right and History*, Chicago: University of Chicago Press, 1953.

Talmon, J. L., *The Origins of Totalitarian Democracy*, London: Sphere Books Limited, 1952.

Ullmann, Walter, "The Influence of John of Salisbury on Medieval Italian Jurists", *The English Historical Review*, Vol.59, No.235, 1944, pp. 384–392.

Ullmann, Walter, *Medieval Political Thought*, Harmondsworth: Penguin Books, 1965.

Ullmann, Walter, *The Individual and Society in the Middle Ages*, Johns Hopkins Press, 1966.

Wright, Thomas, *Thomas Wright's Political Songs of England: from the Reign of John to that of Edward II*, Coss, Peter, (ed.), Cambridge: Cambridge University

Press, 1996.

《朗文现代英汉双解词典》，现代出版社1993年版。

《马克思恩格斯全集》（第三卷），人民出版社1960年版。

《马克思恩格斯全集》（第二十一卷），人民出版社1965年版。

《马克思恩格斯全集》（第二十六卷），人民出版社1972年版。

《马克思恩格斯全集》（第四十卷），人民出版社1982年版。

《马克思恩格斯全集》（第四十六卷），人民出版社2003年版。

〔英〕阿克顿：《自由史论》，胡传胜等译，译林出版社2001年版。

〔英〕阿克顿：《自由与权力》，侯健、范亚峰译，商务印书馆2001年版。

〔意〕阿奎那：《阿奎那政治著作选》，马清槐译，商务印书馆1982年版。

〔德〕奥本海，弗兰茨：《论国家》，沈蕴芳、王燕生译，商务印书馆1994年版。

〔英〕巴克，欧内斯特：《英国政治思想——从赫伯特·斯宾塞到现代》，黄维
　　新、胡待岗等译，商务印书馆1987年版。

〔英〕巴利，诺尔曼·P.：《古典自由主义与自由至上主义》，竺乾威译，上海人
　　民出版社1999年版。

〔英〕柏克，埃德蒙：《自由与传统——柏克政治论文选》，蒋庆等译，商务印
　　书馆2001年版。

〔古希腊〕柏拉图：《柏拉图全集》（第一卷），王晓朝译，人民出版社2002年版。

〔古希腊〕柏拉图：《理想国》，郭斌和、张竹明译，商务印书馆1986年版。

〔英〕拜伦：《拜伦诗选》，查良铮译，上海译文出版社1982年版。

北京大学哲学系外国哲学史教研室编译：《西方哲学原著选读》（上），商务印
　　书1981年版。

北京大学哲学系外国哲学史教研室编译：《古希腊罗马哲学》，商务印书馆1961年版。

〔德〕比尔，马克斯：《英国社会主义史》，何新舜译，商务印书馆1959年版。

〔英〕边沁：《政府片论》，沈叔平译，商务印书馆1997年版。

〔英〕波普尔，卡尔：《开放社会及其敌人》，陆衡等译，中国社会科学出版社
　　1999年版。

〔英〕波普尔，卡尔：《猜想与反驳——科学知识的增长》，傅季重等译，上海
　　译文出版社1986年版。

〔美〕伯恩斯，爱·麦：《当代世界政治理论》，曾炳钧译，商务印书馆1983年版。

〔美〕伯尔曼，哈罗德·J.：《法律与革命——西方法律传统的形成》，贺卫方、
　　高鸿均、张志铭、夏勇译，中国大百科全书出版社1993年版。

〔英〕伯里，J.B.：《思想自由史》，宋桂煌译，吉林人民出版社1999年版。

〔意〕卜伽丘：《十日谈》，方平、王科一译，上海译文出版社1980年版。

〔法〕布洛赫，马克：《封建社会》，张绪山等译，商务印书馆2004年版。

〔英〕达尔，罗伯特：《论民主》，李柏光、林猛译，商务印书馆1999年版。

〔意〕但丁：《论世界帝国》，朱虹译，商务印书馆1997年版。

〔美〕杜威：《人的问题》，傅统先、邱椿译，上海人民出版社1965年版。

〔美〕杜威：《新旧个人主义——杜威文选》，孙有中等译，上海社会科学院出版社1997年版。

〔美〕方纳，埃里克：《美国自由的故事》，王希译，商务印书馆2002年版。

〔英〕福蒂斯丘爵士，约翰：《论英格兰的法律与政制》，〔英〕谢利·洛克伍德编，袁瑜琤译，北京大学出版社2008年版。

〔美〕戈登，斯科特：《控制国家——西方宪政的历史》，应奇等译，江苏人民出版社2001年版。

〔荷〕格劳秀斯：《战争与和平法》，何勤华等译，上海人民出版社2005年版。

〔法〕贡斯当，邦亚曼：《古代人的自由与现代人的自由》，阎克文、刘满贵译，商务印书馆1999年版。

〔美〕哈茨，路易斯：《美国的自由主义传统》，中国社会科学出版社2003年版。

〔英〕哈耶克，弗雷德里希·奥古斯特：《自由宪章》，杨玉生、冯兴元、陈茅等译，中国社会科学出版社1998年版。

〔英〕哈耶克：《通往奴役之路》，王明毅等译，中国社会科学出版社1997年版。

〔美〕汉密尔顿，依迪丝：《希腊精神——西方文明的源泉》，葛海滨译，辽宁教育出版社2003年版。

〔美〕汉密尔顿、杰伊、麦迪逊：《联邦党人文集》，程逢如等译，商务印书馆1997年版。

〔古希腊〕荷马：《伊利亚特 奥德赛》，陈中梅译，上海译文出版社1998年版。

〔德〕黑格尔：《法哲学原理》，范扬、张企泰译，商务印书馆1996年版。

〔德〕黑格尔：《历史哲学》，王造时译，生活·读书·新知三联书店1956年版。

〔德〕黑格尔：《哲学史讲演录》（第二、三卷），贺麟、王太庆译，商务印书馆1981年版。

〔英〕霍布豪斯，L.T.：《形而上学的国家论》，汪淑钧译，商务印书馆1996年版。

〔英〕霍布豪斯：《自由主义》，朱曾汶译，商务印书馆1996年版。

〔英〕霍布斯：《利维坦》，黎思复、李廷弼译，商务印书馆1985年版。

〔英〕吉登斯，安东尼：《超越左与右——激进政治的未来》，李惠斌、杨雪冬译，社会科学文献出版社2000年版。

〔英〕吉登斯，安东尼：《第三条道路——社会民主主义的复兴》，郑戈译，北京大学出版社/生活·读书·新知三联书店2000年版。

〔美〕杰斐逊，托马斯：《杰斐逊选集》，朱曾汶译，商务印书馆2011年版。

〔英〕凯恩斯：《就业、利息和货币通论》，徐毓枬译，生活·读书·新知三联
　　书店1957年版。

〔德〕康德：《道德形而上学原理》，苗力田译，上海人民出版社1986年版。

〔德〕康德：《法的形而上学原理——权利的科学》，沈叔平译，商务印书馆
　　1991年版。

〔美〕克罗利，赫伯特·D.：《美国生活的希望——政府在实现国家目标中的作
　　用》，王军英等译，江苏人民出版社2006年版。

〔意〕拉吉罗，圭多·德：《欧洲自由主义史》，杨军译，吉林人民出版社2001年版。

〔英〕拉斯基：《国家的理论与实际》，王造时译，商务印书馆1959年版。

〔法〕勒戈夫，雅克：《中世纪的知识分子》，张弘译，商务印书馆1996年版。

〔德〕李斯特，弗里德里希：《政治经济学的国民体系》，陈万煦译，华夏出版
　　社2009年版。

〔法〕卢梭：《论人类不平等的起源和基础》，李常山译，商务印书馆1962年版。

〔法〕卢梭：《社会契约论》，何兆武译，商务印书馆1980年版。

〔美〕罗斯巴德，默瑞·N.：《亚当·斯密以前的经济思想——奥地利学派视角
　　下的经济思想史》，张凤林等译，商务印书馆2012年版。

〔英〕罗素，伯特兰：《权威与个人》，肖巍译，中国社会科学出版社1990年版。

〔英〕洛克：《政府论》（下篇），叶启芳、瞿菊农译，商务印书馆1964年版。

〔意〕马基雅维里，尼科洛：《佛罗伦萨史》，李活译，商务印书馆1982年版。

〔德〕马克思：《资本论》（第一、三卷），人民出版社1975年版。

〔法〕马里旦：《人和国家》，霍宗彦译，商务印书馆1964年版。

〔意〕马斯泰罗内，萨尔沃：《欧洲政治思想史》，黄华光译，社会科学文献出
　　版社1998年版。

〔美〕麦基文，C.H.：《宪政古今》，翟小波译，贵州人民出版社2004年版。

〔美〕麦克里兰，约翰：《西方政治思想史》，彭淮栋译，海南出版社2003年版。

〔法〕孟德斯鸠：《论法的精神》（上下册），张雁深译，商务印书馆1978年版。

〔英〕密尔，约翰：《代议制政府》，汪瑄译，商务印书馆1997年版。

〔英〕密尔，约翰：《论自由》，许宝骙译，商务印书馆1959年版。

〔英〕密尔，约翰·斯图亚特：《政治经济学原理——及其在社会哲学上的若干
　　应用》，赵荣潜等译，商务印书馆1991年版。

〔英〕弥尔顿：《论出版自由》，吴之椿译，商务印书馆1996年版。

〔英〕莫尔，托马斯：《乌托邦》，戴镏龄译，商务印书馆1982年版。

〔美〕诺斯，道格拉斯、托马斯，罗伯特：《西方世界的兴起》，厉以平、蔡磊译，华夏出版社2014年版。

〔英〕潘恩：《潘恩选集》，马清槐等译，商务印书馆1997年版。

〔意〕彭梵得，彼德罗：《罗马法教科书》，黄风译，中国政法大学出版社1992年版。

〔意〕奇波拉，卡洛·M.主编：《欧洲经济史》（第一卷），徐璇、吴良健译，商务印书馆1988年版。

〔英〕乔叟，杰弗里：《坎特伯雷故事》，黄杲炘，译林出版社1999年版。

〔美〕萨拜因，乔治·霍兰：《政治学说史》（上下册），〔美〕托马斯·兰敦·索尔森修订，盛葵阳、崔妙因、刘山等译，商务印书馆1986年版。

〔英〕莎士比亚：《莎士比亚全集》（一、三），朱生豪译，人民文学出版社1978年版。

〔荷〕斯宾诺莎：《神学政治论》，温锡增译，商务印书馆1963年版。

〔荷〕斯宾诺莎：《政治论》，冯炳昆译，商务印书馆1999年版。

〔英〕斯宾塞，赫伯特：《国家权力与个人自由》，谭小勤等译，华夏出版社2000年版。

〔英〕斯宾塞，赫伯特：《社会静力学》，张雄武译，商务印书馆1996年版。

〔美〕斯东，F.：《苏格拉底的审判》，董乐山译，生活·读书·新知三联书店1998年版。

〔英〕斯金纳，昆廷：《近代政治思想的基础》（上下卷），奚瑞森、亚方译，商务印书馆2002年版。

〔英〕斯金纳，昆廷：《现代政治思想的基础》，段胜武、张云秋、修海涛等译，求实出版社1989年版。

〔英〕斯金纳，昆廷：《自由主义之前的自由》，李宏图译，上海三联书店2003年版。

〔美〕斯塔夫里阿诺斯：《全球通史》，吴象婴译，上海社会科学院出版社1999年版。

〔美〕汤普逊：《中世纪经济社会史》，耿淡如译，商务印书馆1963年版。

〔英〕梯利：《西方哲学史》（增补修订版），伍德增补，葛力译，商务印书馆1995年版。

〔法〕托克维尔：《论美国的民主》（上下册），董果良译，商务印书馆1996年版。

〔德〕威廉·冯·洪堡：《论国家的作用》，林荣远、冯兴元译，中国社会科学出版社1998年版。

〔德〕文德尔班：《哲学史教程》，罗达仁译，商务印书馆1987年版。

〔美〕沃格林:《政治观念史稿(第二卷):中世纪(至阿奎那)》,叶颖译,华东师范大学出版社2009年版。

〔古罗马〕西塞罗:《论共和国 论法律》,王焕生译,中国政法大学出版社1997年版。

〔奥地利〕希尔,弗里德里希:《欧洲思想史》,赵复三译,广西师范大学出版社2007年版。

〔古希腊〕希罗多德:《历史》,王以铸译,商务印书馆1959年版。

〔古希腊〕修昔底德:《伯罗奔尼撒战争史》,谢德风译,商务印书馆1960年版。

〔英〕雅赛,安东尼·德:《重申自由主义》,陈茅等译,中国社会科学出版社1997年版。

〔古希腊〕亚里士多德:《政治学》,吴寿彭译,商务印书馆1981年版。

〔古希腊〕伊壁鸠鲁、〔古罗马〕卢克来修:《自然与快乐——伊壁鸠鲁的哲学》,包利民等译,中国社会科学出版社2004年版。

傅殷才、颜鹏飞:《自由经营还是国家干预》,经济科学出版社1995年版。

顾肃:《西方政治法律思想史》,中国人民大学出版社2005年版。

顾肃:《自由主义基本理念》,中央编译出版社2003年版。

顾准:《希腊城邦制度》,中国社会科学出版社1982年版。

李道揆:《美国政府和美国政治》(全二册),商务印书馆1999年版。

刘绍贤主编:《欧美政治思想史》,浙江人民出版社1987年版。

马啸原:《西方政治思想史纲》,高等教育出版社1997年版。

毛寿龙、李梅、陈幽泓:《西方政府的治道变革》,中国人民大学出版社1998年版。

孟广林:《英国封建王权论稿——从诺曼征服到大宪章》,人民出版社2002年版。

商红日:《政府基础论》,经济日报出版社2002年版。

世界知识出版社编:《资产阶级政治家关于人权、自由、平等、博爱言论选录》,世界知识出版社1963年版。

孙小莉:《中国现代化进程中的国家与社会》,中国社会科学出版社2001年版。

唐士其:《西方政治思想史》,北京大学出版社2002年版。

汪子嵩等:《希腊哲学史》(1),人民出版社1997年版。

王菲:《外国法制史纲要》,工商出版社2000年版。

王振槐主编:《西方政治思想史》,南京大学出版社1993年版。

吴惕安、俞可平主编:《当代西方国家理论评析》,陕西人民出版社1994年版。

夏勇:《人权概念起源》,中国政法大学出版社1992年版。

谢晖:《法律信仰的理念与基础》,山东人民出版社1997年版。

徐大同主编:《20世纪西方政治思潮》,天津人民出版社1991年版。

徐大同主编:《西方政治思想史》,天津教育出版社2000年版。

徐大同主编:《现代西方政治思想》,人民出版社2003年版。

徐育苗主编:《中外代议制度比较》,商务印书馆2000年版。

杨昌栋:《基督教在中古欧洲的贡献》,社会科学文献出版社2000年版。

杨适:《哲学的童年》,中国社会科学出版社1987年版。

杨雪冬、薛晓源主编:《"第三条道路"与新的理论》,社会科学文献出版社
2000年版。

叶皓:《西方国家权力制约论》,中国社会科学出版社2004年版。

应克复等:《西方民主史》,中国社会科学出版社1997年版。

尤光付:《中外监督制度比较》,商务印书馆2003年版。

张千帆:《西方宪政体系》,中国政法大学出版社2001年版。

赵文洪:《私人财产权利体系的发展——西方市场经济和资本主义的起源问题研
究》,中国社会科学出版社1998年版。

甄树青:《论表达自由》,社会科学文献出版社2000年版。

郑伟:《全球化与"第三条道路"》,湖南人民出版社2003年版。

朱孝远:《神法、公社和政府——德国农民战争的政治目标》,北京大学出版社
1994年版。

邹铁军主编:《自由的历史建构》,人民出版社1994年版。

邹永贤主编:《国家学说史》(下),福建人民出版社1999年版。

陈乐民:"黑格尔的'国家理念'和国际政治",《中国社会科学》1989年第3期。

陈忠林:"自由、人权、法治——人性的解读",《现代法学》2001年第3期。

钭利珍:"互为权责:新自由主义关于个人与国家关系的论证——基于霍布豪斯
政治思想的研究",《社会科学在线》2013年第10期。

凌胜银:"西方民主政治存在的四大弊端",《红旗文稿》2005年第23期。

彭小瑜:"格兰西之《教会法汇要》对奴隶和农奴法律地位的解释",《世界历
史》1999年第3期。

区冰梅:"第三条道路刍议",《现代国际关系》1998年第2期。

吴于廑:"世界历史上的农本与重商",《历史研究》1984年第1期。

徐家玲:"12—13世纪法国南部市民异端的派别及其纲领",《东北师大学报》
1992年第2期。

周永坤:"绝对主权理论的兴衰——《论主权》中译本序言",《法治论丛》
2009年第2期。

索　引